外国家庭法及妇女理论研究中心项目
家 事 法 研 究 学 术 文 库

陈 苇 主编

英国现代离婚制度研究

石雷 著

群 众 出 版 社
2015 · 北京

《家事法研究学术文库》顾问

（以姓氏笔画为序）

丛书主编简介

陈苇 女，四川资中县人，1987年于西南政法学院民法专业硕士研究生毕业，获法学硕士学位，留该校任教至今。主要研究方向为婚姻家庭继承法、妇女儿童老人权益保护。2003年12月至2004年12月其受国家留学基金资助公派出国留学，作为访问学者到澳大利亚悉尼大学法学院进修外国家庭法一年，现任西南政法大学民商法学院教授、博士生导师、外国家庭法及妇女理论研究中心主任，兼任家庭法国际学会执行委员会委员和学术委员会委员、中国法学会婚姻家庭法学研究会副会长，重庆市妇联法律顾问、重庆市沙坪坝区人民法院"未成年人司法制度研究基地"专家咨询委员会委员。

代表性成果包括：独著、主编的《中国婚姻家庭法立法研究》（第一版、第二版）、《外国婚姻家庭法比较研究》、《当代中国内地与港、澳、台婚姻家庭法比较研究》、《中国大陆与港、澳、台继承法比较研究》、《当代中国民众继承习惯调查实证研究》、《外国继承法比较与中国民法典继承编制定研究》、《改革开放三十年（1978~2008）中国婚姻家庭继承法研究之回顾与展望》以及"家事法研究学术文库"的著作《中国继承法修改热点难点问题研究》、《我国防治家庭暴力情况实证调查研究——以我国六省市被抽样调查地区防治家庭暴力情况为对象》等共计二十余部；在《中国社会科学文摘》、《中国法学》以及International Journal of Law, Policy and the Family; The International Survey of Family Law; US-China Law Review; 21st Century Law Review等中外学术刊物发表中英文学术论文八十余篇。此外，还主编出版《家事法研究》学术论文集刊六卷（2005年卷至2010年卷）和主持翻译"外国家事法译丛"译作六部，包括《加拿大家庭法汇编》、《澳大利亚家庭法（2008年修正）》、《美国家庭法精要》（第五版）、《澳大利亚法律的传统与发展》（第三版）、《自治的神话：依赖理论》（第一版）、《德国继承法》（第六版）；应邀与美国、意大利学者合作撰写美国法学院比较家庭法英文教材一部：Practical Global Family Law ——United States, China and Italy（2009年4月在美国出版）。

目　录

CONTENTS

前　言

自1978年西南政法学院复办以来，我国著名的婚姻法专家、中国法学会婚姻法学研究会副总干事杨怀英教授担任了我校婚姻法研究方向的学科带头人。1985年3月至7月，我校承担了司法部委托的全国法律专业婚姻法师资进修班的教学任务。当时全国著名的婚姻法专家巫昌祯、杨大文、王德意、李忠芳、任国钧等教授应邀前来我校，与我校全国著名的婚姻法专家杨怀英教授及胡平等教师共同为来自全国的婚姻法师资进修班学员们上课，传授婚姻法学的理论知识和教学经验。如今，该婚姻法师资进修班的学员们大部分都成了各高校婚姻法领域的著名专家学者和骨干教师，他们为国家培养了大批优秀的人才。因此，可以说，我校是我国婚姻法学人才培养的摇篮。在科研方面，杨怀英教授先后主编出版了《滇西南边疆少数民族婚姻家庭与法的研究》（法律出版社1988年出版）、《中国婚姻法论》（重庆出版社1989年出版，1991年荣获重庆市社会科学优秀科研成果三等奖）、《凉山彝族奴隶社会法律制度研究》（四川民族出版社1994年出版，1996年荣获四川省社会科学优秀科研成果二等奖）等专著和教材。1995年杨怀英教授去世后，由中国法学会婚姻法学研究会常务理事邓宏碧教授担任我校婚姻法研究方向的学科带头人。邓宏碧教授、胡平副教授等老教师带领讲授婚姻法课程的教师们，继续努力进行教学和科研工作。尤其值得指出的是邓宏碧教授主编的《中国少数民族人口政策研究》（国家社会科学“八五”规划重点科研项目，重庆出版社1998年出版）2001年荣获重庆市社会科学优秀科研成果一等奖。

本人于1979年9月考入西南政法学院法律系本科学习，1983年6月毕业，任教一年后，于1984年9月考入西南政法学院攻读民法专业硕士研究生，师从杨怀英教授，主要研究方向为婚姻家庭继承法。1987年7月本人硕士研究生毕业后留校任教至今。我在母校学习和从事婚姻家庭继承法的教学和科研工作，至今已有30多年了。在这30多年中，在母校各级领导和老师们的辛勤培养下，我由一名学生成长为教授、博士生导师、博士后合作导师；于1996年5月起担任民法教研室副主任，于1999年5月起担任民法教研室主任，于2003年5月起至今担任婚姻家庭继承法教研室主任。在婚姻法学界老一辈专家的辛勤培养下，本人于1996年7月起担任中国法学会婚姻法学研究会理事，于1999年7月起担任中国法学会婚姻法学研究会常务理事，于2004年7月至今，担任中国法学会婚姻家庭法学研究会副会长。2003年12月至2004年12月，本人受国家留学基金资助由教育部公派出国留学，作为访问学者到澳大利亚悉尼大学法学院进修外国家庭法一年。留学回国后，本人于2005年1月向学校提出了建立“西南政法大学外国家庭法及妇女理论研究中心”的书面申请。2005年4月1日西南政法大学校长办公会议批准同意该研究中心成立，任命本人担任主任。

自2005年4月该研究中心成立后，本人夙夜忧虑，恐负厚望，带领研究中心的教师和研究生组成科研创新团队，勤奋科研，不敢懈怠。近年来，本人担任项目负责人，主持完成并公开出版的专著、译著有10余部：《外国婚姻家庭法比较研究》（重庆市哲学社会科学“十五”规划项目，2006年1月出版）、《加拿大家庭法汇编》（2006年1月出版）、《中国大陆与港、澳、台继承法比较研究》（重庆市教委人文社科项目，2007年1月出版）、《当代中国民众继承习惯调查实证研究》（国家社科基金项目子课题，2008年1月出版）、《澳大利亚家庭法（2008年修正）》（重庆市教委人文社科重点项目，2009年1月出版）、《美国家庭法精要（第五版）》

(2010年3月出版)、《改革开放三十年（1978~2008）中国婚姻家庭继承法研究之回顾与展望》（西南政法大学重点项目，2010年1月出版)、《中国婚姻家庭法立法研究》（第二版，2010年1月出版)、《外国继承法比较与中国民法典继承编制定研究》（国家社科基金项目结项成果著作，经专家匿名评审后被鉴定为“优秀”等级，入选2010年度《国家哲学社会科学成果文库》，全国哲学社会科学办公室在“出版说明”中指出：入选成果代表当前相关领域学术研究的前沿水平，体现我国哲学社会科学界的学术创造力，按照“统一标识、统一封面、统一版式、统一标准”的总体要求组织出版。该著作于2011年3月出版)、《澳大利亚法律的传统与发展（第三版)》（2011年5月出版)、《当代中国内地与港、澳、台婚姻家庭法比较研究》（司法部部级科研项目，2012年5月出版)、《中国继承法修改热点难点问题研究》（2013年10月出版)、《我国防治家庭暴力情况实证调查研究——以我国六省市被抽样调查地区防治家庭暴力情况为对象》（中国法学会部级法学研究课题，2014年5月出版）等。此外，本人应邀与美国、意大利学者合作撰写美国法学院比较家庭法英文教材1部：*Practical Global Family Law——United States, China and Italy*（2009年4月在美国出版)。

为促进婚姻家庭继承法领域的学术研究和学术交流，本人于2005年起创办《家事法研究》学术论文集刊。自《家事法研究》2006年首卷面世以来，至2011年的6年间，先后出版了2005年卷至2010年卷共计6卷，推出了一批具有前沿性的学术论文，培养了一批学术新人，受到学术界同仁和实务界人士的肯定和好评，产生了良好的社会影响。为进一步扩大《家事法研究》的学术影响，经本人提出申请，中国法学会婚姻家庭法学研究会常务理事会研究同意，《家事法研究》从2011年卷起转为“中国法学会婚姻家庭法学研究会”的会刊。可以相信，今后在该研究会的精心主办下，《家事法研究》将在法学理论研究与司法实务探索相结合的沃土中更加茁壮成长，枝繁叶茂！

长江后浪推前浪。为推出婚姻家庭继承法学研究领域具有前沿性、创新性的学术著作，培养更多的学术新人，自2012年起本人主编出版《家事法研究学术文库》丛书。此文库丛书作为学术研究和学术交流的平台，遴选出版婚姻家庭继承法研究领域具有前沿水平的博士学位论文和学术专著，每年拟出版2~3本。本文库丛书的出版，旨在通过婚姻家庭继承法学研究领域最新学术著作的出版，推出一批前沿理论和实务问题研究的新作，促进我国婚姻家庭继承法学研究朝着更深、更广的方向发展，以更多的优秀研究成果为我国民众处理婚姻家庭继承问题提供参考，为国家完善立法、改进司法服务。到2014年年底为止，本文库丛书已出版11部著作，在2015年将出版以下两部著作：《英国现代离婚制度研究》《儿童最大利益原则下的亲子法研究》，以飨读者。

最后，我对群众出版社的编辑们对本文库丛书的出版所付出的辛勤劳动，表示衷心的感谢！

陈　苇

2015年1月18日

英国的离婚观与现代离婚制度之价值（代自序）

英国大法官爱德华·柯克爵士（Edward Coke）曾言：每个人的家对他自己而言都是城堡和要塞。家庭对于个人而言确实具有安全与保护功能：一方面，它能保护家庭中的未成年子女得以在一个稳定、安全的环境中长大；另一方面，在传统的社会分工体系下，男主外、女主内的生活模式也有助于保护在家照顾家庭、抚育子女的弱势方，同时也减少了在外工作一方的后顾之忧。个人层面的家向人们透露的是爱情、亲情、温情。将家置于社会的宏观背景下，家则被赋予了维护社会稳定的某种功能。因此，自人类进入阶级社会以来，调整家庭的法律制度从未缺席。对于丧失了爱情、亲情缺失、毫无温情的婚姻如何终结，这也一直是人们长久以来争论的话题。

时至今日，随着社会的不断发展，妇女就业率的增加，英国社会的家庭供养格局也在悄然发生转变——从仅靠男性养家变为夫妻共同赚钱养家。家对于经济弱势方的经济保障功能有一定程度的削弱。第二次世界大战后，深受战争影响的英国社会出现了大量走向死亡的婚姻。希望离婚的配偶增加，而影响英国社会离婚观的宗教因素式微，对于离婚的种种苛求也一步步退出历史舞台。英国社会最终接纳了离婚自由的思想，离婚不再被视为是一种社会禁忌，相反，其更是个人自由的一种表达。但是，离婚虽然自由，对于婚姻解体后，离婚制度应该实现何种价值，英国法律界的人士也在积极思考应对。19 世纪至 20 世纪以来，学界对于男女平权的思考和推动，产生了约翰·密尔的《女性的屈从地位》等一批重要的学术著作。这些都为随后的法律改革提供了重要的智力支持。

英国社会的时代变革、民众对于离婚观念以及态度的转变，在离婚制度上也有具体的反映。随着人们逐步接纳了离婚自由的思想，英国最终于 1969 年通过了《离婚改革法》，第一次将“婚姻无可挽回地破裂”写入了离婚制度中，并将其作为唯一的离婚法定理由。婚姻对于经济弱势方的经济保障功能尽管有所减弱，但法律仍力图保证婚姻弱势方在离婚后能获得一定的法律保障及救济。对妻子作为自由独立的社会个体而非丈夫附属品的传统观念的反思，进一步推动法律在离婚法律后果方面向保护妻子合法权益的方向转变。在 1882 年《已婚妇女财产法》的基础上，案例法中开始确认被遗弃的妻子在婚姻住宅中居住的权利。随后，萨默斯基尔女男爵（Baroness Summerskill）于 1966 年提出了一项法案，该法案最终得以通过。此即为 1967 年《婚姻住宅法》。在此之后，英国又出台了 1970 年《婚姻诉讼与财产法》，以解决离婚救济问题，如此等等。本书以现代离婚制度的历史演变开篇，从制度内容和制度价值，也即英国离婚制度的实然和应然层面对英国离婚制度进行了梳理和评析。

本书的特色在于对英国离婚制度的较为全面系统的研究。国内尚无对英国离婚制度的全面系统研究。在此之前，有关英国离婚制度的内容主要有屈广清教授翻译的凯特·斯丹德利所著的《家庭法》。该书介绍的是2001 年左右的英国离婚制度。蒋月教授等翻译的《英国婚姻家庭制定法选集》出版于2008 年。笔者利用2012 年

10 月到 2013 年 10 月在英国牛津大学访学的机会，对 2013 年以来英国离婚制度的最新立法动态及司法实践进行了研究，研究内容不但包括了成文法的内容，同时也有英国离婚制度中案例法的介绍；不但有历史的分析总结，也有对 2013 ~ 2014 年英国离婚制度修改论争的热点、焦点的介绍评析，力求本研究能真实反映英国现代离婚制度的现状。本书第三章在对英国离婚制度的内容进行评价的基础上，指出了英国现代离婚制度的改革特点及其不足。此外，在英国现代离婚制度的应然层面，笔者从立法价值取向的角度深刻剖析了现有英国离婚制度的价值追求。在此基础上，本书最终回到中国离婚制度的现实，在借鉴英国离婚制度的有益经验的基础上，结合我国实际，提出完善我国立法、司法的具体建议。

冰冻三尺，非一日之寒。英国现代离婚制度在保障婚姻弱势方及未成年子女的权益，维护社会稳定方面起到了积极的作用。从某些方面看，其对于婚姻弱势方及未成年子女的保护力度更大，表现出该制度在这些方面的合理性。这既是英国法律实用主义特点的表现之一，也与英国家庭法立法、司法研究的繁荣密不可分。一方面，在实务界，英国大量的家庭法纠纷实践引发法官、学者对于离婚热点、难点问题的讨论关注。前有英国著名法学家丹宁勋爵（Lord Denning）在离婚案件司法审判领域的深耕，并在离婚法律制度研究及法律制度改革方面产生了巨大的影响力（其曾担任 1946 年婚姻诉讼程序委员会主席，该委员会在推进离婚诉讼程序的制度改革方面作出了突出贡献）。现有黑尔女男爵（Baroness Hale）。她于 1994 年被任命为高等法院家事法庭的法官，对于离婚制度的理论及司法实践有着深刻的洞见和认识，着力推动性别平等在家庭法司法领域尽可能得以实现。2013 年 6 月，她被任命为英国最高法院副院长。另一方面，在英国理论界，除了学术研究机构的大批专家学者潜心家庭法研究外，众多专门的家庭法学术期刊，如《家庭法》（Family Law）、《儿童与家庭法季刊》（Child and Family Law Quarterly）、《社会福利与家庭法期刊》（Journal of Social Welfare and Family Law）、《法律、政策与家庭国际期刊》（International Journal of Law, Policy and the Family）、《家庭法国际概览》（The International Survey of Family Law）等为家庭法的理论研究提供了一个广阔的平台。这些期刊不仅关注英国国内家庭法理论的热点难点问题，同时，部分杂志也极具国际视野，刊载有世界很多国家的家庭法发展改革的近况及评价。这些家庭法文献可供处理家事纠纷的法官、律师以及研究家庭法律制度的学者研习探讨。此外，在其他法学杂志上，我们还能找到关注英国家庭法的论文。这种学术研讨的繁荣景象对于家庭法司法实践的推动作用显而易见。

在我国，仅 2013 年一年，依法办理离婚手续的就有 350.0 万对，其中法院办理离婚 68.5 万对（数据来自民政部发布 2013 年社会服务发展统计公报）。[①] 因此，重视离婚制度的司法实践和理论探讨，既是回应民众合理诉求的需要，同时也有利于维护社会稳定。尽管我国的离婚制度和英国现代离婚制度存在较大差异，但这种差异并不妨碍我们吸收和借鉴英国现代离婚制度中符合社会发展和民众需求的合理之处。笔者希望本书能为国内家庭法的理论和实践提供一个了解英国现代离婚制度的窗口，为未来我国的离婚制度改革提供可资借鉴的参考。这也是笔者做此研究的初衷。是为序。

石雷

2014 年 7 月 15 日于重庆

---

① 参见 http://www.mca.gov.cn/article/zwgk/mzyw/201406/20140600654488.shtml，访问时间：2014 年 7 月 1 日。

导　论

一、缘起

离婚，较之结婚，多了一些悲情，少了几分欢喜。和平分手，自是万幸。但因离婚而夫妻反目，至死不相往来，甚至因情生怨，一离婚就手起刀落的，也并非没有。中国[①]社会在见证国人财富迅速增长的同时，也见证了离婚率持续上升的趋势。民政部的数据显示，2011 年，共有 287.4 万对夫妇离婚，较上年增长 7.3%。当年的粗离婚率为 2.13‰，粗离婚率首次突破了 2‰。2012 年共依法办理离婚手续的有 310.4 万对，较上年增长 8.0%，粗离婚率为 2.3‰，比上年增加 0.2 个千分点。自 2003 年到 2012 年的十年间，离婚率持续增长，且增长幅度超过 1‰。[②] 如何通过一个合理的离婚制度让更多人避免不必要的冲突和牺牲，同时保障离婚各方能在离婚后享有一定程度的生活保障，是离婚制度不能回避的主旨和议题。

从制度本身而言，离婚制度作为家庭法中的重要部分始终是立法以及司法实践中的一个重点难点问题。我国最高人民法院于

① 由于本文的研究范围限制，这里“中国”是指除中国的香港、澳门和台湾三地区以外的中国内地。

② 参见民政部：《2012 年社会服务发展统计公报》，http://cws.mca.gov.cn/article/tjbg/201306/20130600474746.shtml，访问时间：2013 年 11 月 13 日。

2011年出台了《最高人民法院关于适用〈中华人民共和国婚姻法〉若干问题的解释（三）》（以下简称《婚姻法解释三》）。自《婚姻法解释三》出台后，社会各界对该司法解释的讨论就从未停止过。《婚姻法解释三》总共18条规定，其中有11条涉及离婚问题，占所有条款近三分之二，加上涉及财产问题的第5、6、7条（这些问题也很可能在离婚时涉及），可以说在司法实践中，离婚制度是适用频率最高的制度。在中国知网CNKI数据库中，以“婚姻法司法解释三”为关键词搜索全文中含有《婚姻法解释三》的论文，2012年有870篇论文，2013年仍然有425篇论文。[①] 对《婚姻法解释三》相关条文的论争反映出国内对于离婚制度的内容还存在较大分歧。可见现有离婚制度有进一步完善的必要。

英国[②]作为英美法系法律制度的源头，其法制走向无疑在英美法系中具有非常强的典型性和代表性，其在世界范围内具有广泛的影响，自20世纪60年代以来，欧洲各国离婚法正是以1969年英国离婚法之修正为契机，迈向另一新纪元的。[③] 此外，尽管英美法系与我国的法律制度的亲缘性不高，但是这种差异性也能让我们对于法律制度与社会管控之间的关系作深入思考。同时，我国的立法并非绝对排斥英美法系。相反，早在1954年制定宪法时，毛泽东就指出：“英国也好，法国也好，美国也好，资产阶级都有过革命时期，宪法就是他们在那个时候开始搞起的。我们对资产阶级不能

① 此为2013年11月1日在中国知网CNKI上搜索到的数据结果。

② 英国的法律制度和中国不同，英格兰和威尔士地区、苏格兰地区以及北爱尔兰地区的法律并不统一。本文主要选取了英格兰和威尔士地区的法律作为研究对象，这是因为英格兰和威尔士地区在整个大不列颠王国占据了主导地位，其制度在英国法律制度中也占据主要地位，具有一定的代表性。为论述方便，笔者用英国法律代替了英国英格兰和威尔士地区法律。下文同。

③ 陈棋炎、黄宗乐、郭振恭：《民法亲属新论》，台湾三民书局1995年版，第189页。

一笔抹杀，说他们的宪法在历史上没有地位。”[①] 1981年5月，时任中央政法委书记的彭真在民法座谈会上建议，应对外国的民法制度进行研究，外国的民法，无论是资本主义国家的民法，还是社会主义国家的民法，“它们有很多经验可供我们借鉴，凡是好的、对我们有用的，都要吸收”。[②] 改革开放后，全国人大明确提出，“对外国经验，不管是社会主义国家的，还是资本主义国家的，不管是英美法系，还是大陆法系，以及对我国历史的经验，都要参考、借鉴”。[③] 在实际的立法工作中，一些法律法规的制定也引进了英美法中先进的立法概念及立法内容，[④] 如独立董事制度，双务合同中的抗辩权制度，预期违约制度等。在家庭法领域，目前正在防治家庭暴力试点法院推行的人身保护令制度，也是借鉴了英美法系国家，尤其是美国在防治家庭暴力工作中的人身保护令制度。我国的法律制度建设更多体现了一种实用主义的特点，只要对我国法治进程有益的，我们都可以结合我国具体国情予以借鉴、利用、完善。

从外国经验考察，深受中国文化影响的我们的邻国日本，实现了“最全面的外国法律移植”。[⑤] 日本近现代对西方法律的移植及其法制建设的经验说明，绝大多数的部门法都可以作为移植的对象，在合适的条件下得以移植。不应只强调不利因素，诸如某些法律与传统文化、国民生活具有不可分割的联系。民法中的家庭法就是一个典型。只要做好充分的准备、优化本土环境、完善配套措

---

① 毛泽东：《关于中华人民共和国宪法草案》，载《毛泽东选集》（第5卷），人民出版社1977年版，第127页。

② 彭真：《在民法座谈会上的讲话》，载《彭真文选》，人民出版社1991年版，第423页。

③ 参见《彭真委员长在全国〈民法通则（草案）〉座谈会上的讲话要点》（1985年12月4日），载《中国法律年鉴》（1987），法律出版社1987年版，第641页。

④ 何勤华等：《法律移植论》，北京大学出版社2008年版，第164页。

⑤ ［日］小岛武司：《比较法在移植外国法律中的第二任务》，王志勇译，载沈宗灵、王晨光编：《比较法学新动向——国际比较法学会议论文集》，北京大学出版社1993年版，第49页。

施，绝大多数法律都是可以移植的。[①] 是否需要移植英国离婚法律制度有待论证，但至少对英国法律制度进行研究是完全可行的。只有充分了解英国离婚法律制度，才能在此基础上考虑是否借鉴、如何借鉴的问题。

从另一方面看，随着我国国际交往的深化，越来越多的外国人来中国学习生活，同时，越来越多富裕起来的国人走出国门学习、旅游、工作。随着我国与世界各国的联系越来越密切，我国的涉外婚姻越来越多，婚姻当事人间的利益关系也更加复杂。了解掌握英国离婚制度，对于未来处理涉及中英跨国婚姻纠纷不无裨益。

二、国内外研究现状

选取英国离婚制度作为研究对象，在明晰研究的目的及意义后，接下来需要追问的是，我们应当如何对英国离婚制度进行研究？在选择恰当的研究方法前，有必要对现有研究做一梳理，只有在此基础上，我们才能找到一种更好的研究进路，加深我们对英国离婚制度的认识，理解英国离婚制度在英国社会中的位置，以及英国离婚制度如何发挥作用。

从国内现有研究情况看，第一，我国学者对于英国离婚制度的研究还处于起步阶段。目前，国内有关英国离婚制度的研究并不多，对英国离婚制度的全面系统研究尚无。有关英国家庭法的介绍我们可以参考屈广清教授翻译的凯特·斯丹德利所著的《家庭法》，[②] 蒋月教授等翻译的《英国婚姻家庭制定法选集》。[③] 国内有关英国离婚制度的专门研究较少，现有研究要么从历史角度研究英国家庭法，如李喜蕊的《英国家庭法历史研究》，[④] 朱佳的硕士论

① 何勤华等：《法律移植论》，北京大学出版社 2008 年版，第 288 页。

② ［美］凯特·斯丹德利：《家庭法》，屈广清译，中国政法大学出版社 2004 年版。

③ 蒋月等译：《英国婚姻家庭制定法选集》，法律出版社 2008 年版。

④ 李喜蕊：《英国家庭法历史研究》，知识产权出版社 2009 年版。

文《英格兰离婚立法沿革》,[①] 王灵的硕士论文《英国婚姻家庭继承法现代化简析》[②] 等；要么只针对英国离婚制度中的部分具体制度进行研究，如王倩萍的硕士论文《英国离婚辅助救济制度研究》,[③] 余艺的硕士论文《英美法上的离婚扶养费理论研究》[④] 等。另有一些研究主要采用了比较研究的方法，如陈苇教授主编的《外国婚姻家庭法比较研究》,[⑤] 张学军教授的《论离婚后的扶养立法》,[⑥] 李俊副教授的《离婚救济制度研究》[⑦] 等。总体而言，对英国离婚制度的系统性研究尚无。

第二，国内现有著述中，已有对英国家庭法的历史研究，但对英国离婚制度的现代研究相对较弱。李喜蕊的《英国家庭法历史研究》时间跨度始于盎格鲁—撒克逊时期，止于20世纪90年代，研究对象囊括了血缘宗族关系、家族制度、结婚离婚制度、夫妻关系以及亲子关系，这种全景式的研究概要性地描述了英国家庭法在英国历史上的发展历程，就每个历史阶段英国家庭法的时代背景、发展特点及影响因素等进行了分析和归纳。该书认为，英国婚姻家庭法的变迁在很大程度上保留了民族本土的传统文化因素，保守性和稳定性构成英国婚姻家庭法历史变迁中最明显的特征。王灵2004年的硕士论文《英国婚姻家庭继承法现代化简析》一文则将英国中世纪的婚姻家庭继承法的相关制度和现代的婚姻家庭继承法制度作了对比，通过分析制度发展背后的社会经济原因，对英国婚姻家庭继承法的现代化的特点、发展及具体表现进行了分析。朱佳

① 朱佳:《英格兰离婚立法沿革》，华东政法大学2007年硕士论文。

② 王灵:《英国婚姻家庭继承法现代化简析》，山东师范大学2004年硕士学位论文。

③ 王倩萍:《英国离婚辅助救济制度研究》，西南政法大学2009年硕士学位论文。

④ 余艺:《英美法上的离婚扶养费理论研究》，西南政法大学2005年硕士学位论文。

⑤ 陈苇:《外国婚姻家庭法比较研究》，群众出版社2006年版。

⑥ 张学军:《论离婚后的扶养立法》，法律出版社2004年版。

⑦ 李俊:《离婚救济制度研究》，法律出版社2008年版。

2007年的硕士论文《英格兰离婚立法沿革》将研究对象限定在近现代英格兰的离婚制度，主要分析了英格兰离婚制度从过错离婚向无过错离婚制度转变的历史过程。这方面的论文还有：傅新球的《英国离婚法的演变》，[①] 曹瑞臣的《当代英国离婚态势与特征分析》[②] 等。采用历史视角研究英国离婚制度的论文或著述，在研究的时间跨度上，可以是历史中的部分片段，也可以是沿着历史进程进行的宏观研究。这些研究大都希望能够从英国离婚制度的历史发展进程中发现剥离出离婚制度演变的历史规律。

第三，国内现有著述中，对英国现代离婚制度的研究大多是针对离婚制度中的某一具体制度进行研究，或是对英国的法律进行介绍，缺少系统性的梳理及研究。例如，蒋月教授等翻译的《英国婚姻家庭制定法选集》一书详细罗列了婚姻家庭法的法条，内容涵盖出生、结婚、离婚、子女抚养、儿童权利、民事结合、住宅、性侵害、家庭暴力、财产及其管理、代孕、人工生殖技术服务、继承、社会福利等英国婚姻家庭法的所有方面。这有助于学界了解英国婚姻家庭制定法的内容，认识英国婚姻家庭制定法的历史发展轨迹及其特点。但众所周知，法条及司法实践二者本身存在巨大差异。对于英国离婚制度在司法实践中的情形，国内现在基本上没有系统性的研究。陈苇教授主编的《外国婚姻家庭法比较研究》一书中涵盖了婚姻家庭法领域的众多制度，对离婚制度的比较研究作为其中的一个章节，限于篇幅，只对英国离婚制度的部分重点内容作了介绍。张学军教授在《论离婚后的扶养立法》一书中，围绕离婚后扶养制度这一主题，从历史的维度对英国离婚后扶养制度做了详细介绍，重点是比较各国离婚后扶养制度之不同，并从离婚后扶养制度的社会背景、请求权基础等方面论证我国应建立什么样的离婚后扶养制度。李俊副教授的《离婚救济制度研究》一书，也

---

① 傅新球：《英国离婚法的演变》，载《世界历史》2003年第2期。

② 曹瑞臣：《当代英国离婚态势与特征分析》，载《欧洲研究》2005年第2期。

是围绕其研究的重点，即离婚救济制度展开对英国离婚救济制度的论述，而对英国离婚制度中的其他内容则没有涉及。冉启玉副教授的《离婚扶养制度比较研究》也只对英国离婚扶养制度作了分析，对于离婚制度的其他内容没有涉及。此外还有部分学者的论文，如蒋月教授的《家事审判制：家事诉讼程序与家事法庭》、[①]《论我国法定离婚理由立法主义》、[②]《英国防治家庭暴力与保护受害人立法述评》、[③]《构建婚姻家庭诉讼司法调解制度》，[④] 何玲、张晓洁的《英法两国离婚法改革特点》[⑤] 等。这些研究侧重对离婚制度的某一方面进行比较分析，发现某一制度的共性及各国该制度的特点，以期揭示该制度的合理内核。屈广清教授翻译的凯特·斯丹德利所著的《家庭法》稍有不同，其对英国离婚制度虽有比较系统的介绍，但其系 2001 年英国家庭法的教科书，[⑥] 距今已十年有余，英国社会已经有了一些新的变化，需要我们进一步跟进。

综观国内现有有关英国现代离婚制度的研究，笔者认为，以往研究的不足大致可以归纳为以下几个方面：

一是现有研究从数量上并不太多，从质量上讲，现有研究的某些内容已经过时，并且研究的内容还不够全面、系统，对英国离婚法的适用及效果性评估存在不足。[⑦] 屈广清教授翻译的凯特·斯丹

---

① 蒋月：《家事审判制：家事诉讼程序与家事法庭》，载《甘肃政法学院学报》2008 年第 1 期。

② 蒋月：《论我国法定离婚理由立法主义》，载《东方法学》2009 年第 4 期。

③ 蒋月：《英国防治家庭暴力与保护受害人立法述评》，载《政法论丛》2011 年第 2 期。

④ 蒋月：《构建婚姻家庭诉讼司法调解制度》，载《甘肃社会科学》2008 年第 1 期。

⑤ 何玲、张晓洁：《英法两国离婚法改革特点》，载《河北法学》1998 年第 2 期。

⑥ 由于在译本中无法找到原版的出版信息，笔者只能根据作者的序以及译者的译后记对该书原版的出版时间进行推测，这本书的原版应该是出版于 2001 年至 2003 年 5 月之间。

⑦ 蒋月：《改革开放三十年中国离婚法研究回顾与展望》，载陈苇主编：《家事法研究》（2008 年卷），群众出版社 2009 年版，第 229 页。

德利所著的《家庭法》大致是2001年左右的英国家庭法。至今已过去十余年，内容较为陈旧，已不能完全展现英国离婚制度的全貌。其他的一些研究，要么只有制定法，没有判例法；要么只是对英国离婚制度发展的历史白描；要么主题宏大，受章节篇幅所限，只能对英国离婚制度中的重点内容做简单分析；要么集中于离婚制度下的某一具体制度进行比较分析。现有研究中基本没有对英国离婚制度的整体性及系统性研究，对英国现代离婚制度的适用及效果性评估的研究存在不足。

二是国内对英国离婚制度中制定法的内容掌握比较多，但对判例法的内容，以及英美法系特有的判例法思维模式的研究尚不多见。现有研究大多依照大陆法系法律人的思维模式认识、学习英国离婚制度。也即通过大陆法系法律人的逻辑框架剖析、研读英国离婚制度。

这种研究上的不足有其历史上的原因。中国自清末以来，法律制度研习和借鉴的主要对象是大陆法系国家的法律制度。这种研究习惯也使国内的法律研究重视德国、法国、日本等大陆法系国家的法律制度及法律研究，相对而言，英美法系国家如英国、美国、加拿大等国家的法律制度及法律研究还有待进一步深化。

另一原因是由于国内法律制度与大陆法系的法律制度存在亲缘性，因此对国内法律人而言，大陆法系的制度更容易被国人接受。我们也习惯以制定法为重心的法律构架。这种模式便于我们认识、掌握法律。而判例法的研究学习似乎较为困难。一方面，我们认为案例庞杂，要在众多案例中找出法律逻辑，并不容易。另一方面，对判例法的运作机制不熟，也使有些人怀疑判例法是否存在统一的审判标准。

三是部分研究由于资料收集的时间以及条件限制，只截取了离婚制度的部分内容进行比较研究，而对英国离婚制度的某些内容的理解不够全面。也可能由于资料翻译中，译者使用的术语不够准确，致使离婚制度中某些不清楚的内容还需进一步的深入研究。

从国外的研究现状看，研究英国离婚制度最多的仍是英国学者。研究家庭法理论及实践的部分学者对于英国离婚制度都有许多丰硕成果。例如，伊克拉等的《家事司法》,[①] 吉尔莫等的《海耶斯和威廉家庭法》,[②] 赫林的《家庭法》,[③] 赫林等的《家庭法大辩论》[④] 等。国外的这些研究多从英国家庭法整体的角度进行，单独对中英离婚制度进行比较研究的不多。笔者研究英国现代离婚制度的最终目的是希望通过研究英国现代离婚制度，加深国人对英国现代离婚制度的整体系统认识，把握英国现代离婚制度的内涵与价值，最终回归到对完善我国离婚制度的启示。

三、研究进路和研究方法

（一）研究进路

对英国现代离婚制度的整体性及系统性研究着重回答三个问题，也即英国现代离婚制度是如何建立的，英国现代离婚制度的具体内容是什么，如何评价英国现代离婚制度的问题，简单地说，也就是“从何而来”、“是什么”和“是否合理”的问题。

为了回答好“从何而来”的问题，笔者希望通过历史以及社会的角度，深入分析英国离婚制度发展的全貌。法律是社会的产物，是社会中的众多制度之一。正如著名学者瞿同祖先生所言：法律与风俗习惯联系十分紧密，法律以维护已有制度和社会秩序为己任，不但主流的道德、伦理等社会价值观念，而且在历史某一节点上，某一社会的社会结构也会在法律中有所体现和反映。只有深谙

---

① Eekelaar J. & Maclean M. , *Family Justice: the Work of Family Judges in Uncertain Times*, Oxford: Hart Publishing, 2013.

② Gilmore S. , Glennon L. , *Hayes and Williams' Family Law* (3rd edition), Oxford: Oxford University Press, 2012.

③ Herring J. , *Family Law* (6th edition), Harlow: Pearson, 2012.

④ Herring J. , Probert R. , Gilmore S. , *Great Debates in Family Law*, Hampshire: Palgrave Macmillan, 2012.

产生某一法律的社会背景，才能更深刻地认识这些法律的意义和作用。[①] 马克思也指出，法律应以社会为基础。法律应体现社会共同的、由一定物质生产方式产生的利益和需要。法律绝非个人的恣意横行。[②] 法律与社会的这种密切关系还表现在，法律所处的时代及当时的社会决定了法律的性质及其功能，二者发展变迁的进程基本保持一致。[③] 从这一角度分析，认识制度得以产生的社会及其发展历史必然是认识英国离婚制度的前提和基础。

有了这一前提和基础，就能更好地回答“是什么”的问题。这一问题从本质上讲是对英国现代离婚制度的描述性问题。除了应清楚阐明英国现代离婚制度各项内容之外，还应分析离婚制度各项内容之间的联系。一般而言，离婚制度主要由以下四部分组成，也即离婚指导思想、离婚理由、离婚程序和离婚法律后果。为了后文比较分析的方便，笔者将沿着这一思路介绍英国现代离婚制度。

关于“是否合理”这一问题，笔者选择从制度本身以及制度的价值两个层面对英国现代离婚制度进行评析。首先，在制度层面，笔者将沿着离婚指导思想、离婚理由、离婚程序和离婚法律后果这一逻辑顺序，结合英国司法实践以及学界论争探讨英国现代离婚制度的现有格局以及未来可能的发展趋势，分析英国现代离婚制度的合理之处。重点是希望通过对制度的研究挖掘制度的合理内核，从而寻找完善我国制度之方法。其次，笔者希望选择制度的价值这一评价标准，在抽象哲学层面进行分析，以期通过对英国现代离婚制度的价值分析得出离婚制度在应然层面应如何选择。

最后，笔者将通过对我国社会变革背景、制度现状及其实施情况，反思我国现有制度之不足，提出完善我国离婚制度之立法建议。

---

① 瞿同祖：《中国法律与中国社会》，中华书局 2003 年版，导论第 1 页。
② 《马克思恩格斯全集》第 6 卷，人民出版社 1961 年版，第 291 ~ 292 页。
③ 付子堂主编：《法理学进阶》，法律出版社 2005 年版，第 257 页。

（二）研究方法

如前所述，本研究的主要目的是希望通过全面介绍、分析英国离婚制度，对英国离婚制度的主要内容做一梳理，从历史以及现实的视角观察英国离婚制度，分析英国现代离婚制度和英国社会的互动关系，考察英国离婚制度的具体内容，并对这些具体内容进行评析，通过价值分析的方法评价英国现代离婚制度，寻找现代离婚制度理应具有的合理内核，从而寻找出适合中国离婚制度改革的道路。

为了能回答好研究思路中的几个问题，笔者拟采用以下研究方法：

一是文本分析法。对文本的分析是研究外国制度要求具备的前提条件。要充分研究一项外国制度，熟悉了解外国的第一手原文资料才能保证研究的准确性和及时性。这就要求研究人员应该注意资料的收集、归纳、分析。随着我国社会科技的进步以及互联网技术的发展，有人认为：现在想要获取国外法律制度的第一手资料并不难。实际上，相较过去而言，现在获取国外法律制度的资料确实容易了一些。但是，在信息爆炸的时代，如何筛选和识别信息，去伪存真，却是我们需要思考的问题。即使我们能够通过互联网查找到国外法律制度的相关资料，但需查证这些资料是否由于过于陈旧，利用价值不多，讨论的问题是否是值得我们关注的重大理论问题等。从某个角度而言，是否能够准确把握资料，这是我们研究的起点，也是影响我们研究质量的重点内容。为求在资料的收集及占有上获得最新的第一手资料，并且对资料的重要程度有一个正确的分析认识，笔者在攻读博士学位期间，有幸申请到英国牛津大学访问学习的机会。在英国牛津大学的访问学习对于研究英国离婚制度资料的收集起到了很大的作用。

二是历史分析法。研究制度发展历史对于了解掌握制度内涵的重要性不言而喻。如前所述，法律与其所处的时代和社会有着千丝万缕的关系。要正确评价某一制度，就离不开对制度发展历史的分析。鉴于此，笔者将对有关英国现代离婚制度的发展演变部分运用历史分析的方法，从制度发展的轨迹寻找制度与社会的相关关系，以期发现制度应如何应对社会变革的合理机制。

三是价值分析法。价值研究是笔者选取的英国现代离婚制度的评价标准之一。因此，笔者将运用价值分析方法对英国现代离婚制度进行剖析。在法的应然层面回应现代离婚制度所应具有的合理内核，在法的实然层面评价英国现代离婚制度体现的价值选择。

四是比较分析法。研究国外制度最终仍要回归到对本国具体制度的完善。因此，比较英国现代离婚制度和我国的离婚制度是本研究的必要组成部分。比较分析方法也就成为笔者在接下来的研究中将要采用的研究方法之一。

五是社会性别分析。社会性别理论滥觞于20世纪60年代的美国，是女权运动不断发展的结果，同时也发展成为女权运动中占据主导作用的核心观念体系。按照社会性别分析方法，两性关系是社会关系的本质反映，通过分析两性关系，可以透视社会关系、社会制度的根源和本质。社会性别分析方法总体上要求：其一是要用变化发展的眼光看待社会性别；其二是将女性视为发展的主体；其三是注重政策和制度中两性关系的变化及其影响。离婚制度作为人类社会的基本法律制度，与两性关系密不可分。用社会性别分析方法研究离婚制度，是实现法的公平正义价值的本质要求。

除上述研究方法外，本书还将结合研究需要灵活采用人文社会科学领域内的其他有益的研究方法，社会学、心理学、伦理学等学科都可能为本研究提供一定的研究方法和研究工具。

四、创新与不足

（一）主要创新点

1. 在英国现代离婚制度的系统性研究方面填补了国内研究的空白。针对国内现有英国离婚制度的研究中尚无较为系统全面地研究英国现代离婚制度的现状，首次对英国现代离婚制度进行了全面系统的研究和评析，阐述了现行英国离婚制度的发展演变、变革论争，用翔实的第一手英文资料评介了英国现代离婚制度的发展轨迹及其走向，在某些方面填补了国内此方面理论研究的空白。

2. 对英国现代离婚制度之司法状况进行了考察研究。针对国内对英国现代离婚制度之司法案例方面的了解不足，本书通过案例的研究和分析，评介了英国现代离婚制度的司法实践情况，以求对英国现代离婚制度的分析建立在更加客观的基础上。

3. 在离婚指导思想上，本书建议借鉴英国离婚制度，在我国现有离婚指导思想的基础上，增加“保障离婚法律后果的正义最大化和损害最小化”，丰富发展了我国现有离婚指导思想。

4. 为实现离婚法律后果的正义最大化和损害最小化，本书建议在有关夫妻离婚财产协议方面，应在一定程度上加大公权力的干预，在登记离婚以及调解离婚时均应重点审查离婚协议是否合法。

5. 在有关离婚后父母子女关系方面，本书建议应进一步细化相关法律规定，为法官在司法实践中提供更详细的审判指南。同时，建议在劳动和社会保障部门设立专门的离婚后子女抚养费服务机构，确保不与子女共同生活的父母一方给付抚养费，保障离婚家庭未成年子女的成长需要，减轻法院的工作压力。

（二）不足之处

1. 由于笔者在英访学的时间有限，对于英国离婚制度相关资料的收集可能不够充分，对于英国社会以及制度变迁背景的了解也许不够全面。

2. 对于我国离婚制度的现状，尽管笔者做了一定程度、一定范围的调研，但由于人力、物力、财力的限制，调研地区有限，且实证研究相对于本书的其他研究而言，略显薄弱。这有待未来进一步的深化研究。

第一章　英国现代离婚制度的发展演变

婚姻法是一国法律当中影响最为广泛的法之一。这是因为其不但会影响已婚配偶、未婚伴侣，而且也会对家庭中的老人、儿童等弱势群体产生深远影响。在英国也不例外。英国现代离婚制度的建立并非一蹴而就。在历史的长河中，社会各种因素的冲突碰撞使得英国现代离婚制度的建立也充满了坎坷。

第一节　英国现代离婚制度的发展背景

在英国，婚姻制度的重要意义不光体现在对已婚配偶的深远影响上。按照最初的“夫妻一体主义”的观点，男女双方一旦结合，就视为一体。至此，已婚妇女的法律人格被丈夫的法律人格归并吸收，这种情况一直延续到 1935 年。[①] 不仅如此，婚姻也将对财产的继承产生直接影响。由于早先男女两性的结合是在教堂通过神圣

① 受夫妻一体主义观念的影响，早前已婚妇女没有独立的财产和人格，夫妻结合后，妻子的一切财产归于丈夫，而且行使财产的权利也归于丈夫。1870 年《已婚妇女财产法》的颁布使得妇女对其自己的工资等收入享有衡平法上单独的使用权。1882 年《已婚妇女财产法》颁布后，已婚妇女具有了获得、持有、处理不动产及动产财产的资格。到 1935 年《法律改革（已婚妇女和侵权人）法》，已婚妇女才完全具有了和丈夫一样的独立的法律资格。自此以后，丈夫不再承担对妻子实施的侵权行为的赔偿责任，因侵权行为遭受损害所获得的赔偿也不再交付给丈夫。

的宗教仪式完成的，所以离婚既是一个世俗问题，又是一个宗教问题。早在7世纪时，婚姻的问题就已被视为是一个宗教问题。到12世纪，宗教和世俗法院的管辖彻底区分后，婚姻的问题仍然由宗教法院独立审查。即使后来世俗法院逐步开始审理婚姻问题，这一问题仍无一例外地交由主教审理，并按照教会法的规定裁决，[①] 这种区分一直延续到1857年。1857年《婚姻诉讼法》（Matrimonial Causes Act）改革了离婚法，自此离婚案件的管辖法院自宗教法院转至世俗法院，[②] 婚姻更像是一种民事契约而非神圣的宗教仪式。

从1857年《婚姻诉讼法》有了现代离婚制度的雏形，到1969年英国现代离婚制度的建立，前后经历了一百余年的时间。这期间，英国社会经济的发展以及两次世界大战，都对英国现代离婚制度的建立产生了重大影响。

一、政治民主化的进程不断深化

从19世纪60年代到20世纪70年代，英国国内政治民主化的进程不断深化。在这百余年间，英国先后经历了维多利亚时代（1837～1901），[③] 乔治五世（1910～1936），爱德华八世（1936），乔治六世（1936～1952），伊丽莎白二世（1952至今）。

在政治民主化方面，议会选举制度的改革为我们观察这一时期的民主化进程提供了一个很好的视角。在这段时期，英国多次推进扩大选民的法令。1866年，为了稳定激进派，又不招致辉格党和其他改革反对派的攻击，自由派的罗素（Russell）和格莱斯顿

---

① Baker J. H., *An Introduction to English Legal History* (4th edition), London: Butterworths, 2002, p. 479.

② 石雷：《现代英国家事案件审判体制的变迁及其启示》，载《时代法学》2012年第5期。

③ 维多利亚时代（Victorian era），是指维多利亚女王的统治时期。前接乔治时代，后启爱德华时代，被认为是英国工业革命和大英帝国的鼎盛时期。

(Gladstone)[1] 谨慎提出了增加新选民的议案，主要是增加亲自由派的手工艺人以及零售商人。但这一议案最终未获通过。随即迪斯雷利（Disraeli）领导的保守政府上台。格莱斯顿没有气馁，在托利党执政期间，又再次提出了改革议会的主张。迪斯雷利主要基于以下三点理由，同意了这一法案：一是一个新的改革法案会让自由派人士因意见分歧而分裂，从而使只占微弱优势的保守政府得以存续；二是一个成功的法案能够帮助托利党挽回一点声誉，说明其是一个很好的政府管理者；三是一个保守的法令可以阻止格莱斯顿重新再提出其议案，但这无疑也会损害托利党自身选民的利益。

此外，一些激进的自由派人士知道作为一个有微弱优势的托利党领袖，迪斯雷利的抗压能力较弱，他们又进一步提出了一个修正案。迪斯雷利也确实接受了这一修正案。这使得 1867 年《第二改革法》（Reform Act）（又被称为 1867 年《人民代表法》）[2] 比自由和保守双方所设想的还要民主。在市议会的席位上有了房东、租房者的位置，更多的工人阶级也有了投票权，选民从 1866 年的 130 万人增长到 1869 年的 245 万人，成年男性中每三人就有一人有投票权。[3]

与 1867 年《第二改革法》不同，1884 年《第三改革法》的关注重点是 1867 年《第二改革法》所忽略的农村地区。自由党的领袖格莱斯顿致力于将选民资格扩展到农村地区。而当时由索尔兹伯里（Salisbury）领导的保守党对此则极力反对。他们认为，他们的权力基础就在农村地区。一旦农村地区的穷人有了投票权，那么，他们是不可能得到这部分选民的支持的。因为，这些穷人不可能去

---

① 1865 ~ 1866 年，罗素任英国首相，格莱斯顿任议会领导人。

② 《第一改革法》颁布于 1832 年，该法首次扩大了选民范围。该法颁布后，英国成年男子中每 6 人就有 1 人有投票权。这两部法以及后面的几部改革法原名都是《人民代表法》。

③ Pugh M., *Britain since* 1789: *A Concise History*, London: Macmilian Press Ltd., 1999, p. 99.

支持一个象征财富以及特权的保守党，他们更可能支持的是赋予他们投票权的自由党。

这一法案在下议院讨论时成功通过。但在保守党占多数的上议院则未获通过。格莱斯顿不屈不挠，最终上议院与格莱斯顿达成协议，在该法之后补充一个分配下议院席位的法案，该法颁布后，选民人数增长到 1885 年的 570 万，在英格兰和威尔士，成年男性中每三人就有两人有投票权。[①]

选举人数扩大的同时，有关贿选的丑闻也时有传出，虽然议会审议通过了 1883 年《反贿选法》（Corrupt Practices Act），但这并没有解决竞选的高费用问题。这也致使一些工人阶级的候选人无法进入政党的核心。此外，1884 年《第三改革法》通过后，仍有 40% 左右的年满 21 周岁的男性住户没有投票权。[②] 第一次世界大战结束后，英国政府同时面临着退役老兵没有投票权、1917 年俄国革命的挑战。同时，深受约翰·密尔的自由思想影响，[③] 女性投票权的问题也不断得到关注和支持。这些因素最终促成了 1918 年《第四改革法》的通过。该法将选民扩大到了所有年满 21 周岁的成年男子以及 30 岁以上的大多数女性。[④] 与此相伴的 1920 ~ 1921 年的经济萧条以及失业率的攀升激化了劳资关系，工人运动蓬勃发展。随着工会组织的扩张，工会成员也日益增多。1919 年达到了 350 万人。这些工会也通过集资的方式支持工会领袖成为议会候选人。议会中工党的席位从 1918 年的 388 席增长到 1929 年的总共

---

① Cornish W. R. & Clark G. de N. , *Law and Society in England*: 1750 – 1950, London: Sweet & Maxwell, 1989, p. 82.

② Cook C. , *The Routledge Comapion to Britain in the nineteenth century*, 1815 – 1914, Oxford: Routledge, 2005, p. 68.

③ 密尔于 1869 年出版了一本名为《妇女的从属地位》的书。该书批判了父系社会施加给女性的法律上的不公平，以功利主义的观点主张妇女解放。See Mill J. S. , *The Subjection of Women*, London: Longmans, Green, Reader & Dyer, 1869.

④ Dawson M. , "Money and the Real Impact of the Fourth Reform Act", *The History Journal*, vol. 35, 1992(2), p. 375.

615 席中的 571 席。工党最终发展成为一个全国性的政党。[1] 1918 年《第四改革法》仍有一些不足。从选民资格看，其尚未实现“一人一票”的体制，少部分人仍然存在一人多选区投票的情况。此外，女性获得投票权的法定年龄高于男性，且女性没有被选举权。[2] 女性享有与男性完全平等的投票权则在 10 年后的 1928 年《第五改革法》中最终得以实现。第二次世界大战后，1948 年《人民代表法》（Representation of the People Act）[3] 则最终实现了“一人一票”制，取消了 12 个大学选区的席位。[4] 1969 年《人民代表法》则进一步扩大了选民资格，将有选举资格的选民年龄降为 18 岁。[5]

选举制度的改革在很大程度上推动了英国社会的政治民主化进程，这也使得与之相伴而行的有关宗教问题的制度改革，以及女权主义者要求的社会制度变革有了可能。民主化的步伐为离婚制度顺应民意、反映民生提供了强有力的保障，从而最终使离婚制度完成了现代化。

二、宗教势力的影响日渐式微

宗教活动作为民众生活中的重要部分，其影响力正逐渐衰减。1851 年的一项调查表明，有 40% 的民众会在礼拜日参加天主教的活动，在农村，参与人数的比例占 44%，在伦敦等九所大城市中，参与天主教礼拜活动的人数比例只有 25%。圣公会在城市工人阶

---

① Pugh M., *Britain since 1789: A Concise History*, London: Macmilian Press Ltd., 1999, pp. 180 – 182.

② Seager J. R., *Parliamentary Elections under the Reform Act*, 1918, London: P. S. King & Son, Ltd., 1918, p. 2.

③ 1948 年后，《人民代表法》又经过了多次修订，改革法的说法不再使用。

④ Barnett H. & Jago R. *Constitutional & Administrative Law* (8 ed.), Oxford: Routledge. 2011, p. 344.

⑤ Leyland P., *The Constitution of the United Kingdom* (2 ed.), Oxford: Hart Publishing, 2012, p. 27.

级中的影响力也在减弱。就各宗教之间的数据来看，英国国教[①]的受众占全国总人口的 19.7%，新教的受众占 19.4%，这些受众主要是工人阶级，罗马天主教的受众占 1.4%。[②] 到 1904 年，《每日新闻》所做的调查显示只有 19% 的伦敦人还会到教堂做礼拜，[③] 相比 1851 年的 25%，有明显下降。1947 年的一份调查显示，只有 11% 的男性和 18% 的女性会每周到教堂做礼拜。[④] 在青年学生中，宗教影响力的颓势更加明显。从 1961 年到 1972 年，出席教堂活动的学生从 46% 降到 25%，声称自己信仰宗教的学生从 73% 降到 53%。[⑤] 到 1975 年左右，英国在很大程度上已经成了一个世俗社会，其宗教文化早已不再是单一的圣公教，大部分人对宗教的态度也比较冷淡。只有 10% 到 12% 的英国人会参加宗教活动，这其中包括那些偶尔参加宗教活动的人。[⑥]

在社会思潮及文化方面，19 世纪下半叶，宗教势力衰减的一个重要原因是 1859 年达尔文的《生物进化论》。该书对维多利亚时代中期的天主教信徒带来了挑战。尽管当时这一著作的影响在很大程度上还只是停留在受过教育的精英阶层，但牧师们担心，有关达尔文主义的讨论一旦推广开去，无疑将加速宗教的衰落。此外，

---

① 英国国教为圣公教，其精神领袖为坎特伯雷大主教，在封建时代，坎特伯雷大主教的权力相当大，对于婚姻离婚事务具有无上的权威。

② Pugh M.，*Britain since* 1789：*A Concise History*，London：Macmilian Press Ltd.，1999，p. 78.

③ Brown C. G.，*Religion and Society in* 20th *Century Britain*，Harlow：Pearson Education Limited，2006，p. 1.

④ Brown C. G.，*Religion and Society in* 20th *Century Britain*，Harlow：Pearson Education Limited，2006，p. 183.

⑤ Bebbington D.，"The Secularization of British Universities since the mid – nineteenth century"，in Marsden G. M. and Longfield B. J.（eds），*The Secularization of the Academy*，Oxford：Oxford University Press，1992，p. 268.

⑥ Bruce S.，*Politics and Religion in the United Kingdom*，London & New York：Routledge，2012，p. 14.

19 世纪 90 年代，随着国家开始推行社会福利立法,① 教堂在慈善救济方面的作用也日益萎缩。工人阶级的家庭很少有人觉得应该去听牧师的道德引导。② 1917 年俄国社会主义革命以及俄国共产党的崛起也给英国的圣公会等宗教组织造成了很大的影响。天主教尤其反感共产主义。很大程度上是因为，共产主义对天主教教区造成巨大冲击，如伦敦、利物浦、格拉斯哥等。1938 年，世俗主义者在伦敦组织了一个“无神者集会”，吸引了各个机构组织的共产主义者、自由分子以及无神论者。这曾引起当时内政部的高度关注。③

在教育领域，1869 年，面对普鲁士等国的快速发展，英国有学者担心，国内的教育已经比不上世界上领先国家的水平。此外，教会学校远远满足不了需要，根据对利物浦治安法官所做调查的统计数据，当年城市街头有三万左右的流浪儿童，他们学会的是“流浪、乞讨以及犯罪”。④ 针对国内加强基础教育的呼声，以格莱斯顿为首的自由党政府于 1869 年年末提交了一份教育法案。尽管这一法案折中了教会学校和世俗学校的立场，但在议会讨论时，仍遭到了强烈反对。不信仰圣公会的人要求政府停止对教会学校提供资助。他们担心，圣公会的人会把持新的教育委员会，以便在公立学校中继续推行圣公会的教义。迫于压力，教育法案又做了修订，教育委员会的成员由纳税人选出，1870 年《初等教育法》（Elementary Education Act）得以通过。该法初步建立起了英国的基础教育体系。同时，政府也越来越多涉足教育领域。到 1880 年，12

① 例如，1909 年《劳资协商法》（Trade Boards Act），1911 年《国家保险法》（National Insurance Act）等。

② Brown S. J. , *Province and Empire Religion*, *Politics and Society in the United Kingdom*, 1815 – 1914, Harlow: Pearson Education Limited, 2008, p. 454.

③ Brown C. G. , *Religion and Society in* 20th *Century Britain*, Harlow: Pearson Education Limited, 2006, p. 150.

④ Cruickshack M. , *Church and State in English Education*, 1870 *to the Present Day*, London: St. Martin’s Press, 1964, p. 19.

岁以下儿童的教育已经成为一种义务教育。政府的角色得到了进一步凸显。相对基础教育领域，高等教育亦然。1871 年，政府通过了《大学考试法》(Universities Tests Act)，该法将所有与宗教无关的职位，如研究员、导师、学院领导等，以及非神学的一些高级学位向所有有资格的一般民众开放，而不论其宗教信仰为何。① 至此，政府的立法在一定程度上降低了宗教对教育机构的影响。

19 世纪末 20 世纪初，不信仰英国国教的人对于 1870 年《初等教育法》的态度也发生了根本转变，由最初的强烈批判到后来的积极支持。随着进步人士逐渐进入各地的教育委员会，他们发现可以通过设定地方学校的等级为公立学校提供足够的资金保障，这种资金支持往往比圣公会的学校更多。这在教育设施的投入以及吸引优秀教职工方面自然优势明显。圣公会的学校在竞争中节节败退。到 1890 年，由于资金原因，圣公会不得不关闭了近一千所学校。②

从宗教组织考察,原来的国教圣公教也在这段时间内逐渐丧失了其国教的地位,与国教相关的各种特权优势③随之旁落。宗教多样化的趋势日趋明显。这种趋势也逐步瓦解了宗教与政治的关系。圣公教大主教也承认宗教正日趋衰落。1876 年，坎特伯雷大主教泰特（A. C. Tait）在一次例行的出行中，就英国圣公会的情况做了这样的介绍。一方面，教堂正遭受到前所未有的威胁与包围，“一股势力正在逐步壮大，他们抵制基督教，想要用人的理性来代替神的真理建立一个独立的王国”。唯物主义的无神论正大行其

---

① Brown S. J., *Province and Empire Religion*, *Politics and Society in the United Kingdom*, 1815 - 1914, Harlow: Pearson Education Limited, 2008, pp. 258 - 262.

② Brown S. J., *Province and Empire Religion*, *Politics and Society in the United Kingdom*, 1815 - 1914, Harlow: Pearson Education Limited, 2008, pp. 414 - 415.

③ 例如,其实施的一些宗教办法具有法律上的强制力,作为英国宪法的一部分,国教在整个社会中也有非常特殊且受人尊敬的地位。See Stiles A., *Religion*, *Society and Reform* 1800 - 1914, London: Hodder & Stoughtom, 1995, p. 93.

道，许多人都认为“基督的事业现在已经过时了”。① 泰特大主教的这些评价不光说出了英国圣公教的情况，也说出了在急剧变化的社会中，英国教堂面临的现实。而且这一矛盾的情况确实属实。世俗主义者和社会主义者对宗教信仰的挑战日益严峻。虽然 1859 ~ 1862 年以及 1873 ~ 1875 年，英国也经历了两次宗教的复苏。② 全英的教堂数量在这段时间表现出了一定程度的增长。但这种复苏也只是短暂的，宗教的衰落已为历史所证明。19 世纪，选举的民主化进程使得反对国教体制的异见人士能够发表自己的意见。在宗教活动的资金方面，由于英国圣公会的资金来源于土地税，也即将农产品或金钱收入的十分之一交给教会。因此，反对国教体制的异见人士就不愿交纳十一税。到 20 世纪初，圣公教的资金来源则主要来自于信仰圣公教的信徒，不再由一般民众承担。信仰圣公教也不再是国民的特征，而是一种个人追求，这一转变过程到 19 世纪末基本得以实现。③

此外，各种不同宗教势力的存在也在政治领域产生了相应影响。例如，保守的圣公教认为，工人阶级中守旧派卫理公会的信徒的增加强化了工人阶级中的激进主义。中产阶级新教对于圣公会政治精英的威胁也颇让人担心。1844 年组建的公理宗解放社的目标就是废除圣公教。④ 这些宗教间的分歧也使得 19 世纪最后二三十年的政治场景中充斥着宗教的纷争。

---

① Tait A. C. , *Some Thoughts on the Duties of the Established Church of England as a National Church*, *being Seven Addresses delivered at his Second Visitation*, London, 1876, pp. 18 - 19, 28. 转引自 Brown S. J. , *Province and Empire Religion*, *Politics and Society in the United Kingdom*, 1815 - 1914, Harlow: Pearson Education Limited, 2008, p. 338。

② Brown S. J. , *Province and Empire Religion*, *Politics and Society in the United Kingdom*, 1815 - 1914, Harlow: Pearson Education Limited, 2008, p. 338.

③ Bruce S. , *Politics and Religion in the United Kingdom*, London & New York: Routledge, 2012, p. 7.

④ Pugh M. , *Britain since 1789: A Concise History*, London: Macmilian Press Ltd. , 1999, p. 79.

20 世纪 20～30 年代，广播的盛行让各个教派神经紧张。他们既担心世俗化力量的逐步壮大。同时，他们对于圣公会、独立教会，高教会派和革新教会派之间的平衡如何维系，也高度敏感。他们常常要求政府以基督教文化的名义出手干预，支持某个教派，打击另一个教派。而政府则希望找个借口逃离宗教政治。[①] 政治和宗教间的距离开始越来越远。

宗教逐渐淡出社会生活和政治领域后，议会很少再讨论宗教问题，各个教会对于外交政策也再无大的分歧，圣公会对牛津和剑桥等学术机构的控制也大大减弱，到 20 世纪 20 年代，这些学校结束了义务性的唱诗班，同时在原来由圣公会掌控的神学的教席上也安排了其他教派的人员。[②] 这既是社会科技进步的一个必然结果，又见证了社会文明的进程。宗教思想和观点的式微对于原来在离婚制度中占据重要位置的婚姻过错等问题的认识和离婚观念的改变带来了深远的影响。

三、女权运动的勃发

英国社会有组织的女权运动肇始于 19 世纪中期。[③] 维多利亚时代中期，已婚妇女和子女一样没有法律上的人格地位。在工厂工作的女工虽然在一定程度上获得了经济上的独立，但这种独立在结婚后立即就会消亡（丈夫对于妻子的财产享有所有权）。即使未婚的女工，其工作量大，工资却不高。对于中产阶级的妇女而言，她们没有工作机会，获得经济保障的唯一方式是找个丈夫。所有这些因素都强化了“男女对立世界”的观点。据此，女性就应在家相夫教子，以家庭为其生活的中心。男性就应外出工作，占据工作及

---

① Brown C. G., *Religion and Society in 20th Century Britain*, Harlow: Pearson Education Limited, 2006, pp. 152 – 153.

② Thompson F. M. L., *The Cambridge Social History of Britain* 1750 – 1950 (vol 3), Cambridge: Cambridge University Press, 1990, pp. 352 – 353.

③ Rendall J., *The Origins of Modern Feminism*, London: Macmilian, 1985, p. 307.

政治舞台的中心。① 在这一背景下，为女性权益而斗争的组织开始出现，最有影响的两个组织为“朗豪坊圈”和“肯辛顿辩论协会”。“朗豪坊圈”是以一本名为《英格兰妇女期刊》的女权刊物的办公地点朗豪坊19号命名的。该期刊创刊于1858年，是早期有关妇女工作及妇女议题的一个交流平台。从内容来看，这本杂志一方面为帮助妇女就业提供就业信息，另一方面也致力于改善妇女的工作环境及受教育机会。但由于经济原因，1864年《英格兰妇女期刊》即告停刊。“肯辛顿辩论协会”创建于1865年。这一协会主要关注有关妇女参政这类富有争议的话题。②

19世纪后半叶及20世纪头二十年，英国女权运动主要就已婚妇女的独立法律人格、女性选举权、女子教育、女子就业等一系列问题展开了斗争。限于篇幅，笔者此处主要阐述已婚妇女的独立法律人格以及女性选举权两个问题。

首先，从已婚妇女的独立法律人格看，19世纪50年代，一场争取已婚妇女独立财产权的斗争拉开了帷幕。1870年以前，尽管普通法为已婚妇女的财产提供了某种程度的保护（这主要体现在土地等不动产权利上），但是结婚也意味着她们的动产至此归为丈夫名下，并由丈夫行使相应的权利义务。③ 芭芭拉·博迪雄（Barbara Bodichon）自1854年开始就为这方面的法律改革而努力。她先是召集了一个委员会，收集各种遭受不公待遇的已婚妇女的信息。同时，组织了两万六千人在请愿书上签名。虽然，这些努力并未成功，但其中一些要求最终体现在了1857年《婚姻诉讼法》

① Bryson V., *Feminist Political Theory* (2nd ed.), London: Palgrave Macmillian, 2003, p. 42.

② Cowman K., *Women in British Politics*, c. 1689 - 1979, London: Palgrave Macmillian, 2010, pp. 41 - 43.

③ Combs M. B,. “A Measure of Legal Independence, The 1870 Married Women's Property Act and the Portfolio Allocations of British Wives”, *The Journal of Economic History*, vol. 65, 2005(4), p. 1031.

中。到1867年，在伊丽莎白·沃斯滕霍姆·艾尔米（Elizabeth Wolstenhome Elmy）、莉迪亚·贝克（Lydia Becker）、杰西·步舍雷（Jessie Boucherett）的组织下，一个更大的、更具全国代表性的已婚妇女财产委员会产生了。在已婚妇女财产委员会的推动下，1870年议会通过了《已婚妇女财产法》（Married Women' s Property Act）。但这一法案只允许已婚妇女有权保留个人婚后的劳动所得，这对于想要保护自己婚前财产所有权的女性而言，影响极其有限。因此，已婚妇女财产委员会继续推进立法改革。她们通过与自由派领袖建立联系，获得了他们的支持。1880年上台的自由党政府同意对该法进行修订，议会最终通过了1882年《已婚妇女财产法》。[①] 到1935年，这种争取妇女独立的财产权利和法律人格的努力终于取得了最终胜利。1935年《法律改革（已婚妇女和侵权人）法》的颁行，使妇女享有了独立承担侵权责任的法律资格。至此，妇女拥有了法律上的完全的独立人格，她们可以自由支配自己的财产，并具有独立的诉讼主体资格。但在离婚法中隐藏的道德问题上，当时的英国法仍然实行双重标准。丈夫可以仅仅依靠通奸即可请求离婚，但妻子则需要除通奸以外的其他理由。

在争取妇女选举权方面，19世纪的女权主义者认为，公共领域与私人领域并非截然对立的两个世界，实质上，二者具有不可分性，[②] 因此选举权既是政治参与自由、家庭生活自主的女性的标志，又是女权性别文化实现目的的手段。父权社会文化的最终来源正是体现于政治和法律的表达。而选举权又被视为改变法律的一个有用工具。因此，争取妇女选举权自然就成了攻击父权社会文化的

---

① Cowman K., *Women in British Politics*, c. 1689 – 1979, London: Palgrave Macmillian, 2010, pp. 43 – 44.

② Kent S. K., *Sex and Surrage in Britain*, 1860 – 1914, Princeton: Princeton University Press, 1987, p. 5.

一个直接且极具象征意义的战场。[①]

女权运动先驱们在权利斗争过程中积极寻求自由派人士的帮助和支持。1865 年，约翰·密尔成功当选议员。为了能让更多的公众了解女性所遭受的不公，博迪雄等女权运动先驱联系到密尔，希望他能提出一个有关女性选举权的议案，密尔同意了她们的请求。次年，他就提交了一份改革法修正案，旨在使妇女享有与男性一样的选举权。尽管，这一改革议案未获成功，但其演讲却给人们留下了深刻印象。[②] 之后，他的著作《女性的屈从地位》对于女权运动无疑起到了推波助澜的作用。与此同时，曾在“肯辛顿辩论协会”中担任通信秘书的沃斯滕霍姆，[③] 作为曼彻斯特激进自由派的一名公众人物，在曼城建立了一个选举权协会，并争取到了 300 位支持者的签名。1866 年夏，博迪雄访问了曼城，并在社会科学协会的会议上发表了有关妇女选举权的演讲。台下的听众中，就有曼城妇女文学协会的会长贝克。贝克在沃斯滕霍姆之后接任了曼城选举权协会的秘书一职。雅各布·布莱特（Jacob Bright）作为曼城的议员，在密尔 1868 年再次竞选议员失败后，扛过了在议会中争取女性权利的大旗。其广泛的家庭关系网络进一步促使这一运动在全国范围内发展壮大。也就在 1868 年，女权运动由各地各自为政转变为建立起一个全英妇女选举权协会中央委员会。从 1870 年开始，贝克的《妇女选举权杂志》也为在全英支持妇女选举权的开明人士提供了一个交流平台。[④] 女权领袖的积极活动以及女权阵地的逐步拓展都为之后的女性选举权斗争打下了群众基础。但在另一方

---

① Kent S. K., *Sex and Surrage in Britain*, 1860 – 1914, Princeton: Princeton University Press, 1987, p. 13.

② May T., *An Economic and Social History of Britain* 1760 – 1990 (2nd ed.), Essex: Longman, 1996, p. 303.

③ 后来改名为沃斯滕霍姆·艾尔米。

④ Cowman K., *Women in British Politics*, c. 1689 – 1979, London: Palgrave Macmillian, 2010, pp. 60 – 61.

面，在议会中，无论是自由党还是保守党都不愿关注妇女选举权的问题，因此1900年以前每年议会讨论时，这一问题都是由普通议会议员提出，其成功的概率也就相当渺茫。即使有幸通过议会一读，也没有一个能成功通过议会审议的所有阶段。尽管如此，但参与女权运动的积极分子也不断积累了政治经验，这些经验也就慢慢转变为一种进步。总体而言，19世纪中期的女权活动由于目标和观念存在不同，甚至有矛盾之处，有关平等和个体权利的观念和"女子贞操"等宗教观念杂糅混合，[①] 因此改革之路也是荆棘丛生。

1897年，在米莉森特·加勒特·福西特（Millicent Garrett Fawcett）的领导下，全英妇女选举权社团联盟（以下简称妇女选举权联盟）得以建立。[②] 作为最有影响的女权运动组织之一，[③] 在成立之初，妇女选举权联盟是明确的无党派组织，而实际上其成员却有各自的党派归属。1907年，妇女选举权联盟改变了其组织章程，赋予执行委员会更大的权力。但这并未整体改变该联盟的政治立场。在选举中，联盟往往支持那些支持妇女选举权的候选人。这一目标本身并无太大争议，但在政治上，这一做法却让该联盟政治目标混乱。在某些地区，其旗下的组织支持保守党，在其他一些地区，其旗下的组织又支持自由党。1910年，妇女选举权联盟在全国范围内已经拥有超过200个地方组织。在接下来的组织机构调整中，重点放在了放权上，各地陆续成立了一些地方委员会。1912年，该联盟最终和劳工党建立起选举联盟，从而最终实现政治目标

① Bryson V. , *Feminist Political Theory* (2nd ed.), New York: Palgrave Macmilian, 2003, p. 44.

② Cowman K. , *Women in British Politics*, c. 1689 - 1979, London: Palgrave Macmillian, 2010, p. 63.

③ 除此之外，当时的妇女社会政治联盟影响也较大，还有规模小点的，或者从这些大的女权运动组织分离出去的其他一些女权运动组织。

的统一。[①] 与全英妇女选举权社团联盟不同的是，由潘克郝斯特（Emmeline Pankhurst）及其女儿领导的妇女社会政治联盟争取权利的手法更为激进。如果说前者还基本按照游戏规则，遵守妇道，用一种较为文明的对话方式争取权利的话，那么后者的游行示威、用锤子砸碎商店玻璃、[②] 被捕入狱等方式已经对人们心中的女性角色及特征提出了新的挑战，对于男权文化更是一种挑战。[③]

第一次世界大战的爆发使得蓬勃发展的女权运动暂时转入了一个低潮，战争期间，女权运动组织也出现了分化，各女权组织在策略上大致可分为四类：支持第一次世界大战或爱国主义型；延续型；休整或调整型；和平主义型。妇女选举权联盟的工作重心放在了减少战争所带来的痛苦上。有的机构负责组织女性就业，将妇女安排到以前由男性承担的工作中，补充因男性入伍造成的劳动力短缺问题；有的负责培训急救及护理课程；有的设立了妇幼保健中心等。但也有部分人认为，为了赢得选票迎合政府，支持战争的做法太委曲求全。但总体而言，女性在各项工作中的积极参与无疑已经为他们争取到了越来越多的支持。[④] 1915 年，国际妇女联盟（后来的国际妇女争取和平与自由联盟）在海牙成立。其支持妇女选举权的立场融合了和平主义和女权思想，为进一步推动英国妇女的选举权改革提供了国际支持。1918 年，妇女选举权法律改革终于赢

---

① Cowman K., *Women in British Politics*, c. 1689 - 1979, London: Palgrave Macmillian, 2010, pp. 64 - 65.

② 有关潘克郝斯特运动的介绍参见《历史见证：英国女权运动》，http://www.bbc.co.uk/zhongwen/simp/indepth/2010/02/100212_women_vote.shtml，最后访问时间：2013 年 5 月 16 日。

③ Bryson V., *Feminist Political Theory* (2nd ed.), New York: Palgrave Macmilian, 2003, p. 79.

④ Cowman K., *Women in British Politics*, c. 1689 - 1979, London: Palgrave Macmillian, 2010, pp. 73 - 75.

得了重大胜利，《第四改革法》赋予30岁以上的妇女都享有投票权。[①] 10年后，妇女最终获得了与男性平等的选举权。

第一次世界大战结束后，英国的女权运动开始出现新的转向，福利主义和权利平等作为新的权利诉求开始出现。马克思主义和社会主义的观点对女权运动也有一定的影响。此外，两次世界大战使得女性参与就业的人数剧增，而且她们的工作已经远远超出了早期人们对妇女工作的想象。战后，劳动力的缺乏使得女性就业已经成了一种必然趋势。这种种因素一方面深化了女权运动争取选举权的成果，另一方面也在很大程度上改变了整个社会对女性的认识。但在第二次世界大战后到60年代前的这段时间，英国社会深受冷战、福利国家理论[②]的影响，女权运动由于不属于任何政党，且又未提出新的核心价值，因此女权运动已经不像1918年前后能够引得世人关注。这期间女权运动的成果也较少。[③] 其中较为重要的是同工同酬运动。但这一运动影响范围有限，其主要针对的是在政府部门

① 有史学家认为，第一次世界大战前的女权运动与妇女选举权的改革的联系并不大。1918年《人民代表法》的通过更多的是一个知恩图报的政府对于爱国的女性公民的一种回报。See Marwick A., *Women at War*, 1914 – 1918, London: Fontana Paperbacks in association with the Imperial War Museum, 1977. 但也有学者指出，战争牺牲了大量男性。而女权运动使得众多女性团结在一起，任何一个要讨论选举改革的政党必然回避不了女性选举权的问题。因此，这场胜利仍有其女权运动发展的历史原因。Cowman K., *Women in British Politics*, c. 1689 – 1979, London: Palgrave Macmillian, 2010, p. 76.

② 1950年左右，英国社会出现了诸如青少年犯罪等新的问题，有妇女组织认为，这一问题与参与社会劳动的妇女的增长有直接关系。所以，妇女应该回归家庭。鼓励妇女回归家庭正是福利国家的目标之一，福利国家理论的创建人威廉·贝弗里奇就支持应给予回归家庭的妇女更高的家庭补贴，并且这一政策在1948年到1953年曾得以实施。同时，妇女也愿意回归家庭，她们并没有充分感受到改革所带来的自由。Pugh M., *Women and the Women's Movement in Britain* (2nd ed.), Hampshire: Macmillian Press, 2000, pp. 293 – 297.

③ Pugh M., *Women and the Women's Movement in Britain* (2nd ed.), Hampshire: Macmillian Press, 2000, p. 298.

工作的妇女，而在工业及私营企业中，这一运动并无直接影响。[1]直到1968年纪念英国800万妇女获得选举权五十周年，才迎来了女权运动的复苏，也就是所谓的席卷全球的“妇女解放运动”。

女权运动的发展，将社会的视角投向了家庭中的女性及其权利。女性的人格独立及权利的扩张，使得原本反映以父权为中心的家庭之离婚制度面临着一次根本性的变革，这种变革直接触及离婚制度的核心。

第二节　英国现代离婚制度的发展概况

自1857年《婚姻诉讼法》将婚姻案件的管辖权由教会法庭交给世俗法院后，宗教组织在家庭纠纷中逐渐丧失了话语权。这是社会发展的必然趋势。按照宗教教义，英国圣公会拒绝允许离婚，这一理念与19世纪议会的观点截然不同。议会认为，在某些情况下，应该许可离婚。19世纪也见证了社会的不断世俗化。这一期间，越来越多的其他宗教组织开始逐步发展起来。1836年开始有了世俗婚姻。对于有大量天主教、异教徒、犹太教的地区，家庭案件由圣公会专门管辖无法得到他们的认可。相反，世俗婚姻却得到了他们的认可。此外，宗教法院的审理程序也遭人诟病。法院仅仅依靠书面的证据作出判决，甚至不传唤或质询证人。[2] 由此，越来越多的人赞同应该改革家事案件的审判体制了。

一、20世纪初的离婚法改革尝试

1857年的改革总体而言比较温和。在离婚的法定理由方面，

---

① Pugh M. , *Women and the Women's Movement in Britain* (2nd ed.), Hampshire: Macmillian Press, 2000, p. 300.

② Hamilton C. , *Family, Law and Religion*, London: Sweet & Maxwell, 1995, pp. 85 - 86.

该法并未对之前通过议会程序离婚的实质原则做变更。通奸仍是离婚的唯一法定理由。此外，要想离婚，除了证明被告的通奸行为外，还要证明原告没有过错，且法院没有发现双方当事人为了逃避婚姻的神圣义务，合谋欺骗法院。如果妻子作为原告，则需要证明除通奸外，还存在遗弃等严重过错。① 1857 年《婚姻诉讼法》只对离婚的法定程序做了修订。虽然法律运行的机制有所改善，司法成本有所下降，对于一般民众而言，该法实施后，他们有了更多机会可以请求离婚。② 但由于审理离婚的法庭设在伦敦，因此对于住在伦敦外的一般民众而言，离婚诉讼的成本仍然过于高昂，根本无法承受。对于离婚法的这种不公，就连当时担任高等法院遗嘱、离婚和海事法庭庭长的葛雷尔勋爵（Lord Gorell）也提出了强烈批评。③ 随后，1909 年，葛雷尔勋爵被任命为离婚和婚姻诉讼皇家委员会④主席，旨在调查离婚法的司法实践。在 1912 年委员会结束调查提交的报告中，委员会的成员分化为两个阵营，多数派主张扩充离婚的法定理由，而少数派则认为现行的通奸理由已经能够满足需要。但由于这份报告备受争议，所以并未得到政府的应有重视。这样，离婚法的改革就留给了上议院和下议院的议员们去解决。结

---

① 其他过错形式还包括：乱伦，虐待，遗弃两年以上，鸡奸，兽交。Ibid，p. 86.

② 在此之前，要想离婚，当事人需要先在教会法院取得一个分居的指令（a divorce a mensa et thoro），在普通法法院拿到一个判决因另一方通奸可获得赔偿的判决或是给出不能得到这一判决的充分理由。这之后，再通过议会议案的形式得到一个离婚的指令。这样，当事人才可以再婚。Masson J. M.，Bailey - Harris R.，and Probert R.，*Principles of Family Law*（8th ed.），London：Sweet & Maxwell，2008，p. 282.

③ Redmayne S.，“The Matrimonial Causes Act 1937：A Lesson in the Art of Compromise”，*Oxford Journal of Legal Studies*，vol 13，1993（2），p. 183.

④ 皇家委员会（Royal Commission）是英国、澳大利亚、新西兰等国比较常见的一种临时设立的调查机构，委员会通常只针对某一问题进行调查。皇家委员会将按照其职权范围的事项（如调查某一有争议性的重大社会问题）进行工作，并在规定的时间内（往往是几年时间）完成调查。一旦调查开始，政府不得阻止其停止调查。因此，皇家委员会的调查工作带有准司法工作的性质，其主席的权力也比一般的法官大，往往由已经退休或现任法官担任。

果是，议员们前前后后提出的议案成功者寥寥。为数不多的获得通过的议案为1920年《司法管理法》（the Administration Justice Act）和1923年《婚姻诉讼法》（Matrimonial Causes Act）。由于第一次世界大战后，离婚诉求大量增加，离婚诉讼暴增，① 案件积压严重，致使政府在后来的法律改革中不得不采取相应措施。基于葛雷尔委员会多数派报告的建议提出的一个议案，即分地区开展离婚审判最终得到了认可，在议会得以通过。1920年《司法管理法》授权法官可以在巡回法庭暂时改做离婚法庭，审理并作出离婚的指令。这一措施无疑方便了贫困阶层的民众的离婚诉求。而1923年《婚姻诉讼法》则使得妇女可以仅以对方通奸为由离婚，而无须再去证明遗弃或虐待的情形。这至多只能算是司法对性别平等的承认，就离婚法改革本身而言，进步并不明显。②

随后，又有多位议员提出了多个议案，但这些改革法案都未能成功通过议会审议，最终上升为成文法。这主要是因为，首先，在这个时期，虽然宗教的影响有所减弱，但罗马天主教以及英国圣公教的影响力仍然十分强大，他们强烈反对葛雷尔委员会的多数派报告，阻挠离婚法的改革。其次，对于离婚改革问题，不是每个政党都有一个旗帜鲜明的立场，因此支持离婚改革，就有模糊政党界线的嫌疑。尤其是议会中存在大量的罗马天主教自由派人士和工业城市的工党支持者，这是扩大离婚理由的一个重要障碍。最后，改革派内部也存在分歧，而且这种分歧被反对派，尤其是坎特伯雷大主教大威德逊（Davidson）所利用。③

---

① 1914年离婚案件有1705件，到战后第一年1919年，离婚案件达到了5085件，案件数量增长了5倍多。Report of the Royal Commission on Marriage and Divorce（1956, Cmd. 9678）Table 1.

② IRedmayne S.,"The Matrimonial Causes Act 1937: A Lesson in the Art of Compromise", *Oxford Journal of Legal Studies*, vol 13, 1993(2), p. 184.

③ Cretney S., *Family Law in the Twentieth Century: A History*, Oxford: Oxford University Press, 2003, pp. 219 – 220.

二、1937年《赫伯特法》的成功及其局限性

离婚法改革的重担最终落在了赫伯特（AP Herbert）的身上。赫伯特早年就读于牛津大学，学习法理学，1919年获得律师资格。1934年，他出版了一本名为《神圣的死结》（Holy Deadlock）的小说，该小说讽刺了当时离婚诉讼的荒谬，且引起了人们的共鸣。1935年赫伯特成功当选牛津大学选区的议员，随即，他就着手推进离婚法的改革。首先，赫伯特针对教会的反对，增加了一条葛雷尔委员会多数派报告中没有的内容，即结婚头五年不能提出离婚请求，旨在阻止配偶双方草率离婚，鼓励双方能够冷静下来找到分歧冲突的解决办法。对于实在要求离婚的配偶，其提出了司法分居的措施。对此，赫伯特一方面展示了其支持婚姻的目的，另一方面也迎合了保守派维护婚姻的主张。① 其次，针对政党对改革离婚法的冷淡，作为独立议员的赫伯特争取到了政府的中立，② 愿意为其议案提供技术支持，同时也得到了议会议案起草人的帮助。这些牛津校友是改革的支持者，他们的帮助增加了议案获得反对者支持的概率，对于议会讨论时间的把握也让赫伯特离成功更进一步。③ 最后，为了尽量减少反对者，在提出议案后，赫伯特针对当时的情况删减了一些容易引发政府或宗教势力反对的条款，如调解离婚，暂

---

① 这一点让步在实际生活中并不太重要。因为当时，在结婚头五年离婚的对数只占到所有离婚人群的不到14%。Stone L., *Road to Divorce*: *England* 1530－1987, Oxford: Oxford University Press, 1995, p. 398.

② 对于独立议员的议案，政府一般有四种态度，一是支持，二是有条件的支持，三是中立，四是反对。如果政府反对的话，那么其可以采取以下办法阻止独立议案通过，如说服议院反对，或者组织一个反对者发表长篇演说，占用议会讨论时间，从而迫使议案无法获得通过。Richards P. G., *Parliament and Conscience*, London: Allen and Unwin, 1970, p. 27. 转引自：IRedmayne S., "The Matrimonial Causes Act 1937: A Lesson in the Art of Compromise", *Oxford Journal of Legal Studies*, vol 13, 1993(2), p. 186。

③ Cretney S., *Family Law in the Twentieth Century*: *A History*, Oxford: Oxford University Press, 2003, pp. 240－241.

准离婚令等。为了降低配偶双方合谋欺骗离婚的可能性，法案增加了一条，许可法院对双方是否有合谋欺骗行为存在怀疑时，可以拒绝签发离婚令。这些做法帮助赫伯特争取到政府为法案留出充足的讨论时间，从而能顺利获得议会通过。① 这一议案就是后来的1937年《婚姻诉讼法》（又被称为《赫伯特法》）。

1937年《婚姻诉讼法》的顺利通过使得英国的离婚法定理由由原来的通奸一种，增加为四种：通奸，遗弃达三年，结婚后虐待原告，患有无法治愈的精神疾病且持续接受治疗已达五年。增加了结婚头三年不得提出离婚的苛刻条款。但1937年《婚姻诉讼法》的本质依然是过错主义，赫伯特强调的离婚不是一种过错的观点并没有在1937年法中体现出来。没有过错的情形只有无法治愈的精神疾病一种。② 此外，协议离婚依然被禁止。

这一新法的弊端很快就展现出来。首先，法律坚持一种名存实亡的婚姻，这毫无实际意义，只会无故增加非法同居以及非婚生子女。而法律的漠然态度让民众十分不满，尤其是对于一些需要支付分居扶养费的中产阶级的男性而言，更是如此。③ 其次，离婚诉讼中对于婚姻过错的强调也脱离实际。在现实生活中，大多数婚姻的破裂只是因为双方之间一些小的过失。而第二次世界大战由于战士服役，远离家园，夫妻分离，这也促使部分人的婚姻最终破裂，进一步凸显了离婚制度中的问题。最后，修法中力图避免的合谋欺骗法院的情形并未得到彻底根除。为了满足离婚的法定理由，民众的

---

① Ibid. pp. 244－245.

② Freund O. K., The Matrimonial Causes Act 1937, *Modern Law Review*, vol. 1, 1937, p. 232.

③ 如在Piggott v. Piggott（[1957] 3 All ER 432）案中，妻子拒绝与其分居17年的丈夫离婚。她向法院请求，要求丈夫支付扶养费，一审法官认为，已经破裂的婚姻却仍要维持法律的躯壳，这是不对的。而且其丈夫已经和自己的伴侣生育了子女，这名子女因此成了非婚生子女。因此，法官判令丈夫支付的扶养费低于理应判决支付的扶养费。但上诉法院否认了这一观点。

普遍做法依然是在一家酒店，人为“制造”通奸的过错，然后离婚。这种背离了现实生活的法律引来的只是民众的不屑。离婚法在民众眼中声名狼藉。

三、20 世纪 60 年代无过错离婚主义的探索

1937 年《婚姻诉讼法》没有脱离过错离婚主义的窠臼。随着第二次世界大战结束，离婚人数大幅攀升，[①] 随之而来的是主张改革离婚法定理由的呼声不断高涨。从丹宁委员会（Denning Committee）[②] 的调查报告到《怀特法案》（White Bill），[③] 改革派试图将分居作为改革离婚法定理由的突破口。《怀特法案》甚至提倡将“婚姻破裂”作为离婚的法定理由。[④] 迫于选举的压力，当时的工党政府[⑤]采取了一招缓兵之计。他们任命了一个新的委员会，从而

---

① 1947 年每一千对配偶中的离婚率接近 6‰，随后，离婚率有所下降，1958 年降至最低，大概在 2.3‰，但也是第二次世界大战前的 2.5 倍。Stone L.，*Road to Divorce*：*England* 1530－1987，Oxford：Oxford University Press，1995，p. 402.

② 其全称为婚姻诉讼程序委员会，于 1946 年 6 月成立。丹宁（AT Denning）爵士是该委员会主席。该委员会的主要目的是希望为提高离婚诉讼的审判效率找到一种解决办法。1946 年 7 月，该委员会作出了第一份报告，建议缩短暂准离婚令到绝对离婚令的法定期间，由 6 个月改为 6 周。这一建议被立即采纳执行。其后，该委员会分别于 1946 年 11 月和 1947 年 2 月发布了其第二份报告以及最终的报告。第二份报告建议赋权给郡法院法官，让他们可以审理案件，并且就婚姻诉讼的有关程序问题提出他们的建议。第三份报告建议设立婚姻福利服务署，对于有困难的家庭，由国家出资对他们进行法律援助。尽管该委员会只负责调研离婚诉讼的程序问题，但其报告中也记载了亲历者所做的一些实体法方面的建议，其中就包括分居双方应该获得离婚令。Heward E.，*Lord Denning*：*A Biography*，Chichester：Barry Rose Law Publishers Ltd.，1997，pp. 41－42.

③ 该法案公开表明其旨在“为了处理此类婚姻，即夫妻双方已分居 7 年，但不存在被法律认可的离婚理由或者虽然存在提起离婚的理由，但是一方拒绝提起离婚诉讼，并固执地与另一方对抗，甚至持续一生”。Cretney S.，*Family Law in the Twentieth Century*：*A History*，Oxford：Oxford University Press，2003，p. 324.

④ 在《怀特法案》的解释备忘录中，记载了怀特法案旨在提倡一种新的原则，即以婚姻破裂作为离婚法定理由之一。Ibid. p. 325.

⑤ 当时，支持工党的大部分选票集中于深受罗马天主教教廷影响的地区。

阻止了怀特法案。怀特本人也认为将婚姻破裂引入离婚制度这一问题的复杂性需要更充分的讨论和调查。和下议院相比，委员会更能胜任这一工作。因此，她撤回了自己的法案。[①]

政府几经周折，任命莫顿（Fergus Morton）主持结婚和离婚皇家委员会。该委员会历时四年，于1956年发布了其调查报告，但其影响极其有限。且调查报告提出的改革措施也相对较为保守，基本上只是在法律技术上提出了一些细枝末节的建议。莫顿的修法建议尽管得到了部分实施，但这并不能平息主张改革离婚理由人士的呼声。1962年，工党议员沙律师阿贝斯（Abse）又将离婚法的改革向前推进了一步。他在选举中为自己的普通议员议案赢得了优势，并借机引入了一个《婚姻诉讼和调解法案》。该法案中将分居七年增加为离婚的法定理由之一。[②] 历史再次将无过错离婚推上了议会辩论的舞台。阿贝斯为了保全议案中的其他条款，删去了反对派厌恶的分居离婚的条款。由于坎特伯雷大主教世俗秘书组织反对派对其进行了干预，这一法案最终并未成功。但阿贝斯法案却为1969年离婚法改革铺平了道路。

20世纪60年代中期，社会思潮较之十年前发生了巨大转变。两个独立的机构先后成立，调查英国的离婚问题。其中一个由坎特伯雷大主教任命，由圣公会的教士以及普通民众组成，又被称为主教团队。另一个由法官以及法律界人士组成，又被称为法律委员会。[③] 1966年，这两个委员会所做的调查报告先后出炉，分别是

① Cretney S., *Family Law in the Twentieth Century: A History*, Oxford: Oxford University Press, 2003, pp. 327 – 328.

② Cretney S., *Family Law in the Twentieth Century: A History*, Oxford: Oxford University Press, 2003, pp. 346 – 347.

③ 法律委员会是根据1965年《法律委员会法》创设的一个法定独立组织，其主要工作是审查法律，并适时提出相应建议。法律委员会的目标是保证法律的公平，适应社会的发展，法律简洁高效。1965年《法律委员会法》第1条。

《分离》和《离婚理由改革：选择范围》。[①] 和1956年谨小慎微的莫顿委员会的报告相比，这两份报告更加乐观，观点也更加激进。两份报告都指出，93%的离婚案件都是无争议离婚案件，[②] 双方合意离婚已经成了一种普遍做法。主教团队的最主要的建议可以概括为，取消现有的所有法定离婚理由，以婚姻无可挽回地破裂作为唯一的法定离婚理由。[③] 在法律委员会的报告《离婚理由改革：选择范围》中，法律委员会认为，应删除婚姻过错的概念。同时，法律委员会反对主教团队建议的由法院调查当事人的婚姻是否已经达成了无可挽回地破裂。他们认为，这在法律上很难操作。最终，两个团队都得出了共同的结论，也即离婚应该是对于"婚姻无可挽回地破裂"的一种法律救济。这一结论极具改革意义。一年以后，两个团队共同作出了一份联合声明，建议离婚法应实施这一激进的改革。在接下来的两年时间里，"婚姻无可挽回地破裂"作为法定离婚理由慢慢被英国圣公会大会、卫理公会会议以及苏格兰长老会大会等宗教组织所接受。以前反对无过错离婚的天主教的游说组织现在也缄默不语，态度发生了转化。牧师希望将离婚程序从以往的对抗程序中剥离出来，法官应像验尸官处理尸体一样审理离婚，这里的"尸体"就是婚姻。[④]

1967年6月，法律委员会和大主教团队双方就离婚法案达成了折中方案，双方同意将婚姻无可挽回地破裂作为离婚的唯一法定理由，但是就此问题进行调查的工作最后简化为法官据此认定婚姻

---

① Cretney S., *Family Law in the Twentieth Century: A History*, Oxford: Oxford University Press, 2003, pp. 359 - 360.

② 与无争议的离婚相对的有争议的离婚。在英国，无争议离婚是指原告提出离婚诉讼后，被告不作答辩或是在答辩中同意离婚，也即双方对离婚达成了合意。

③ Passingham B., *The Divorce Reform Act* 1969, London: Butterworths, 1970, p. 1.

④ Stone L., *Road to Divorce: England* 1530 - 1987, Oxford: Oxford University Press, 1995, p. 406.

已经破裂的五种情形。前三种[①]跟之前法律规定的情形相似，后两种为新增的情形，即如果被告同意离婚，且已分居 2 年的；如果双方未就离婚达成一致意见，但已分居 5 年的。[②] 当年 11 月，在政府的安排下，在普通议员议案的投票中取得了优势的议员威廉·威尔逊（William Wilson）提交了《离婚改革法案》。该法案实质上体现了法律委员会和大主教团队的折中方案，虽然该法案最终并未成功，但其将公众舆论的意见成功引入立法机构，为下一轮议会辩论打下了坚实基础，同时也给了改革派一次宣扬其主张的机会。次年，另一位议员埃里克·琼斯（Alec Jones）和威尔逊相似，也在普通议员法案投票中具有优势，其提出的法案实质是威尔逊法案的延续，这一法案经过多次讨论，最终于 1969 年得以通过，实现了将婚姻无可挽回地破裂作为唯一离婚法定理由的改革初衷。[③]

第三节　英国现代离婚制度的修改动向

从 1857 年《婚姻诉讼法》中体现的更具宗教特点的婚姻观到 1969 年《离婚改革法》世俗化的婚姻观，其间经历了 112 年。其改革的过程大致可以总结为：在改革派的带动下，最终由政府议会主导推进了离婚制度的改革。至此，英国的离婚实体法已经实现了重大改革，一改以往的过错主义离婚模式，翻开了破裂主义离婚模式的新篇章。从某种程度上说，1969 年建立的分居离婚作为破裂

---

① 五种认定婚姻无可挽回破裂的情形，笔者将在后文详述。这里的前三种说的是：通奸、遗弃、因特殊情况双方无法继续共同生活。

② Passingham B., *The Divorce Reform Act* 1969, London: Butterworths, 1970, p. 2.

③ 实际上，阿贝斯是这一立法的主要支持者之一。作为一名改革派，他曾推动有关同性恋的法律，也即后来的 1967 年《性犯罪法》，对于年满 21 周岁的成年男子私下的性行为，不再被视为犯罪。阿贝斯早前也向议会提出了一份离婚法案，前文已有介绍。作为一名离婚律师，阿贝斯业务繁忙，所以他十分了解英国离婚制度在司法实践中遇到的问题。Abse L., Private Member, London: Macdonald, 1973, pp. 155 – 188.

主义离婚的尝试，虽然并不完善，但其无疑具有跨时代的意义。① 但1969年《离婚改革法》作为大主教团队和法律委员会妥协的产物，自其诞生起，就存在先天的局限性。其没有改变1965年《婚姻诉讼法》中有关结婚头三年不得离婚的规定，也未能触及离婚后财产分配以及儿童权利保护等重要的离婚法律后果问题。② 这也是为何该法迟迟不能得以实行，直至旨在解决离婚救济问题的1970年《婚姻诉讼与财产法》获得通过，两部法律才同时得以实行。

一、1969年修法后的离婚制度之改革

1969年《离婚改革法》施行后，离婚诉讼主要存在以下问题：其一，离婚苛刻条款实施效果不理想。1969年法没有修改1937年《婚姻诉讼法》规定的苛刻条款，有关结婚头三年禁止离婚的规定只有一种例外情况，即除非原告承受了特别的痛苦或被告有严重的放荡行为，法官才会准予原告提出离婚之诉。③ 但在实践中，许多夫妻却不愿继续维系他们已经无法忍受的婚姻。因此，很多人借助"严重的放荡行为"或"特别痛苦"的规定，请求离婚。到1969年《离婚改革法》生效10年后，每年大约有两千件这类案件，其中大部分被获准离婚。④ 其二，在无争议的离婚案件中，要求法院

---

① 在1969年前后，先后有多部有关婚姻、离婚的法律通过。例如，1967年《婚姻诉讼法》(1968年生效)，该法赋予了郡法院对无争议离婚案件的管辖权；1967年《婚姻住宅法》(1968年生效)，该法保护了婚姻住房的非产权方的权利；1970年《法律改革法（其余规定)》(1971年生效)，该法废除了婚姻诉讼中丈夫因妻子通奸要求赔偿的制度；1970年《司法管理法》(1971年生效）将婚姻相关案件的管辖权由原来的遗嘱、离婚及海事法庭转至家事法庭；1968年《扶养令法》(当年生效）则取消了对配偶及子女支付扶养或抚养费指令的最高限额，由法官自由裁量。

② Passingham B., *The Divorce Reform Act* 1969, London: Butterworths, 1970, pp. 2–3.

③ 1937年《离婚诉讼法》第1条。

④ Cretney S., *Family Law in the Twentieth Century: A History*, Oxford: Oxford University Press, 2003, p. 377.

调查原被告双方各自主张的事实的规定，低效费时。在最初离婚管辖权刚由宗教法院转给世俗法院时，离婚仍是一件相当严肃的事，离婚案件的审理仍只能由伦敦高等法院的法官审理。到 1967 年，无争议的离婚案件才能由指定的郡法院审理，其余案件仍由伦敦高等法院审理。所有的离婚案件仍是公开审理，原告须通过口头证据证明存在通奸、虐待或其他指控的事实。这种做法不但令当事人感觉万分痛苦，对于离婚法律援助基金而言，这也是一个沉重的负担，同时也挤占了法官本就不足的审判时间，尽管无争议离婚案件往往花费不到十分钟时间。司法实践表明，在无争议离婚诉讼中，这种调查毫无意义。离婚案件的大量增长加剧了司法时间及金钱成本的紧张关系，使得这种矛盾更加突出。

针对第一个问题，议会接受了法律委员会的观点，在每年数以千计的案件中，这一苛刻条款只会增加指责婚姻另一方的指控，让离婚过程更加痛苦。但同时，议会仍然认为在婚姻初期，应保留对离婚的限制条款，以体现维护婚姻稳定性的政策考量。因此，最后通过的 1984 年《婚姻与家庭诉讼法》（Matrimonial and Family Proceedings Act）将离婚苛刻条款修改为，自结婚之日起一年之内，不得提出离婚之诉。但是，这一规定并不限制当事人在该期间内基于相应事实提出其他的请求。①

对于第二个问题，1973 年，英国引入了“特别程序”制度，但对于分居两年双方合意的离婚案件可通过特别程序审理，从而使审判简单、快速、经济。到 1977 年，特别程序可适用于所有的无争议离婚案件。根据这一程序，地区法官②只审理双方当事人提交

① 包括：请求司法分居、请求支付夫妻扶养费、请求支付子女抚养费、请求在婚姻房产中的居住令或因家庭暴力申请不得骚扰令等。

② 地区法官在治安法院任职，他们可以在治安法院审理刑事案件、未成年人案件以及部分民事案件。经授权，也可审理家事诉讼法院的案件。地区法官是整个司法系统中最基层的全职法官。Berlins M. & Dyer C.，*The Law Machine*（5th ed.），London：Penguin books，2000，p. 13.

的书面文件以及宣誓书。除非这些材料不能完全证实婚姻已无可挽回地破裂，否则地区法官将以最便捷的方式作出离婚令。双方当事人不用到法院参加庭审，只需在最后作出判决时到庭即可。这一特别程序现在已经成了普通程序。时至今日，有争议的离婚案件比较少见：在1990年法律委员会的报告中，超过99%的案件都是无争议的离婚案件。[①]

除此之外，在1969年《离婚改革法》离婚法定理由中，除了新增的无过错的分居离婚外，仍然保留了过错因素。尽管改革派期望有这么一部好的离婚法，既可以维护婚姻的稳定性；并且“当一段婚姻已经令人遗憾地无可挽回地破裂”，又可以“去除破裂婚姻的法律空壳，并保障最大限度的正义，最小限度的损害，痛苦和耻辱”，[②] 尽管1969年《离婚改革法》在第1条就规定了离婚的唯一理由是无可挽回地破裂，但与改革派的期望相反，只有小部分的离婚诉讼以分居2年的协议为基础；大量诉讼仍然以过错行为作为判决离婚的基础，而且这一比例有不断增高的趋势。[③] 此外，离婚程序的对抗性实质上加深了婚姻当事人在离婚程序中的痛苦感受。[④] 由于这部法律是双方妥协的产物，其并没有完全实现改革派的目标，因此改革派仍希望推动离婚法进一步的改革。

对离婚程序问题的关注促使政府成立了以高等法院法官玛格丽特·布思女士（Margaret Booth）为主席的委员会，旨在调查是否可以用替代式纠纷解决方式，如调解等，帮助离婚当事人以一种更

---

① The Law Commission, *Family Law: The Ground for Divorce*(No. 192), London: HMSO, 1990, p. 3.

② The Law Commission, *Reform of the Grounds of Divorce: The Field of Choice* (No. 6), London: HMSO, 1966, p. 10.

③ Cretney S., *Family Law in the Twentieth Century: A History*, Oxford: Oxford University Press, 2003, pp. 381 – 382.

④ The Law Commission, *The Financial Consequences of Divorce* (No. 112), London: HMSO, 1981, p. 6.

平静的方式解决离婚问题。布思委员会最终于1990年公布了《离婚理由》的报告。报告明确指出，婚姻无可挽回地破裂应该作为离婚的唯一理由。[1] 破裂原则获得了绝大多数人的支持。同时，委员会建议，证明婚姻无可挽回地破裂，只需双方分居至少1年时间；在这段时间内，双方当事人可认真思考离婚所带来的实际后果，以及婚姻是否确实无可挽回了；政府也会在这期间为双方提供综合信息服务，帮助双方协商、和解和调解。[2] 如果将调解纳入离婚程序的一部分，离婚程序的改革会在很大程度上影响公共开支，因此当时的保守党政府在这一阶段的离婚法改革中表现积极。但在改革进程上，政府的步伐是谨慎的、试探性的。保守党内部对于这一问题也有分歧。但其仍然在1995年公布了一份名为《展望未来：调解与离婚理由》的白皮书，对离婚理由以及离婚程序提出了一些改革建议。随后，政府促成了1996年《家庭法》（Family Law Act 1996）获得御准，[3] 即便在1997年大选取得胜利的工党执政后，当人们对是否实施1996年《家庭法》中涉及离婚的条款心存怀疑时，大法官事务部的官员仍不断透露说，该法这部分条款将于2000年生效。[4] 但到了1999年，时任大法官的欧文勋爵（Lord Irvine）在对议会的书面回复中，证实政府在2000年准备不再实施

① The Law Commission, *Family Law*: *The Ground for Divorce* (No. 192), London: HMSO, 1990, p. 20.

② The Law Commisson, *Family Law*: *The Ground for Divorce* (No. 192), London: HMSO, 1990, pp. 52 – 53.

③ 1996年《家庭法》第67条第（2）款规定：本法第65条和本条自本法通过之日起生效。第67条第（3）款规定：本法其余条款由大法官通过指令指定生效日，根据各条的具体情况，可以指定不同的生效日。该法的大部分条款最后都得以生效实施，但有关离婚的最主要的条款却未能得以生效实施。

④ Cretney S., *Family Law in the Twentieth Century*: *A History*, Oxford: Oxford University Press, 2003, pp. 388 – 390.

1996年《家庭法》的第二部分的规定。[①] 2001年，大法官欧文勋爵宣布，政府决定停止实施1996年《家庭法》中涉及离婚理由的条款，并且要求议会在恰当的时候，废除《家庭法》的这部分规定。这一决定主要是基于在推行这一规定的试点项目上，并未出现政府预想的结果。

1996年《家庭法》的立法过程向大众明确透露了两个信号，这也是该法希望实现的两个重大改革，一是将婚姻过错从离婚程序中完全抹去，二是将调解作为离婚纠纷解决的优先解决方式。[②] 但试点项目的结果却证实，该法规定的离婚条款部分完全脱离了社会现实，[③] 这也是为何该法的离婚条款部分不能得以施行的原因。

二、1989年《儿童法》等相关法律的改革及影响

儿童权利保护运动在20世纪得以快速发展。从国际上看，最早有关儿童权利的规约是1924年的《日内瓦儿童权利宣言》。由于在第一次世界大战中，许多儿童在身体及心理上都没有得到适当的成长与发展，这种身体及心理上的缺陷将影响到好几代人，并阻碍人类的进步和幸福，因此为了充分保护儿童得到健全地发展，1923年，来自伦敦的拯救儿童基金创始人埃格伦蒂娜·杰布（Eglantyne Jebb）起草了最早的《儿童权利宣言》，并于1924年在国际联盟日内瓦大会上得以通过。这是儿童权利保护的萌芽阶段。在最初的阶段，儿童人权重点关注儿童生存与成长的权利。第二次世

---

① Lord Chancellor's Department, Press Release, 17 June 1999. 转引自 Eekelaar J., "Family Law: Keeping Us 'on Message'", Child & Family Law Quarterly, vol. 11, 1999, p. 387, p. 391.

② Hasson E., "Setting a Standard or Reflecting a Reality? The 'Role' of Divorce Law, and the Case of the Family Law Act 1996", *International Journal of Law, Policy and the Family*, vol. 17, 2003, p. 338.

③ Hasson E., "Setting a Standard or Reflecting a Reality? The 'Role' of Divorce Law, and the Case of the Family Law Act 1996", *International Journal of Law, Policy and the Family*, vol. 17, 2003, p. 362.

界大战后，联合国根据《联合国宪章》以及《世界人权宣言》的原则与精神，自 1946 年起草，最终于 1959 年 11 月 20 日通过了《儿童权利宣言》，在原有五个原则[①]的基础上增加到十个原则。[②]这是儿童权利保护的发展阶段。这一阶段，儿童人权的主要宗旨为如何使儿童享有幸福的生活，获得社会各项福利等。由于这一宣言只是一个纲领性文件，呼吁各国执行，所以在国际上并不具有执行力。第三阶段为儿童权利保护的成熟阶段。1989 年 11 月 20 日，在《儿童权利宣言》通过 30 周年之际，联合国大会通过了《儿童权利公约》。1990 年 9 月 2 日，在获得 20 个国家批准加入后，《儿童权利公约》正式生效。公约确立了四项基本原则，即无歧视原则，儿童最大利益原则，确保儿童的生命权、生存权和发展权原则以及尊重儿童意见原则。这一阶段，《儿童权利公约》主要呼吁缔约国必须通过家庭援助等方式保护儿童权利；当儿童有能力对有关自己的权利发表意见时，国家和父母应尊重儿童意愿；各国应致力于维护世界和平，促进世界经济新秩序，给全体儿童和平和幸福的

① 最初的五个原则分别是：（1）应为儿童提供其身体和心理健康成长所必需的物质条件。（2）饥饿的儿童应得到抚育，患病的儿童应得到救治，有智力障碍的儿童应得到帮助，失足的儿童应帮助他们改过自新；孤儿和流浪儿童应有住所，并得到救助。（3）在遭遇危险时，儿童应首先得到救助。（4）儿童应有机会赚钱生活，并不受任何形式的剥削。（5）应培养儿童的责任意识，他的才能应为他这样的民众服务。Declaration of the Rights of the Child, www. wikipedia. org http://en. wikipedia. org/wiki/Declaration_of_the_Rights_of_the_Child#cite_note - UN_ARES1386XIV - 2，访问时间：2013 年 6 月 29 日。

② 这十个原则分别是：（1）儿童不分种族、宗教及国籍，一律平等；（2）儿童的身体、心理及社会发展受专门保护；（3）儿童自出生起有权获得姓名和国籍；（4）儿童有权享受食物、住房和医疗服务；（5）若儿童有身体和心理残疾，其有权获得特殊教育和特殊照顾；（6）儿童有权获得父母及社会的理解和爱护；（7）儿童有权享受免费教育及娱乐活动；（8）在任何情况下，儿童有权获得优先救助；（9）儿童在遭受疏忽、虐待及剥削时，有权获得保护；（10）在世界各族人民中，儿童有权在理解、包容、友爱的精神下抚育成长。Declaration of the Rights of the Child, 1959, www. humanium. org, http://www. humanium. org/en/childrens - rights - history/references - on - child - rights/declaration - rights - child/，访问时间：2013 年 6 月 29 日。

未来。

与国际社会的儿童人权保护运动相呼应，英国国内的儿童人权保护也逐步深入。早在1857年《婚姻诉讼法》中，就有关于保护离婚时儿童权利的规定。[①] 1889年《济贫法》规定抚养被父母遗弃的儿童的监护人享有相应的亲权。1932年《儿童与青少年法》（Children and Young Persons Act 1932）中则出现了有关儿童福利原则的相关规定。该法第21条规定："考虑到儿童或青少年的福利……（法院）在适当时应采取措施将儿童从不利的环境中拯救出来，同时保证为其提供合适的教育和培训。" 1948年《儿童法》增加规定，没有正常家庭生活的儿童有权享有家庭生活，因此地方政府有责任为这些儿童提供保护。

离婚制度也见证了儿童权利保护不断深化的变革趋势。伴随英国离婚制度的改革，通过司法程序离婚的人数大幅增加。自1857年《婚姻诉讼法》[②] 实施后，英国开启了通过司法程序离婚的大门。自此以后，离婚率逐年攀升，1858年全英只有244件离婚案件，到1942年，离婚案件数上升到10万件。离婚对数的增长引发了人们对遭遇父母离婚的儿童的担心。20世纪50年代，由于离婚的前提之一是必须证明存在婚姻过错，因此人们担心，部分家庭为了离婚，可能无法充分保护离婚诉讼中的儿童利益。尤其是当双方当事人对离婚以及子女抚养都无争议时，法官无法判断父母有关子女抚养的安排是否符合儿童的最大利益。在抗辩制这种传统审理方式下（尽管在理论上，离婚法庭的审理方式存在差别），法院不可能探查到证据背后当事人的真实想法，或者就一个当事人未请求裁

---

① Matrimonial Causes Act 1857, s 35. 该条规定，在司法分居、请求婚姻无效或请求离婚的诉讼中，法院在作出最后指令前，可根据情况就当事人的儿童的监护、抚养和教育作出临时指令，或者在适当情况下，将该儿童交由衡平法院保护。

② 该法于1958年1月1日实施。

决的事项作出判决。① 因此，在这种情况下，在离婚程序中儿童利益可能并未得到充分保护。事实上 1947 年丹宁委员会的报告中就已经指出了这一问题："尽管法律规定，法院（在处理儿童监护、抚养及教育问题时）应将儿童福利作为首要的、最重要的考虑因素……我们认为法院的工作离这一目标尚有距离。最主要的问题是，法庭上儿童几乎没有独立的诉讼代理人，法官从未……单独考虑儿童的福利，除非其父母一方已经考虑了。其结果是，儿童利益服从于离婚当事人的利益"。②

在保护儿童权利的理念下，随后的离婚制度改革在这方面也做了相应的修订。例如，1958 年《婚姻诉讼（儿童）法》［Matrimonial Proceedings（Children）Act 1958］第 2 条就首次在成文法中明确了，只要法官认为双方当事人已经就涉案儿童的抚养作出了最佳安排时，离婚暂准令才能批准，变为绝对离婚令。这一规定在 1970 年修法时，又做了修订，最终体现在 1973 年《婚姻诉讼法》第 41 条。

但在离婚制度程序上的改革又给儿童保护工作提出了新的挑战。1977 年，特别程序开始适用于所有无争议的离婚案件，双方当事人可以在不出庭的情况下获准离婚。这其中包括了涉及儿童的离婚案件。对此，大法官（Lord Chancellor）艾文·琼斯勋爵（Lord Elwyn - Jones）强调了要保护离婚案中的儿童权利，这是法官的职责；法官和双方当事人商讨子女未来的抚养安排的能力特别重要。据此，法律规定了，如果离婚案中涉及儿童的，法官应特别约见儿童，调查子女抚养安排是否合理。③

---

① Bainham A., *Children the Modern Law* (3rd edition), London: Family Law, 2005, pp. 24 - 25.

② *Final Report of the Committee on Procedure and Matrimonial Causes* (Cmnd. 7024), London: HMSO, 1947, p. 17.

③ Bainham A., *Children the Modern Law* (3rd edition), London: Family Law, 2005, pp. 25 - 26.

对子女抚养安排是否能够实现儿童最大利益的调查工作在随后的司法实践及实证研究中证明，其没有想象中那么完美，这促使议会对相关法律规定又做了修订。正如我们在下文中要介绍的那样，现在双方当事人须向法官提交一份详细的子女抚养安排，法官将在其办公室里考虑，如果认为有必要，法官会就此进行审理或做进一步的调查。

20 世纪 80 年代，在保护儿童权利的理念下，人们发现有关儿童法的立法零散混乱。这种立法的零散状态给执业律师带来了很大困难。一般大众也较难理解立法现状。1984 年，政府决定在儿童法领域进行改革，制定一部综合性的法典。一方面，卫生部成立了一个跨部门的工作组，旨在审查涉及儿童的公法实施情况，该工作组于 1985 年制作出一份名为《儿童照护法评论》的工作报告。这也是 1987 年政府白皮书《有关儿童照护和家庭服务的法律》的基础。另一方面，在儿童抚养领域，法律委员会也于 1984 ~ 1988 年开展了深入调查，最终作出了一份名为《儿童法评论：监护和监护权》的报告。报告中还有一份有关儿童立法的建议，既涵盖了法律委员会自己的建议，同时也囊括了政府白皮书中的建议。①

1989 年《儿童法》特别的改革模式尽管耗时较久，但却是儿童法领域最让人满意的一部法。其有以下一些特点：一是简化了法律术语：用居住令代替“监护权”，用交往令代替“探视权”，地方机构抚养的儿童称之为受地方当局“照顾”。“亲权”被“父母义务”代替，这反映出义务是父母身份的主要标志。这些变化实际上体现了英国儿童保护工作思维的转变。② 二是该法是集公法规则和私法规则为一体的单一法规，无论是涉及儿童的公法诉讼抑或

---

① Allen N., *Making Sense of the Children Act* 1989 (4th edition), Chichester: John Wiley & Sons Ltd, 2005, p. 3.

② Cretney S., *Family Law in the Twentieth Century: A History*, Oxford: Oxford University Press, 2003, p. 724.

民事案件，都可适用这一法律。三是该法在第一条第一款，进一步发展了儿童福利原则，明确规定“当法院审理任何涉及（1）儿童成长或（2）管理儿童财产或由此带来的收益时，儿童福利是法院的首要考虑因素”。

1989年《儿童法》最终于1991年10月14日得以实施。也就在当年12月16日，英国批准了《儿童权利公约》。该公约也于1992年1月正式成为英国的一项有约束力的条约。①

三、1998年《人权法》的影响

欧洲联盟（以下简称欧盟，European Union，EU）的前身是欧洲共同体（European communities）。这是一个集政治实体和经济实体于一身、在世界上具有重要影响的区域一体化组织。1991年12月，欧洲共同体马斯特里赫特首脑会议通过《欧洲联盟条约》，通称《马斯特里赫特条约》（以下简称《马约》）。1993年11月11日，《马约》正式生效，欧盟正式诞生。欧盟的总部设在比利时首都布鲁塞尔。英国早在1973年就加入了欧洲共同体，也是欧盟的成员国之一。

在欧盟成立前，1950年左右，欧洲委员会就着手起草了《欧洲人权公约》（European Convention on Human Rights，ECHR）。英国政府作为新成立的欧洲委员会的主要负责人之一，认为其应积极促进对话，促使公约被各国批准，于是，英国于1951年3月8日第一个签署了公约。最终，该公约在欧洲委员会的支持下为欧洲各国所签署，于1953年9月3日生效。欧洲委员会也从1954年5月开始正式工作，随后在1959年成立了欧洲人权法院。目前所有欧洲委员会的成员国均为本公约的缔约国之一，且新加入的成员也将被要求批准这个公约。

① McDonald A., *The Rights of the Child: Law and Practice*, Bristol: Family Law, 2011, p. 20.

在《欧洲人权公约》订立之初，英国并不愿成立一个专门的国际组织，审查自己的国内法。其之所以积极推动《欧洲人权公约》，主要的考虑仍在于促进欧洲委员会的发展。作为欧洲委员会的主要负责人之一，如果欧洲委员会的第一个重大任务不能完成，那么后续的工作自然也无法开展。[①] 而且，英国认为，英国自己的国内法足以保护其国民的人权，因此没有必要加大人权保护的力度，让欧洲人权机构来审查国内的判决。而英国参与公约拟定的整个过程也使英国认为《欧洲人权公约》提供的保护也仅仅是英国普通法上为其民众提供的法律保护，二者并无实质区别。因此，尽管英国第一个签署了《英国人权公约》，但其却并未签署相应的《选择议定书》，也即不受欧洲人权法院的管辖，公民也不能直接向欧洲委员会或欧洲法院提起诉讼。

到 20 世纪 60 年代早期，随着英国殖民地先后宣布独立，英国原来认为的加入《选择议定书》会给主张独立的积极分子创造机会的理由已不能成立。此外，要求英国签署《选择议定书》的政治压力也越来越大。欧洲法院的首位英国法官，也是欧洲人权法院的首位院长麦克奈尔勋爵（Lord McNair）向英国政府提出了这一问题。1964 年政府换届后，新任大法官嘉帝纳勋爵（Lord Gardiner）也支持英国政府签订《选择议定书》。英国政府最终于 1966 年 1 月签署了《选择议定书》。[②]

但根据英国宪法，除非国际条约通过议会立法的模式融入英国国内法后，否则国内法院不能直接依据该国际条约审理案件。因此，尽管英国签署了《选择议定书》，但《欧洲人权公约》尚不能作为国内法院审理案件的依据。直到 20 世纪 80 ~90 年代，认为英

① Hoffman D., Rowe J., *Human Rights in the UK*(4th ed.), Harlow: Pearson, 2013, p. 31.

② Hoffman D., Rowe J., *Human Rights in the UK*(4th ed.), Harlow: Pearson, 2013, pp. 33 – 34.

国法能够提供有效的人权保护的观点才逐步瓦解。尤其是在一些著名的英国律师极其希望将案件起诉到设在斯特拉斯堡的欧洲人权法院之后，人们发现英国国内仍然存在侵犯人权且得不到有效保护的情况。作为当时的工党领袖，英国皇家律师约翰·史密斯（John Smith）于1993年3月发表了名为《公民的民主》的演说，这直接将国内法院是否适用《欧洲人权公约》的问题提上了政治议事日程。随后，1996年12月，工党发表了一份咨文，工党上台后，又于1997年发表了名为《带权利回家》的白皮书。这份白皮书最终促成了1998年《人权法》的颁布。2000年10月2日，该法实施。

1998年《人权法》对于家事纠纷中如何主张个体权利，产生了重大影响。现在，无论是父母抑或未成年子女，他们都会依据该法所规定的权利向法院起诉。1998年《人权法》与家事案件相关的主要体现在两个方面。其一是该法所规定的权利（同时也是《欧洲人权公约》所赋予之权利）可以直接对抗公共服务机构，也即地方机构。因此，所有公共服务机构必须对这些权利予以保护，除非其他法律有相反规定。① 法院也属于公共服务机构，因此法院作出的任何指令、判决不得侵犯1998年《人权法》规定的权利，除非其他法律有相反规定。其二是根据1998年《人权法》第3条之规定，所有法律都应尽可能以保护《欧洲人权公约》所赋予权利的方式予以解释。如若不然，尽管法院在解释法律时仍会以该法律的本意予以解释，但随后法院会作出一个该法律与1998年《人权法》的冲突报告。该报告会提交至议会并要求议会商议，是否修订该法律。按照法律规定，与1998年《人权法》相违背的次级立法不会得以适用。此外，在解释1998年《人权法》保护的权利范围时，法院会考虑欧洲人权法院以及欧洲委员会的判决或决议。②

---

① Humans Rights Act 1998, s 6.

② Humans Rights Act 1998, s 2.

在具体案件中，离婚财产分割以及离婚扶养案件均涉及个人的民事权利，属于《欧洲人权公约》规定的保护范围。在子女方面，子女抚养纠纷以及国际儿童诱拐案件等涉及儿童的人权问题，同样属于《欧洲人权公约》规定的保护范围。可适用于这些家庭案件的条款有该公约第6条（公平审判权）、[①] 第8条（尊重个人隐私及家庭生活权）、[②] 第14条（反歧视）[③] 以及《选择议定书一》的第一条（财产权）。[④]

和其他法律领域相比，家庭法受1998年《人权法》的影响相对较小。法院也较少援引该法解决家事纠纷。[⑤] 但这并不妨碍1998年《人权法》作为一种保障制度，为家事纠纷中的当事人提供帮助。法院在审理过程中，也会将《欧洲人权公约》以及欧洲人权法院作出的判决纳入其考虑范围，最终作出自己的判决。小部分案件甚至可以诉至欧洲人权法院。从这个角度说，1998年《人权法》进一步推动了家事案件中对弱势方的保护，保障法律公平正义的实现。

---

① 该条规定：1. 在审理涉及个人民事权利和义务或任何刑事指控时，该当事人都有权接受由法律设立的独立公正的审判机构在合理期限内进行的公正、公开的审理。判决书应公开宣判，但当案件的全部审理内容或部分审理内容涉及道德利益，民主社会的公共秩序和国家安全，或者涉及未成年人的利益以及保护当事人的隐私要求不公开，或者法官认为公众会影响司法公正时，法官可作出相应限制。该条第2、3款，主要针对的是刑事案件。

② 第8条规定：1. 任何公民都有权享有其隐私、家庭生活、家以及通信自由。2. 公共机构不得干涉，除非法律另有规定，且在民主社会，为了国家安全、公共安全以及国家的经济利益，为了保护他们的合法权益和自由，必须如此。

③ 第14条规定：公约保障公约所规定的每个人应享有的权利和自由，不因性别、种族、肤色、语言、宗教、政治或其他意见、民族、少数族裔、财产、出生或其他地位歧视。

④ 该条规定：每个自然人或法人都有权享有其财产。除非为了公共利益，或根据法律规定、国际法的基本原则，任何人不得剥夺他人的合法财产。Horowitz M. QC, Kingscote G., & Nicholls M., *The Human Rights Act* 1998: *A Special Bulletin for Family Lawyers*, London: Butterworths, 1999, p. 36.

⑤ Herring J., *Family Law* (5th edition), Harlow: Pearson, 2011, p. 36.

第四节　英国社会和现代离婚制度的互动关系

英国法学家边沁作为功利主义的创始人，敏锐捕捉到英国社会法律制度和社会变革之间的矛盾。他指出，法律的目的在于趋善避恶，立法不应从某种抽象的原则出发，而应尽可能将最大的善给予更多的人。[①] 耶林也提出，法律的目的在于服务社会，趋乐避苦，保护社会中的各种利益，立法不能从僵死不变的原则出发，而应立足于社会现实。如果法律永远保持不变，就等于给所有的病患开同样的处方。[②] 边沁和耶林都强调了法律制度应关注现实，对社会中的各种利益进行平衡。

这种现实主义法律思想对于我们研究离婚制度和社会变革之间的关系具有重要的指导意义。综观英国现代离婚制度的发展演变历程，不难看出，离婚制度作为社会上层建筑中的一个组成部分，在社会变革转型中，不断回应社会需求，通过不断调整自身结构应对变化的社会。回顾前文论及的英国现代离婚制度的发展演变，笔者将从以下三方面进一步探讨英国社会和现代离婚制度的互动关系。

一、离婚观念之转变与英国离婚制度之变革

1914 年前的英国社会，离婚仍十分罕见。民众都将离婚视为一件丑事。只有富翁依据法律规定的通奸以及严重暴力行为才可离婚。20 世纪头十年，每 450 对夫妻才有一对离婚。随后，第一次世界大战的爆发给英国社会带来了重大影响。由于许多青年男子应征入伍，这在很大程度上扩大了女性的就业岗位。一方面，需要女

---

① Bentham J.，*The Theory of Legislation*，New York：Harcourt，Brace and Company，1931，p. 2.

② Jhering R. V.，*Law as a Means to an End*，Clark：The Lawbook Exchange，Ltd，1913，p. 328.

性填补以往青壮男子的工作岗位，另一方面，为了保证英国在战争中为前方的战士提供足够的补给物资，如军服、军靴等，还需要女性投入到一些新的工作岗位中。1914 年 7 月，在政府造船厂、兵工厂和军火厂只有 2000 名女性，但到了 1918 年 11 月，这些部门的女性就业人数就增长至 247000 名。交通部门雇用的女员工人数增长了 555%，增至将近 10 万人。在农业、银行业等部门，女性从业人员也有显著增长。在 1914～1918 年四年间，女性就业人数增长了 100 万。[①] 女性就业人数的增长在一定程度上使得女性经济独立能力增强。第一次世界大战后，妇女地位有所提升。1923 年后，离婚请求权不再限于男方，任一方配偶可以以另一方配偶通奸为由请求离婚。1937 年后，离婚法定事由也增加了虐待、遗弃以及无法治愈的精神病。在 20 世纪上半叶，虽然离婚在一定程度上顺应了部分当事人希望结束痛苦婚姻的愿望，但社会仍将离婚视为是某种耻辱。直到 1955 年的玛格丽特公主（Margaret）结婚案，仍有部分人将离婚视为一种耻辱。当年，玛格丽特公主希望下嫁一个离婚案中的无过错方彼得·汤曾德（Peter Townshend），议会在讨论是否需要通过议案，允许公主下嫁对方时，托利党阁僚索尔兹伯里勋爵以辞职相威胁，强烈反对通过该议案。[②]

第二次世界大战对英国社会带来了巨大影响。由于战争的原因，大量婚姻走向死亡。并且这些希望离婚的配偶为了离婚，会让一方当事人周末到海边的旅店投宿实施所谓的“通奸”[③] 来获准离婚。由此可见，在 20 世纪上半叶，虽然仍有部分英国民众将离婚

---

① Women and World War One, www. nationalarchive. gov. uk, http://www. nationalarchives. gov. uk/pathways/firstworldwar/document_packs/women. htm#top, access time：2014－1－9.

② Divorce since 1900, www. parliament. uk, http://www. parliament. uk/business/publications/research/olympic－britain/housing－and－home－life/split－pairs/, access time：2014－1－9.

③ 这里的“通奸”并非指实施真正的通奸行为，而是指当事人为了达到离婚规定的“通奸”法定事由，通过这种方式收集证据，实现当事人离婚的目的。

与耻辱联系在一起，但离婚已经不再被英国民众视为一种社会禁忌，不再为宗教所禁止。部分民众甚至通过合谋“通奸”的方式满足离婚法定理由，从而实现离婚愿望。英国社会正逐步接纳离婚是两个人婚姻破裂的自然结果。① 这种对离婚的接纳也使离婚配偶当事人的再婚成为可能，避免了司法分居后双方不得再婚的结果。

英国民众对离婚自由思想的逐步接纳最终促成了 1969 年《离婚改革法》。自此，英国一改以往的过错主义离婚立法，确立了破裂主义离婚原则，进一步推动了无过错主义离婚思想的深化。根据 2013 年英国的一项社会调查，离婚再也不是一种社会禁忌。大约有 2/3 的英国民众认为，离婚不会带来任何耻辱或污点，社会对离婚的态度也越来越宽松。只有 4% 的受访人员表示，离婚仍是社会禁忌。② 相较 20 世纪 50 年代，在现代离婚制度下，英国社会对待离婚的态度已经不再将离婚视为严重违背社会道德的事项，而只是当事人的个人私事。

在离婚问题上，一方面，社会对离婚态度的转变是英国现代离婚制度得以建立的社会基础，另一方面，英国现代离婚制度也反过来进一步解放了英国民众的思想，让无过错离婚主义的先进立法理念深入人心。

二、离婚世俗化与离婚中的宗教因素

19 世纪早期，英国社会尚不能通过司法的方式离婚。直到 1857 年，宗教法庭对家事案件的管辖权才交至国家，并在英国首次创设了离婚法院。至此，离婚只能由世俗法院审理。这样做的原

① Smart C., Changing Landscapes of Family Life: Rethinking Divorce, *Social Policy and Sociology*, vol. 3, 2004(4), p. 401.

② Stevens J., Divorce no longer a social taboo in Britain as two – thirds say collapse of a marriage up has no stigma attached, www.dailymail.co.uk, 2013 – 6 – 5, http://www.dailymail.co.uk/news/article – 2336482/Divorce – longer – social – taboo – Britain – thirds – say – collapse – marriage – stigma – attached.html, access time: 2014 – 1 – 9.

因有二：一是严格来说，政府允许宗教组织为当事人缔结合法有效婚姻，但只限于婚姻缔结的仪式上。在民法上，婚姻仍是世俗婚姻，而不是犹太教、天主教或伊斯兰教的婚姻。因此，调整婚姻效力的所有法律都适用世俗的法律，而非宗教的教义或法律。二是由于政府认为离婚的后果关涉离婚当事人及其未成年子女的利益，因此政府授权自己，有权对除死亡外的其他解除婚姻方式设定相应的条件。[①] 随后，由于在英国社会中，宗教势力的影响逐渐式微，离婚越来越世俗化，[②] 这表现在离婚中对于婚姻过错的追究逐渐淡化，不但在离婚过程中，废止了过错主义离婚标准，而且在离婚后果上，婚姻过错对于财产分割的影响也越来越小，除非这一过错行为极其严重恶劣。

但事实上，宗教的影响并未完全消失。在英国现代离婚制度的发展沿革中，不难发现，不论是离婚制度改革初期宗教势力对改革的阻挠，还是20世纪60年代，坎特伯雷大主教[③]任命的主教团队为破裂主义离婚制度的设立所起到的推动作用，宗教仍然影响着英国现代离婚制度。到21世纪，宗教的影响再次凸显。由于世俗机构和宗教组织对各自的离婚制度并没有相互承认的机制，因此可能存在部分“跛脚离婚”。在宗教信徒中要求承认有关家庭成员身份的宗教规则的呼声越来越高。由于犹太教信众要求政府为“受束缚的妻子”（agunah）[④] 提供一些帮助，离婚制度对此又做了适度调整。为解决犹太教信众的问题，2002年《离婚（宗教婚姻）法》［Divorce（Religious Marriages）Act］得以颁布施行。根据犹太教的规定，一方配偶除在获得世俗法上的离婚外，还需要在犹太教宗教法院，在获得另一方配偶离婚书据的基础上，获得离婚判令。

① Douglas G. & Doe N. etc., *Social Cohesion and Civil Law: Marriage, Divorce and Religious Court*, Cardiff: Cardiff University, 2011, p. 14.

② 参见本章第一节有关离婚制度宗教背景的阐述。

③ 参见本章第二节有关20世纪初的改革尝试的内容。

④ 指离婚后不能再婚的问题。参见后文第二章有关离婚限制条款的内容。

为救济弱势方，该法规定，[①] 世俗法院可以暂缓作出绝对离婚令，除非双方已证实，通过相应机构已经获得了宗教意义上的离婚。目前，尚只有犹太教有此规定，但其他宗教要求立法机构作出同样的立法也是有可能的。[②] 尽管这种需求可能并不强烈。[③]

观察英国现代离婚制度和宗教的互动关系，不难看出，宗教影响势力的式微使英国现代离婚制度得以最终建立。但随着国际交流的深化，多元文化下对多元宗教信仰的尊重成了当下英国社会处理宗教问题的一种基本态度。新近通过的 2002 年《离婚（宗教婚姻）法》正是英国现代离婚制度对于宗教问题的一种回应。遗憾的是，这种回应显得颇为无奈。现行法律提供的救济存在一个明显的缺陷。一旦一方当事人不愿离婚，也不想再婚，那么即便法院推迟作出绝对离婚令，也无法保证另一方当事人能够获得绝对离婚令。但是伦敦犹太教宗教法院（Beth Din）却认为，这一立法减少了受束缚的配偶数量。[④] 从社会实践看，英国现代离婚制度对于离婚中的宗教问题的回应在一定程度上是成功的。

三、福利主义和子女抚养责任的公权力干预

综观英国社会的发展历程，可以看到，随着限制绝对政治权力的法律改革的推进，国家对于父权的限制也在逐步推进。19 世纪，英国社会逐步表现出福利主义的倾向。福利主义与工具主义相对，具体指社会政策实施时，在不破坏现有社会框架的基础上，通过现

① 现已写入 1973 年《婚姻诉讼法》第 10A 条。

② Douglas G. & Doe N. etc., *Social Cohesion and Civil Law: Marriage, Divorce and Religious Court*, Cardiff: Cardiff University, 2011, p. 14.

③ 犹太教、天主教和伊斯兰教都要求信众须先获得世俗法院的离婚令。但在犹太教中，如果一方不同意离婚，按照犹太教的法律，没有任何办法可以强迫其同意离婚。在这种情形下，就产生了前文提及的矛盾。

④ Douglas G. & Doe N. etc., *Social Cohesion and Civil Law: Marriage, Divorce and Religious Court*, Cardiff: Cardiff University, 2011, p. 48.

有条件保护家庭中弱势方的权利。这在家庭法领域表现为，大部分家庭法围绕各种社会机制（如婚姻、婚生子等）与个人之间的关系展开，在界定这些关系的过程中，保护个人的权利,[①] 而非只是保护家庭中占支配地位的家庭成员的权利。如果父亲伤害了未成年子女的权利，衡平法院有权剥夺父亲的监护权。这一职权在1839年《儿童监护法》（Custody of Children Act 1839）中得到了进一步强化。在启蒙运动前，如果丈夫违背了对子女的抚养责任，且济贫法的公权力机构代其履行了对子女的抚养责任，则父母将对公权力机构履行的责任进行补偿。随着社会的发展，这种要求父母进行补偿的责任逐步演化为要求父母直接抚养子女的责任。一方家庭成员可以此为由，直接要求另一方执行法律规定的抚养责任。随后，保护童工权利的法律，以及保护家庭中的儿童权利的法律都授权公权力机构为了儿童权利可以采取相应的保护措施。这些都是福利主义的具体表现。[②] 福利主义直接导致政府进一步加大了儿童权利的保护力度。

1929年，1889年《济贫法》（the Poor Law Act 1889）原来规定的自然人监护人的职责被地方权力机关取代。由此，在父母亲违背儿童保护立法、被剥夺抚养权时，地方权力机关也可作为“适格人”，履行照顾看护义务。这是现代儿童照护实践中的一个重要里程碑。[③] 随后，由于第二次世界大战的影响，大量儿童在战争中失去了父母和家庭。为了应对民众对政府工作的不满情绪，政府最终任命了迈拉·柯蒂斯（Myra Curtis）女士为主席的委员会，调查

---

① 工具主义在家庭法领域表现为，在法律关系中，家庭中的次级家庭成员（如妻子、子女）是维护居支配地位的家庭成员（丈夫或父亲以及父系家庭）的利益的工具。这在封建父权社会表现得特别明显。Eekelaar J. , The End of an Era?, *Journal of Family History*, vol. 28, 2003(1), p. 108, at p. 111.

② Eekelaar J. , *Family Law and Personal Life*, Oxford: Oxford University Press, 2007, p. 11.

③ Bainham A. , Children - The Modern Law, Bristol: Family Law, 2005, p. 17.

当时因为各种原因丧失了正常家庭生活或父母的儿童的抚养办法，旨在寻求一个更加合理的办法，补偿丧失父母关爱的儿童，保证他们能以更好的条件健康成长。该委员会的调查最终促成了1948年《儿童法》的颁布实施。至此，对儿童的保护工作不再只是依靠志愿者服务机构，家庭医生、牧师、邻居，而是重点依靠地方权力机关雇用的经过培训的专职的职业社工。这对失去正常家庭生活的儿童而言，政府提供的保护更加专业、更加系统化，子女抚养责任的社会化程度进一步提高。在离婚等社会问题造成儿童利益受损时，儿童权利保障机制更加健全。[①]

另外，离婚制度所带来的单亲家庭问题也促使政府试图为单亲家庭的子女抚养提供相应的保障。1974年，费勒（Finer）单亲家庭委员会作出的《费勒报告》[②] 对单亲家庭的子女抚养问题进行了深入分析。报告指出，当时的英国社会在有关子女抚养费问题上主要有三层制度，一是离婚法院实施的制度，二是家事程序治安法院实施的制度，三是社会保障体制中实施的制度。尽管这一报告提出的建议并未被政府采纳。但有关保护离婚后子女抚养的探索并未终止。1990年，首相撒切尔夫人宣布政府准备设立子女抚养费代理处，帮助弱势方寻找离婚后不和子女共同居住的一方，并强制他们履行相应的抚养义务。这一机构最终于1993年得以设立，旨在执行1991年《儿童抚养法》（Child Support Act 1991）及后续有关子女抚养费的有关法律规定。[③] 直至今日，这种探索依然没有终止。[④]

从子女抚养层面观察社会和离婚制度的相互关系，公权力强化了对子女抚养责任的干预，法律加大了对儿童权利的保护，这些变

---

① 参见第一章第三节中有关儿童权利的内容。

② Report of the Committee on One - Parent Families, London: HMSO, 1974, Cmnd 5629.

③ 参见后文第二章第四节中有关子女抚养费的内容。

④ 正在接受议会讨论审议的2013年《儿童和家庭法案》就涉及儿童权利保护的部分内容。

化进一步保障了英国民众的离婚自由。前文论及的妇女经济能力的提升，消除了妇女对离婚后儿童抚养责任的担心。此外，英国社会表现出的福利主义动向，为离婚后儿童权利的保护提供了思想和制度支持。同时，离婚制度则进一步对离婚后相应的社会保障机制提出了更高的要求。这充分反映出英国现代离婚制度不仅关注离婚本身，也关注离婚后果，尤其关注遭遇父母离婚的未成年子女的生活，尽可能保护未成年人在父母离婚后仍能得到抚育。婚姻制度的一项重要的社会功能，即抚育功能，在离婚制度中也得到了充分的体现。

第二章 英国现代离婚制度之考察

英国离婚制度在历经百余年的发展后，已经从过错主义离婚模式转变为破裂主义离婚模式。在离婚指导思想、离婚法定理由、离婚程序、离婚法律后果方面，英国现代离婚制度在循序渐进的改革道路上，摸索出了适合英国国情的相关规定。从历时性的角度考察，英国现代离婚制度无疑远远超越了英国以往的离婚制度。从共时性的角度观察，英国现代离婚制度在一定程度上也展现出其制度的合理性及优越性的一面。

第一节 英国现代离婚制度的指导思想

对于应该设立什么样的离婚制度这一命题，我们可以从专门对现行法律进行评估调查、并向议会提出立法建议的机构——法律委员会——的报告中，认识英国现代离婚制度的指导思想。

1966 年，在法律委员会就离婚理由的改革所做的报告《离婚理由改革：选择范围》中，法律委员会对应该设立什么样的离婚制度的问题，做了回答。一部好的离婚法应当实现以下目标：“（1）维护，而非损害婚姻的稳定性；（2）当一段婚姻已经令人遗憾地无可挽回地破裂，应当去除破裂婚姻的法律空壳，并保障最大限度的正义，最小限度的损害、痛苦和耻辱。”①

一、英国现代离婚制度指导思想的产生背景

英国现代离婚制度指导思想的提出，与该法律委员会当时所处的历史背景有重大关系。由于20世纪上半叶离婚对数的增加，有人对此提出了质疑，认为离婚率的上升是英国家庭生活破裂，道德滑坡的明证。这股思潮在英国现代离婚制度的改革进程中始终占据重要地位，在一定程度上，阻碍了英国现代离婚制度的改革进程。对于世人的这种担心，法律委员会在他们的报告《离婚理由改革：选择范围》中作出了有力回应。他们列举了三点理由：② 一是“如果离婚人数的增加不仅意味着大量的破裂家庭正走向离婚，而且意味着破裂家庭数量的增加，这确实值得我们警惕”。离婚只是婚姻破裂的结果之一，而且在当时看来，这种结果也并不普遍。许多破裂的家庭选择分居，或签订正式的分居协议，或通过法院获得司法分居的判决，从治安法官那里获得扶养令或分居令。对于这些家庭而言，婚姻已然破裂。离婚不过是破裂婚姻的结果，而不是导致婚姻破裂的原因。此外，想要离婚组建新家庭的人，希望他们的新家庭关系是一种合法的婚姻，而不是一种毫无名分、担负着罪恶的同居生活，他们对离婚的这种诉求并不是不尊重婚姻，恰恰相反，正是他们对婚姻的这种尊重，才使他们作出了这种选择。

二是破裂家庭的增多也可能仅仅是由于有更多的婚姻遇到了“破裂”的不幸境遇。20世纪上半叶离婚对数的增多，还有一个重要的历史背景。在这一时期，人口出现了增长，结婚人数增加，已婚妇女的人数较之上世纪增长了一倍。而离婚人数的增加并不是因

---

① The Law Commission, *Reform of the Grounds of Divorce*: *The Field of Choice* (No. 6), London: HMSO, 1966, p. 10.

② The Law Commission, *Reform of the Grounds of Divorce*: *The Field of Choice* (No. 6), London: HMSO, 1966, pp. 6 – 7.

为更多婚姻走向了破裂，而是因为离婚较之上世纪而言，更容易了。

三是即使真如人们所说，所有婚姻中离婚的人数增加了，也可能是因为婚姻受到的挑战更大，风险更多，而不能得出婚姻已经不受重视，社会道德滑坡的结论。之所以这样讲，是因为，在20世纪，人们更早结婚，相对而言，人们也更加长寿，婚姻的存续时间普遍有所延长，因此维护现在的婚姻较之19世纪难度更大。此外，婚姻遭遇的其他风险也在增大，如英国20世纪50年代的住房短缺问题，使年轻配偶在婚姻最初几年没有自己的房子。

从当时的社会观察，仍有一些人由于宗教、家庭等原因，尽管夫妻关系已经无可挽回地破裂，但仍无法通过唯一的法律途径离婚。这使得法律委员会将如何保障他们能够通过法律途径离婚设定为他们的工作目标之一，也即“当一段婚姻已经令人遗憾地无可挽回地破裂，应当去除破裂婚姻的法律空壳”。

除此以外，虽然到了20世纪60年代，离婚已经世俗化，但在英国社会中，宗教的影响力仍然存在，如1963年推动离婚法改革的大主教团队虽然赞成用无可挽回地破裂作为离婚的唯一理由，但他们坚决反对协议离婚，认为这将会使婚姻成为纯私人间的契约，而忽略了社会的利益。[①] 因此，法律委员会在设定英国现代离婚制度的目标时，仍然要考虑社会层面各个利益团体的压力。社会中的婚姻制度自其产生起，就有其独特的社会功能，主要表现为以下几个方面：一是婚姻促成亲属关系的建立。这是维护社会格局的一种古老方式。社会个体被连接成各个家庭，在家庭通过婚姻得以扩张的同时，整个社会得以融洽共生。二是在前工业社会，社会权力和经济财富通过身份关系得以调整。婚姻正是规范配偶地位和婚姻中的子女地位的一个重要纽带。三是婚姻是显赫家族维护财富及权力

---

① Cretney S., *Family Law in the Twentieth Century: A History*, Oxford: Oxford University Press, 2003, p. 357.

的重要手段。贵族们往往通过联姻以及继承规则保护自己的财产，并使之不断得以增值。[①] 即使随着 19 世纪社会及经济改革，作为权力和财富的分配方式的家族格局逐步没落，但家庭仍保留了两个至关重要的功能。一是保障儿童的初步社会化，二是维护成人之间关系的稳定性。[②] 作为一种维护社会稳定的婚姻制度，必然要求离婚制度也须以此为目标。故而，“维护婚姻的稳定”也在法律委员会为英国现代离婚制度设定的目标中占据了重要位置。

二、英国现代离婚制度指导思想的主要内容

1996 年《家庭法》第一条对英国现代离婚制度的基本原则做了规定，在处理离婚纠纷时，履行职责的任何法院和个人应遵守以下基本原则：

（1）维护婚姻制度；

（2）鼓励面临婚姻破裂风险的当事人采取一切实际步骤，包括婚姻咨询或其他方式，来挽救婚姻；

（3）已经无可挽回地破裂并正在结束的婚姻以以下方式结束：

①尽可能减小对当事人及子女的损害；

②根据案件事实，以尽可能促进双方当事人及子女保持良好关系的方式解决问题；

③不增加与结束婚姻适用程序有关的不合理的开支；

（4）尽可能消除或减小婚姻一方当事人对另一当事人或任何子女的任何暴力风险。[③]

综观 1996 年《家庭法》的基本原则，可以看出这些基本原则

---

① Eekelaar J., *Family Law and Social Policy*, London: Weidenfeld and Nicolson, 1978, pp. 5 –6.

② Eekelaar J., *Family Law and Social Policy*, London: Weidenfeld and Nicolson, 1978, p. 8.

③ 1996 年《家庭法》虽未全部生效，但有关基本原则的部分，于 1997 年 3 月 21 日生效。参见 1996 年《家庭法》第 1 条。

仍然围绕着法律委员会之前设定的离婚法的目标进行规定。由此，笔者认为，按照法律委员会为离婚法设定的目标，英国现代离婚制度的指导思想主要包括三部分。

一是保障离婚自由。

黑格尔认为，婚姻是伦理实体，法律的规定使伦理实体具有法律意义，"是具有法的意义的伦理性的爱"。"婚姻的客观出发点则是当事人双方自愿同意组成为一个人，同意为那个统一体而抛弃自己自然的和单个的人格。"[①] 按照黑格尔的观点，婚姻的实质并非是外部的契约，而是内在的精神、爱情。因此，当爱情没有了，夫妻共同生活的伦理实体缺乏了内在的爱情基础，也就意味着婚姻已然死亡。解除死亡的婚姻是婚姻这一伦理实体的客观要求。

19 世纪 70 年代前，英国法上占据统治地位的婚姻过错离婚原则建立在一种工具主义的观念上，即除非一方犯有法定过错，作为一种惩罚手段，法律必须将其从婚姻中驱逐出去，否则双方就必须维系已经破裂的婚姻。维系已经破裂的婚姻不是为了婚姻中配偶双方的个人福利，而是为了更宽泛的社会利益。[②] 个人毫无离婚自由可言。现在，这种过错离婚主义的离婚制度已经被破裂离婚主义所取代。1996 年《离婚法》的基本原则中也规定，若婚姻已经无法挽回地破裂，就应允许这种婚姻以一种法律许可的方式结束。这种制度的变化说明当下的英国离婚制度已经将保障个人的离婚自由纳入离婚制度的指导思想中。

二是维护婚姻稳定，防止草率离婚。

离婚制度表面上看似乎与如何解除婚姻关系有关，怎样实现维护婚姻稳定的目标呢？法律委员会认为离婚法对维护婚姻的稳定性

---

① ［德］黑格尔：《法哲学原理》，贺麟、王久兴译，商务印书馆 1982 年版，第 177 页。

② Eekelaar J., *Family Law and Personal Life*, Oxford: Oxford University Press, 2006, p. 18.

能够起到积极的作用。一方面，应保证离婚“不会非常容易，从而鼓励双方营造成功的幸福婚姻，特别是克服暂时的困难”。另一方面，应当保证“尽最大限度鼓励双方调解”，并且程序的设置不能“妨碍或阻碍此目的的实现”。[①] 这体现在1996年《家庭法》规定的第一项基本原则：维护婚姻制度中。

由于婚姻是一种重要的法律关系和伦理关系，双方当事人相互承担着不可推卸的法律义务以及道德责任。离婚不但意味着一个家庭的解体，而且势必引发法律关系和伦理关系的重塑。这种重塑的过程往往会给离婚双方当事人带来巨大的心理压力和生活变化，如果涉及未成年子女，这种巨大的变化也会传递给未成年子女，容易给各方当事人带来消极影响。因此，正如马克思所言，“婚姻不能听从已婚者的任性，相反，已婚者的任性应该服从婚姻的本质”。[②] 防止草率离婚的指导思想，主要体现在1996年《家庭法》规定的第二项基本原则：尽可能帮助双方通过婚姻咨询等方式，采取一切必要措施，挽救婚姻中。

三是保障离婚法律后果的正义最大化，损害最小化。

法律委员会指出，一旦婚姻已经无可挽回地破裂，法律应创设相应的制度保障当事人可以解除婚姻。“如果婚姻已死，那么法律的目标是为其提供一副像样的棺材。”[③]“保障离婚后最大限度的正义，最小限度的损害、痛苦和耻辱”，即离婚应“让所有的当事人，包括配偶和子女，都感受到公平”，同时，应将对他们的伤害降到最低。也就是说，法律应尽可能促使争议双方配偶冷静，不让当事人进一步损害他们相互间或他们与未成年子女相互间的关系。

---

① The Law Commission, *Reform of the Grounds of Divorce*: *The Field of Choice* (No. 6), London: HMSO, 1966, p. 10.

② 马克思：《论离婚法草案》，载《马克思恩格斯全集》（第1卷），人民出版社1956年版，第184页。

③ The Law Commission, *Reform of the Grounds of Divorce*: *The Field of Choice* (No. 6), London: HMSO, 1966, p. 11.

"法律不应仅仅是埋葬婚姻，而且应该以有尊严的、体面的方式处理，尽可能鼓励双方建立一种面向未来的和谐关系。"[①] 这体现在1996年《家庭法》规定的第三项有关离婚方式的基本原则和第四项消除和减小家庭中当事人之间以及父母子女间的暴力风险的基本原则中。

第二节　英国现代离婚制度的法定理由

正如笔者在第一章中介绍的那样，[②] 英国现行离婚制度主要规定在1973年《婚姻诉讼法》中。尽管1996年《家庭法》获得了通过，但有关离婚制度的部分最终并未得以实施。因此，我们以下对英国现代离婚制度的介绍将主要围绕1973年《婚姻诉讼法》的规定展开。在适当的情况下，也会论及1996年《家庭法》准备推行的改革。

一、法定理由：婚姻无可挽回地破裂

根据1973年《婚姻诉讼法》的规定，一方当事人向法院诉请离婚，另一方当事人可以选择是否提出反对意见。只有向法院提出了离婚请求后，法院才可能依据1973年《婚姻诉讼法》作出离婚的判令。

1973年《婚姻诉讼法》第1条第1款规定，离婚的唯一理由是婚姻已无可挽回地破裂。同时，在该法第1条第2款中又规定了，只有诉请离婚的原告向法院证明了存在以下的一个或多个法定事由，审理离婚案件的法院才能据此认定婚姻已无可挽回地破裂：

（1）被告有通奸行为，且原告认为无法与被告继续共同生活；

---

① The Law Commission, *Reform of the Grounds of Divorce*: *The Field of Choice* (No. 6), London: HMSO, 1966, p. 11.

② 参见本文第一章第三节。

（2）被告的行为让原告有合理理由认为，其与被告无法继续共同生活；

（3）被告遗弃原告且在原告提起离婚诉讼前已达二年以上；

（4）在原告提起离婚前，双方已分居生活且已达二年以上，并且被告同意离婚；

（5）在原告提起离婚前，双方已分居生活且已达五年以上。

二、认定婚姻破裂的法定事由

（一）被告的通奸行为

原告须证明的第一种法定事由，即为被告的通奸行为。关于这一点，须注意三点。一是原告不能以自己的通奸行为为由诉请离婚。二是不能只证明存在通奸行为，原告还须证明其无法与被告继续共同生活。在这一法定理由中增加这一要求，是为了实现离婚法所设定的目标之一，也即维护婚姻的稳定。[①] 三是原告不必证明，其无法与被告共同生活是因为通奸。这一点在克里里诉克里里（Cleary v Cleary）案[②]中已经确立。所以，如果丈夫实施了通奸行为，而妻子原谅了他，但后来双方因为别的原因关系破裂了，妻子仍能以丈夫通奸为由提出离婚诉讼。这实际上是说，法律认为，通奸是破裂婚姻的表象之一，但通奸本身不能证明婚姻已经破裂。但在1973年《婚姻诉讼法》中第2条第1款同时规定了，如果双方当事人在一方通奸后又共同生活了六个月，那么原告就不能再以通奸为由提出离婚诉讼。

丹尼斯诉丹尼斯（Dennis v Dennis）案[③]确立了证明这一法定事由的另一个原则。通奸在这里是指丈夫或妻子与婚姻关系外的异

---

① Gilmore S. & Glennon L., *Hayes and Williams' Family Law* (3rd edition), Oxford: Oxford University Press, 2012, p. 68.

② [1974] 1 All ER 498.

③ [1995] 2 All ER 51.

性第三人发生的自愿性交行为。同性性行为或其他不涉及性交的性行为不构成通奸，但却属于1973年《婚姻诉讼法》第1条第2款规定的不合理行为的范围。如果被告答辩称不同意离婚，而且否认通奸行为，那么原告须证明通奸行为的存在。如果当事人有实施通奸行为的倾向和机会，则法院通常会认定存在通奸行为。例如，有人看见丈夫与一女性共进晚餐，然后进入房间和她共度一晚，这时法院往往会认定，丈夫实施了通奸行为。①

证明原告与被告无法继续共同生活的标准是非常主观的。关于是否能够容忍继续共同生活，大多数人的观点和当事人没有关系，只与当事人自己的观点和感受才有关。②

（二）被告的不合理行为

原告须证明的第二种法定事由是，被告的行为让原告有合理理由认为，其无法与被告继续共同生活。对于这一事实，不能只证明被告存在不合理行为，须证明这种不合理行为在理性人看来，将导致原告无法继续与被告共同生活。所以，法院会在庭审中考虑当事人性格特点，从而作出是否是符合法律规定的不合理行为的决定。③ 但是，如果原告对被告不合理行为的反应也非理性人的观点，那么原告的诉请很可能也不会成功。

被告的不合理行为包括家庭暴力以及上文我们提及的一些行为，此外，不合理行为所涵盖的内容极其广泛。本条规定的不合理行为既可能是单一的非常严重的行为，也可能是多次的不合理行为叠加构成的。④ 这里强调被告的不合理行为，并不是强调不合理行为的严重性本身，而是不合理行为给原告带来的影响。但是，不合理行为必须构成一个充分的理由，使法院据此可以推断出婚姻已经

① Herring J., *Family Law* (5th edition), Harlow: Pearson, 2011, p. 111.

② *Goodrich v Goodrich* [1971] 2 All ER 1340.

③ *Birch v Birch* [1992] 1 FLR 564, [1992] 2 FCR 564.

④ 如Dunn法官在Livingstone - Stallard [1974] 2 All ER 979中作出的判决，他认为，妻子“长期被责骂、批评，丈夫行为粗鲁”。

无可挽回地破裂，原告无法和被告继续共同生活，双方之间偶尔的疏远行为不构成不合理行为。例如，在巴福瑞诉巴福瑞（Buffery v Buffery）案①中，妻子指控丈夫，声称丈夫木讷，从不带她出门，孩子长大离开家后，他们交流甚少，也没有什么共同兴趣爱好。法官最终驳回了妻子要求离婚的诉讼请求。

在某些情况下，即使被告的行为与婚姻无关，但如果其对原告造成了严重影响，那么被告的行为也可能构成本条所规定的不合理行为。例如，如果被告犯有严重的刑事犯罪，那么原告可以据此要求离婚。但是，偶尔一次轻微的暴力行为不构成不合理行为。如果犯有多次轻微的暴力行为，则可能构成不合理行为，这有待法官的自由裁量。有学者指出，不合理行为是离婚案件中使用最多的一种法定事由。② 诸如，酗酒、物质依赖等都常被原告作为不合理行为诉请离婚。制造经济困难③和"DIY 迷"（喜欢自己动手做的人）长时间不能完成一项"DIY"的工作④都曾作为不合理行为，帮助原告成功获得离婚判决。

在涉及被告患有疾病，尤其是精神疾病的案件中，尽管存在不合理行为，但被告的不合理行为是由于其疾病产生，对此，其并无过错。在这种情况下，法官对于是否作出离婚判决也非常谨慎。尽管人们普遍认为，婚姻本身包含了在配偶一方身患疾病的扶养义

---

① ［1988］2 FLR 365.

② Deech R.，"Divorce Law and Empirical Studies"，*Law Quarterly Review*，vol. 106，1990：p. 229.

③ See Carter - Fea v Carter - Fea［1987］Fam Law 131. 在该案中，妻子指责丈夫不能管理自己的财务，对于丈夫的经济债务，他也不能采取积极行动，致使妻子面临的债务越来越多。法院最终判令双方离婚。

④ 如 *O' Neil v O' Neil*［1975］3 All ER 289。在该案中，丈夫的"自己动手"的工作让妻子身心疲惫，致使妻子健康受损。最终让妻子爆发的是丈夫对他们的平房做的翻修工作。他在起居室的地板上搅拌水泥，厕所门被卸下来，8 个月都安装不上。同时，他还写信给妻子的律师，怀疑小孩不是他亲生的。据此，上诉法院认为，这足以证明原告的诉讼请求。

务，但法院也认可由于这类疾病给另一方配偶带来的沉重压力。因此，尽管本条强调被告存在有不合理行为，但对于被告是否存在过错，法律并没有要求。[①] 在不合理行为特别严重或存在对他人造成伤害的风险时，更是如此。在卡兹诉卡兹（Katz v Katz）案[②]中，法官考虑了丈夫患有躁狂抑郁症的事实，但妻子如此伤心，已经有过自杀行为，这一事实对妻子的影响已经非常严重，因此法官作出了离婚判决。但离婚判决的作出仍依赖于案件事实，如在理查德诉理查德（Richards v Richards）案[③]中，丈夫喜怒无常，有时会呆坐在一处，两眼盯着空中，还打过妻子两次（其中一次比较轻微），法院判定这不足以构成不合理行为，驳回了原告离婚的诉讼请求。

如果原告在被告不合理行为出现后，又和被告共同生活了不到半年，那么法官在判断原告是否有合理理由与被告继续生活时，不会考虑这段时间。[④] 本条规定旨在帮助双方当事人和解。如果双方在不合理行为发生后，又共同生活了半年以上的，法院会考虑这一情形，但这并不必然导致法官不应作出离婚判决的结果。

同“被告的通奸行为”这类法定事由相同，“被告的不合理行为”也存在主观因素。尽管法官在判断一个“理性”的原告是否可以继续同被告共同生活时，采用的是“多数人的理性”这一客观标准，但本条规定的实质由于涉及当事人自身，因此仍然带有较强的主观因素。

（三）被告的遗弃行为已满两年

原告须证明遗弃，必须是被告在原告起诉离婚时，已经遗弃原告二年或二年以上。遗弃是指，一方配偶撇下另一方，离开家庭，并且无意返回。[⑤] 要证明存在这一事实，须证明以下几点：一是存

---

① *Gollins v Gollins* [1964] AC 644.

② [1972] 1 WLR 955.

③ [1972] 3 All ER 695.

④ 1973 年《婚姻诉讼法》第 2 条第 3 款。

⑤ See *Hopes v Hopes* [1949] P 227.

在分居事实；二是被告存在遗弃的故意；三是原告不同意被告就这样离开；四是遗弃没有正当理由。

关于分居事实，当一方配偶离家在外居住，即可证明这一点。但是，如果双方配偶虽住在同一房屋，但一方配偶有意从共同的家庭生活中撤离，这也视为是分居。正如侯培思诉侯培思（Hopes v Hopes）案[1]中，丹宁勋爵指出，丈夫“将自己关在家里的一间或两间房内，不再和他妻子有任何联系，和妻子分开居住，其实质上就像他们分居在公寓里的不同房间一样”。[2] 但要证明这一点，同居一处的双方配偶必须完全分开生活，不能有任何（哪怕只是一丁点）共同生活的成分，如双方共用一个起居室或一起吃晚饭。在列·布洛克诉列·布洛克（Le Brocq v Le Brocq）案[3]中，妻子将丈夫锁在卧室外面，双方除了无法避免的场合外，不说一句话，但妻子仍然为丈夫做饭，丈夫也每周给妻子一笔钱用于家用。据此，法院认定：双方并未分居。

关于遗弃的故意，英国法要求遗弃方须有永远离开其配偶的故意，并且不存在其他方面的客观理由，如因为工作原因，度假或坐牢。如果因坐牢、在国外工作等客观原因分居两地，或者双方同意分居，那么就不构成遗弃。除非有相反证据证明，被告想断绝与原告的所有关系。[4]

关于原告的同意，英国法要求原告没有同意被告离家在外生活的主张。这是一个事实问题。但法院也可能推定。[5] 实际上，法院会综合考虑案件的具体情形，如妻子对丈夫说，“你想去就去吧，

---

① [1949] P 227.

② [1949] P 235.

③ [1964] 1 WLR 1085.

④ See *Nutley v Nutley* [1970] 1 WLR 217.

⑤ 如在 *Joseph v Joseph* [1953] 1 WLR 1182 一案中，妻子获得了犹太教的离婚令，虽然在英国法上这一离婚令没有解除其婚姻的效力，但这一事实说明，她并不反对丈夫离开她在外居住。

但如果你对她厌烦了，你就回到我身边来”，这不能认定为妻子同意丈夫的遗弃。① 原告对于被告离开感到高兴，这也不能证明原告同意被告的遗弃。

关于遗弃是否有正当理由的问题，在英国法上，如果一方配偶违背另一方的意愿，离开对方，是出于生活必需或对方行为所迫，那么他的离开就有正当理由，如双方分居的理由是一方在国外工作，或为了子女的精神健康，双方分居生活②等。在朗诉朗（Lang v Lang）案中，波特勋爵（Lord Porter）指出，导致一方配偶离开的行为必须是“十分严重且具有说服力的”。③ 遗弃可能以以下几种方式终止：一是遗弃方回家，二是双方当事人就分开生活达成一致。为了鼓励和解，不到六个月的同居生活不构成遗弃的终止。但二人同居的这段时间不计入遗弃所必需的两年时间，也即在这种情况下，双方须符合除同居的时间外，遗弃达两年时间。④

（四）分居二年且双方同意离婚

剩下的两种情形比较相似。第一种是双方在原告诉请离婚前，已持续分居长达两年，且被告同意原告提出的离婚请求。第二种是双方在原告诉请离婚前，已持续分居长达五年。这两种情形也是离婚纠纷中待证的五种法定事由中的无过错情形。依据分居两年这一事实提请离婚的原告必须证明双方当事人已经分居达二年之久，同时在提请离婚前，被告也已同意离婚。

要证明分居事实的成立，既要证明分居的事实，同时也要证明分居的意愿。因为在法院看来，只要在“身”、“心”两个要素上都有“分离”的事实，才能认定为分居。

一方面，从身体要素考察，分居要求的是两种独立的生活，这

---

① *Haviland v Haviland* (1863) 32 LJPM & A 65.

② 如在 *G v G* [1964] P 133 案中，法官认为，丈夫的行为（精神疾病犯病期间）吓坏了子女，妻子有正当理由不让他回家，尽管丈夫对此并无过错。

③ [1955] AC 402.

④ 1973 年《婚姻诉讼法》第 2 条第 5 款。

并不等于是两套独立的房子。如果原告能够证明双方分居两地，这就能充分证明双方在身体上已经分开居住。但即使双方在同一屋檐下生活，也可能成功证明“身体上的分离”。在这一点上，通常适用的是“两年以上的遗弃”所适用的事实标准。因此，关键问题在于双方有没有共同生活。这里的共同生活不是指空间上的共同生活，而是指家庭生活的共享，如在饭桌上一起吃饭，或者一起看电视。如果有共享家庭生活的事实，那么法律就会认定，双方并未分居。在芒瑟诉芒瑟（Mouncer v Mouncer）案①中，妻子曾于 1969 年以虐待为由提出离婚。虽然，离婚诉讼并未继续下去，双方也仍在同一屋檐下生活，但双方关系仍十分紧张，各自在不同卧室生活。但是双方仍一起吃饭，而且妻子也会打扫房间。因此，当丈夫 1971 年离家，随后提请离婚时，尽管妻子也同意离婚，法院却认定，1969 年到 1971 年，双方并未分居。但是，也存在一些特例。例如，富勒诉富勒（Fuller v Fuller）案②中，夫妻双方于 1964 年分居，妻子开始和另一男子同居生活。1968 年，丈夫犯了严重的心脏病。医生的结论是他不能独立生活。随后，他搬到了妻子与另一男子同居的地方。丈夫就像一位房客，妻子每天为他提供食物，换洗衣物，丈夫每周支付给她一定报酬。上诉法院认定，双方没有同居生活。同居不光是住在一起，双方当事人应该像夫妻一样生活在一起，而不是像房东和房客那样。

另一方面，从心理因素考察，上诉法院在桑托斯诉桑托斯（Santos v Santos）案③中指出，双方不仅要在身体上分开居住，而且一方当事人也要有分居的意愿。这种分居意愿不要求双方当事人都要有，也不要求这一意愿须明确告知另一方。因此，如果丈夫入狱，妻子独自生活超过两年，只要一方当事人有分居的意愿，则这

① ［1972］1 WLR 321.

② ［1973］1 WLR 730.

③ ［1972］Fam 247.

一情形就符合法律规定的分居情形。但是桑托斯案中的这一因素的要求存有争议，成文法中对这一要求并未提及。

按照法律规定，被告的同意必须是积极的同意，如果被告只是没有反对，不构成本条规定要求的同意。此外，被告作出的同意须是真实意思表示，且在离婚暂准令作出前，被告可以任意撤回其同意的意思表示。① 在绝对离婚令作出前，如果被告在考虑是否同意离婚时，受到了原告的误导，被告可以以此为由，申请撤回暂准离婚令。② 被告作出同意通常会在送达回执表中指明，同意离婚。

为促进双方和解，1973 年《婚姻诉讼法》第 2 条第 5 款允许双方恢复同居，可以有一次，也可以有多次，但总共不应超过六个月。不足六个月视为双方为和解所做的努力，因此同居的法律效力是中止分居，这段时间也不会计入法律要求的二年分居时间，同时也不会中断这一期间。③ 超过六个月，则将重新计算分居时间。

在 1969 年制定现行的离婚制度前，协议离婚是完全禁止的。在“双方已分居生活且已达二年以上，并且被告同意离婚”写入现行离婚制度时，由于这种简单的方法无须就双方生活状态做道德评判，也不用指责被告有法律规定的过错情形，所以法律改革者认为未来这将是人们诉请离婚时用以证明“夫妻感情已无可挽回地破裂”的主要情形。

（五）分居五年

对于分居五年的情形，原告只需证明双方已经分居五年即可。由于分居五年的情形允许在违背被告意愿且被告无过错的情况下离婚，因此在立法将这一规定引入英国现代离婚制度时，争议颇多。按照现行规定，被告也不可能阻止离婚，除非被告符合 1973 年

---

① 参见 1973 年《婚姻诉讼法》第 2 条第 7 款，2010 年《家事程序规则》第 7.12 条第 12、13 款。

② 1973 年《婚姻诉讼法》第 10 条第 1 款。

③ Herring J., *Family Law* (5th edition), Harlow: Pearson, 2011, p. 114.

《婚姻诉讼法》第5条所规定的一旦离婚，其将遭受严重的经济困难或其他困难。例如，在K诉K案[①]中，丈夫以婚姻关系破裂，双方已分居五年为由诉请离婚，但妻子以如果丈夫先于自己去世，自己可能获得的养老金继承份额的损失重大为由，依据第5条之规定，要求法院驳回原告的诉讼请求。由于法院无权作出指令，要求丈夫相应的养老金份额的补偿，以平衡双方法益，因此“除非丈夫向法院提出一个可接受的补偿方案，足以消除女方存在的重大经济困难，否则法院只能驳回原告的诉讼请求”。[②] 但从实践看，能成功适用这一条款阻止离婚的案件屈指可数。即使离婚会造成经济损失或社会排挤，[③] 法官也不太愿意适用第5条之规定，驳回原告的离婚诉求。

第三节　英国现代离婚制度的程序规定

英国现代离婚制度的法定程序规定在2010年《家事程序规则》中，该规则于2011年生效。按照2010年《家事程序规则》之规定，“婚姻指令”（matrimonial orders）包括了离婚令、婚姻无效令以及司法分居令。

有关离婚法定程序的具体内容被规定在2010年《家事程序规则》的第七部分（婚姻及民事结合诉讼中的程序）。根据离婚双方当事人是否达成了离婚合意，可以将离婚程序大致分为两种。一种是无争议的离婚，另一种是有争议的离婚。实践中，在离婚诉讼中提出反对离婚的答辩将产生昂贵的诉讼费用（没有社区法律服务基金支持）。同时律师也不愿代理有争议的离婚案件。因为律师认

---

① *K v K* [1997] 1 FLR 35.

② [1997] 1 FLR 35. 法院判决几周之后，丈夫提出了一个妻子接受的补偿建议，随后作出了离婚暂准令。

③ *Banik v Banik* [1973] 3 All ER 45; Rukat v Rukat [1975] Fam 63.

为，这种反对离婚的答辩往往没有任何实际意义。所以，基本上所有的离婚都是无争议的离婚。即使有些离婚案件中的当事人提出了反对离婚的答辩，但在绝大多数情况下，这种反对都不成功。①

一、无争议离婚的程序

对于双方达成离婚合意的案件，双方当事人只需做一些提交文件之类的工作，无须上法庭离婚，也不需要他们的法定代理人出庭。在英国政府推行电子诉讼服务的今天，当事人可以直接从网站②上获取离婚的相关表格以及如何离婚的相关法律建议。③

（一）原告起诉

离婚案件的原告启动离婚案件，首先需要填妥离婚起诉书（表 D8），然后提交到相关的离婚郡法院（2010 年《家事程序规则》第 7.5 条第 1 款）。离婚起诉书共包括十个部分。这十个部分分别为：第一部分包括当事人的姓名、地址及其他个人信息。第二部分为结婚证或民事结合④证书上载明的婚姻及相关信息。须保证表 D8 上所填写的信息与结婚证或民事结合证书上的信息一致，否则，法院可能驳回申请。第三部分为法院管辖问题，确定受理法院具有该离婚案件的管辖权。第四部分为涉及当事人双方或子女的其他诉讼案件，如当事人一方或双方的财产纠纷。如果当事人依据“分居五年”这一事实，双方是否已经达成了有关子女抚养等的相关协议。这一部分可以帮助法院掌握有关离婚家庭的相关情况，这

① 在英国法律委员会 1988 年的报告中，1000 件离婚案件中只有 4 件，法官驳回了原告的离婚诉讼请求。Herring J.，*Family Law*（6th edition），London：Pearson，2013，p. 116.

② 例如，www. direct. gov. uk.

③ 下文相关程序的介绍为截至 2014 年 3 月 1 日前的英国离婚程序内容。

④ 民事结合是针对同性恋群体提供的一种弱于婚姻保护力度的法律制度。依据 2013 年 7 月获得御准，2014 年 3 月 29 日实施的《婚姻（同性伴侣）法》［Marriage（Same－Sex Couples）Act 2013］，同性伴侣在 2014 年 3 月 29 日后就可以缔结同性婚姻。

可能就包含了根据1996年《家庭法》作出的不得骚扰令或是居住令，或根据1989年《儿童法》启动的公权力看护儿童的程序。第五部分为离婚理由。申请人须根据1973年《婚姻诉讼法》的规定，写明离婚理由，以及用以证明婚姻已无法挽回地破裂所依据的五种法定事由之一。第六部分则是当事人对申请离婚事实要点的阐述。第七部分涉及家庭中有关子女的情况以及未在该家庭中共同生活的当事人的其他子女（如非婚生子女）的情况，以及是否有关于子女抚养的相关协议。第八部分的内容是，如果需要原告出庭，原告是否需要某些特别服务。第九部分涉及送达诉讼文件所需要的原被告双方的信息，代理人信息，如有共同被告（如通奸情形下），共同被告的信息。第十部分为原告的诉讼请求部分，包括解除婚姻，诉讼费用的承担，请求法院作出有关财产分割或补偿的指令。离婚起诉书须有原告签名并写明日期，如有代理人，则由代理人签名并写明日期。在结婚不满一年时，不得向法院提交离婚申请书。而且双方不得协议免除或缩短这一禁止提出离婚申请的时间。① 但在结婚第一年内，一方的任何过错（如通奸等）都可以作为离婚程序的证据。

离婚案件原告除向法院提交三份离婚起诉书外，还需向法院提交以下材料各三份：包括结婚证、子女抚养声明（表D8A）、经授权机关验证的法院判令的复印件，以及有关享受政府资助的证明。如果原告有代理人，那么代理人须同时提交一份“调解声明”，说明是否已经向委托人建议调解，同时向委托人提供了能够提供调解与和解服务的相关专业人士的信息（2010年《家事程序规则》第7.6条）。提交离婚起诉书的同时，须缴纳相应的案件受理费启动离婚诉讼，按照英国司法部官方网站的规定，离婚诉讼须缴纳410

---

① Gilmore S. & Glennon L., *Hayes and Williams' Family Law* (3rd edition), Oxford: Oxford University Press, 2012, p. 66.

镑的诉讼费。[1]

（二）被告答辩

法院在接到离婚申请书以及相关材料后，随后将向被告送达离婚申请书的副本，同时还有一份“诉讼程序通知书”（告知被告，离婚申请书有何法律后果，以及接下来的程序事项），和“确认送达书”（表D10）。确认送达书是被告必须在接到离婚申请书八日内填妥、签名并交回法院的问卷。在“确认送达书”上，被告须明确回答，是否已经收到了离婚申请书；被告是否准备提出反对离婚的答辩意见；在以双方同意离婚，并且分居两年的情况下，被告是否已经同意离婚；被告是否请求法院作出相应的有关经济问题的指令或是任何有关子女的指令。

（三）作出暂准离婚令

一旦被告或共同被告向法院交回了确认送达书（表D10），被告明确表示同意离婚的，原告或其代理人就应提交一份“暂准离婚令申请书”（表D84），请求法院审查原告的相关文件，并作出是否准予暂准离婚的判决（参见2010年《家事程序规则》第7.19条）。提交“暂准离婚令申请书”（表D84）的同时，还应提交表D80。这是一个由原告宣誓作出的关于离婚事实的问卷以及书面声明。表D80根据离婚所依据的法定事由的不同而不同。法官在收到这些材料后，将根据案件事实，审理案件。如果双方当事人有不满16岁的子女，[2] 或年满16周岁但身体残疾、法院认为需要抚养的子女，法院在作出暂准离婚令前，还会考虑原告提交的子女抚养安排是否能够保护子女的利益（1973年《婚姻诉讼法》第41条，2010年《家事程序规则》第7.25条）。如有必要，法官会要求当

① See www. justice. gov. uk. 这是2013年7月的最新规定。与离婚、婚姻无效、解除民事结合关系不同，请求司法分居，只需缴纳365镑的诉讼费。

② 依照英国的教育体制，在一般情况下，未成年人在16岁左右可以完成相当于我国高中阶段的教育课程。

事人提供更多信息或证明材料。

如有充分证据证明双方婚姻已经无法挽回地破裂，法官将签发“获得判令证明”（表 D84A）（a certificate of entitlement to a decree）。该证明将送达给双方当事人，证明上载明了正式宣告暂准离婚令的时间地点（参见 2010 年《家事程序规则》第 7.20 条）。如果法官不同意离婚，当事人将收到一份“拒绝签发法官判令证明的通知”（表 D79）（a notice of refusal of judge’s certificate）。该通知上将载明法官不作出判令的理由，如有必要，还会说明法官是否需要更多的信息，或是否需要开庭审理此案。

法官通常会在公开法庭上宣布暂准离婚令，但当事人或其代理人无须出庭（2010 年《家事程序规则》第 7.18 条），除非双方当事人希望提出有关诉讼费的问题。宣布暂准离婚令往往只是一个形式。法院的书记官会在法官面前逐一宣读同一批次作出的判令，法官会点头示意，表示赞同。有时，法官也会自己宣读。双方当事人也会收到表 D84B，其内容是告知双方当事人，法官认为原告提出的子女抚养协议不是延迟离婚的理由。如果双方当事人没有子女，他们也会收到表 D84B，说明双方没有子女。一旦法院宣读了“暂准离婚令”，双方当事人很快就可以收到“暂准离婚令”（表 D29），有了这一指令，原告就可以依此向法院申请作出“绝对离婚令”。

（四）作出绝对离婚令

获得暂准离婚令并未终结双方的婚姻关系。只有绝对离婚令才有终结双方婚姻关系的效力。原告可以在获得暂准离婚令之日起六周后向法院申请绝对离婚令（表 D36），并缴纳相应费用（现在是 45 镑），这种情况下，无须再向被告送达原告的这一申请书，法院工作人员将审查，是否有针对暂准离婚令的上诉，是否法律规定的期间已经届满，如无其他问题（无子女或有子女但已对子女作出适当安排等），法院将签发绝对离婚令。如果原告没有在这期间提出绝对离婚令的申请，被告可在原告有权申请绝对离婚令之日起三个月后申请绝对离婚令（表D11）（1973年《婚姻诉讼法》第9条第2款），同时也须缴纳相应的诉讼费（现行诉讼费为95镑）。在被告申请绝对离婚令的情况下，法院须在审理案件后，认为在符合法律规定的情形下，作出绝对离婚令（2010年《家事程序规则》第7.33条）。如果违反规定获得了绝对离婚令，离婚也归为无效。①

如果双方有子女，那么地区法官将考虑是否应依据1973年《婚姻诉讼法》第41条，行使权力，暂不作出绝对离婚令。如果暂准离婚令是基于分居两年但双方同意离婚或分居已满五年作出的，被告给原告提供的离婚后扶养方案又不合理，那么法院有权拒绝作出绝对离婚令。

之所以分别设置了暂准离婚令和绝对离婚令，同时二者之间又有一定的时间间隔，其主要是为了使被告有时间提出上诉，或者方便女王代理人或是其他人介入，并证明为何不应签发绝对离婚令（1973年《婚姻诉讼法》第8条）。女王代理人的介入主要发生在以往旧的离婚法体制下。现在，女王代理人的介入已经非常少见了。女王代理人的介入在2003年的白吉诉曲阿函（Bhaiji v Chauhan）案②中出现过。该案中，基层法院审理的五个离婚案中的婚姻都是为了规避移民法法规而缔结，因此当事人为了离婚，就以虚假的事实主张被告的不合理行为导致双方的婚姻无可挽回地破裂，几起案件中，主张离婚的理由及事实，以及起诉状都十分相似。女王代理人反对签发绝对离婚令，在高等法院家事法庭最终作出的判决中，驳回了其中四个案件的离婚诉讼请求，同时，允许另一个案

---

① 在*Dennis v. Dennis*［2000］2 FLR 231案中，被告（丈夫）在原告获得暂准离婚令，有权申请绝对离婚令之日起，不到2个月的时间，就申请了绝对离婚令。被告的律师错误使用了本应由原告使用的表格，法院将其作为原告申请的绝对离婚令对待，并签发了绝对离婚令。丈夫很快再婚，并准备将其新的妻子带入英国。高等法院家事法庭最终判定，丈夫的离婚无效，因此后婚也无效。

②［2003］2 FLR 485.

件的原告撤诉。

二、有争议离婚的程序

有争议的离婚和无争议的离婚在启动离婚程序上是相同的。但被告会在确认送达书上说明其准备就此提出反对离婚的答辩意见。一旦满足法律所规定的各项要求（参见2010年《家事程序规则》第7.12条），双方将交换起诉书和答辩状，法院将在公开法庭上审理，双方将进行交叉盘问等。

三、限制离婚条款

除了上述两种基本的离婚程序外，需要注意的是英国法的离婚制度还专门规定了限制离婚条款。限制离婚的规定主要包括以下几点：

一是规定了离婚考虑期。1973年《婚姻诉讼法》第3条第1款规定，自结婚之日起一年内，不得向法院起诉离婚。第3条第2款同时规定了，结婚头一年禁止离婚的规定并不妨碍当事人以头一年一方配偶的通奸或其他法定事由为由在结婚满一年之后提出离婚。对于有特殊情况要求分开的，可以向法院请求司法分居。

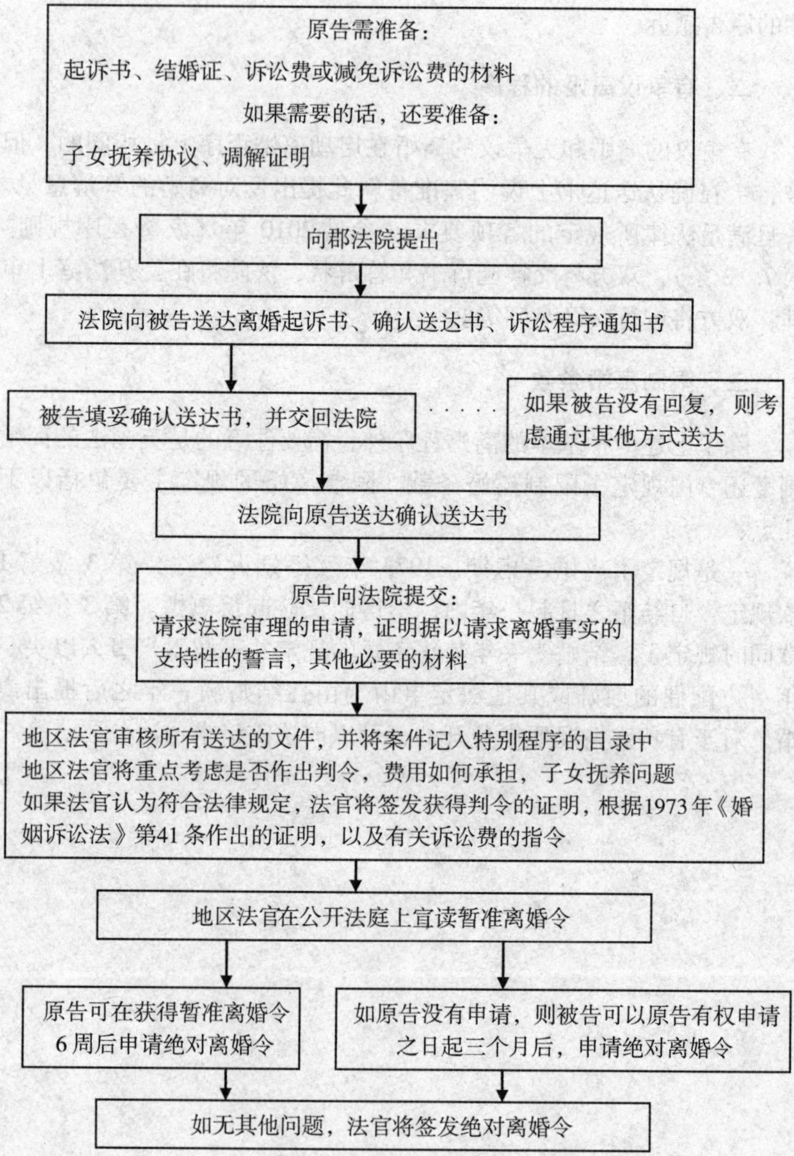
原告需准备：
起诉书、结婚证、诉讼费或减免诉讼费的材料
如果需要的话，还要准备：
子女抚养协议、调解证明
向郡法院提出
法院向被告送达离婚起诉书、确认送达书、诉讼程序通知书
被告填妥确认送达书，并交回法院
如果被告没有回复，则考虑通过其他方式送达
法院向原告送达确认送达书
原告向法院提交：
请求法院审理的申请，证明据以请求离婚事实的支持性的誓言，其他必要的材料
地区法官审核所有送达的文件，并将案件记入特别程序的目录中
地区法官将重点考虑是否作出判令，费用如何承担，子女抚养问题
如果法官认为符合法律规定，法官将签发获得判令的证明，根据1973年《婚姻诉讼法》第41条作出的证明，以及有关诉讼费的指令
地区法官在公开法庭上宣读暂准离婚令
原告可在获得暂准离婚令6周后申请绝对离婚令
如原告没有申请，则被告可以原告有权申请之日起三个月后，申请绝对离婚令
如无其他问题，法官将签发绝对离婚令

2－1　**离婚流程图**

二是对离婚后经济困难的一方配偶的特殊保护。按照1973年《婚姻诉讼法》第5条的规定，如果原告以分居五年的事实为由主张婚姻已无可挽回地破裂时，被告可主张婚姻一旦破裂，离婚将会给其带来经济上或其他方面的巨大困难为由，要求法院不作出解除婚姻的指令。这里所谓的“困难”包括在不解除婚姻的情况下，被告可能获得利益的机会损失。如若被告据此提出主张，法院应结合案件事实，综合考虑涉案当事人的子女利益，双方当事人的利益及行为。通常情况下，这一条款主要用于主张分割养老金的损失。法院可根据案件事实，作出分享养老金令（a pension sharing order）、[①] 附带养老金令（a pension attachment order），[②] 以及一次性支付令（a lump sum order）。在现行司法实践中，法院依据这一条款拒绝作出离婚令的案件已经非常少见。

K诉K案[③]是成功运用这一条款的一个典型案例。该案审理时，法院无权要求丈夫就养老金问题向妻子提供一定的财物，以平衡双方在经济上的位置。法院认为，如果丈夫不向妻子提供一定的财物，妻子将遭受重大的经济困难。因此，法院中止了丈夫起诉离婚的程序，直到丈夫自愿重新对双方的财产做新的分割。但在阿切

---

① 分享养老金令由1999年《福利改革和养老金法》引入。该法自2000年12月1日生效。分享养老金令在离婚时分割养老金利益，离婚时，财产所有权即发生转移。通常以养老金的等值现金转移价值（cash equivalent transfer value，CETV）的百分比表示。也有一些养老金（在英文中pension一词即可指养老金，也可指抚恤金，为行文方便，笔者采用了养老金的译法）不能用于分享，如国家抚恤金和死亡时支付的抚恤金。一旦作出分享养老金令，如果养老金是私人公司的养老金或基金管理的职业养老金，接受方可将其份额转入一个新的养老金基金，或仍保留现有的养老金方案，但将其分得的份额的所有权人改为接受方。

② 附带养老金令则指，法院作出的，由债务人将其养老金或抚恤金所得收益在退休或死亡时支付给前配偶。在附带养老金令中，应明确法院作出的指令分割的是养老金的收益，一次性退休金还是死亡抚恤金。作出附带养老金令，养老金收益的所有权不会从债务人一方转移至前配偶。

③ *K v K* [1997] 1 FLR 35.

尔诉阿切尔（Archer v Archer）案[1]中，妻子本身就有巨额财产，因此法院没有依据1973年《婚姻诉讼法》第5条的规定，限制丈夫离婚的诉讼请求。值得注意的是，只证明存在经济损失或社会排斥是不够的，[2] 还应证明法院如若签发离婚指令将是不正确的。

三是对当事人宗教自由的保护。1973年《婚姻诉讼法》专门设立了一条规定，保护当事人在必要的情况下，获得宗教上的离婚，否则法院可拒绝作出绝对离婚令。例如，在犹太的宗教法中，除在世俗法院获得离婚外，还须保证通过犹太宗教法院（Beth Din）获得离婚。通常，犹太宗教法院不会宣布离婚。相反，一方配偶（常为女方）须先从对方处获得一份离婚书据，这被称为"get"。如果丈夫或妻子不同意提供"get"，那么该丈夫或妻子的配偶仍然是"受束缚的丈夫或妻子"（agun or agunah）。在这种情况下，如果该配偶再婚，那么该配偶就犯有通奸罪。在这一关系中出生的子女会被称为"可鄙的人"（mamzer）。该子女不能与任何犹太教的人结婚，而且这一身份将延续到其后代。[3] 按照1973年《婚姻诉讼法》第10A条规定，任一方当事人都可向法院提出申请，要求暂缓作出绝对离婚令，直到双方都作出声明，表示他们已按照习俗的要求履行了解除婚姻的步骤，并将该声明提交到了法院。

尽管英国离婚制度注重对当事人宗教自由的保护，但在法律上，当事人通过宗教仪式或宗教法院办理结婚、离婚并不被法律认可，即一对通过世俗法律程序结婚的夫妻，也必须通过世俗法院离婚，双方当事人才有在英国再婚的资格。此外，对于一些穆斯林而言，如果他们没有按照英国法律缔结婚姻，那么双方当事人之间的

---

① ［1999］1 FLR 327.

② 在 *Banik v Banik*［1973］3 All ER 45；*Rukat v Rukat*［1975］Fam 63 案中，法院也没有依据该规定限制一方当事人的离婚请求。

③ Sendall J.，*Family Law Handbook*，Oxford：Oxford University Press，2013，p. 53.

关系只是同居关系。因此，在这些关系中的女性无法通过世俗法院获得法律保护，请求对方支付扶养费。但他们可以通过伊斯兰教教法法院（Sharia court）得到帮助。伊斯兰教教法法院可依据缔结宗教婚姻时，双方达成的协议或是伊斯兰教的教义，要求丈夫支付相应的扶养费。虽然，伊斯兰教教法法院不能强制丈夫执行，但如果双方有协议，世俗法院将依据合同法的原理帮助执行该协议。①

四是如果双方当事人有不满16周岁的子女，法官在作出绝对离婚令前，需考虑双方当事人提出的子女抚养协议。根据1989年《儿童法》的规定，在审理离婚案件时，法官应考虑是否需要作出涉及儿童的相关指令。如果有超过16周岁的残疾子女，法院认为有必要的，也会根据情况作出涉及儿童的相关指令。这种情况并不多。法官可能会要求当事人提供更多的证据材料，推迟作出绝对离婚令，直到法院认为其在作出离婚令时也能作出涉及儿童的适当指令为止。实践中，除非有一方配偶主动请求法院作出涉及儿童的指令，否则法官一般不会主动干涉。②

四、离婚调解、和解程序

教育部最近完成的对家事案件法律援助以及家事司法的调研报告《家事司法评论》中，有一个重要思想贯穿始终：一般而言，如果未成年人的父母双方离婚时能够达成协议，最好由父母双方达成协议。这样，如果双方当事人及其子女因情势变更要求变更协议时，双方也更容易达成一致，并执行变更后的协议。只要对当事人提供足够的信息，大多数人都能达成协议。另外一些人则可以通过替代性纠纷解决方式找到解决离婚纠纷的途径。③

---

① Welstead M. & Edwards S., *Family Law* (4th edition), Oxford: Oxford University Press, 2013, p. 152.

② Herring J., *Family Law* (6th edition), Harlow: Pearson, 2013, p. 123.

③ Norgrave D., *Family Justice Review*, London: Department of Education, 2012, para. 104.

（一）诉前鼓励调解

在大法官事务部有关离婚改革的白皮书中，调解被定义为调解人作为公正的第三方帮助配偶双方聚在一起考虑分居或离婚问题，并就未来生活作出协议。[①] 英国的离婚调解是由专门的调解员主持进行的调解。1996 年 1 月，全英家庭调解协会（National Family Mediation）、家庭调解员协会（Family Mediators' Association）和苏格兰家庭调解协会（Family Mediation Scotland）共同组建了大不列颠家庭调解员学院，这一机构为选拔、培训、资格认定家庭调解员提供了一个统一标准，同时也为社会提供了一份全国性的家庭调解员名册。[②] 在调解原则上，离婚调解实行的是自愿原则。按照 1996 年《家庭法》的规定，调解并非必经程序，法律仍坚持调解须自愿参加的原则。此外，调解员也会注意保护当事人的隐私。一旦调解结束，调解员在调解过程中获得的信息都不会用于法庭审理。一旦双方达成了一致，可订立调解协议。值得注意的是，调解协议不具有法律效力，通常而言，调解协议更便于执行。当事人也可将调解协议或是谅解备忘录交给律师，由律师将其做成同意令的模式，请法院签发同意令。

2012 年《法律援助、罪犯审判惩处法》（The Legal Aid, Sentencing and Punishment of Offenders Act 2012）（以下简称为 2012 年《法律援助法》）[③] 贯彻执行了政府鼓励调解的理念。自 2013 年 4 月 1 日该法生效后，政府不再为大多数的家事纠纷案件提供法律援助。按照旧的司法体系，律师在受理案件后，即对案件进行评估，一旦符合法律援助的标准，律师将向法律援助委员会提交一份申请，请求支付相关法律费用。1999 年《获得司法审判权法》（The

---

① Lord Chancellor's Department, *Looking to the Future: Mediation and the Ground for Divorce*, London: HMSO, 1995, para. 5.4.

② Casals M. M., Divorce Mediation in Europe: An Introductory Outline, *Electronic Journal of Comparative Law*, vol. 9.2 (July 2005), http://www.ejcl.org/, p. 18.

③ 2013 年 4 月生效。

Access to Justice Act 1999）对此做了改革，其在法律援助的总支出上设定了一个限额，由于法律援助要优先支持刑事案件，这一改革的结果是民事案件获得法律援助的费用大幅缩减。根据该法规定，政府设立了法律服务委员会（Legal Services Commission）。自2000年1月1日起，只有先和法律服务委员会缔结了合约，律所才能从事法律援助工作，这就意味着提供法律援助的律所集中在少数律所手中。在2010年的竞标中，家事纠纷的合约数量下降到原来的一半，结果一些优秀的律所竞标失败，而一些新的没有经验的律所却竞标成功。[①] 2011年，高等法院家事法庭庭长颁发的操作指南要求，所有的家事案件的原告在起诉前先要参加一个有关家事调解及其他替代性纠纷解决方式的信息说明会。[②] 按照最新的2012年《法律援助法》，对于涉及社会公共利益的家事纠纷案件，如有关儿童保护的公法案件，政府仍将提供法律援助，但如果只是家庭成员内部的纠纷，不涉及家庭暴力、儿童虐待等，政府将不再提供法律援助。只有通过调解解决家事纠纷以及在此过程中遇到的法律问题，可以通过法律援助解决，如获取家事调解建议的费用；通过调解起草同意令条款的费用；为了执行家事纠纷调解协议，需要转让家庭的不动产所涉及的相关费用。[③]

（二）诉中鼓励和解

为促进双方和解，[④] 根据1973年《婚姻诉讼法》的规定，如果在离婚程序中，法院认为双方当事人存在任何和解的可能，法院

---

① Paterson A., *Lawyers and the Public Good: Democracy in Action?* Cambridge: Cambridge University Press, 2012, pp. 95－96.

② Practice Direction 3A － Pre－application Protocol for Mediation Information and Assessment.

③ Legal Aid, Sentencing and Punishment of Offenders Act 2012, Schedule 1, para. 14 (2) and (5).

④ 在英国，和解旨在促使双方当事人调解和好，放弃离婚诉讼，挽救婚姻。调解则强调帮助当事人接受婚姻破裂的事实，并协商离婚后的安排。

可在任何阶段中止离婚程序。① 该法第2条第5款则规定，允许双方恢复同居，可以有一次，也可以有多次，但总共不应超过六个月。不足六个月视为是双方为和解所做的努力，因此同居的法律效力是中止分居，这段时间也不会计入法律要求的二年分居时间，同时也不会中断这一期间。如果有沙律师代理离婚案件，那么其须向法院提交一份证明，即他（她）已经向其委托人告知了帮助和解的调解人的相关信息。②

（三）离婚调解的特殊模式：协作调解

协作调解是许多律所开发并使用的一种离婚纠纷解决方法，由两位当事人以及他们的律师组成。其实质就是替代性纠纷解决机制的一种。协作调解的方法重视以下五个基本原则：一是公开分享对方当事人所获得的建议以及信息。二是通过面对面的四方会谈（两位当事人以及他们各自的律师）达成协议。③ 在有些案件中，也会邀请其他专业人员参加，如会计。三是协商是以双方的利益为基础的，也即协作调解先是确认双方各自的利益，然后，试图找到一个满足双方利益需求的解决途径。这与双方当事人列出自己的愿望这一传统做法完全不同。四是当事人和律师旨在不通过法院解决纠纷。五是协作调解的参与人须签订一个正式的协议，其中明确要求如果协作调解失败，律师不得在任何诉讼中代理该当事人。④ 对选择协作调解的委托人所做的调查显示，85%的协作调解案件都成功达成了调解。⑤ 部分法院法官对此也非常支持，称协作调解能鼓

① Matrimonial Causes Act 1973, s. 6 (2).

② Family Proceedings Rules 2010, r 7. 6.

③ Wright K., "The Evolving Role of the Family Lawyer: The Impact of Collaborative Law on Family Law Practice", *Child and Family Law Quarterly*, vol. 23, 2011, p. 370.

④ Herring J., *Family Law* (6th edition), Harlow: Pearson, 2013, pp. 152 – 153.

⑤ Bishop G., Kingston S., Max S., & Pressdee P., "Collab lite: No substitute for the real thing", *Family Law*, vol. 41, 2011, p. 1556.

励双方当事人尽可能以一种和平理智的方式解决纠纷。[①] 实践中，选择这种调解方式的当事人并不多，原因可能是，协作调解往往会涉及较高费用，如果有其他专业人员加入，费用更高，而且一旦协作调解失败，那么当事人将继续支付有关离婚诉讼的费用，因此很多当事人就直接选择离婚诉讼。另外，由于协作调解要求参与律师在调解失败的情况下，不得继续代理当事人的案件，因此对律师而言，这直接意味着其损失了一个客户，所以律师也不太愿意选择协作调解。

五、司法分居

除了一般的离婚程序，英国离婚制度中还有一项特别制度。这项特别制度源于过去禁止离婚时代的法律传统，此即为司法分居程序。

按照罗马天主教的观点，婚姻不可解除，上帝授意让他们在一起的人不能因为任何人类的行为分开。从 18 世纪末起，教会法院就认为，婚姻是终身的义务，无论婚姻是好是坏；只有当履行婚姻生活的义务绝对不可能时，当事人才享有分居的法律权利。在 1857 年《婚姻诉讼法》实施前，想要离婚的男性需在宗教法院获得“桌床离婚令”，再在普通法法院中获得一个关于对方“通奸”的判决，然后再通过一项私人法案，保证自己的婚姻得以终结，其享有再婚的权利。[②] 1857 年《离婚诉讼法》将这样的“桌床离婚令”[③] 重新定义为“司法分居令”。实际上，司法分居令和桌床离婚令二者并无太大区别。从那之后，“司法分居”制度就此延续下来。在 1969 年《离婚改革法》颁布时，这项制度也并未被废止，

① S v P (Settlement by Collaborative Law Process) [2008] 2 FLR 2040.

② Cretney S., *Family Law in the Twentieth Century: A History*, Oxford: Oxford University Press, 2003, p. 161.

③ 英文原文为：divorce a mensa et thoro，后面的拉丁语的意思是床和桌。

从而得以保留下来。

在少数案件中，双方当事人的婚姻尽管出现了危机，但双方并不想离婚，同时，又希望法律认可，双方不再履行婚姻的同居义务。也有一些配偶因为文化或宗教的原因，不愿意离婚，或者双方结婚未满一年，不能离婚，也可能双方在感情上尚无法接受离婚的现实。在这些情况中，双方当事人都可以申请司法分居。也有一些人因为经济上的原因申请司法分居，如遗孀抚恤金就只支付给与丈夫保持婚姻关系的妇女。

起诉请求司法分居的程序和离婚的法定程序基本一致，请求司法分居的理由也和请求离婚相同。当事人只需证明存在五个法定离婚事由之一，但无须证明双方婚姻关系已经无可挽回地破裂。司法分居相对离婚而言，不同之处主要在于以下三点：第一，诉讼费相对低廉。按现行规定，当事人申请司法分居，须缴纳365镑的诉讼费。第二，没有暂准司法分居的指令，一旦证明存在五个法定离婚事由之一，法院就会签发绝对生效的司法分居令，除非法院认为双方之间有关子女的协议不能充分保护儿童利益。第三，从法律效力上看，法院签发司法分居的指令后，双方当事人就不再履行婚姻的同居义务，但双方当事人不能再婚。如果当事人之后又想离婚的话，他们可以使用申请司法分居指令的相关证据申请离婚。在现在的司法实践中，法院作出的司法分居令也很少。根据英国司法部的统计数据，2011年有227件案件请求司法分居，较之2010年减少24%，作出司法分居令的只有155件，较之2010年减少9%。而2011年请求解除婚姻关系的案件有12.9万件。[①] 此外，司法分居令在继承法上具有和离婚同样的效力：[②] 在法院签发司法分居令后，双方配偶不再是另一方配偶的法定继承人，在法定继承发生时

① Ministry of Justice, *Judicial and Court Statistics*, London: The Stationary Office, 2011. https://www.gov.uk/government/publications/judicial-and-court-statistics-annual.

② 1973年《婚姻诉讼法》第18条第2款。

无权继承另一方的财产。但是，司法分居令不影响一方配偶以有效遗嘱的方式取得的继承份额。

第四节　英国现代离婚制度的法律后果

双方当事人一旦结婚，双方即会产生配偶之间的权利义务，如夫妻扶养权、对子女的抚养权、财产继承权等。同样，在双方当事人获得法院签发的绝对离婚令后，离婚生效，由此将产生一系列重要的法律后果。我们将从夫妻人身关系以及财产关系两部分探讨英国现代离婚制度的法律后果。

一、离婚在夫妻人身关系方面的法律后果

一旦法院发出了绝对离婚令，婚姻即告解体，双方当事人重获自由身，他们可以再次缔结婚姻。基于婚姻给双方当事人带来的一系列权利义务，包括同居义务、相互继承财产的权利、家事代理权等，都随着婚姻的解体而当然消灭。①

二、离婚在夫妻财产关系方面的法律后果

与我国的夫妻财产制不同，英国实行的是分别财产制。这一原则是婚姻关系结束时分割家庭财产法律的基础。婚姻不改变财产的所有权关系，只是使不具财产所有权的一方当事人对他方之财产享有使用权。一方婚前所有的财产、在婚姻期间通过购买或受赠所得的财产归其个人所有，另一方配偶对该财产没有财产性权益（pro-

① 在英国现代离婚制度中，没有夫妻姓氏权的相关规定。在结婚离婚时，当事人可以自由选择自己的姓氏。

prietary right),[①] 除非该方配偶赠与另一方，或者法院在作出离婚或婚姻无效或司法分居判决的同时作出了有关财产的指令，使另一方配偶获得部分财产或财产性利益。[②] 1970 年《婚姻程序财产法》(Matrimonial Proceedings and Property Act) 引入了一项新制度，即法院在作出离婚、婚姻无效或司法分居的判决时，有权对双方当事人的财产进行调整，并作出离婚后的扶养令。这些有关离婚后财产分割的规定反映了在 1969 年《离婚改革法》引入了无过错离婚制度后，人们对于新法的担心。为了保护无辜的妻子不会因为花心的丈夫被迫离婚而身陷贫困，因此在 1970 年《婚姻程序财产法》中就新增了这一规定。离婚时对婚姻财产进行衡平分割这一原则[③]后来在 1973 年《婚姻诉讼法》(Matrimonial Causes Act) 和 1984 年《婚姻和家庭程序法》(Matrimonial and Family Proceedings Act) 中得到了完善。法院在依职权衡平分割婚姻财产，作出"财产调整令"(property adjustment order) 时，主要考虑以下因素：(1) 双方当事人现在所有的以及未来可能拥有的收入、赚钱能力、财产以及其他经济来源，包括未来赚钱能力的增强；(2) 双方当事人现在以及未来可能出现的经济需求、债务以及责任；(3) 婚姻破裂前家庭的生活水平；(4) 婚姻当事人的年龄以及婚姻存续时间；(5) 婚姻各方当事人的身体状况，是否有身体或精神残疾；(6) 各方当事人对家庭所做贡献以及未来可能作出的贡献，包括做家务以及照顾子女；(7) 各方当事人的行为，只要法院认为这

---

① 又称为 property right 或 real right，其指一种财产权益，这个权益的标的可以是任何形式的财产（包括动产、不动产和无形财产）。这个权益有如下特点：(1) 可以被转让；(2) 一旦权益的标的物毁灭或消失，这个权益也不复存在；(3) 具有对无数人主张的权利（对世权）；(4) 在破产清偿中享有对于一般债权的优先权。[英] 劳森、冉得：《英国财产法导论》，曹培译，法律出版社 2008 年版，第 15 页。

② Miller J. G., *Family Property and Financial Provision*, Croydon: Tolley Publishing Company Limited, 1993, 15.

③ 这一新的救济办法反映了"社会变革以及社会需要"，参见 Dart v Dart [1996] 2 FLR 286 at 294.

些行为是不应忽视的；（8）在离婚以及婚姻无效的诉讼中，任一当事人可能因为离婚或婚姻无效，丧失获得其利益的机会。① 法院行使自由裁量权，应尽可能使双方当事人的生活水平恢复到婚姻未破裂的情形（这被学者称为“最小损失原则”②）。1984 年《婚姻和家庭程序法》修正了这一原则，要求法院在财产分割时，首先考虑的是家庭中未成年子女的福利，除此之外，法院在行使职权时，还会考虑是否应作出完全决裂令或是延期完全决裂令（所谓的“彻底决裂原则”）。③ 实际上由于这两个考虑因素本身就具有矛盾性，二者相互制约，加之没有一个具体的更高层级的司法目标，解释成文法法律规定的工作将更加依赖司法人员，这对司法人员也提出了更高的要求。笔者将先介绍在两愿离婚的情况下，双方达成协议后的基本制度。然后介绍双方没有协议时，法官可作出的指令种类及其适用情形，以及法官签发指令时考虑的各种因素，最后分析法官审理过程中遇到的某些典型问题。

（一）获得法院同意令的离婚协议

近年来，政府不断推出举措，鼓励离婚当事人通过替代性纠纷解决机制——要么通过律师进行协商，或者直接进行调解——解决离婚纠纷。政府希望，未来离婚当事人能尽可能通过调解④达成协议。1999 年《家事程序规则》（Family Proceedings Rules 1999）再次体现了政府的这一目的，该法设定的立法目标之一就是帮助当事人达成离婚调解协议。

按照现行法律规定，如果双方达成了离婚协议，通常会将协议

① 1973 年《婚姻诉讼法》第 25 条第 2 款。

② Eekelaar J., *Family Law and Social Policy*, London: Weidenfeld & Nicolson, 1978, pp. 170 – 199.

③ 参见 1973 年《婚姻诉讼法》第 25 条和第 25A 条。这两条为 1984 年《婚姻和家庭程序法》修正的内容。

④ 通常是通过律师达成调解协议的更多，相反，直接适用调解程序达成调解协议的较少。

的内容以法院指令的形式做成，然后提交法院，等待法院批准。一般情况下，法院会发出同意令（意为在双方合意下作出的指令）。同意令不会增加双方分割财产的范围，[①] 法院作出指令后，双方协议的内容就有了法律上的执行力。法院指令的内容不能超出法院依据1973年《婚姻诉讼法》作出财产分割和经济扶养令的权力范围。值得注意的是，在英国法上，这种执行力是源于法院的指令，而非双方的协议。[②] 从这个意义上讲，同意令和法院在裁判离婚时作出的其他法令没有区别。[③]

在申请法院签发同意令时，法院有权核实协议的内容，按照1973年《婚姻诉讼法》第25条的规定[④]考虑各种因素，审核该协议内容。但是，法院也不会勤勉核查同意令的内容。依据1973年《婚姻诉讼法》第33A条的规定：在申请有关经济救济[⑤]同意令的案件中，法院将基于双方申请中提供的规定信息，包括婚姻存续时间，双方当事人的年龄，未成年子女的年龄，对双方财产的估值以及双方的净收入，双方以及子女的住房安排，双方是否准备再婚以及其他重大事项，[⑥] 同时按照双方达成的协议内容作出指令，除非有其他情况，法院有理由认为其应做进一步的调查。按照这一规定，法院虽然有权审查双方达成协议的内容，但一般情况下，法院没有义务进行调查取证的工作。因此，法院实际上只对双方当事人的经济状况做宽泛的评估，只有双方提供的信息中反映出有调查需要时，法院才会进行深入调查。[⑦] 在双方达成的协议中，通常会有

---

① *Livesey v Jenkins* [1985] 1 All ER 106.

② *Soulsbury v Soulsbury* [2007] EWCA 969, para. 35.

③ See *B v B* (Consent Order: Variation) [1995] 1 FLR 9. 在该案中，法院判令延长定期支付令的执行时间。而这实际上与原有协议不符。

④ 参见本节后文的阐述。

⑤ 包括经济供养令、财产调整令、出售财产令，以及临时扶养令。参见1973年《婚姻诉讼法》第33A条第3款。

⑥ 1991年《家庭程序规则》中表M1。

⑦ *Pounds v Pounds* [1994] 1 FLR 775.

要求一方放弃未来的离婚后抚养请求权的内容，双方希望法官作出的同意令包含这样的内容，但在西迪亚斯诉西迪亚斯（Xydhias v Xydhias）案中，上诉法院法官索普（Thorpe LJ）就指出：以要求一方放弃离婚附带救济请求权为条件的协议，法院不会赋予其执行力。[①]

在双方达成离婚协议的情况下，需要注意的另一个问题是，无论是在有争议的离婚诉讼中，还是双方协商好一起申请同意令的情形下，双方当事人都有义务向法院披露所有重要事实，否则同意令将被废止。在利夫西诉詹金斯（Livesey v Jenkins）案[②]中，双方已就同意令中的条款达成一致，丈夫同意转让给妻子其婚姻房产的一半份额，并明确表明是为了给妻子和他们的两个子女提供住处。但一周后，妻子就与另一人订婚，而且其并未向其律师、其丈夫以及丈夫的律师透露这一消息。之后，法院作出了同意令。法院发出指令不久，女方就再婚，不到两个月的时间内，她就做了售房广告，准备出售婚姻房产。上议院[③]认为，妻子与第三人订婚的事实是双方订立协议时的一个相关的重大事实。她有义务披露这一信息，但她没有披露。因此，法院已作出的同意令无效。但是，正如布兰登勋爵（Lord Brandon）所言，并不是所有违背披露信息义务的事实都会导致法官废止同意令。相反，只有违背披露信息义务的事实披露后，法官会在有争议的离婚诉讼或申请同意令的诉讼中作出完全不同的指令时，已作出的同意令才会被废止。[④]

此外，如果订立协议时，存在欺诈或错误时，同意令也会被废止。在米德尔顿诉米德尔顿（Middleton v Middleton）案[⑤]中，法院

---

① ［1991］1 FLR 683, 691.

② ［1985］1 All ER 106.

③ 根据2005年《宪法改革法》的规定，上议院的司法功能于2009年10月1日被新成立的英联邦最高法院所代替。

④ ［1985］1 All ER 106, 119.

⑤ ［1998］2 FLR 821.

作出同意令是基于这一事实，即家庭房屋也是有良好声誉的商业资产。但丈夫随后将商业从该房产中偷偷撤出，导致房产价值大幅贬值，因此同意令作出的基础不复存在。法院由此判定同意令无效，并为女方重新作出了新的扶养令。

（二）未获得法院同意令的其他协议

按照协议订立的时间看，涉及婚姻财产分割以及离婚后扶养的协议大致可分为婚前协议和婚后协议。婚前协议是双方当事人婚前订立的，以婚姻破裂后财产分割及离婚后扶养为主要内容的协议。婚后财产分割协议包括分居协议和离婚协议。传统上，英国法院在适用1973年《婚姻诉讼法》时，不认可夫妻双方签订的各种财产协议的效力。婚前协议被认为是鼓励分居和离婚，因此法院会以这类协议违背公序良俗为由否定婚前协议的效力。[①] 而且按照法律规定，在离婚时公平分割财产的工作是法院在审理离婚案件时的工作职责。双方当事人通过签订协议的方式排除法院的权力是无效的。[②] 但现在，这一观点已经被英国最高法院否定。

关于各类财产协议的审判规则，英国现行司法实践主要受最高法院在拉德马赫诉格拉纳迪诺（Radmacher v Granatino）案[③]（以下简称拉德马赫案）这一判例的影响。该案中，法国丈夫和德国妻子在英国结婚。妻子原来的家庭非常富有，故双方结婚前在德国签订了婚前财产协议，约定离婚时，任一方都不能在另一方的财产中受益。现双方定居英国，婚后育有两子，到提起离婚诉讼时，已分居八年。该案中，争议的焦点是，法院审理时，是否应认可双方签订的婚前协议的效力。英国最高法院九位大法官以8∶1作出了如下判决：法院应认可双方当事人在充分理解协议条款基础上自由订

① *Hyman v Hyman*［1929］AC 601.

② *Uddin v Ahmed*［2001］3 FCR 300. 在该案中，配偶与其岳父签订的离婚后财产分割协议也被判无效。

③ ［2010］UKSC 42.

立的协议。除非事实证明，如果认可协议将会导致不公平。[①] 要使协议有效，除了在形式上协议必须是书面的协议外，还须保证：（1）双方当事人订立协议时，未受到任何不当的影响及胁迫，且充分理解了协议内容。[②]（2）双方当事人没有对对方有任何重大隐瞒，双方知悉对方的所有情况，且希望在离婚时适用此协议。[③]（3）双方都接受过法律咨询，或者即使没接受法律咨询，但其理解协议中的内容。如果一方有利用自己的优势地位，获得不当利益，这也会导致婚前协议不被法院认可。[④]（4）婚前协议不得损害家庭中子女的合法利益，[⑤] 这有违自怀特诉怀特（White v White）案[⑥]（以下简称怀特案）以来确立的公平原则。（5）订立协议后，双方当事人发生了重大变化，致使适用原来订立的婚前协议会导致严重的不公平。因为任一方当事人都不会订立一个协议，致使一方陷入穷苦潦倒的绝境。这种情况在婚姻存续时间较长时，尤其应注意。[⑦] 这五个要素大致又可分为两大类，第（1）、（2）、（3）点是确保双方当事人订立的协议是在完全自愿、且在完全知道所有事实情况下签订的协议，第（4）、（5）点是确保所订立协议基本公平。拉德马赫案体现出，在司法上更注重对当事人自治权的保护，同时也注重维护弱势方如妇女儿童等的合法权益。

在司法实践中，拉德马赫案及以后的案件，都基本依照这两类要素对婚前协议进行审查。例如，在第一类要素方面，拉德马赫案中，虽然丈夫没有接受法律咨询，但其在银行工作，是一名成功人士，虽然现在其辞职到牛津大学读博，但其完全能够理解协议的含

---

① *Radmacher v Granatino* [2010] UKSC 42 at para. 75.

② *Radmacher v Granatino* [2010] UKSC 42 at para. 68.

③ *Radmacher v Granatino* [2010] UKSC 42 at para. 69.

④ *Radmacher v Granatino* [2010] UKSC 42 at para. 71.

⑤ *Radmacher v Granatino* [2010] UKSC 42 at para. 77.

⑥ [2000] UKHL 54.

⑦ *Radmacher v Granatino* [2010] UKSC 42 at para. 80 - 81.

义。所以，双方订立的婚前协议真实有效。而在 *GS* 诉 *L* 案[①]中，双方所订立的婚前协议在双方的理解中全然不同，丈夫认为，婚前协议对双方婚前财产做了明确的界定，但妻子对此持不同意见，而且来自西班牙的专家证人（夫妻双方是西班牙人，但后来在伦敦居住）也认为协议的内容并不清楚。因此，法院在审理时，没有考虑婚前协议的因素。

在第二类要素方面，需要注意的是，如果婚前协议中没有对婚姻财产进行平分，这并不意味着该协议就违背了公平，从而无效。例如，在 Z 诉 Z（No. 2）案[②]中，夫妻俩在法国结婚。结婚前，双方依照法国法在公证员面前签订了婚前财产协议。协议载明，如果双方离婚，不适用平等分享婚姻财产的规则。2007 年，双方搬到了英国居住。而后当双方在法国购买房产时，也提到了该婚前协议。在律师为双方当事人起草的分居协议中，再次提到了该婚前协议。无论是公证机关还是后来在购买房产以及草拟分居协议时，该协议都未更改。因此，法院判定，双方当事人签订的婚前协议系双方真实意愿，且双方对协议内容也清楚明白。协议保证了双方当事人的需要，并未违背公平原则。至于是否有重大情事变更的情形，在 Z 诉 Z（No. 2）案[③]中，穆尔法官（Moor J）没有支持妻子提出的主张。穆尔法官认为，妻子在生育子女后，就辞职跟随丈夫到了英国，这并不属于重大情事变更，也并不影响双方签订的婚前协议的公平。相反，协议中已有相关条款规定，会为妻子离婚后的生活需要提供经济扶养。因此，穆尔法官依照协议的条款，最终作出了指令，判决妻子获得婚姻财产的 40%。

对于婚后协议，法院实际上采用了与婚前协议同样的审判规

---

① *GS v L*［2011］EWHC 1759.

② *Z v Z*（No. 2）［2011］EWHC 2878.

③ ［2011］EWHC 2878.

则，如在克雷门诉阿格雷斯特［Kremen v Agrest（No. 11）］案[1]中，双方当事人为俄罗斯人，于1991年在俄罗斯结婚，育有三个子女。双方经济条件很好，曾获得以色列和希腊的国籍，后于1999年永久定居英国。在整个婚姻存续期间，双方曾签署婚后协议。协议规定，妻子不得再向丈夫要求经济扶养。但由于丈夫在双方签订协议以及办理离婚过程中，隐瞒了自己的大笔财产，而且妻子也未获得相应的法律咨询，尽管她认识字，但其对自己在英国法律体系下放弃了哪些权利，并不清楚。按照英国法，她有权分得她参与贡献的财富的一半。因此，莫斯汀法官（Mostyn J）认为，不应考虑双方签订的婚后协议的因素，“在没接受法律咨询和充分披露双方各自财产的基础上，很难认定双方是在自由知情基础上自愿达成的协议……必须证明，当事人要像格拉纳迪诺先生那样，有一个金融和法律方面的高学历，只有这样，他/她才能理解自己签署协议时放弃的权利”。[2]

另一种婚后协议也即分居协议，情况稍有不同。分居协议是指双方自愿达成的，考虑到即将面临的分居问题，主要内容涉及分居期间及离婚后的扶养安排的协议。与其他的婚姻财产协议不同，分居协议在英国历史上，并未受到很大的指责。这与分居协议主要针对即将面临的分居或离婚扶养问题有关。分居协议和其他财产协议一样，并不当然具有法律约束力。法院有权依据1973年《婚姻诉讼法》第35条第2款之规定，对于不能充分保护子女利益的条款，或是不能满足重大情事变更需要的条款，或是严重违反公平原则的条款进行变更、撤销或是增加新的条款。任何要求一方当事人放弃到法庭申请经济救济的条款，因为排除了法院对婚姻财产协议的管

① ［2012］EWHC 45. 这是一个有关离婚后扶养的案件，涉及隐瞒财产、婚后协议等问题。

② At para. 73.

辖权，因而无效。[①]

典型的案例如埃德加诉埃德加（Edgar v Edgar）案。[②] 夫妻双方订立了一个分居协议，协议规定，妻子不得在离婚时申请一次性支付令或财产调整令。由于该案中，丈夫比较富有，因此妻子的律师就建议妻子通过离婚诉讼解决离婚后的扶养问题，这样她就可以多分得部分财产。但由于妻子急于与丈夫分居，因此妻子坚持由他们自己处理纠纷。三年后，双方离婚，妻子起诉要求支付一次性扶养费。法院认为，双方自愿签订的分居协议，并不存在前文论及的胁迫、不当压力、利用一方优势地位获得不当利益；且妻子律师已经向其做了建议，但妻子自愿签订了分居协议；也不存在违反公平原则，因此法院认为，该分居协议对妻子具有约束力。而在 NA 诉 MA 案[③]中，法院认为，丈夫对妻子施加了不当压力，迫使妻子签订了婚后协议。在丈夫发现妻子有通奸行为时，丈夫要求妻子，要么签署协议（该协议的条款并未经双方彻底协商），要么离婚。法院认为，妻子违背了自己的自由意志，而且协议的条款也不公平。因此，法院没有认定该协议的效力。

通过私人协商达成协议，解决离婚后的诸多疑难问题，不但可以节约诉讼费用，而且双方对协议也有较强的主体意识，达成的协议往往更可能得以顺利执行。对法院而言，这在一定程度上也减轻了法院的工作负担。因此，依据英国政府新颁布的 2012 年《法律援助法》，只有参加了调解的离婚配偶才能获得法律援助费用，实质上是鼓励当事人尽可能通过调解的方式，用双方间达成的协议解决离婚后的各种问题。一旦达成协议，双方当事人可以请求法院签发同意令，使协议具有法律约束力。

---

① 1973 年《婚姻诉讼法》第 34 条第 1 款。

② ［1981］2 FLR 19.

③ *NA v MA*［2007］1 FLR 1760.

（三）法院调整夫妻财产关系可作出的指令

在双方没有达成协议的情况下，依据1973年《婚姻诉讼法》第23条到24A条的规定，法院根据案件的具体情况，依职权可以作出多种指令。该法第23条规定：法院可以作出定期支付令、有担保的定期支付令以及一次性支付令。该法第24条规定：法院可以通过转让以及财产处置的方式重新分配财产。第24A条规定：法院可以签发指令，出售财产。在法院作出的所有指令中，大致可以将指令分为两类，一类是以双方收入为基准的指令，另一类则是旨在重新分配双方当事人离婚时的财产的财产调整令。法官根据案情的需要，有时也会同时签发两类指令。以下我们将分别介绍这些指令及其适用情形。

1. 定期支付令

根据1973年《婚姻诉讼法》第23条之规定，法院可为一方配偶之利益或子女之利益作出定期支付令。定期支付令主要用于满足弱势一方离婚后的日常生活需要。法院可在定期支付令中规定，支付的款项相当于一方向另一方支付的扶养费，也可以规定由于具有支付义务的付款方情况特殊，只需做象征性的支付。一旦付款方情况改善，这笔款项可以酌情增加。根据1973年《婚姻诉讼法》第28条第1款（a）项的规定，一旦任一方死亡或收款方再婚，那么定期支付令即终止。值得注意的是，付款方和第三人同居并不会自动终止定期支付令的效力。但是，法院可依据1973年《婚姻诉讼法》第33条之规定，考虑是否应变更定期支付的款项数额，甚至终止定期支付令的效力。[①] 定期支付令须定期支付，可以按周、月或者年进行支付。支付期间可以在定期支付令中规定，也可以笼统地规定，直到签发下一指令时止。[②]

① See Moor P., "Key Developments in Ancillary Relief", *Family Law*, vol. 38, 2008, p. 46.

② 1973年《婚姻诉讼法》第28条。2004年《民事伴侣法》目录五中，第47段。

2. 有担保的定期支付令

1973年《婚姻诉讼法》第23条第1款（b）项对有担保的定期支付令做了规定。依照该法之规定，法院可以要求付款方对支付义务提供担保，这种担保往往是以付款方的财产作为担保物的形式出现。可以是能为付款方带来收益的不动产，或是一旦付款方违背支付令不履行时，可用于执行的其他财产。法院通常会要求付款方将财产转入信托基金内，并缔结担保函。在担保函上，往往会明确写明，只要负有支付义务的付款方未向收款方履行支付令规定的支付义务，那么担保财产上产生的收益将直接划给付款方，用于支付义务的履行。即便是有担保的支付令，付款方仍可就履行支付令的方式保留一定的选择权。此外，一旦收款方死亡或再婚，那担保财产将返还给付款方。[①] 在付款方死亡的情况下，担保财产则转为付款方的遗产。

有担保的定期支付令还有一个优势，也即增加了付款方履行支付令的可能性。如果法院签发了定期支付令，而付款方又拒绝履行支付令，那么收款方可请求法院作出有担保的定期支付令，无须请求法院执行原有的支付令。有了有担保的定期支付令，付款方再有拖欠支付令规定的款项时，担保受托人就可直接从担保物产生的收益中付款给收款方。如果担保物所生收益仍不足以支付支付令上规定的款项，那么担保受托人有权将信托财产的部分分割给收款方。

如果在法院作出定期支付令或有担保的定期支付令后，当事人的情形发生变更，任一方当事人都可以向法院申请变更支付令，或者请求法院重新签发一个财产给付令（a capital order）。[②] 在接到当事人请求变更支付令的申请后，法院有权根据案件的具体情况酌情免除未支付款项的滞纳金。[③] 定期支付令和有担保的定期支付令

① 1973年《婚姻诉讼法》第28条第1款（b）项。

② 1973年《婚姻诉讼法》第31条。

③ 1973年《婚姻诉讼法》第32条第1款。

这两类都是以收入为基准的支付令。

3. 一次性支付令

一次性支付令指按照法院的指令，婚姻任一方当事人须向另一方支付的一次性的款项。[①] 在特殊情况下，也允许这笔款项以分期付款的方式支付，但在分期支付时，须有担保支付的财产，[②] 且法院可在指令中规定延迟支付的款项须以按指令规定的利率支付利息。[③] 按照法律规定的本意，一次性支付令在作出后理应是最终的指令，因而不得变更。但上诉法院在韦斯特伯里诉桑普斯（Westbury v Sampson）案中，指出，依据 1973 年《婚姻诉讼法》第 31 条第 1 款的规定，可以对一次性支付令下分期支付的款项以及支付时间进行重新调整。不仅如此，在特别情况下，法院还有权对一次性支付令规定的款项进行变更、中止或解除一次性支付令。也即只有在极个别的情况下，法院才会行使变更、中止或解除一次性支付令的权利。[④]

一次性支付令可以与离婚判决同时作出，也可以在离婚判决作出后，依申请人的申请作出。但一旦申请人再婚，其就丧失了申请一次性支付令的权利。[⑤] 对于在再婚前提出的一次性支付令申请，法院审理前再婚的，法院具有管辖权。运用一次性支付令需要注意的问题是，一旦请求一次性支付令的申请被法院驳回，那么申请人就不能再提出其他申请。因此，当事人是否应在离婚时请求一次性支付令，应理性考虑。如果成功的可能性不大，可暂缓提出。在某些情况下，法官也可能根据案件的具体情况，作出中止审理的指令。例如，在 D 诉 D 案[⑥]中，按照丈夫公司的奖励计划，丈夫即将

---

① 1973 年《婚姻诉讼法》第 23 条第 1 款（c）项。

② 1973 年《婚姻诉讼法》第 23 条第 3 款（c）项。

③ 1973 年《婚姻诉讼法》第 23 条第 6 款。

④ *Westbury v Sampson* [2001] EWCA Civ 4807.

⑤ 1973 年《婚姻诉讼法》第 28 条第 3 款。

⑥ *D v D* [2001] 1 FLR 633.

获得一笔奖金，因此妻子请求法院签发一次性支付令。在妻子申请时，该奖金尚未实际取得。法院作出了中止审理的指令。需要强调的是，这种中止审理的指令只有在特殊的情形下才能作出，也即一方当事人明确即将在不久的未来可以获得一笔财产，财产的来源明确，获得财产的可能性真实存在，而且只有作出中止审理的指令，才能实现法律的公平正义。

4. 财产调整令

1973 年《婚姻诉讼法》第 24 条规定，法院在作出离婚、婚姻无效或司法分居指令时，根据案件的具体情况，有权对双方当事人所享有的财产或财产份额进行调整。例如，家庭房产、汽车、家具家电、商业投资收益[①]等，从而保证所有家庭成员都能获得扶养。需要注意的是，财产调整令具有终局性，一旦作出，法院将无权予以变更，唯一可能的变更是向法院请求上诉，包括已经超过上诉期间的上诉。这种上诉首先要获得法院的许可，条件十分苛刻。

财产调整令可分为两种，一种是转让财产令，另一种为安置令。1973 年《婚姻诉讼法》第 24 条第 1 款（a）、（b）项分别规定了这两种指令。转让财产令，是指法院可根据案情向离婚当事人作出指令，要求一方当事人将其财产或继承所得转让给另一方当事人或其子女，或者指令中规定的其他人。转让财产令和一次性支付令一样，一旦作出就意味着离婚当事人双方彻底决裂，与彻底决裂原则相符。在多数情况下，转让财产令主要是针对家庭房产作出。安置令[②]是指，法院可根据案情要求离婚当事人一方将其房产用于安置另一方当事人及双方子女，有时也可能是只安置另一方当事人或其子女。安置令通常涉及的是共有房产，如在购买房产时，房产证上记载的是双方当事人的名字的情况，或者双方都对房产享有权

---

① 如在 *Harwood v Harwood* [1991] 2 FLR 274 案中，法院下令丈夫将其解散的合伙企业中所享有的财产份额转让给妻子。

② 在香港地区，这类指令又被称为授产安排令。

益。在婚姻房产共有的情况下，法官作出安置令，让有住房需要的一方当事人在安置期内享有婚姻房产的绝对排他的使用权，同时在安置期结束出售房产时，另一方享有合法权益的当事人可以在房产出售所得收益中获得其应有的财产份额。安置令主要适用于离婚双方当事人财产有限，不能通过分配财产实现扶养各方当事人的目的，同时一方当事人又有使用婚姻房产的迫切需要。

5. 出售房产令

1973 年《婚姻诉讼法》第 24A 条第 1 款规定了出售房产令。出售房产令，是指法院在根据本法第 23 条、第 24 条作出有担保的定期支付令、一次性支付令或财产调整令时或在作出指令后，可对一方或双方当事人所有的，或一方或双方当事人拥有财产权益的房产作出出售房产的指令。出售房产令是对其他指令的必要补充。例如，法院要作出一次性支付令，支付方往往需要将房产出售后筹集好资金，才能使一次性支付令的履行成为可能。另一种情况是，法院作出一次性支付令后，一方当事人拒绝履行法院判决，此时，另一方当事人就可适用第 24A 条的规定向法院请求出售房产令。法院可依据第 24A 条第 4 款的规定，作出出售房产令，同时规定，这一命令在发生某一事件或经过规定的时间后生效，从而敦促未履行法院指令的一方当事人尽快履行法院判决。法院作出的出售房产令如果含有相关条款，要求将出售房产所得存入基金，以保证对另一方当事人的定期支付，则该指令在收款方死亡和再婚时失效。① 法院也可以在指令中规定将该房产出售给具体的某个人。② 本条规定主要针对的是双方当事人关系恶化时，当一方希望购买房产，而另一方当事人则恶意阻挠，想把房产出售给第三人的情况。实际上保证了配偶一方对购买另一方所有的婚姻房产或其他财产的优先购买权。

---

① 1973 年《婚姻诉讼法》第 24A 条第 5 款。

② 1973 年《婚姻诉讼法》第 24A 条第 2 款（b）项。

对于第三人对争议房产也拥有权益的情况，法院仍可作出出售房产令。但法院须在作出出售房产令前，传唤该第三人出庭，就出售房产事项了解其意愿，同时也应考虑第 25 条第 1 款规定的其他事项，也即涉案家庭中不满 18 周岁的未成年人的利益。[①]

6. 彻底决裂令

除了前面论及的两类财产指令之外，另外还有一个特别指令，需要我们注意。彻底决裂令与前述五种指令都不同，其并非是针对财产作出的，但其又会对财产分配、离婚扶养问题产生深远影响。在立法中有关彻底决裂的相关规定，体现了离婚扶养方面法律政策的重大调整。法律不鼓励一个离婚配偶可以依靠其原配偶获得一张终生的“饭票”。这一理念与前文论及的大多数指令的立法理念有着天壤之别。前文论及的指令都为离异配偶的生活提供了一定程度的经济保障。而彻底决裂令则主张离婚后，双方配偶能够在经济上独立生活。斯卡曼勋爵（Lord Scarman）就在明顿诉明顿（Minton v Minton）案中对这一点做了明确的阐述：“法律鼓励配偶在婚姻解体后尽量远离痛苦，尽可能解决金钱及财产问题。现代法律的目标之一就是鼓励双方当事人忘记过去，开始各自的新生活，不要因为破裂婚姻的往事受影响。”[②] 黑尔女男爵（Baroness Hale）在米勒诉米勒、麦克法兰诉麦克法兰（Miller v Miller; McFarlane v McFarlane）案（以下简称米勒、麦克法兰案）中进一步强调，彻底决裂的规定可以帮助法院通过一次性支付令以及财产调整令（包括分割养老金）等实现解决婚姻纠纷的目标。定期支付扶养费对双方而言都是一种压力。不坚持终生扶养的原则，其逻辑上的必然结果就是尽量保证配偶双方经济独立，同时具备自给自足的能力。[③]

---

① 1973 年《婚姻诉讼法》第 24A 条第 6 款。

② ［1979］1 All ER 79 at para. 87.

③ ［2006］UKHL 24 at para. 39.

根据1973年《婚姻诉讼法》第25 A条第1款之规定，法院在审理离婚纠纷时，应根据案件具体情况，考虑是否适合能在法院认为的公正合理的时间，尽快作出离婚后终止双方相互间的经济责任的指令。该条第2款规定，如果法院准备作出定期支付令，那么法院也应考虑是否应对这一指令设定一个执行期间，是否应作出一个延期生效的彻底决裂令。值得注意的是，彻底决裂原则并非英国法上离婚财产分割的最高原则，因此法院不会为了实现彻底决裂的目的，牺牲其他的考虑因素。彻底决裂令的作出，主要还是要遵从怀特案[①]中设立的公平这一最高目标，同时依据案件的具体事实。

在审判实践中，出现下列事实时，法官通常会作出彻底决裂令：

（1）如果定期支付扶养费并不能给弱势一方带来任何好处。例如，在艾什莉诉布莱克曼（Ashley v Blackman）案[②]中，妻子失业，丈夫财产也不多。法院认为，如果作出定期支付令，让丈夫支付扶养费，那么妻子一方面拿不到太多扶养费，另一方面也会因为定期支付令的支付数额，少拿相应的国家救济款。因此，法院作出了彻底决裂令。

（2）短暂的、无子女的婚姻。在婚姻存续时间不长且无子女的情况下，一般而言，婚姻双方配偶相对其他配偶而言，能更快恢复至婚前的状态，这时就应作出彻底决裂令。[③] 如果婚姻存续时间较长，法院往往也不会作出彻底决裂令，如在SRJ诉DWJ（经济扶养）案[④]中，双方结婚27年，妻子大部分时间都在照顾子女，承担家务。法院认为在这种情况下作出彻底决裂令是不合适的。此外，一旦双方生育有子女，法院往往会因为母亲及子女的生活有太

① *White v White* [2000] UKHL 54.

② [1998] FCR 699.

③ 例如，*Hobhouse v Hobhouse* [1999] 1 FLR 961。

④ *SRJ v DWJ* (*financial provision*) [1999] 2 FLR 176.

多不确定性，不愿作出彻底决裂令，如在苏特诉苏特和琼斯（Suter v Suter and Jones）案[①]中，双方生育有子女，尽管家里的财产不多。法院认为，在这种情况下，不易作出彻底决裂令，相反，法院要求丈夫每年名义性地支付一镑。对此法院认为，由于本案中子女需要抚养，未来可能还有其他不确定的事件，需要法院作出相应的经济扶养指令，因此需要为未来的工作做好准备。而一旦作出彻底决裂令，以后就不能再作出经济扶养令了。

（3）经济特别富裕的家庭。当作出彻底决裂令时，法院往往会同时作出一次性支付令。由于富裕家庭往往能够履行一次性支付令的巨大数额，所以在这种情形下往往就比较适合作出彻底决裂令。法院通常会采用达克斯伯里公式（Duxbury calculation）[②] 计算一次性支付令需要支付的数额，这笔钱如果合理投资，就可以保证满足收款方未来生活的需要。

（4）双方当事人都有很好的职业。在伯吉斯诉伯吉斯（Burgess v Burgess）案[③]中，妻子是一个全科医生，丈夫是一家沙律师事务所的合伙人。双方职业收入可观，且子女也已进入大学。法院认定，由于双方在离婚后都可以凭其各自的工作养活自己，因此判决平分家庭财产，同时作出彻底决裂令。与此相对，如果弱势一方未来存在太多不确定性，法院就不太可能作出彻底决裂令，如在 M 诉 M（经济扶养）案[④]中，妻子已经 47 岁，过去 20 年里都没有工作，在家相夫教子。以现在的年龄外出就业，她不一定可以找到合

---

① ［1987］2 FLR 232.

② 达克斯伯里公式源于 Duxbury v Duxbury［1992］Fam 62。在该案中，妻子的会计师设计了一套计算机运用程序用于计算其可在法院作出的一次性支付令情况下获得的款项。该计算公式主要有以下几个考虑因素：当事人的预期寿命、一般情况下的资产增值和通货膨胀比率、稳定的税收比率等。但在怀特案以及米勒、麦克法兰案后，审判中适用这一公式的案件有减少的趋势。

③ ［1996］2 FLR 34.

④ *M v M*（*Financial Provision*）［1987］2 FLR 1.

适的工作，法院也无法确认未来妻子就一定能够自给自足。因此，法院没有签发彻底决裂令。另一种情况是，一方配偶在外工作，经济收入可观，而另一方配偶在家承担抚养子女、照料家庭的责任，双方之间已经产生巨大的经济差距，按照公平原则的要求，通过彻底决裂令一次性支付给弱势一方也无法弥补这种经济上的差距时，法院就可能作出定期支付令，从而更充分地体现法律的公正公平。

（5）双方当事人关系非常糟糕。当双方当事人婚姻关系破裂，且双方当事人的关系十分恶劣时，这种情况就适合作出彻底决裂令。因为如果离婚后，双方仍然存在某种经济关系，这只会使双方的关系进一步恶化。

如果根据案件的具体情况，法院认为不适合作出彻底决裂令，法官会进一步考虑是否可能作出延期生效的彻底决裂令。如果弱势一方配偶可以在不远的将来逐步适应新生活，无须原配偶提供经济扶养，法院就可能作出延期生效的彻底决裂令。法院在作出这类指令时，需要有充分证据表明，弱势一方在结束原配偶经济扶养之后，能够实现经济独立。① 按照法律规定，法官在这种情况下考察的重点在于，如果作出延期生效的彻底决裂令，是否会给婚姻中的弱势一方带来“不适当的困难”。② 正如黑尔女男爵在米勒、麦克法兰案中所说，儿童福利优先，势必要求他们的主要抚养人应得到适当的经济扶养。众所周知，儿童生活稳定有保障在很大程度上取决于他们的主要扶养人生活稳定有保障。③ 因此，在司法实践中，法官对于作出彻底决裂令往往比较慎重。在法官认为不适合作出彻底决裂令或延期生效的彻底决裂令时，他们往往不会在定期支付令

---

① Per Ward J, *C v C* (*Financial Provision*: *Short Marriage*) [1997] 2 FLR 26.

② 参见 1973 年《婚姻诉讼法》第 25A 条第 2 款的规定。如果法院在具体案件中决定作出定期支付令或有担保的定期支付令，在法院认为可以帮助受扶养一方在没有不适当的困难的情况下适应不用依靠另一方扶养的生活时，法院应在定期支付令或有担保的定期支付令上设定一个时间期限。

③ [2006] UKHL 24 at para. 128.

上设定时间限制，让支付扶养费一方在未来通过申请变更令的方式来处理。

（四）法院作出调整财产关系的指令时的考虑因素

1973 年《婚姻诉讼法》第 25 条规定了法院在决定作出何种指令时需考虑的因素。1984 年《婚姻和家庭程序法》在修订离婚法时，删除了“最小损失原则”，新增了首先考虑未成年子女利益以及彻底决裂原则，但新增的这两个原则在解决离婚后财产问题时并非离婚法的总体目标价值，也不能实现原来“最小损失原则”的指导功能。① 而且这两个原则本身也相互冲突，彻底决裂原则暗含了个人主义的倾向，而考虑未成年子女利益实际则是主张有未成年子女时，双方仍有对子女的抚养义务。② 而法律明确规定的各种考虑因素也指向不同的方向，有些考虑因素主张关注离婚当事人的未来生活，考虑他们的生活需要；有些考虑因素则强调离婚当事人的过去，主张要评估双方当事人对婚姻所作的贡献。在没有总体目标的前提下，如果法院认为必要，也可能考虑 1973 年《婚姻诉讼法》第 25 条没有规定的其他因素。③

在判例法上，法官在司法实践中逐渐发展出一套处理离婚财产问题的原则。上议院认为，处理离婚财产问题的首要原则是公平。公平在这里是指，法官对公平的客观评估，而非当事人双方对公平的主观感受。④ 尽管如此，公平原则本身太过于抽象，不同的法官也可能对何谓同一案件的公平判决存在巨大的认识差异。因此，提出公平原则的尼科尔斯勋爵（Lord Nicholls）在米勒、麦克法兰案中，对公平原则做了进一步阐释，“公平是一个很模糊的概念，是对设定的案件事实的自然反应。其根本仍是基于社会公共道德所做

① 这与 1985 年《苏格兰家庭法》不同，该法在第 9 条明确规定了解决离婚后财产分割及离婚扶养的原则。

② Diduck A., *Law's Families*. London: Butterworths, 2003, p. 142.

③ *Co v Co* [2004] EWHC 287 (Fam).

④ *Lambert v Lambert* [2002] 3 FCR 673 at para. 39.

的价值判断。这种价值判断可以通过语言表达，但却很难通过逻辑分析的客观过程予以证明或证伪。而且，这种价值判断会随着代际更替而改变……"[1] 黑尔女男爵的阐释更明确一些，"财产分割的最终目的是让双方当事人都能在（重新）独立生活的道路上有个平等的开始"。[2] 米勒、麦克法兰案之后，上议院实际上确定了保证离婚后财产分割公平结果的三个具体原则，也即需要；补偿；(平等）分享。需要注意的是，这三个原则并非是为获得公平判决，各自独立的权利主张。[3] 为了保证裁判的一致性（这本身也是公平的一方面)，公平也绝对不是单个法院对在具体案件如何适用"公平"（有时也包括"非歧视"原则)[4] 的自我判断，而是在上述具体原则指导下的展开。同时，也应注意，"我们应谨记，（上议院所说的）只是对成文法的一种解释，而非成文法本身"。[5] 由此可见，对于这一问题，法院依然有较大的自由裁量权。笔者将在下文就此三原则及各法定考虑因素的内容及相互关系展开论述。

1. 婚姻财产和非婚姻财产的划分及其意义

正如我们在前文提及的那样，尽管对于夫妻双方的财产而言，并没有明确规则规定某些财产不能用于重新分割，但在法院作出相关指令时，财产来源往往是一个重要的考虑因素，甚至可能以此为由，将其放在一边，不适用于平等分割的原则。而婚姻财产和非婚姻财产的划分意义即在于此。[6]

婚姻财产，又被称为家庭财产（family assets)。家庭财产这一

---

① [2006] 2 FLR 213 at para 4.

② [2006] 2 FLR 213 at para 144.

③ Per Bodey J in *CR v CR* [2008] 1 FLR 323.

④ See *B v B* [2008] EWCA Civ 543 at para. 50 – 51. Wall LJ 在此案中指出，具有普适性的原则只有两个：公平原则和非歧视原则。

⑤ *Charman v Charman* [2006] EWHC 1879, at para. 114 per Coleridge J.

⑥ 在 *Rossi v Rossi* [2006] EWHC 1482 (Fam) 莫斯汀皇家律师（Mostyn QC)（担任高等法院助理法官）指出，在所有案件中，法院的首要任务是明确哪些是婚姻财产，哪些是非婚姻财产。

术语最早可追溯至20世纪60年代，以丹宁勋爵为首的法院工作人员使用了“家庭财产”一词。其指“婚姻中一方当事人或双方当事人获得的，旨在在他们共同生活期间由他们及其子女共同享用，让整个家庭受益的财产”。[①] 在这种情况下，推定该财产由夫妻按照平等份额享有。[②] 对于非婚姻财产，法官一般不会适用平等分割的方法。

对于婚姻财产和非婚姻财产的划分标准，司法界并没有统一的意见。在罗西诉罗西（Rossi v Rossi）案[③]中，法院的标准是在双方分开后的一年之内，任一方当事人所得财产为婚姻财产，一年之后的财产即为非婚姻财产。因此，分手后一年是划分婚姻财产和非婚姻财产的一个时间点。但在H诉H案[④]中，法院并不赞同这一观点。任一财产是否属于婚姻财产需要根据案件具体情况综合考量。

如果一方配偶在结婚前已拥有大笔财产，[⑤] 或者夫妻双方离婚时所有的财产中有很大部分来自于继承，如用继承财产作为创业基金，[⑥] 法院都可能以此为由，判定这些财产不适用平等分割方法。例如，在P诉P案[⑦]中，丈夫的家庭祖传有一片农田，结婚后，农田也带入婚姻中，并且希望这块田能一直传下去。如果法院作出出售农田的指令，这对丈夫而言完全是毁灭性的打击。因此，芒比法官（Munby J）认定，公平原则要求法院在作出指令时，应考虑妻子的合理主张，但其主张可以通过其他方式实现，无须通过出售农田来解决。

---

① *Wachtel v Wachtel* [1973] Fam 72 at 90.

② *Gissing v Gissing* [1969] 2 Ch 85 at 93.

③ [2006] EWHC 1482 (Fam).

④ *H v H* [2009] 2 FLR 795.

⑤ 如 *McCartney v McCartney Mills* [2008] EWHC 401 (Fam)。

⑥ *Dharamshi v Dharamshi* [2001] 1 FCR 492.

⑦ *P v P* [2005] 1 FLR 576.

2. 首要考虑因素：儿童福利

1973年《婚姻诉讼法》第25条第1款规定，在审理案件中，首要考虑因素是家庭中任何未满18周岁的儿童的福利。在苏特诉苏特和琼斯案①中，法院明确指出，尽管儿童福利是首要考虑因素，但这并不是说儿童福利是压倒一切其他因素的考虑因素，也即儿童福利这一考虑因素有其重要性，但其并不是唯一的考虑因素。上诉法院对此解释说，和保护儿童利益一样，也应在丈夫和妻子之间达成一个公平的财产分割结果。

1973年《婚姻诉讼法》第25条第3款进一步规定了，对于有未成年子女的配偶一方，在作出指令时，需考虑：（a）子女的经济需要；（b）子女的收入，赚钱能力（如果有的话），财产以及其他经济资源；（c）子女的身体或精神残疾；（d）子女正在接受的教育或培训以及婚姻当事人双方对子女教育和培训的意愿等。

儿童福利这一考虑因素不仅与有关子女抚养费数额的确定有关，而且在确定夫妻双方的离婚扶养费时也有关系。这主要涉及以下几种情况：

一是在决定婚姻房产时，儿童福利是一个很重要的考虑因素。在通常情况下，儿童及其主要抚养人若能继续在其原来的婚姻房产中生活，这是保护儿童利益的最佳方案。在B诉B案②中，为了保证离婚纠纷中的子女（该子女曾被丈夫私自带走，直到4岁才回到母亲身边）能有一个稳定的家庭环境，在法院的判决中，法官判令妻子及子女仍在原婚姻房产中生活，因此丈夫没有得到足够的钱买房。康奈尔法官（Connell J）认为，依据儿童福利为首要考虑因素的法律规定，就应作出这样的判决。

二是如果抚养儿童的一方配偶生活贫困，这容易使与之共同生活的儿童陷入生活困难的境地，并且也削弱了该配偶照顾子女的能

① *Suter v Suter and Jones* [1987] 2 FLR 232.

② *B v B* [2002] 1 FLR 555.

力，从这个角度讲，这是有违儿童利益的。黑尔女男爵在米勒、麦克法兰案中解释说，保护儿童利益的前提是保证儿童的主要抚养人能获得适当的扶养，众所周知，“儿童能否获得一个稳定的生活在很大程度上取决于他们的主要抚养人是否有一个稳定的生活”。[①]

三是与儿童共同生活的一方当事人是否需要外出工作以养活自己。在这种情形下，如果儿童年纪尚小，通常情况下，法院会以儿童福利为首要考虑，不要求该当事人外出工作以养活自己，从而判决另一方当事人向其支付扶养费。[②]

3. 双方当事人的经济来源

1973 年《婚姻诉讼法》第 25 条第 2 款（a）项规定了法官在作出相关指令时，应考虑双方当事人现在以及不远的将来的收入、赚钱能力或其他经济来源，以及法院认为可以合理期待的一方未来可能获得的收入。这一规定主要强调了双方当事人的经济来源。而上诉法院法官欧姆罗德（Ormrod LJ）在珀斯诉珀斯（Pearce v Pearce）案中对这一考虑因素做了进一步的解释，“第 25 条规定的‘经济来源’并无任何限制……所以，法院在审理时，应从案件事实出发，考虑所有可能的经济来源，以一种务实的方式评估双方当事人的所有收入，处理真实的而非人工捏造的数字，从而实现法律的正义”。[③] 在舒勒诉舒勒（Schuller v Schuller）案[④]中，法官就考虑了双方分居期间一方配偶继承的财产，在一般情况下，这类财产并不是婚姻财产。与此不同的是，如果只是存在继承的可能，在无法预知被继承人或遗嘱人何时死亡，也不知遗嘱人是否会另立遗嘱时，法院在作出指令时就不会考虑这类不确定的因素。[⑤] 在某些情况下，法院也会作出中止审理的指令，等待继承实际发生后，再审

① [2006] 2 FLR 213 at para. 128.
② *Waterman v Waterman* [1989] 1 FLR 380.
③ *Pearce v Pearce* [1980] 1 FLR 261, p. 267.
④ [1990] 2 FLR 193.
⑤ *K v K* [1990] 2 FLR 225.

理财产分配的问题。但法院只有在非常特殊的情况才会行使这一权力。[①] 这一考虑因素也包括了对于以各种名目支付的人身损害赔偿，包括精神损害赔偿。[②] 至于对于这类赔偿如何分割的问题，这属于法官的自由裁量权的范畴，而且常常也会涉及本条第 2 款 (e) 项，也即一方当事人是否有身体或精神残疾这一考虑因素的影响。而且，如果受害方确实需要这笔人身损害赔偿进行治疗或生活，那很可能也没有多余的钱分给另一方配偶。[③] 一般而言，公司所有的财产不能用于离婚时的财产分割。但如果在法庭上，一旦证实一方配偶利用公司隐匿财产，[④] 或者公司表示愿意配合法院，按照法院签发的指令向另一方配偶支付相应款项，法院将推定一方配偶可以获得其在公司的份额，并作出相应指令。但法院在作出这类指令时，必须保证不会损坏第三人的利益。[⑤]

在考虑一方当事人的收入、赚钱能力的问题，法院审理案件时的难点之一就是，赚钱能力是否应视为是婚姻财产。在查曼诉查曼 (Charman v Charman) 案[⑥]中，上诉法院认为，依据黑尔女男爵在米勒、麦克法兰案的部分观点[⑦]可以推导出，一方配偶的赚钱能力可被视为婚姻财产。但在最后的总结中，上诉法院也未作出一个肯定的回答，相反却说，这是一个复杂的问题，可能让人混淆，在本案中，这不属于本案要解决的问题。之后，在琼斯诉琼斯 (Jones v Jones) 案[⑧]中，上诉法院进一步澄清说，一方配偶的赚钱能力不能用钱来衡量，也无法依据分享原则，将其纳入法官要考虑的要素

---

① See *MT v MT* [1992] 1 FLR 366.

② *Wagstaff v Wagstaff* [1992] 1 All ER 275.

③ *C v C* [1995] 2 FLR 171.

④ *Gowers v Gowers* [2011] EWHC 3485 (Fam).

⑤ *Thomas v Thomas* [1996] 2 FLR 544.

⑥ [2007] EWCA Civ 503

⑦ At para. 149.

⑧ [2011] EWCA Civ 41, [2012] Fam 1.

之一。

如果配偶恶意减少工作时间、离职或人为少领其应获得的正常薪资，法院可依据其能够获得的收入作出指令。[①] 对于恶意离职的情形，法院认为，只要该配偶出去找工作，他们就能很快找到，基于此，法院会作出相应指令。[②] 但近年来，这种审判思路也遭到了反思检讨。法院的这种推定如无足够的证据支持，将会给司法带来更多的不确定性。费勒法官（Finer J）在 N 诉 F 案[③]中就指出，法官仅仅基于对一方配偶的行为以及一般性知识的印象，不通过严谨的证据证明该配偶的赚钱能力以及就业机会，就在假设他有工作的情况下作出支付令的判决，这种审判方式是不正确的。实际上，不履行定期支付令的最终后果可能是监禁。所以，如果没有确凿证据就作出一个较高的定期支付令，当事人又无法依照指令履行，其结果很可能是限制一方当事人的人身自由。这完全违背了法律的公平正义。在社会经济条件不好，失业率较高的背景下，这种审判推理尤应慎重。

在审查一方当事人的经济来源时，第二个难点是，是否应该考虑该当事人新伴侣的经济来源，新伴侣的经济来源的影响到底有多大。按照法律规定，一方当事人或其新伴侣所有的房产等属于 1973 年《婚姻诉讼法》第 25 条第 2 款（a）项所指的经济来源。但是，新伴侣的经济来源在多大程度上会影响该当事人自己的财产分割，属于法院自由裁量权的范围。在某些案件中，当双方当事人的财产较少，不足以满足双方当事人的基本生活需要，那么新伴侣的经济来源就会纳入法院作出相应指令的考虑范围。由于法院不能迫使一方当事人的新伴侣就其收入提供证据，从而准确掌握新伴侣

---

① *Hardy v Hardy* [1981] 2 FLR 321.

② *McEwan v McEwan* [1972] 2 All ER 708.

③ *N v F* [2012] 1 FCR 139.

的收入水平。但正如法院在弗雷里诉弗雷里（Frary v Frary）案[①]中所指出的那样，如果丈夫不能说服其新伴侣提供相应的证据证明其收入水平，那么他将承担一切风险，法官可能会基于对其新伴侣收入的一般推定作出相应的指令。

例如，如果一方当事人的新伴侣提供了住房，这将会导致该当事人更晚获得其在原房产上的权益，甚至可能减少其在原房产上应获得的份额。在马丁诉马丁（Martin v Martin）案[②]中，丈夫和另一位女性住在地方政府提供的公租房里，二人准备在未来结婚。丈夫出具的证明显示，承租权未来会写成双方共有的名字。法院由此将丈夫在地方政府提供的公租房纳入了考虑范围，并将其作为丈夫经济来源的一部分。由此，法院判决，妻子对原婚姻住房享有终生权益，未来房产出售所得由双方平分。

法院在考虑这一因素时，可能涉及的第三个难点问题是定期支付令的收款方与新伴侣同居的情况。根据 1973 年《婚姻诉讼法》第 28 条第 1 款（a）项的规定，一旦收款方再婚，定期支付令就自动终止。但这一规定并不适用于收款方同居的情况。但是法院很可能会考虑这一情况，变更支付令或者依据第 33 条之规定，终止支付令。[③] 在爱金逊诉爱金逊（Atkinson v Atkinson）案[④]中，法院认为，妻子和另一人同居而不结婚的目的是继续获得前夫支付的扶养费，在这种情况下，其不应有优于再婚配偶的权利。该案中，妻子每年可以获得六千英镑的扶养费，一旦再婚，其就不再享有这一权利。与妻子同居的新伴侣收入一般，上诉法院认定，同居事实属于法院应考虑的事实因素，并且其属于 1973 年《婚姻诉讼法》第 25 条第 2 款（g）项所规定的特定行为，理应考虑在内。因此，最

---

① ［1993］2 FLR 696.

② ［1977］3 All ER 762.

③ *Fleming v Fleming*［2004］1 FLR 667.

④ ［1987］3 All ER 849.

终法院判定，同居行为的后果是妻子不应再获得这么高的离婚后扶养费，因为其同居伴侣可以为他们的新家庭提供支持。但同时，法院也指出，法律并未明文规定，在这种情况下，应将同居事实等同于再婚，因此同居事实并不具有决定性的否定离婚后扶养费的效力，法院判定，将妻子的离婚后扶养费减少为4500镑。

要审查双方当事人的经济来源，这就要求双方当事人有义务就自己所有的财产向另一方当事人和法院进行完全充分的披露。如果一方当事人故意隐瞒、藏匿个人所有财产，拒绝披露个人所有的财产，那么法院可以作出不利于恶意当事人的推断，对当事人的财产进行大致的评估，从而作出相应判决。[①] 如果这种推测最终导致法官认定的隐瞒财产一方的财产数额高于其实际所拥有的财产数额，责任也由隐瞒财产的一方当事人承担。[②] 对于恶意隐瞒个人财产的，法院可能采用的另外一种辅助手段是征收罚金。对法院而言，如果一方当事人恶意隐瞒财产，那么就严重损害了法律的公正程序，“他将受到司法的审查并被处以罚金”。[③]

4. 双方当事人的需要和债务等

1973年《婚姻诉讼法》第25条第2款（b）项规定了法院在作出有关财产问题的指令时，需考虑的第三个因素是婚姻双方当事人现在以及在可预见的未来的经济需要、债务及抚养责任等。和前面论及的当事人的经济来源相比，前者是双方当事人分割财产的积极事项，这里论及则是消极事项。

需要这一概念是一个主观性很强的概念。因此，在一个富裕家庭离异的人和在一个贫穷家庭离异的人相比，二者的需要肯定是不同的。但正如上诉法院法官索普所说，“在许多案件中，在适用第

① *Pasha v Pasha* [2001] EWCA Civ 466.

② 如在 *Fournier v Fournier* [1998] 2 FLR 990 案中，丈夫故意隐瞒资产，而且故意不履行定期支付令，法院最终判决将妻子依据定期支付令所获款项资本化。而且丈夫还要支付滞纳金，以及子女未来的抚养费和教育费。

③ *W v W* [2003] 3 FCR 385 at para. 3.

25 条标准时，最重要的考虑因素是努力寻找可以满足各方当事人住房需要的条件，尤其是离婚双方有未成年子女的情况”。[①] 法院通常会优先保证未成年子女以及与子女共同生活的一方配偶有住房居住。如果在离婚案件中，双方财产较充裕，法官会尽量保证子女的居住条件和离婚前在相近的水平上。[②] 但如果这影响到不与子女共同居住的一方配偶无法获得住房，那么法院就不会尽量保证子女的居住条件不变。

在一般情况下，对于一方当事人自愿承担的超出生活必需的债务，法院通常不会予以考虑。例如，如果一方配偶坚持要住在一个超出他生活需要的大房子里，[③] 或者坚持住在离工作地点较远的地方，致使交通费增加，[④] 法院将会把这些增加的费用认定为当事人自愿承担的费用，不会作为“需要”纳入法院作出指令的考虑因素。

5. 婚姻存续期间的生活水平

1973 年《婚姻诉讼法》第 25 条第 2 款（c）项之规定要求法院在作出有关扶养的指令时，应考虑婚姻破裂前原家庭的生活水平。对于收入可以维持一般生活，同时有少许余钱的家庭而言，离婚意味着要保证两个家庭的基本生活，这势必会带来生活水平的下降。因此，在实践中，这一考虑因素的作用不大，法官在处理一般离婚案件时，也不会为了使配偶一方保持婚姻破裂前原家庭的生活水平作出判决，这明显有违法律的公平原则。因此，这一规定更多与有大量资产的富裕家庭有关。在 S 诉 S 案[⑤]中，夫妻俩结婚十一年，没有子女，但妻子养了三匹马，丈夫养了一匹马，丈夫在一家投资银行任职，年收入在 15 万到 34 万英镑。法院最终判定，既然

---

① *M v B* (ancillary proceedings: lump sum) [1998] 1 FCR 213, at 220.

② *J v J* [2011] EWHC 1010 (Fam).

③ *Slater v Slater* [1982] 3 FLR 364 CA.

④ *Campbell v Campbell* [1998] 3 FCR 63.

⑤ *S v S* [2008] 2 FLR 113.

丈夫收入可观，足以维持妻子在婚姻中的那种生活（这也是原来婚姻生活的一部分），判定分给妻子足够的钱，让其保持结婚前的这种生活就是公平的。但同时，法院也强调说，因为丈夫收入可观，才可以作出这一判决，一旦丈夫退休，那么妻子也不应继续养马。在A诉A（经济扶养）案[①]中，法院则采取了另一种方法。该案中，丈夫是一个百万富翁，资产有20亿英镑，年收入达100万英镑左右，但在婚姻存续期间，生活却比较节俭。妻子想要过一种不同于婚姻期间的节俭生活的期待是合理的，而且也有充裕的资金。因此，法院指出，妻子希望能按嫁给同样富有的富翁的女性生活标准计算，这是合理的。

6. 双方当事人的年龄及婚姻存续时间

1973年《婚姻诉讼法》第25条第2款（d）项规定的另一项考虑因素是双方当事人的年龄及婚姻存续时间。就当事人的年龄而言，这与前文论及的当事人的赚钱能力密切相关；同时也与一方配偶的经济来源有关，如到其退休时，大概有多少经济收入。如果离异的是一对年轻无子女的配偶，法院可以要求一位二三十岁的女性离婚后外出工作，养活自己。相反，法院不指望一位五十多岁的女性离婚后可以外出工作，尤其是在这位女性自从结婚或生育子女后就一直在家相夫教子。

就婚姻存续时间而言，婚姻存续时间越短，法院越不可能作出大笔扶养费的判决。[②] 在艾特诉艾特（Attar v Attar）案[③]中，双方的婚姻只维持了六个月。法院指出，指令中规定的扶养费金额应尽可能保证双方当事人能恢复到结婚前的状态。但如果双方当事人在婚姻存续期间，生育了子女，尽管存续时间不长，法院也会作出相

---

① *A v A* (Financial Provision) [1998] 2 FLR 180.

② See Eekelaar J., "Asset Distribution on Divorce - Time and Property", *Family Law*, vol. 33, 2003, pp. 828-833.

③ [1985] FLR 649.

应的扶养费指令，如在 *C* 诉 *C*（经济救济：短暂婚姻）案①中，双方的婚姻只维持了九个月，并在婚姻存续期间生育了子女，由于妻子无法再继续工作，② 加之新生子女需要母亲照顾，妻子不可能完全独立生活。因此，法院最终作出了一笔数额较大的一次性支付令和定期支付令。

与婚姻存续时间相关的另一个问题是，婚前同居的时间，是否应纳入法官制作指令的考虑因素。在英国司法领域，以往法官对此持否定意见。在弗利诉弗利（Foley v Foley）案③中，上诉法院指出，婚姻存续时间和同居时间在法律上并非同一概念。该案中，双方同居七年，并生育了三个子女。随后两人结婚，八年后，由于双方感情破裂而离婚。法院只将双方同居时间作为法院作出指令的一个背景因素，其重要性不及双方结婚后的事实因素。尽管在此案中，法院也承认，倘若双方最后没有结婚，同居时间就是一个重要的考虑因素。而现在，大多数法官则更愿意将婚前同居时间和婚姻存续时间联系起来看。例如，易板克法官（Ewbank J）在审理 W 诉 W（司法分居：附带救济）④ 案中并未区分同居时间和婚姻存续时间。同样，在 GW 诉 RW 案⑤中，担任法官的莫斯汀（Mostyn QC）也没有区分同居时间和婚姻存续时间。对此，有学者质疑说，这种做法实际上是惩罚那些遵守法律，没有婚前同居的人，同时也侵犯了个人选择何时承担婚姻义务的自由。⑥ 但在随后的案件中，这种审理方式并没有大的改变。在可诉可（Co v Co）案中，科尔

① *C v C* (*Financial Relief*: *Short Marriage*) [1997] 2 FLR 26.

② 妻子结婚前是一个妓女，丈夫是在妻子工作时认识她的。结婚生子后，不可能要求妻子再去做她原来的工作。

③ [1981] 2 All ER 857.

④ *W v W* (*Judicial Relief*: *Ancillary Relief*) [1995] 2 FLR 259.

⑤ *GW v RW* [2003] 2 FCR 289.

⑥ Gilmore S., "Duration of Marriage and Seamless Preceding Cohabitation?" *Family Law*, vol. 34, 2004, pp. 205 - 209.

里奇法官（Coleridge J）虽然采取了与莫斯汀不同的方法处理婚前同居问题，但其实质仍是考虑了婚前同居的阶段。他没有将其视为是与“婚姻存续时间”相关的一个因素，而是将其作为案件的所有事实因素的一部分，如果必须要将之归入法律规定的某一考虑因素的话，那么其应该被视为是一方配偶的贡献或行为。[①] 在 M 诉 M（经济救济：实际赚钱能力）案[②]中，巴隆法官（Baron J）将该案中婚前同居的四年和十二年的婚姻连在一起，作为一段有十六年时间的伴侣关系，并做了如下评论：“我很清楚法律的规定，我也知道，在现代社会，大多数案件都会将一对伴侣……的同居作为法院认可的关系开始的时间。实际上，我认为，大多数配偶都会在结婚前同居一段时间……我很清楚 Foley v Foley［1981］3 WLR 284 的判决……但我认为，社会在不断发展，忽略现代社会人们选择的生活方式，是不切实际的（实际也是毫无意义的）。”[③] 由此可见，在现行司法实践中，更多的法官已经接纳了将婚前同居期间作为与婚姻存续期间有关的一个因素考虑，不管他们的理由是什么。

7. 一方配偶的身体或精神残疾

1973 年《婚姻诉讼法》第 25 条第 2 款（d）项规定了法院应考虑一方配偶的身体或精神残疾。在司法实践中，这一因素常常被包含在前文论及的“需要”的考虑因素中。最明显的例子莫过于 C 诉 C（经济扶养：个人损害赔偿）案[④]中。该案中，丈夫重度残疾。法院判决丈夫获得 500 万英镑，妻子只能领取社会救济金。法院认为，丈夫因为残疾，所以需要长期的照顾，并且需要一些复杂的仪器支持，因此法院判决将所有财产都分给了丈夫。

在涉及残疾问题时，回避不了另一个更深层次的问题，即前配

---

① ［2004］1 FLR 1095 at para. 45.

② *M v M*（*Financial Relief*：*Substantial Earning Capacity*）［2004］2 FLR 236.

③ Ibid, para. 55.

④ *C v C*（*Financial Provision*：*Personal Damages*）［1995］2 FLR 171.

偶之间的这种私人权利义务关系应何时结束，何时应由福利国家担起扶养残疾人的责任。对于这一问题，英国司法实务界以及理论界都没有一个确定的答案。在离婚案件中，按照彻底决裂原则，法院大多倾向于在双方离婚时寻找一个万全的最终解决方案，以免让健全的一方配偶承担持续的扶养义务。但有时，法院的这种初衷也无法实现，如在 M 诉 M（财产分配：寿命减少）案①中，妻子患有脑肿瘤。当双方结束他们十三年的婚姻时，法院认为，根据妻子的疾病以及她现在不能工作的情况，法院无法作出可以让双方彻底决裂的判决。因此，她可以向其前夫请求定期支付离婚后扶养费。法院同时判决，婚姻房产出售后 75% 的收益属于妻子，尽管这笔款项在妻子去世后的收益结余仍归前夫所有。

8. 对家庭幸福所作的贡献

在接下来的第 25 条第 2 款（f）项中，法律规定了法院需要考虑的第七个考虑因素，即双方配偶现在及在可预见的未来对家庭幸福所作的贡献，包括照顾家庭的贡献。法律规定的这一考虑因素强调了没有外出工作、在家照顾家人、子女的配偶一方（通常为妻子）所作的贡献。在司法实务界，这一点也被法官所认可，在怀特案②中，尼科尔斯勋爵解释说，“不管丈夫和妻子如何分工，也不论这是否是环境强加给他们的，公平原则要求在审查 1973 年《婚姻诉讼法》第 25 条第 2 款（f）项规定的考虑因素时，不得歧视一方配偶，优待另一方配偶……如果双方在不同的领域对家庭作出了同样的贡献，那么原则上，谁外出工作赚钱这一点就不那么重要了。因此，不应强调赚钱一方所作的贡献，歧视照顾家庭一方所作的贡献。”

在司法实践中，作为家庭财富的主要创造者，家庭中外出工作的一方有时也主张自己作出了“特别贡献”，要求多分财产。在部

---

① *M v M* (*Property Adjustment*: *Impaired Life Expectancy*) [1993] 2 FLR 723.

② [2000] 2 FLR 981.

分案件中，这也被法院作为一个考虑因素，如果配偶一方确实为家庭作出了“特别贡献”，法官在分割财产时也会根据案件的具体情况，放弃平等分割的办法，按特别贡献的大小酌情多分财产。但是，法院只有在极其特殊的情况下，才会认定“特别贡献”。显然，肯定“特别贡献”说，即会削弱法律规定的“家庭贡献”这一考虑因素在财产分割时的权重。上诉法院法官索普在兰伯特诉兰伯特（Lambert v Lambert）案[①]中，就对科恩诉科恩（Cowan v Cowan）案[②]所采用“特别贡献”说对外出工作一方多分财产做了批评。在兰伯特诉兰伯特案中，丈夫的企业带来了超过 2600 万英镑的收益，因此他主张由于自己在经商中的特别才能，为家庭财富的积累作出了特别贡献，因此在离婚时应多分财产。他的妻子则以自己在婚姻存续期间承担了家务劳动，并照顾子女，同时也在丈夫的经商中作出了重要贡献。在一审时，康奈尔法官运用了科恩诉科恩案的判决理据，以丈夫作出了重大贡献，而妻子的贡献只是一般性的为由，分给妻子 37.5% 的财产。随后妻子提出了上诉，其中一个上诉理由为一审法官存在性别歧视。二审法院批准了妻子的上诉，上诉法院法官索普强调说，主张外出工作者作出的贡献较照顾家庭者的贡献更大，从而多分财产，这种审判方法不尽合理，“不应作出这种无意义的推定，认为外出工作者的贡献比照顾家庭者的贡献更大”，所以法院最终判给妻子 50% 的财产。尽管索普法官同时谨慎地指出，在纷繁复杂的现实条件下，可能有一些非常特殊的情况，可以“特别贡献”为由多分财产。至此，“特别贡献”说就被限定在了极端个别的情况。上议院在米勒、麦克法兰案[③]中，再次强调了外出工作者和照顾家庭者都对家庭作出了贡献，不得歧视照顾家庭的一方。法院指出，不歧视原则适用于所有婚姻。在 RP

① [2003] 1 FLR 139.

② [2001] 2 FLR 192.

③ [2006] UKHL 24.

诉 *RP* 案[①]中，科尔里奇法官（Coleridge J）指出，“婚姻结束，双方都有权享有他们各自平等的贡献所带来的共同成果。一方面保证妻子可以有一个有保障的未来，不论是否有子女，另一方面保证丈夫也可以重新独立。妻子挣得了这些成果……丈夫也挣得了这些成果。这不是丈夫的施舍，而是妻子从她有价值的贡献中理应获得的权利”。

9. 行为

1973 年《婚姻诉讼法》第 25 条第 2 款（g）项规定了法院需要考虑的第八个考虑因素。如果法院认为忽视当事人的某些行为将会导致严重的不公平，那么法院就应考虑双方当事人的行为。行为因素曾经一度是法院审理离婚后财产纠纷的一个重要考虑因素。那些有婚姻不忠行为的妻子只能获得少量的扶养费。但英国家庭法实务界也逐步顺应了近年来家庭法的发展趋势，法官审理案件时，已经很少考虑行为在离婚财产分割时的影响了。在学者所做的实证调研中，受访的司法工作人员证实，在离婚财产纠纷中，以婚姻不忠行为要求过错方少分财产的情况已经成为过去。现在人们在说“行为”这一考虑因素时，更多是指经济上的不良行为，如挥霍财产等。[②] 在米勒、麦克法兰案[③]中，上议院重申了丹宁勋爵（Lord Denning MR）在瓦赫特尔诉瓦赫特尔（Wachtel v Wachtel）案[④]中设定的标准，即行为必须“十分严重”。法院认定，下级法院在审理时考虑到丈夫为了另一个女人抛弃自己的妻子，这一行为导致婚姻破裂，因此在财产分割时应少分的做法是错误的，因为这一行为远未达到法律规定的标准，即“如果忽视将导致不公”。因此，对于丈夫致使婚姻破裂的通奸行为，法院没有将其作为 1973 年《婚

---

① *RP v RP* [2008] 2 FCR 613, at para. 63.

② Eekelaar J., *Regulating Divorce*, Oxford: Clarendon Press, 1991, p. 87.

③ [2006] UKHL 24.

④ [1973] Fam 72.

姻诉讼法》第25条第2款（g）项所指行为予以考量。

在现行审判实践中，行为因素通常是指那些极端、超乎寻常的行为。例如，在凯特诉凯特（Kyte v Kyte）案[①]中，丈夫患有抑郁症，并有自杀行为。起初，妻子还想要救他。后来，妻子有了新恋人，于是改变了主意，答应了丈夫要她帮助其自杀的请求。她将一瓶威士忌和毒药带去丈夫的办公室，也不劝阻丈夫。在知道丈夫自杀没有成功时，又打电话给他："我知道你没有这个胆子。"妻子希望丈夫死了，自己就可以和心上人一起生活。上诉法院认定，这一行为非常严重、不可忽视，判定妻子的扶养费由14000镑减为5000镑。在H诉H（经济救济：蓄意谋杀的行为）案[②]中，丈夫在子女面前用一把刀攻击妻子。丈夫因蓄意谋杀被判12年的监禁。这一行为也被视为属于"不可忽视的行为"。K诉L案[③]中，丈夫对妻子原来婚姻中的两个孙女实施了性侵行为，上诉法院支持了初审法官的判决，法院可根据这一行为判定，妻子可以不给丈夫任何财产，尽管妻子拥有的财产价值超过400万英镑。法院认为，丈夫的这一行为让人震惊，而且会给两个孙女造成深远的影响，因此不给丈夫任何财产是合理的。

在评价行为因素时，法官同时要对行为如何影响其判决作出解释。在H诉H（经济救济：蓄意谋杀的行为）案[④]中，科尔里奇法官指出，在评估行为的严重程度时，法院不应将重点放在惩罚过错行为上，相反，应重点关注"受害人"的需要，而不是过错方的责任。此外，法院不仅会考虑那些特别严重的过错行为，也会考虑一方配偶的积极行为，如在A诉A（经济扶养：行为）案[⑤]中，丈夫辞职回家，也不积极找工作，相反，妻子参加了一个学位课程，

① [1988] Fam 154.

② *H v H* (*Financial Relief*: *Attempted Murder as Conduct*) [2006] 1 FLR 990.

③ *K v L* [2010] EWCA Civ 125.

④ *H v H* (*Financial Relief*: *Attempted Murder as Conduct*) [2006] 1 FLR 990.

⑤ *A v A* (*Financial Provision*: *Conduct*) [1995] 1 FLR 345.

并找了一个新工作。法官认为，妻子的积极行为与丈夫的懒惰形成了鲜明对比，因此在作出有关财产的指令时，应考虑双方当事人的行为，使最终判决充分体现法律的公平正义。

10. 利益损失

1973 年《婚姻诉讼法》第 25 条第 2 款（h）项规定了法院作出指令时最后一个考虑因素：法院应考虑由于婚姻无效或解体，一方配偶丧失的获得其本应享有的任何权益的价值。离婚时，配偶可能丧失某些财产权益，如养老金的利益、保险的转让价值、一方配偶商业的未来收益，以及继承一方配偶财产的权利等。法院可以考虑这些配偶可能损失的利益，增加指令的给付数额，补偿未来利益的损失，或者作出一个延期生效的一次性支付令，或在某些特殊情况下，中止程序。有关养老金的分割问题，我们将在后文讨论。

（五）涉及房产的财产分割制度

对于很多家庭而言，房产是双方婚姻中最有价值的财产。当双方当事人收入有限，又有未成年子女需要抚养时，如何保护双方当事人在房屋财产上的权益？如何保护婚姻中的弱势方以及未成年子女的权益？如果可行的话，如何实现离婚配偶双方彻底决裂并能各自独立生活？如何为未来当事人留有足够空间，让其在未来发生重大情事变更时，可以申请变更指令？众多的考虑因素相互纠结，且有些目标本就各自冲突，这对法院而言是一件颇费脑筋的事。由此，法院在处理涉及房产的财产分配时，也有一系列的应对措施，一方面尽量实现对未成年子女以及与子女同住的父母一方的居住需要，另一方面也保护不与子女同住的父母一方在房产上的财产权益。在分析涉及房产的财产分割制度前，我们需要了解的是涉及房产的所有权规则。

1. 家庭房产上的财产权

本质上，在决定当事人的产权问题上，依然要适用财产法的一般规则。在司法实践中，法院面对婚姻家庭中的房产纠纷时，也会考虑家庭关系的影响。正如厄普约翰勋爵（Lord Upjohn）在佩蒂特诉佩蒂特（Pettitt v Pettitt）案中所说：在涉及财产所有权问题时，双方权利可根据相应法律的基本原则进行判断……但也会充分考虑双方当事人的关系。① 例如，衡平法上发展出了增益推定规则，据此，丈夫以妻子的名义（或父亲以儿子的名义）购买的不动产推定为赠与（这一推定在一定情况下可以被推翻）。也有学者认为，实际上法院已经发展出一套只适用于家庭房产的规则，但表面上仍称适用的是财产法。②

和我国相似，在英国，如果婚姻房产在财产让与过程中是登记在一方当事人名下，那么另一方当事人对于婚姻房产就没有法律上的所有权，但如果该房产是登记在双方名下，或者双方当事人及子女名下，则这些当事人就是婚姻房产的共同所有人。③ 与我国不同的是，除了所有权之外，英国还有用益权益。用益权益是由英国衡平法发展出的一个概念。例如，婚姻房产上只登记了一个当事人为所有权人，但该房产的权益并非只为他一人所有。在婚姻房产中居住的用益权益人可以依据衡平法享有房产出售后的部分收益，同时也享有在该房产居住的权利。④

在何种情况下，一方当事人可以成为用益权益人？根据英国现行法律，大致有以下几种方式：

（1）正式的协议

双方当事人可通过正式的协议或者建立信托契约分割房产上的财产权益。通过协议的方式分割财产权益须满足以下几个要件：一是双方当事人须有真实的邀约和承诺，并达成合意。协议的条款明白清楚，双方确定想要建立起一种法律上可执行的协议。在双方关系融洽时，大多数婚姻当事人都不愿意通过正式协议的方式分割财

---

① *Pettitt v Pettitt* [1970] AC 777 at 813.

② Dewar J., 'Land, law and the family home', Ch. 13 in S. Bright and J. Dewar (eds), *Land Law: Themes and Perspectives*, Oxford University Press, 1998, pp. 328 – 335.

③ Law of Property Act 1925, s 36(2).

④ Trusts of Land and Appointment of Trusts Act 1996 s12.

产权益。正如上诉法院法官沙门（Salmon）所说，人类本质和生活经验说明，在这种情况下，夫妻双方都不愿创设法律上的权利和义务，而希望通过相互的信任和爱来解决问题。[①] 当然这也只是一种推断。至于当事人是否处于真实意愿订立协议，则视具体情况而定。例如，仅仅是向配偶所做的一个口头承诺，而且承诺也不太具体，这种情况不可能认定为是具有法律约束力的协议；[②] 相反，如果双方通过律师的帮助用书面契据的形式订立了一个正式协议，那么这就很可能会得到法院的认可。此外，协议的内容也有关系，如果协议涉及双方当事人的财产权益或是扶养费，那么这一协议被法院认可的可能性较大，如果协议涉及的是婚姻关系中谁做家务的问题，这一协议被法院认可的可能性较小。[③] 二是涉及房产分割的协议须满足房产合同的要件，即须为书面形式，且由双方签字。[④] 任何不符合房产合同要件的房产用益权益分割协议无效。[⑤] 如是设立信托契约，则由房产所有人或其代理人在授权下通过书面契据或遗嘱等方式为用益人设立信托。[⑥] 房产所有者仅向配偶另一方口头承诺，为其设立财产上的信托，不符合书面形式要件的，这一承诺亦不能设立明示的信托。这在劳埃德银行诉罗塞（Lloyds Bank v Rosset）案[⑦]（以下简称罗塞案）中已得到证明。但是，英国法律同时也规定了，这一形式要件不影响归复信托、推定或拟制信托的设立。[⑧] 在适当的情形下，也可适用财产权禁反言（proprietary estop-

---

① *Jones v Padvatton* [1969] 1 WLR 328 at para. 332.

② See *Jones v Padvatton* [1969] 1 WLR 328; Gould v Gould [1970] 1 QB 275.

③ C. Barton, "Contract - a justifiable taboo?" in R. Probert ed., *Family Life and the Law: Under One Roof*, Ashgate, 2007, pp. 74 -93.

④ Law of Property (Miscellaneous Provisions) Act 1989 s2.

⑤ *Yaxley v Gotts* [2000] Ch 162.

⑥ Law of Property Act 1925 s53(1).

⑦ [1991] 1 AC 107.

⑧ Law of Property Act 1925 s53(2). 关于归复信托和推定信托，我们将在下文进一步阐释。

pel）规则，从而建立一个非正式的协议（关于这一点，我们将在后文阐述）。三是协议不得违反公共政策。从婚姻关系的特点看，由当事人双方在平等的基础上自行商议订立协议，这符合私法上当事人意思自治，自己责任的特点。此外，这种方式显然也更符合婚姻多样性的需求。双方当事人可以在协议中进一步明确各自的权利及相应义务。但需要注意的是，双方当事人订立的协议不得违反公共政策，不得通过欺诈、胁迫或利用身份关系中的强势地位迫使另一方签订协议，或者订立一个排除离婚时适用法律规定的协议。尽管新近的政策鼓励双方当事人在离婚财产分割上通过协商的方式解决，但现行法律仍然要求双方当事人不得订立合约排除法院行使其职权，作出相应的扶养费支付令或财产调整令。[①]

除上述欺诈情形外，可以否认明示协议效力的情形还有以下六种：

一是否认订立契约的答辩。一方当事人也可以通过否认订立契约的答辩（Non est factum）否定正式协议的效力。但其必须证明①在订立契约时，其处于无行为能力的状态；②他所签署的契据在本质上与他所理解的存在重大差别；③订立契据时，他并非疏忽大意，而是已经对协议的内容及其重要程度做了慎重的判断。[②]

二是错误。如果出现下述情形：①不动产转让律师未能给予双方适当的说明，从而导致了一个双方当事人都不希望出现的结果；[③] ②协议中漏掉了双方口头达成的一个重大条款；[④] ③因协议

---

① See *Sutton v Sutton* [1984] Ch. 184.

② *Saunders v Anglia Building Society* [1971] AC 1004. 也可参见 Lloyds Bank plc v Waterhouse [1993] 2 FLR 97。在后一个案件中，一位年迈的父亲不认识字，但其对银行的办事员进行了细致的询问，签署了一个包括所有款项的保证，但其认为他只是担保自己的儿子以一个确定的价格购买农场（二者之间相差 8 万磅）。对此，Purchas 上诉法院法官支持了该父亲不认定订立契约的主张。

③ See *Wilson v Wilson* [1969] 1 WLR 1470; *Singla v Brown* [2007] EWHC 405 (Ch).

④ *Young v Lauretani* [2007] EWHC 1244 (Ch).

致使一方当事人产生了一项义务，或另一方获得了不当得利，而这是双方当事人都未曾想到的，[①] 那么明示协议的效力将被否认，法官将根据公平原则，给予相应的法律救济。但是，对因错误否认明示协议效力的做法，法官往往十分小心。在下面的案件中，法官就拒绝予以救济。该案中，律师向丈夫解释了房屋将由双方共有，但丈夫的问题在于他没有仔细阅读这一协议，所以也就没有认识到这份协议将给予妻子一定的权益。[②] 在另一个案件中，财产赠与人故意设立了一个没有固定收益的自由信托，尽管其没有预想到这会产生更多税费。[③] 综观这些案件，对于错误的救济主要遵循的是一般性原则，即对错误的救济旨在保证协议与立约人的意思表示相符，而非更改契约。

三是不当影响。不当影响既可以是法律事实，也可以是法律推定。有关法律事实的情形，可参见丹尼尔诉德鲁（Daniel v Drew）案。[④] 在该案中，一位老妇人由于害怕与侄儿发生冲突，在其强势侄子的要求下，签了一份辞去受托人职务的协议。有关法律推定的情形，可参见史蒂文斯诉利德（Stevens v Leeder）案。[⑤] 该案中 L 在未征求律师意见的情况下，将其房产转移为她与 S 共同共有，双方各有一半的份额。为此，S 将支付 5000 镑的按揭贷款（房屋总价值为 7 万英镑）。该案一审法官认为，协议有效。上诉法院则认为，L 明显遭受了重大的不利，这就是推定存在不当影响的典型情形。因此，法院判决，L 向 S 偿还 5000 镑的债务及其利益。

四是不合理的交易。如果妻子在婚姻关系结束时将房产转让给男方，明显遭受了重大损失，那么该协议也会被视为无效。例如，

---

① 产生义务的情形可参见 *Burrows v Sharpe* [1991] Fam Law 67, CA。产生无缘故的利益的情形可参见 *Gibbon v Mitchell* [1990] 1 WLR 1304, Millett J。

② *Mayes v Mayes* (1969) 210 EG 935.

③ *Allnutt v Wilding* [2007] EWCA Civ 412.

④ [2005] EWCA Civ 207.

⑤ [2005] EWCA Civ 50.

克雷斯维尔诉波特（Cresswell v Potter）案。[①] 在该案中，梅格力法官（Megarry J）提到了先例，[②] 在此情形下，原告须满足的三个条件，即①贫穷且无知（他将之重新界定为“低收入阶层，所受教育程度不高”）；②房产的出售远低于市场价格（这不包括赠与在内）；③没有获得独立的法律建议。仔细研究，可以发现这一类实质在很大程度上与不当影响的情形重叠，因此完全可以运用不当影响这一抗辩事由对弱势当事人进行保护。

五是达成新的协议。对于这一情形，需要强有力的证据证明，双方同意变更原来订立的明确协议。

六是增益及 1970 年《婚姻诉讼和财产法》第 37 条之规定。该法第 37 条规定，如无相反证据证明，则一方当事人对家庭所做的巨大增益使其有资格在房产中获得较之其应得的更多份额。因此，衡平法上的共同共有的房产会因法律的适用得以分割。一方配偶的份额就是房产的一半加上增益的价值。

（2）非正式的协议

非正式的协议包括默示信托以及财产上的禁反言规则。其中，默示信托包括归复信托和推定信托两种模式。

①归复信托

一般而言，归复信托主要指在购买房产时，一方当事人有直接的金钱贡献，但在房产登记时记载的是他人的名字。如无其他相反证据证明，那么投入金钱的一方当事人就可依据衡平法享有相应的份额，这与其投入资金在房产总购房款所占比例相当。[③] 但如有证

---

① ［1978］1 WLR 255.

② 指 *Fry v Lane* 案，(1888) 40 Ch D 312。

③ See *Cowcher v Cowcher* ［1972］1 WLR 425；［1972］1 All ER 943；Re Vandervell's Trusts（No. 2）［1974］Ch. 269.

据证明，这笔资金是赠与或借贷，[①] 那么就不能认定归复信托成立。认定归复信托成立，可能带来两个法律上的后果，一是在登记为唯一所有人的房产上为他方当事人设立信托；同样，在登记为两人共同所有的房产上设立信托，保护唯一出资购买房产的一方当事人。

何种贡献可以认定为是直接的金钱贡献，从而导致归复信托的认定？购房时最初的购房支出的金钱投入，如交付定金，可以认定为直接的金钱贡献。而非财产贡献不能认定为直接的经济贡献。[②] 同样，一方依据政策性规定在购房时享有的折扣或者购房资格，也将视为是对房产的金钱贡献。[③] 在涉及有按揭贷款的房产中，正如上诉法院法官吉布森（Peter Gibson）在科里诉帕克斯（Curley v Parkes）案[④]中重新阐述的那样，传统观点认为，归复信托成立于房产购买之日，因此之后对贷款的偿还不构成归复信托。[⑤] 还有一些案件中，购房者由于单独申请无法获得贷款，从而要求将另一方的名字写入交易中，其目的只是获得相应的贷款。法院认为，这种帮助不足以认定为归复信托。[⑥]

如果双方当事人在购买房产时，决定双方都享有一定的权益，

---

① 例如，*Sekhon v Alissa* [1989] 2 FLR 94；*Tackaberry v Hollis* [2007] EWHC 2633 (Ch)（来自家庭成员的借款，从而排除了归复信托的认定）；*Loosemore v McDonell* [2007] EWCA 1531（资金是给儿子和儿媳的赠与）。

② 有学者也对在归复信托等财产法规则中不认可家务贡献的做法作出了批评。参见 J. Miles, "Property Law v Family Law: resolving the problems of family property", *Legal Studies*, 2003, vol. 23, p. 624 at 641。

③ See *Springette v Defoe* [1992] 2 FLR 388.

④ [2004] EWCA Civ 1515.

⑤ See *Buggs v Buggs* [2003] EWHC 1538, para 49，在该案中，夫妻双方用男方母亲的资格购买了政府统建的房屋，妻子对夫妻共同财产有贡献，贷款也是以共同财产偿还的，但这并不表明双方有共同的意思表示，她能在该房产中获得用益权益。

⑥ *Carlton v Goodman* [2002] EWCA Civ 545, para 22. 上诉法院法官马默里（Mummery）认为，购房时被告的参与极其有限，将其视为是购房的直接贡献有违公平。See *also* *Abbey National v Stringer* [2006] EWCA Civ 338.

那么双方为何不将各自的名字都登记在册呢？其中一个原因可能是双方当事人出于某些原因只登记一人名字。那么如果动机不当，是否会影响归复信托的认定呢？在大多数情况下，动机不当不会影响归复信托的认定。一方当事人是根据其所做的金钱投入享有用益权益，不必向法院透露其不当的动机。例如，甲乙双方当事人决定住在一起。在购买房产时，双方支付了相同的款项，但为了使乙满足政府补助的条件，在房产上只登记了甲的名字。随后双方关系破裂。既然购买房产时的经济贡献可以帮助乙方认定归复信托，所以，乙方不必向法院透露为何在房产上只登记了甲的名字。① 但是，如上所述，按照增益推定原则，如果丈夫买房只登记了妻子的名字，那么此时将优先推定为妻子一方财产的增益，如果增益被推翻，这时才认定为归复信托。因此，购买房产时，因非法动机将房产只登记在一人名下，为了推翻其为一方财产增益的推定，未登记名字的一方就不得不向法庭陈述非法目的。在这种情况下，这一诉讼请求就无法获得成功，除非非法目的并未实施②或者有其他事实证明房产只登记在一方名下不是因为赠与③。

关于归复信托中，用益权益方权益的份额，传统观点认为，这一份额取决于当事人所做的直接金钱贡献的多少。④

②推定信托

推定信托，是指当房产登记在一方名下时，如果有证据证明双方对房产有意共同共有，而且一方依据这一共同共有的意思表示作出了有损自己利益的行为，那么可推定未登记名字的一方对于该房产也存在用益权益。如果房产登记为双方当事人或多方当事人共同所有，但对各自所享有的份额存在争议时，也适用推定信托的规

---

① 这一事实来自于 *Tinsley v Milligan*［1995］1 AC 340。

② *Tribe v Tribe*［1995］2 FLR 966.

③ *Ledger – Beadell v Peach*［2006］EWHC 2940（Ch）

④ See *Springette v Defoe*［1992］2 FLR 388.

则。[1] 主张存在用益权益的当事人须证明：(1) 双方有共同共有的意思表示（无论是明示的或推定的），即房产由双方共同享有；(2) 该当事人依据该意思表示作出了有损自己利益的行为，也即有信赖损失（detrimental reliance）。

证明存在共同共有的意思表示可以通过两种方式，一是有证据证明双方曾就这一问题做过讨论，达成了一致意见；二是双方的相应行为能够证明双方存在这一共同共有的意思表示。

正如布里奇勋爵（Lord Bridge）在罗塞案[2]中所说，要解决的首要问题是，在购买房产前（有时在此之后也行），双方是否已经讨论了这一问题，并且达成了一致意见，即该房产应由双方共享。这里应注意的是，双方共同共有的意思表示是指房产由双方共享这一意思表示，而不是一方希望房产归双方共有的意思表示。[3] 而且该意思表示的内容是指房产的所有权，而非使用或居住。[4]

在少数案件中，也会有明确证据证明双方已经就房产权益问题达成了协议。例如，在巴克莱银行诉凯拉（Barclay Bank v Khaira）案[5]中，夫妻双方在证人见证下，签了一份土地登记署的表格，旨在将房产转让给妻子。尽管这份表格有个人的签字盖章，但由于该表格未到土地登记署登记，故将房产让与妻子的行为无效。在审理中，一审法官认为，该行为有力证明了双方就分享房产权益问题达成了协议，故妻子有权在该房产中获得相应的份额。但现实中的大多数案例可能没有如此有说服力的证据。如果双方提出相反的证

---

① Dixon M., *Modern Land Law* (8th edition), Oxford: Routledge, 2012, 169.

② *Lloyds Bank v Rosset* [1991] 1 AC 107 at 132.

③ *Springette v Defoe* [1992] 2 FLR 388 at 393, 395. See also Evans v Hayward [1995] 2 FLR 511.

④ 例如，*Mollo v Mollo* [1999] EGCS 117，在该案中，法官认为，双方达成的共同意思表示是，为所有人的成年子女提供房屋居住，这并不是说，这些成年子女对该房产享有一定的所有者的权益；*James v Thomas* [2007] EWCA Civ 1212, para 33，在该案中，法院认为“房子对我俩都有好处”这样的话与房产的所有权无关。

⑤ [1993] 1 FLR 343.

据，则由法官认定双方是否存在共同共有的意思表示。但若有明确证据证明，双方未就这一问题达成一致意见，那么就不能推定双方存在共同共有的意思表示。[①] 毕竟，共同共有的意思表示只是一种推定，如果有关键性证据证明了相关事实，推定自然也就无法适用。

在罗塞案中，布里奇勋爵还提到了共同共有意思表示的另外一种证明方法，即如果一方当事人在购买房产时直接支付了房款（这一点与归复信托接近），或者偿还了购房贷款，那么法院就可以推定双方存在共同共有的意思表示，房产归双方共有。同时，布里奇勋爵认为，其他的方式，如承担家务劳动，抚养子女等其他行为则不能推定存在共同的意思表示。[②]

与罗塞案不同的是，在斯塔科诉道登（Stack v Dowden）案[③]（以下简称斯塔科案）中，法院最后的判决[④]为主张权利一方证明存在有共有合意提供了新的证明途径，也即法院可以在双方达成协议或是支付了购房款之外，基于双方的关系事实，作出是否推定存在推定信托的决定。这一理念在琼斯诉科诺特（Jones v Kernott）案[⑤]（以下简称科诺特案）中得到了肯定和采纳，而且之后的吉尔利诉兰金（Geary v Rankine）案[⑥]（以下简称兰金案）也采用了这一理念。作出主导判决意见的黑尔女男爵指出，在法律上，“环境就是一切，家庭环境与商业环境大相径庭……除金钱贡献外，探知当事人的真实意图还有众多其他因素。这些因素包括：购买房产时可推定双方意思的交谈和讨论；房产为何以双方当事人的名字登

① See *Lightfoot v Lightfoot Brown* [2005] EWCA Civ 201.

② [1991] AC 107 at 133.

③ [2007] 2 AC 432.

④ 本案中，鲁伯格勋爵（Lord Neuberger）在法理上持不同意见，但同意多数人判决的结论。

⑤ [2012] 1 All ER 1265.

⑥ [2012] EWCA Civ 555.

记；（如果可能的话，）为何生存一方授权可以为涉及房产的各个款项出具收据；购买房产的目的是什么；双方当事人关系的性质是什么；双方是否有子女并有义务为该子女提供房屋居住；买房是如何筹措资金的，包括起初购房时以及购房后；双方当事人如何安排他们的经济事务，是各自管理账务、共同持有账户，还是二者兼而有之；双方各自履行涉及房产的开支的情况以及日常生活开支”。[①] 显然，这里涉及的因素包含广泛，而且上述因素并未穷尽法院的考虑因素。[②] 尽管斯塔科案的争议焦点在于共同所有人之间的份额大小，而不是非登记一方是否有用益权益的问题。但是，斯塔科案中对奥克斯利诉希斯科克（Oxley v Hiscock）案[③]（以下简称奥克斯利案）的肯定，随后在艾伯特诉艾伯特（Abbott v Abbott）案[④]和艾培希诉奥尔纳特（Hapeshi v Allnatt）案[⑤]中对斯塔科案中分析方法的适用，以及在皇家检察署诉派珀（Crown Prosecution Service v Piper）案[⑥]和兰金案对科诺特案的适用，这一系列案件说明，在决定非登记一方是否有用益权益的问题时，证明双方存在共同共有的意思表示的考虑因素已经大幅扩展。

证明存在有共同共有的意思表示后，主张权利的一方当事人接下来需证明，其依赖这一共同共有意思表示，作出了有损个人利益的行为，即存在信赖损失。英国法上有个雷打不动的准则，即“衡平法不支持无偿受让人”，[⑦] 如果一方作出了一个承诺，但该承诺对另一方当事人的行为没有任何影响，那么不支持这一承诺也就

① *Stack v Dowden* [2007] 2 AC 432 at 459.

② [2007] 2 AC 432 at 459.

③ [2004] 2 FLR 669.

④ [2007] UKPC 53.

⑤ [2010] EWHC 392 Ch; [2010] All ER (D) 144 (Jan).

⑥ [2011] EWHC 3570.

⑦ Equity will not assist a volunteer. “volunteer”这里指，对于另一人的承诺或允诺，该当事人未支付任何对价，或实施任何响应的行为。

不存在任何有违公平的说法。关于信赖损失的证明，丹宁勋爵在格雷斯利诉库克（Greasley v Cooke）案[①]中指出，如果有损失的证明，那么就应推定存在信赖关系。因此，如无相反证据证明房产所有人没有作出相应的承诺或允诺，那么法院将有权推定原告实际上的行为是依据其承诺或允诺作出的。在春诉何（Chun v Ho）案[②]中，原告作出有损自己利益的行为，部分原因是对房产所有人的爱和尊重，但原告在诉讼中最终依然获胜。由此可见，即使有证据证明原告的行为夹杂了其他考虑因素，只要出现了损失，法院也很可能推定原告的行为是依据承诺作出的。英国法上的这种理念看似推定过于宽泛，颠倒了证明责任，但实际上，考虑到原告以及房屋产权人之间的关系，要原告证明她之所以遭受损失是因为其信赖了共同共有的意思表示，这极其困难，从而使房屋产权人可凭此理由轻易否定推定信托的成立，其结果有违法律的公平公正。法院在认定损失的存在方面，依然遵循了这一思路。这种损失可以是原告的某些行为，如为房屋付出了特别的贡献，如对房产的翻新等；也可以是原告对生活日常开支的支付等，只要一方作出了明确的承诺；同样，因相信房屋产权人的承诺，为搬进奢华的新家放弃现有的住房（从而无法回到现有住房居住），或把个人的积蓄花在保时捷汽车上（从而没有资金购买新的房产），这些都可以视为信赖损失。

一旦原告证明了推定信托，接下来的问题是推定信托下的权益比重是多少？英国法认为，如果明示的共同共有的意思表示已经明确说明了这一衡平法上的权益比重，那么法院应该遵从这一明示的意思表示。例如，在克拉夫诉吉莉（Clough v Killey）案[③]中，双方达成合意，吉莉可以在衡平法上获得50%的份额，法院最终判定其可获得的份额也是50%。尽管吉莉的信赖损失只占到25%左右

---

① ［1980］3 All ER 710.

② ［2002］EWCA Civ 1075.

③ ［1996］72 P & CR D 22

的份额。这一理念在奥克斯利案[①]中也得到了采纳。对于没有明确的共同共有的意思表示的情形，上诉法院法官查德威克（Chadwick）在奥克斯利案中做了分析，并指出，法官在这些情形中应行使自由裁量权，并考虑双方当事人的行为、财产安排、日常开支、抵押贷款、房产维护保险等情形。[②] 这种审判方法在斯塔科案[③]中也得到了肯定。

③财产权禁反言

原告除了证明推定信托外，也可以通过适用财产权禁反言规则，主张婚姻房产中其应得的份额或就此获得一定的救济。财产权禁反言规则和推定信托原则在理论构架上有相似之处，学界也曾就是否应将这两个规则合并产生过激烈论争。但在最近的斯塔科案中，霍普勋爵（Lord Hope）指出，"有人认为，财产权禁反言和共同利益的推定信托可以而且应该合并。对于这一观点，我……不太支持。财产权禁反言是指基于'真正'房产所有人的良心，作出的衡平法上的权力主张。因此，这一诉讼请求更像是一个衡平法上的救济。这一救济只需通过最简便的措施即可实现法律正义……有时可能只是一个金钱上的判决。与此相反，有共同共有意思表示的推定信托则是确认真正的所有人或用益权人，以及它们各自权益的大小"。[④]

按照英国法，财产权禁反言是指，主张权利者被故意误导或错误认为，对于他人拥有产权的房屋，其拥有一定的权益或将来其将拥有一定的权益，虽然房产所有人享有所有者的权益，但主张权利者可以根据财产权禁反言的规则，反驳房产所有人所有者权益的主张，从而为其争取相应的法律救济。在英国法上，什么情况下可以

---

① *Oxley v Hiscock* [2004] 3 All ER 703.

② *Oxley v Hiscock* [2004] 3 All ER 703，第 737 页。

③ [2007] 2 AC 432.

④ *Stack v Dowden* [2007] 2AC 432，第 448 页。

适用财产权禁反言，法律并无准确的界定。法官主要根据判例法的规则适用财产权禁反言。根据判例法，财产权禁反言主要有以下几个构成要件：

一是房产所有人必须表述或承诺过，原告在该房产上将拥有一定的权益。对于承诺的认定，在索纳诉梅杰（Thorner v Major）案①中，上议院指出，承诺必须具体。至于何种承诺视为是具体的承诺，这有赖于个案的具体事实。法官们在本案中指出，一方当事人的话要赋予何种意义，这有赖于说话的“事实环境”，② 有时候法院也会考虑当事人的性格。这些“事实环境”将帮助法官确定说话人的主观意图，以及听者对这些话的理解，这种理解以及由此产生的信赖是否合理。③ 此外，承诺必须与某一特定的房产或财产有关。正如吉布森爵士（Peter Gibson）在莫里斯诉莫里斯（Morris v Morris）案中所说，表述或承诺必须具体，这已为法律确认。只有这样，才能让接受承诺的一方合理期待或据此改变自己的立场。④ 尽管承诺必须具体到某些财产，但对于财产利益的多少或性质则不必明确。⑤ 但是，过于概括的承诺，如房产非产权人“再也不会缺少什么了”或者“会一直照顾你”这一类的话，不能构成财产权禁反言所要求的承诺。⑥ 因为这些话语只关涉原告的幸福，却不涉及具体的财产。在詹姆士诉托马斯（James v Thomas）案⑦中，房产所有人詹姆士先生告诉其伴侣，两人共同为房产增值所做

---

① ［2009］3 FCR 123.

② 该案最终上诉到上议院，这里的法官实际为上议院的人担任。现在，英国法上已经将之改革为英国最高法院。［2009］3 FCR 123 at 149－150.

③ *Thorner v Major*［2009］3 FCR 123，第150页。

④ ［2008］EWCA Civ 257 at［28］. 在*Thorner v Major*［2009］3 FCR 123案中，沃克勋爵（Walker）指出，向原告作出的承诺必须与被告名下所有的某一项具体财产有关，第144页。

⑤ *James v Thomas*［2007］3 FCR 696 at 707.

⑥ *Lissimore v Downing*［2003］2 FLR 308；*James v Thomas*［2007］3 FCR 69 at 707.

⑦ ［2007］3 FCR 696.

的工作会让两人都受益，而且自己死后，她也有所保障。上诉法院法官查德威克（Chadwick）在上诉法院审理此案时，认为这些概括性的话不足以认定为财产权禁反言所要求的承诺。[①] 在莫里斯诉莫里斯案[②]中，上诉法院判定房产所有人没有向原告作出具体承诺，吉布森爵士认为其伴侣在双方分手后行为不端，但这一行为本身不足以证明可以适用财产权禁反言。[③]

二是如果房产所有人作出了非产权一方对房产将拥有一定权益的承诺，那么须证明非产权一方据此发生了信赖损失。财产权禁反言规则中所指的这种损失，不仅仅是一个“狭义或技术层面的概念”。即使狭义的理解，这种损失也不光包括金钱的消耗，包括家务劳动，对家庭的日常开支等间接的经济贡献，放弃有薪酬的工作等一系列的行为都可能构成信赖损失，只要这些损失已经达成了不可忽视的程度。[④] 在季丽特诉霍尔特（Gillet v Holt）案[⑤]中，判决指出，判断损失是否不可忽视的标准是，如果忽视承诺的话，就是不公正的。格雷斯利诉库克案[⑥]就是财产权禁反言的一个典型例子。在该案中，多丽丝·库克（Doris Cooke）自成年后就一直在这个家庭生活，就像夫妻一样，她在家里做家务，没要过一分钱，照顾家里生病的老人，直到这个家里的一些人相继去世或离开，她都一直住在这里。家人曾向其承诺，让她认为她可以把这里视为自己的家，在此度过余生，因此她也没有主张自己应得的报酬。但是，在她 62 岁那年，有一位仍在世的兄弟通知让她搬出。上诉法院最终认为，她认为的可以一直在这个房子里待到终老的想法是源于这个家庭给她的承诺，证明她没有信赖损失的证明责任则应由想要将

① *James v Thomas* [2007] 3 FCR 696，第 708 页。

② *Morris v Morris* [2008] EWCA Civ 257.

③ [2008] EWCA Civ 257 at [29].

④ *Gillet v Holt* [2001] Ch 210 at 232.

⑤ [2001] Ch 210 at 232.

⑥ *Greasley v Cooke* [1980] 3 All ER 710.

她赶出房子的人承担。否则，她有权在该房屋里继续住下去直至终老。最终，法院判决她有权在其有生之年继续在该房屋居住，且不用支付房租。[①] 相反，在库姆斯诉史密斯（Coombes v Smith）案[②]中，尽管房产所有人史密斯先生承诺会一直照顾原告，但与他同居的被告偶尔装饰下房间、清扫花园等行为不构成信赖损失，而且被告怀孕的行为也不构成财产权禁反言的信赖损失。

在威灵诉琼斯（Wayling v Jones）案[③]中，上诉法院法官巴尔科姆（Balcombe）就承诺和信赖利益损失之间的关系做了阐释。他认为，在证明是否适用财产权禁反言规则时，应确定以下几点：第一，非产权一方所信赖的承诺和构成损失的行为之间须有因果联系；第二，不要求该承诺是损失行为发生的唯一原因，只要承诺构成损失行为发生的原因即可；第三，一旦原告证明存在承诺行为，且原告作出了可归因于承诺的损失行为，此时，证明原告不是依据该承诺发生了损失的证明责任则转移给被告。[④]

关于财产权禁反言所给予的救济，法院通常会考虑“为实现正义给予原告的最小公平措施是什么”。[⑤] 这些救济措施包括签发授予原告部分财产权益的指令，[⑥] 经济补偿，[⑦] 在争议房产中居住的权利。[⑧] 但是，判例法明确规定了在原告的期待以及其所实际遭受的损失之间应遵循均衡原则。衡平法提供的救济价值依赖于包括期待以及损失之间的各种因素。法院的工作就是主持正义。因此，

---

① 也可参见 Re Basham (Deceased) [1987] 1 All ER 405 案，在该案中，原告也属于这种情况，在家里服务未收取报酬。

② [1986] 1 WLR 808.

③ [1996] 2 FCR 41.

④ *Wayling v Jones* [1996] 2 FCR 41，第 44 页。

⑤ *Crabb v Arun District Council* [1976] Ch. 179 at 198.

⑥ 包括无限制继承的不动产（*Pascoe v Turner* [1979] 1 WLR 431），地役权（*Crabb v Arun District Council* [1976] Ch. 179）等。

⑦ *Dodsworth v Dodsworth* (1973) 228 EG 1115.

⑧ *Greasley v Cooke* [1980] 3 All ER 710.

最本质的一个要求就是要均衡原告的期待以及损失。[①]

2. 离婚案件中有关房产的财产分割办法

对于夫妻双方共有的房屋，法院可能采用以下几种财产分割方法：

一是出售房产，平分售房所得。这种方法常常用于年纪不大、无子女的离婚配偶，且双方可以从售房所得的收益中重新安排自己的住房需求。售房通常也预示着彻底决裂。例如，在斯卡隆诉斯卡隆（Scallon v Scallon）案[②]中，配偶双方是房产的共有人。上诉法院认为相较将房产分给女方，男方不用支付离婚后扶养费而言，将婚姻房产出售，并分割售房所得是更公平的方法，最终法院判决出售婚姻房产，售房所得五分之三分给妻子，五分之二分给丈夫。法院认为这种处理方式可以让双方都能通过售房所得找到新的住房。除此之外，法院还判给妻子名义上的定期支付令。一旦未来有重大情事变更，妻子则可以申请变更这一支付令。出售房产后将售房所得多分给女方主要考虑了女方和子女同住，是子女的主要抚养人，这也符合前文论及的法院在分割房产时要优先考虑儿童福利的要求。

二是将共有房产转至一方配偶名下，多分财产的一方向另一方支付补偿或放弃离婚后扶养费。和第一种涉及房产的财产分割方法一样，这种方法常常也与彻底决裂令一起使用。如果一方配偶另有房屋居住或有资金能够保证其有地方居住，那么法院就会考虑作出指令，将共有房产转至一方配偶名下。共有房产转至一方配偶名下时，如果获得房产一方配偶多分了财产，那通常是因为法院在衡量上文论及的各种考虑因素，如因为有未成年子女或弱势方配偶有特别的经济需要等，在公平原则下作出的。否则，法院会判定多分财产的一方配偶通过抵押房产等方式向未分得房产的另一方配偶以一

---

① *Jennings v Rice* [2003] 1 FCR 501 at 514.

② [1990] 1 FLR 194.

次性支付令的方式付给另一方相应的补偿。其效果实质和第一种财产分割方法一样，但这种财产分割方法的优势在于，原来的婚姻房产得以保留，对于家庭中的未成年子女而言，保护了其生活的稳定性和延续性，最大可能地减少了离婚对未成年子女带来的冲击（如要搬去一个新的城市、在一个新的学校读书等）。对于无法履行一次性支付令的获得房产的一方，另一种补偿方式是放弃另一方支付的离婚后的扶养费。转让房产财产权利的一方应确保法院是依据第25A条第3款作出的指令，据此，受让人不得再申请定期支付令。[①] 在A诉A（经济扶养）案[②]中，房产归双方共有，价值五万英镑，但由于妻子需要抚养三个子女，因此她需要更多的财产抚养子女直至子女成年。该案中丈夫又有实施家庭暴力的历史，而且对于妻子，丈夫仍有施暴倾向。索普法官（Thorpe J）因此认为，不应让双方继续保持经济上的权利义务关系，最终他作出了一次性支付令，要求妻子向丈夫一次性支付一万五千英镑。

三是延迟分割。也即双方当事人继续保留各自在房产中的份额，直到特定情形出现后，再出售房屋。运用这种分割方法的最主要的两种指令是梅舍令（a Mesher order）和马丁令（a Martin order）。

梅舍令是指双方配偶当事人对房产享有确定份额的权益，等到子女年满17周岁或完成了全日制教育，或直到法院作出另一个命令时，出售房产，并实现配偶的财产权利。法院要签发梅舍令，需注意案件是否满足以下条件：（1）一方配偶有足够财产，无须立即实现其在婚姻房产上的财产权益，同时又能找到另一处住处居住；（2）子女的主要抚养人可以在出售房产后找到新的住处居住；

① 须注意的是，1991年《儿童抚养法》出台后，如果丈夫通过转让财产的方式免除自己抚养子女的责任，那么他很可能未来在前妻要求其支付子女抚养费的诉讼中败诉。因为按照1991年《儿童抚养法》，支付儿童抚养费的诉讼不会考虑双方间的转移财产事项。

② *A v A* (*Financial Provision*: *Conduct*) [1995] 1 FLR 345.

(3) 双方当事人可以在维持原婚姻房产上的房贷及其他支出的同时，也能支持为另一方在外居住的当事人提供新的住处。[①] 在司法实践中，梅舍令一度受法官热捧，认为其既满足了妻子及其子女急切的住房需要，同时也允许丈夫保留其在财产上所享有的份额。[②] 但现在，人们也在司法实务中也认识到了梅舍令的不足之处：第一，一方配偶在房产最后出售后，可能仍无足够的钱帮助自己找到新的住处。第二，在促使出售房产条件生效的情形发生后，可能子女仍然需要在该房屋居住，即使子女已成年。虽然已成年的子女不属于“儿童福利”这一首要考虑因素，但其仍属于双方的“需要”这一考虑因素。要求子女成年后马上就有足够的收入租房或买房，与现实不符。学者的调查发现只有 18% 的郡法院的登记官（registrar）[③] 对梅舍令持肯定态度。[④] 第三，梅舍令与彻底决裂原则无法统一。

马丁令和梅舍令有相似之处，婚姻房产由双方共有。但是一方配偶的居住权可以一直持续到居住在房屋里的配偶死亡或再婚等，或其自愿选择离开婚姻房产。马丁令对居住在婚姻房产中的一方配偶的保护更强。但马丁令和梅舍令一样，也存在与彻底决裂原则不一致的问题。

对于夫妻双方租赁的房屋，法院可能采用以下办法处理：

根据 1996 年《家庭法》附件 7 的规定，离婚时，法院可以将

---

① Harris - Short S. & Miles J. , *Family Law: Text, Cases and Materials*, Oxford: Oxford University Press, 2011, p. 436.

② See Elliott 诉 Elliott [2001] 1 FCR 477. Fisher L. , “The Unexpected Impact of White - Taking ‘Equality’ Too Far”, *Family Law*, vol. 32, 2002, pp. 108 - 113, at pp. 111 - 112.

③ 离婚诉讼须在有离婚案件管辖权的郡法院启动，有抗辩的离婚案件可能会移交到高级法院或者是高级法院的地区登记处。申请附属救济（通常是经济扶养或财产令）须在审理离婚案件的郡法院的登记官处提出，部分复杂案件可能会移交到高级法院。See Eekelaar J. , *Regulating Divorce*, Oxford: Glarendon Press, 1991, pp. 1 - 2.

④ Eekelaar J. , *Regulating Divorce*, Oxford: Glarendon Press, 1991, p. 74.

一方配偶或同居伴侣[①]的租赁权判于另一方。租赁权涉及的房屋应是双方当事人用作家庭生活的房屋。在申请转移租赁权时，须享有租赁权的一方仍在租用该房屋。例如，在盖诉谢澜（Gay v Sheeran）案[②]中，谢澜先生（Sheeran）与甘女士（Gunn）共同承租了一处房产。其后，甘女士搬走，盖女士（Gay）搬来。最后谢澜先生也搬走了。盖女士请求法院签发一个转移租赁权的指令。但由于她以及谢澜先生都没有租赁该房屋的权利，所以盖女士没有拿到法院的指令。也就是说，同居者不能申请其伴侣和第三人共同租赁的房产的租赁权。

法院通常会考虑以下因素作出转让租赁令：（1）获得租赁时双方当事人的情况；（2）双方当事人及子女的住房需要及经济来源；（3）各方当事人及子女的经济来源及债务；（4）同意转让租赁可能对当事人及子女的健康、安全、幸福所造成的影响；（5）双方当事人租赁房屋是否合适。[③]

（六）涉及养老金的财产分割制度

对于大多数家庭而言，除开房产，养老金是另外一项比较重要的财产。在传统的"男主外、女主内"的婚姻模式中，退休后，男方由于其工作原因，常常有丰厚的养老金，而女方通常没有足够的养老金。正如尼可拉斯勋爵在布鲁克斯诉布鲁克斯（Brooks v Brooks）案[④]中所说，照顾家庭的主要责任仍在女方，这直接造成她们在收入能力上不及男方，这也导致她们无法积累起同男方相当的养老金权益。如果双方没有离婚，那么妻子就可以享有丈夫的养老金权益，而且一旦丈夫在领取养老金期间死亡，妻子还有权获得未支付的养老金。但一旦双方离婚，妻子的经济处境就会一落千

---

① 包括同性伴侣。

② [1999] 2 FLR 519.

③ 1996年《家庭法》附录七第5条。

④ [1995] 2 FLR 13 at p. 15.

丈。因此，1973 年《婚姻诉讼法》第 25 条规定的在法院作出指令的考虑因素中，就包含了养老金问题。但尽管法律规定了法院在作出指令时，需考虑双方当事人的养老金权益以及任一方当事人可能的养老金权益的损失，但是法律并未要求法院一定要对养老金权益进行分割。法院也可能选择等到丈夫退休后，再就养老金权益作出判决。[①] 在这种情况下，离婚时，法院往往只就定期支付令作出判决，暂时搁置一次性支付令的请求。等丈夫退休后，妻子可以提出变更定期支付令，或是请求签发一次性支付令。

一般而言，分割双方当事人的养老金权益只是法院在双方当事人离婚时公平分割双方财产的一个工具。依照法律规定，法院可以采用以下几种养老金分割办法。

一是补偿一方当事人的养老金损失。也即法院在现有其他财产中多分给弱势方，补偿其养老金权益的损失。例如，如果按照丈夫参加的养老金项目，丈夫可以获得一次性支付的款项，同时还有定期收入，[②] 这可能就使法院在财产分配时将婚姻财产的全部权益转给妻子，或者作出一次性支付令或是延续一生的定期支付令等。在具体案件中，也可能会等到养老金权益实现后再支付一次性扶养费。这种方法虽然简单，但需要当事人具有殷实的家底，可以作出补偿。

二是签发指定用途养老金令（earmarking order）。指定用途养老金令本质上相当于延期生效的一次性支付令或定期支付令。1995 年《养老金法》（the Pension Act 1995）对涉及离婚后养老金分割的法律做了修订。这些新内容构成了 1973 年《婚姻诉讼法》的第 25B 到 25D 条。同时也引入了指定用途养老金令。第 25B 到 25D

① See *Burrow v Burrow* [1999] 1 FLR 508.

② 根据养老金项目的不同，养老金权益也不同，包括有一次性支付的养老金权益，定期发放的养老金权益，丧偶抚恤金，工伤死亡保险（death in service benefits），人寿保险等。

条规定，法院可以在一方配偶的养老金上指定部分款项用于支付另一方配偶，并要求养老金的受托人或管理人在养老金到期支付日将指定款项从养老金基金中付给另一方配偶。① 因此，一旦一方配偶开始领取养老金，那么该养老金的一部分（指令以养老金百分比的方式作出）② 将直接付给其前配偶。法院也可作出指令，让养老金的受托人或管理人在到期支付日向另一方配偶支付全部款项或款项的一部分。③ 指定用途养老金令本质上也与彻底决裂原则不统一。此外，一旦参与养老金项目的一方配偶死亡，那么指定用途养老金令也即终止。如果参与养老金项目的一方推迟领受养老金，或是停止交付养老金，这也会给另一方配偶带来损失。

三是签发养老金分享令。鉴于指定用途养老金令的困难，1999年《福利改革与养老金法》（Welfare Reform and Pension Act） 又扩大了法院的权利。在具体案件中，法院可在双方当事人离婚时作出养老金分享令，从而帮助弱势一方当事人参与到养老金项目中去。根据1999年《福利改革与养老金法》第27条第1款之规定，除国家养老金计划外，个人参与的其他养老金项目下可分享的权益，都可以由双方当事人分享。法院一旦作出养老金分享令，一方配偶参与的养老金项目的一部分（指令上会明确转让的比例）④ 将转让给另一方配偶，另一方配偶可在该养老金项目下或是其他养老金项目下购买自己的养老金。

值得注意的指定用途养老金令和养老金分享令二者相互独立。法官不能在一个已生效的指定用途养老金令上再签发一个养老金分享令，反之亦然。⑤

① 1973年《婚姻诉讼法》第25B条第4款。

② 1973年《婚姻诉讼法》第25B条第5款。

③ 1973年《婚姻诉讼法》第25C条第2款。

④ 1973年《婚姻诉讼法》第21A条第1款（b）项。

⑤ 1973年《婚姻诉讼法》第24B条第5款，第25B条第7B款。

四是转换养老金。法院可下令将转换养老金，[1] 即将养老金转换为一笔款项，然后，法院就可以通过一次性支付令的方式划分该笔款项。由于转换养老金对当事人而言往往有经济损失，因此法院很少作出这样的指令。[2]

三、离婚在父母子女关系方面的法律后果

离婚不改变父母子女关系。离婚后，父母仍需承担对其子女的父母责任，同时也有责任为子女提供抚养费。根据 1973 年《婚姻诉讼法》第 41 条之规定，在离婚、婚姻无效，或涉及司法分居令的诉讼中，法院应考虑：（1）是否涉及未成年子女；（2）如果涉及未成年子女，结合父母双方所作出或提议实施的有关子女抚养安排协议，法院是否应行使 1989 年《儿童法》规定的权力保护未成年子女。离婚法的一个重要目标就是保护儿童利益，为了实现这一目标，离婚申请人需要向法院提交子女抚养安排声明（表 D8A），主要就未满 16 周岁儿童或未满 18 周岁但在大学、学院或其他培训机构读书的未成年人的信息向法院做一说明。子女抚养安排声明中包括子女住址、教育和培训、抚养探视及健康等问题。申请人需在该声明上签字。如果被告同意，被告也要在声明上签字。同时，申请人要在声明上表明他们是否要依据 1989 年《儿童法》申请第 8 条的指令。按照 1989 年《儿童法》第 8 条的规定，申请人可以申请交往令、禁为令、居住令、指定事项令。[3] 值得注意的是，英国法上，对于子女年满 16 或 17 周岁，法院只会在少数情况下才会作出 1989 年《儿童法》第 8 条所规定的指令，但居住令除外。虽然，英国法规定的成年年龄是 18 周岁，但对于完成学校教育的未成年子女而言，法院在行使职权时，会更加慎重。

---

① 1973 年《婚姻诉讼法》第 25B 条第 7 款。

② *Field v Field* [2003] 1 FLR 376.

③ 1989 年《儿童法》第 8 条。

调整离婚后父母子女关系的指令可以按照内容的不同分为两类：一类是旨在调整子女抚养方式的指令，也即1989年《儿童法》第8条规定的指令；另一类旨在调整子女抚养费的指令。关于子女抚养费的指令，笔者将在后文集中阐述。

（一）法院调整子女抚养方式可作出的指令

1. 居住令（a residence order）

居住令，是指确定父母一方与子女共同居住的指令。[①] 在1989年《儿童法》颁布前，法院使用的是监护令（custody orders）。采用居住令这一术语是为了进一步强调父母双方在离婚后对子女仍有父母责任，仍要尽监护的职责。法院在作出居住令时，是就子女与谁共同居住作出判断，而不是解决谁来照顾子女的问题。[②] 因为父母双方都有权照顾子女。居住令一般是针对有父母责任的人作出的，因为一旦某人获得了居住令，那么这就意味着其每天都将履行父母责任及义务，抚养该子女。所以，对于尚未获得父母责任的一方，法院常常会同时颁发指令，授予获得居住令一方须履行父母责任。例如，如果法院签发了居住令给未婚生子的生父，那么按照1989年《儿童法》第12条第1款，法院还会同时向其作出一个父母责任令。一旦未来法院撤销了居住令，未婚生父仍有父母责任。而如果居住令是签发给一个非父母的人，那么一旦法院撤销了居住令，其就无须再履行父母责任。如果居住令规定了子女和一方父母居住，而后双方父母同居持续超过六个月的，居住令将终止。[③] 此外，一旦居住令生效，任何人不得给子女改名，或将子女带离英国，除非其已获得了所有承担父母责任者的同意，或是获得了法院的许可。[④] 获得居住令一方带领子女出国不能超出一个月。[⑤]

---

① 1989年《儿童法》第8条第1款。

② *Re S (A Child)* [2010] EWCA Civ 705.

③ 1989年《儿童法》第11条第5款。

④ 1989年《儿童法》第13条第1款。

⑤ 1989年《儿童法》第13条第2款。

在某些案件中，可能要对住在一起的多个人签发居住令。例如，在某些案件中，离婚后由祖父母照顾未成年子女的，这种情况法院会签发共同居住令（a joint residence order）。有时也会对不住在一起的多个人签发居住令，这种情况法院会签发共享居住令（a shared residence order）。1989 年《儿童法》第 11 条第 4 款规定：如果对不住在一起的多个人签发居住令，居住令上须指明，子女在不同的住处居住的时间。

还有一些案件，法官可能会在居住令上附加一些条件。[①] 比较常见的情形是，要求与子女共同居住的一方父母只能居住在某个范围内。但在居住令上附条件的做法也只限于比较特殊的情况。上诉法院法官布特雷尔斯洛斯（Butler - Sloss LJ）对此解释说，1989 年《儿童法》第 11 条第 7 款的规定为法官对该法第 1 条的自由裁量权提供了保障，依据儿童利益最大原则，如果案情特别需要，法院可对子女的主要照顾人的亲权实施施加限制。[②] 例如，在 Re H（儿童：居住令：条件）案[③]中，母亲有酗酒的问题，正在接受治疗。法官向父亲签发了居住令，但同时也禁止父亲搬去北爱尔兰。因为有证据表明，一旦父亲搬去北爱尔兰，母亲就无法再与子女交往，母亲会认为父亲抢走了她的孩子，这将给其带来沉重的打击，使其既无法接受戒酒治疗，同时也可能因为看不到孩子，使酗酒问题进一步恶化。上诉法院驳回了父亲对这一指令的上诉，并认为这确实是案情特别需要的情形。[④]

2. 交往令（a contact order）

交往令要求与子女共同居住的一方父母允许子女探望另一方父母或在另一方父母处暂住，或子女与未共同居住的一方父母有其他

---

① 1989 年《儿童法》第 11 条第 7 款。

② ［2002］EWCA Civ 1795，［2002］1 FCR 138 at para. 17.

③ *Re H*（*Children*：*Residence Order*：*Condition*）［2001］EWCA Civ 847，［2001］3 FCR 154.

④ ［2001］EWCA Civ 847，［2001］3 FCR 154. at para. 30.

方式的交往。[①] 1989 年《儿童法》将探视令（an access order）修改为交往令，是为了强调离婚后，父母双方仍应与子女有交往，因为父母是子女永远的父母，这是无法改变的。

按照交往令的履行状况划分，可以将交往令分为直接交往令和间接交往令。直接交往令是指，法院签发的指令要求子女和未与其共同居住的父母一方有面对面的交往。有些指令甚至会规定子女可在未共同居住的父母一方居住一晚，这种直接交往令又被称为过夜交往令。对于直接交往有困难的，法院也可通过签发间接交往令的方式帮助实现子女和未与其共同居住的父母一方的交往。间接交往令规定的间接交往方式有：信件、电子邮件、通过网上视频软件对话、生日礼物或圣诞礼物等。实践中，对于少部分直接交往令的案件，法院也可能要求在社会服务机构的监督下完成。这主要适用于获得交往令的父母一方存在伤害子女的较大可能性的案件，[②] 或者是由于夫妻双方关系非常糟糕，互不信任，获得交往令的一方父母只能在一个中立的环境中与子女进行交往。[③] 这种公权力监督下的交往通常在政府机构专门设立的父母子女交往中心完成。

共享居住令和交往令的区分并不明显。从实质上看，共享居住令主要是保证父母双方与子女都有一定的时间共同生活。[④] 在 Re K（共享居住令）案[⑤]中，法院认为，在判决作出前，应先划分子女与父亲生活的时间和与母亲生活的时间，然后再决定是否应作出共享居住令。由是观之，共享居住令实际上就是规定子女与父亲或母

---

① 1989 年《儿童法》第 8 条第 1 款。

② 尽管如果有对儿童性虐待的行为，通常会签发间接交往令。*Re M*（*Sexual Abuse Allegations*: *Interviewing Techniques*）［1999］2 FLR 92.

③ 参见 Perry A. and Rainey B.，"Supervised, Supported and Indirect Contact Orders: Research Findings"，*International Journal of Law*, *Policy and the Family*, vol. 21, 2007, pp. 21－47。

④ *Re D*（*Children*）（*Shared Residence Orders*）［2001］1 FCR 147 at para. 32.

⑤ *Re K*（*Shared Residence Order*）［2008］EWCA Civ 526 at para. 6.

亲各自生活的时间。上诉法院法官威尔逊（Wilson LJ）认为共享居住令更加强调，父亲和母亲在儿童生活中同样重要，虽然在具体的生活时间上仍有细微差别。[①]

居住令和交往令是调整离婚后父母子女关系的两个最重要，也是最常见的指令。英国议会正在审议的2013《儿童和家庭法案》[②]建议修改1989年《儿童法》第8条的规定，将居住令和交往令删除，统一修改为儿童抚养安排令，在该指令中明确子女和谁居住，居住多长时间等问题。这一立法建议反映了法院希望进一步弱化居住令所带来的潜在影响，即获得居住令的一方常常认为自己是“赢家”，为另一方未来的交往、探视等制造一定障碍。因此，未来的指令只会就儿童抚养的安排作出规定，不再强调谁有居住令，谁没有居住令。

3. 禁为令（a prohibited steps order）

禁为令，是指在指令中明确规定，在未获得法院同意前，父母一方在履行父母责任时或其他第三人禁止从事某些行为。[③] 禁为令旨在限制父母在履行父母责任时的行为和方式，保护子女不受恶意第三人的侵害。实践中，禁为令多用于子女改变姓氏的纠纷。一方父母通常会要求法院作出禁为令，禁止另一方父母改变子女的姓氏。希望改变子女姓氏的一方只有在获得另一方父母的书面同意或是法院许可后，才能改变子女姓氏。此外，禁为令也可用于要求父母一方不得让子女与特定某个人交往，如在Re H（未成年人）（禁为令）案[④]中，女方最年幼的女儿遭受了继父的性虐待，法院最终判定继父禁止与女方的子女接触。在Re M（儿童）（禁为令：上诉）案[⑤]中，子女的生父向法院申请禁为令，要求禁止该子女的

---

① *Re K (Shared Residence Order)* [2008] EWCA Civ 526 at para. 25.

② 截至2013年10月22日，该法案已通过二读。

③ 1989年《儿童法》第8条第（1）款。

④ *Re H (Minors) (Prohibited Steps Order)* [1995] 1 FLR 638.

⑤ *Re M (A Child) (Prohibited Steps Order: Appeal)* [2002] All ER (D) 401 (Nov).

继父单独照顾该子女，因为生父担心，年过七十的继父患有心绞痛，可能在照顾其不满周岁的宝宝时突发心脏病。最终法院同意了生父的诉讼请求。在与子女共同居住的父母将子女带离英国的情形或者有关子女是否接受某种医疗手术时，也可适用禁为令。尤其是依照 1989 年《儿童法》第 13 条的规定，与子女共同居住的父母一方可在不征得另一方父母或者法院的同意下，将子女短期带离英国，在外停留时间不超过一个月。而在某些案件中，只要与子女共同居住的父母一方将子女带出国，就可能永远再也不回来。在这种情况下，另一方父母就可以通过申请禁为令，避免这种风险。

4. 指定事项令（a specific issue order）

指定事项令指就履行父母责任时出现的或可能出现的某一事项，如教育或医疗问题，作出的具体指令。[①] 指定事项令旨在处理与子女成长教育相关的某个一次性的事项。例如，在 M 诉 M（指定事项：学校选择）案[②]中，母亲不同意让七岁的儿子参加一个天主教学校的声乐测试。父亲作为唱诗班的人，则希望儿子参加这一测试，以便争取奖学金以及到这个学校就读的机会。法院最终基于儿童利益的考虑，就这一事项作出了指定事项令，同意该子女参加天主教学校的声乐测试。此外，指定事项令解决的事项应是履行父母责任时出现的事项。例如，在 Re J（指定事项令：请求批准）案[③]中，该案中，J，17 岁，请求地方机构认可他符合 1989 年《儿童法》第 17 条规定的“有需要的儿童”（a child in need），但地方机构认为其不符合 1989 年《儿童法》规定的救助儿童的范围，因此 J 请求法院向地方机构发出指定事项令。法院认为，是否认可某一儿童为 1989 年《儿童法》规定的“有需要的儿童”的范围，这是地方机构的职权。此外，认定某一儿童属于“有需要的儿童”，

---

① 1989 年《儿童法》第 8 条第 1 款。

② *M v M* (*Specific Issue*: *Choice of School*) [2005] EWHC 2205 (Fam).

③ *Re J* (*Specific Issue Order*: *Leave to Apply*) [1995] 1 FLR 669.

这也不属于在履行父母责任时可能出现的事项，因此法院没有作出指定事项令。

除了上述四种指令外，在调整父母子女财产关系，也即请求支付抚养费的案件中，法官也可以作出其他指令。根据1973年《婚姻诉讼法》第23条第1款（d）、（e）、（f）项以及第24条第1款的规定，法院可以为子女利益的需要作出定期支付令、有担保的定期支付令、一次性支付令、转让财产令、安置令。笔者已在前文论及，在此不再赘述。

（二）法院作出调整子女抚养方式指令时的考虑因素

在子女未成年的情形下，离婚后的父母子女关系涉及未成年人的利益。因此，在处理这类案件时，法院将充分考虑未成年子女的利益。1989年《儿童法》第1条第1款也规定了：在法院考虑任何涉及（1）未成年人成长事项；或（2）有关未成年人财产及其收益的管理事项时，儿童福利是法院最重要的考虑因素。笔者将从法院作出指令时遵循的基本原则以及考虑因素两个维度进行探讨。

1. 法院调整离婚后父母子女关系的基本原则

（1）原则一：儿童福利

1989年《儿童法》并没有对“儿童福利”的概念做进一步的解释。但在该法第1条第3款中，列出了法官在审理有关儿童案件时，应考虑的几个因素，包括：①结合年龄及认知程度，考虑涉案儿童的愿望及感受；②儿童的身体、情感及教育需要；③改变儿童的生活环境可能给其带来的影响；④法院认为相关的儿童的年龄、性别、生活背景及其他特点；⑤儿童所遭受和可能会遭受的伤害；⑥在满足儿童需要方面，父母双方当事人的能力，以及其他法院认为相关人员的能力；⑦根据本法，法院在相关诉讼中的职权范围。

（2）原则二：不做不必要的指令

1989年《儿童法》第1条第5款规定，法院在依据本法审理涉及儿童的案件时，除非作出指令比不作出指令更有利于儿童，否则法院不应作出任何指令。也有学者又将这一原则称为“不做指令原则”或“不做不必要的指令原则”。[①] 这体现了英国政府的立法理念，也即法院的指令并非是所有案件必须要有的结果，因为指令很可能会激化父母双方的立场。相反，通过双方协商达成的“共同抚养安排”不用通过法院指令，就可以尽可能使离婚后的父母子女保持良好关系。[②] 在父母双方可以达成一致的情况下，法院应尽可能减少对父母子女关系的公权力干预，除非作出这一指令能进一步改善儿童的生活境遇。[③] 政府的另一个考虑是由于公共财政的紧张，政府希望减少涉及离婚后儿童抚养案件的数量，从而节约公众开支。[④]

不做不必要的指令原则包含三个基本要素：一是在涉及儿童的案件中，作出不必要的指令在法律原则上是错误的；二是如果父母双方当事人能够达成协议，只要不违背儿童利益，那么就不应作出指令；三是法院在审理此类案件时，应遵循最小干预原则。也即如果父母双方对子女抚养安排没有争议，法院很可能就不会作出涉及子女的指令。但如果双方父母希望法院作出指令，批准双方协议时，法院也会将调解中的内容写入指令或是作出同意令。

可以肯定的是，并非所有的父母双方的协议都不需要法院的介入干预。如果完全顺应父母双方的任何协议，实际上是用“不干

---

① See Bainham A. , “Changing Families and Changing Concepts – Reforming the Language of Family Law”, *Child and Family Law Quarterly*, vol 10, 1998, pp. 1 – 16.

② The Law Commission: *Review of Child Law*: *Guardianship and Custody* (No. 172), London: HMSO, 1988, para. 3. 2.

③ 值得注意的是，1989 年《儿童法》第 10 条规定，在家事诉讼中，即便当事人没有起诉请求法院签发涉及子女的相关指令，法院也可依职权作出。

④ See Eekelaar J. , *Regulating Divorce*, Oxford: Clarendon Press, 1991. 对于涉及儿童的私法案件，通常是离婚后儿童抚养案件，双方当事人只有在调解仍不能达成协议的情况下，才能申请公共资金的支持，得到法律援助的资金。See Legal Services Commission, *The Funding Code Decision Making Guidance*, 2007, para. 20. 33.

预主义劫持了"儿童福利原则,[①] 而且有些协议可能违背了儿童福利原则。对于如何协调儿童福利原则和不做不必要的指令原则，法官在 Re G（儿童）案[②]中对此做了回应。该案中，双方当事人父母经过长时间的协商，最终达成协议。父亲可以享有对子女的抚养权，但条件是其同意母亲获得有关子女的居住令。代理律师在该案中请求法院签发同意令，地区法官没有同意这一诉讼请求，其认为按照 1989 年《儿童法》第 1 条第 5 款之规定，不应签发不必要的指令。上诉法院则指出：第 1 条第 5 款之规定，并未设立某种指导性的法律推定。该原则只是要求法院在作出指令前，需审查作出指令是否比不作出指令更能使涉案儿童受益。这一规定本身只是设定了一个检验的标准。[③] 由是观之，不做不必要的指令原则实际上是儿童福利原则指导下的对涉未成年人案件审判工作的细化，在具体司法实践中，仍要以儿童福利作为基本原则对是否认可父母双方的协议进行审查。

（3）原则三：不拖延原则

儿童处在心理生理发展的关键时期，其与共同居住的一方往往能在较短的时间内形成较强的心理依恋关系。儿童的这一特点决定了在处理涉未成年人的私法案件中，应尽可能迅速解决。《欧洲人权公约》第 6 条第 1 款也规定，人人都有权在合理的时间内接受公正公平的审判。1998 年《人权法》则在国内法层面为《欧洲人权公约》保护的实体权利提供进一步的保护，其也要求应避免不必要的诉讼拖延。[④] 1989 年《儿童法》第 1 条第 2 款规定，在任何涉及未成年人的诉讼中，法院应遵循一个基本原则：在涉及未成年人成才问题上久拖不决很可能损害儿童利益。该法第 11 条第 1 款则

---

① Bainham A.,"The Privatisation of the Public Interest in Children", *Modern Law Review*, vol. 53, 1990, pp. 206 – 221.

② *Re G (Children)* [2005] EWCA Civ 1283, [2006] 1 FLR 771.

③ [2006] 1 FLR 771 at 774.

④ 如 *B v G* [2012] UKSC 21。

进一步要求法院在涉及需要作出该法第 8 条规定的指令时，应作出相应的工作时间表，避免不必要的拖延。因为诉讼程序的不必要的拖延意味着儿童生活仍处在不稳定的状态，未来要想改变儿童的生活现状将更加困难。

不拖延原则中的“拖延”是指不必要的拖延。部分案件审理中，法官也会故意延迟审判，只要这种延迟审判符合儿童利益。例如，在部分案件中，法律实际上鼓励法官在获得完整的儿童福利评估报告后，也即等待社工人员完成儿童福利评估报告后再行审理。因此，不拖延原则也必须满足儿童福利原则的要求。

提高涉未成年人案件的诉讼效率一直是英国司法中力图解决的问题。早前，对于涉未成年人案件，法律委员会设定了三个月内结案的工作目标，[①] 但实践中很难达成这一目标。2010 年《家事程序规则》的出台，也是为了提高民事诉讼的诉讼效率。2012 年《家事司法评论》的一个中心主题同样也是为了提高家事案件的诉讼效率。[②] 由此可见，如何在尽可能保护儿童福利的基础上提高家事案件的诉讼效率一直是英国司法中的一个难点。

2. 法院根据 1989 年《儿童法》作出指令时的考虑因素

在审理离婚案件时，如涉及未成年人的父母子女关系，法院往往非常慎重，不会仅凭个人的主观感受就作出判决。相反，在英国司法实践中，法官都会寻求专家给出的建议。尽管庭审时，双方当事人都有权传唤证人出庭支持个人的主张，但法院通常需要一份中立的证据材料，这也就是 1989 年《儿童法》第 7 条规定的《儿童福利报告》。

(1)《儿童福利报告》

法院有权决定是否需要《儿童福利报告》，但如果法院反对任

---

① The Law Commission：Facing the Future：*A Discussion Paper on the Ground for Divorce* (No. 170)，London：HMSO，1988，para. 4. 54.

② See Norgrave D.，*Family Justice Review*，London：Department of Education，2012.

命一位调查官提供《儿童福利报告》，在这种情况下作出的判决可能会因影响案件的公平审理而被撤销。[①]《儿童福利报告》通常由法院任命一名社工或心理专家完成，主要包括争议的问题，法院可采用的解决方案，如果可以的话，报告也会提出相关的建议。由于《儿童福利报告》由中立的第三方作出，因此对法官最终的判决结果影响较大。但法律并未要求法官必须采纳《儿童福利报告》的建议。[②] 法官如果不采纳《儿童福利报告》的建议，则需要听取《儿童福利报告》撰稿人提供的证据，并在判决中列明不予采纳报告的理由。[③] 如果不列明理由，当事人则可以提出上诉。[④]《儿童福利报告》通常会载明涉案儿童的愿望，但法院现在更倾向于直接听取儿童的想法。

（2）结合年龄及认知程度，考虑涉案儿童的愿望及感受

在国际公约层面，《儿童权利公约》第 12 条要求法院根据儿童的年龄及认知程度，考虑儿童的意愿。在英国国内法上，按照 1989 年《儿童法》的规定，儿童意愿是法院在作出第 8 条所规定的指令时需要考虑的因素之一。这一因素虽不是唯一的考虑因素，但当儿童足够成熟时，这一因素很可能对案件结果具有重大影响。[⑤] 在这方面，心理学家认为，未满 6 周岁的儿童的意愿和其共同生活一方的意愿很难区分，超过 10 周岁的儿童的意愿则应给予足够的重视，6～10 周岁的儿童则处在中间状态。[⑥] 1989 年《儿童法》第 9 条第 6、7 款则规定了，对于年满 16 周岁的儿童，只有在

---

① 例如，在 *Elsholz v Germany* [2000] 2 FLR 486 案中，法院在没有获取《儿童福利报告》的情况下，驳回一方的交往令诉讼请求，被判定为违反了《欧洲人权公约》第 6 条第（1）款和第 8 条。

② *Re P* (*A Minor*) (*Inadequate Welfare Report*) [1996] 2 FCR 285.

③ *Re C* (*Section 8 Order*: *Court Welfare Officer*) [1995] 1 FLR 617.

④ *Re CB* (*Access*: *Attendance of Court Welfare Officer*) [1995] 1 FLR 622.

⑤ *Re T* (*Abduction*: *Child's Objections to Return*) [2000] 2 FLR 193.

⑥ Sturge C. & Glaser D., "Contact and Domestic Violence – the Experts' Court Report", *Family Law*, vol. 30, 2000, p. 624.

特殊情况下，才能作出新的指令。例如，在 Re S（交往：子女意愿）案①中，泰雷法官（Tyrer J）认为该案中，一位年满 16 周岁和 14 周岁的儿童的意见是经过慎重考虑的，所以应该遵循他们的意见。

除了年龄因素，法院通常还会结合其他一些因素，对于儿童意愿作出综合研判。这些因素包括：①争议问题对儿童的重要程度。例如，在 Re M（医疗：同意）案②中，涉案儿童不愿接受治疗，而这一治疗事关该儿童的生命，因此法院不会遵循儿童意愿。②儿童意愿是否受到了成人的影响。在 Re M（恶性交往纠纷：法院的积极义务）案③中，尽管该案中的 15 岁的女儿和 13 岁的儿子拒绝母亲的探视，但法官认为他们的观点是多年来父亲恶意灌输的结果，因此子女的意愿在该案中没有被法院遵循。③儿童的意愿是否有合理的理由。在 Re M（未成年人）（家事程序：宣誓书）案④中，12 岁的女儿和祖父母生活在一起，偶尔会去父亲家里，因此女儿希望和父亲一起生活的意愿只是建基于这几次偶尔的会面。其并不知道未来和父亲一起生活将独自承担大量家务，因此法院认为，其意愿是建立在错误的认识基础上的，所以该儿童的意愿不应得以遵循。

（3）儿童的身体、情感及教育需要

在许多案件中，儿童的需要及父母满足儿童需要的能力一直是法院作出指令时重要的考虑因素。例如，在 Re V（居住：审查）案⑤中，父亲请求法院签发关于他三个子女之一的居住令。几年前，由于亲眼目睹他们的一个子女溺亡，父亲因此患有创伤后应激

① *Re S*（*Contact*：*Children's Views*）[2002] 1 FLR 1156.

② *Re M*（*Medical Treatment*：*Consent*）[1999] 2 FLR 1097.

③ *Re M*（*Intractable Contact Dispute*：*Court's Positive Duty*）[2006] 1 FLR 627 at para. 26.

④ *Re M*（*A Minor*）（*Family Proceedings*：*Affidavits*）[1995] 2 FLR 100.

⑤ *Re V*（*Residence*：*Review*）[1995] 2 FLR 1010.

障碍，而且也没有工作。这个儿子曾和其哥哥跑到父亲家中，但在审理期间已回到母亲家。尽管他希望和父亲一起生活，参与调查的三位专家有两位都建议可以和父亲居住，但是法官认为，母亲能更好地应对该子女的成长需要。同时法官也同意一位儿童心理学家的观点，如果他与父亲一起生活，也不利于其心理的健康成长。法官最终判决，该子女仍与母亲居住，但半年后再进行评估。在梅诉梅（May v May）案[①]中，由于父亲的抚养方式中更强调学业成绩的重要性，而母亲对学校教育的态度更放松一些，所以法院最终支持了子女和父亲住在一起。

（4）改变儿童的生活环境可能给其带来的影响

由于改变儿童的学校及居住环境会给本就遭受父母离异压力的儿童带来更多干扰，因此在英国司法实践中，法官在作出指令时也非常重视这一因素。有法院就曾强调尽可能维持儿童生活环境现状的重要性。[②] 实际上，一旦子女已与父母一方建立了稳定生活后，那让子女搬到父母另一方处生活必须要有非常充分的理由。[③] 英国最高法院在 Re B（儿童）案[④]中也重申了这一点。

离婚时更强调父母与子女能尽快适应离婚后的新生活，结合这一考虑因素，子女往往会与在原婚姻住房居住的父母一方同住，或是离原来住所较近的地方居住，这样，就不用改变子女原来就读的学校。

（5）法院认为相关的儿童的年龄、性别、生活背景及其他特点

1989 年《儿童法》第 22 条第 5 款规定，地方机构在考虑福利院儿童的收养或寄养计划时，进一步列举了宗教、种族、文化及语

① *May v May* [1986] 1 FLR 325.

② *Re H* (*Children*) (*Residence*: *Expert Evidence*) [2001] 2 FCR 44.

③ *Re L* (*Residence*: *Justices' Reasons*) [1995] 2 FLR 445.

④ *Re B* (*A Child*) [2009] UKSC 5.

言背景等因素。虽然这一规定主要针对的是选择养父母的问题，但我们也可以借此了解英国法院在审理涉及离婚后父母子女关系纠纷时对这些因素的态度。在一个文化多元、宗教多元的国家，面对跨文化、跨宗教的家庭离异时，这些因素的重要性更加凸显。例如，在 Re S（指定事项令：宗教：割礼）案[①]中，信仰伊斯兰教的母亲和信仰印度教的父亲之前养育的子女都是受伊斯兰教影响的印度教徒。双方分居后，母亲请求法院作出指令让子女信仰伊斯兰教，儿子还要接受割礼。法院认为，儿童应就信仰何种宗教作出自己的决定，而割礼一旦实施，儿子的宗教自由将会受到限制。所以，法院驳回了母亲的诉讼请求。

（6）儿童所遭受和可能会遭受的伤害

1989 年《儿童法》第 31 条第 9 款中就涉及未成年人的公法案件中的伤害做了定义，伤害是指儿童所遭受的虐待以及不利于其健康和成长的事件，包括看到、听到对另一人的虐待后所受到的伤害。从这一定义中，我们可以看出，伤害也包括当儿童所在家庭存在家庭暴力时（尽管家庭暴力受害人不是儿童），儿童所遭受的伤害。但家庭暴力的存在并不必然导致丧失探视权，法院会考虑儿童的身体安全，精神不受伤害，同时也会考虑有实施家庭暴力的父母一方对其暴力行为的认识以及他们改变暴力行为的意愿。[②]

伤害一定是严重的，且理性父母不会作出的。[③] 上诉法院在 Re M and R（儿童虐待：证据）案[④]中指出，在审理时，考虑是否存在遭受伤害的危险，应对危险出现的可能性进行充分衡量，从而作出判决。也即法院会先找出能够证明的事实，然后在证明的事实中

① *Re S (Specific Issue Order: Religion: Circumcision)* [2005] 1 FLR 236.

② *See Re L, Re V, Re M and Re H (Contact: Domestic Violence)* [2000] 2 FLR 334; *Re H (Contact: Domestic Violence)* [2006] 1 FLR 943.

③ 1989 年《儿童法》第 31 条第 2 款。

④ *Re M and R (Child Abuse: Evidence)* [1996] 2 FLR 195.

发现是否存在危险的可能性。[①]

（7）父母双方当事人以及法院认为相关的其他人员满足儿童需要的能力

在司法实践中，法官通常会考虑诸如父母一方是否存在精神疾病，是否有吸毒、酗酒等物质滥用问题，是否存在家庭暴力等。考察父母双方当事人的抚养能力，并非要求父母全职照顾子女，而是要求双方当事人能够在其选择的抚养方式中理解子女的需要。如果只是安排一群保姆轮班照顾，法院就会认为该当事人不能满足儿童的需要。[②] 同理，在 Re M（残疾儿童：父母责任）案[③]中，父亲无法好好照顾他的残疾女儿，致使法院驳回了他的居住令申请。

（8）根据 1989 年《儿童法》，法院在相关诉讼中的职权范围

1989 年《儿童法》第 10 条第 1 款规定，法院可以依职权作出除当事人申请的指令外的其他指令。在考虑这一因素时，法院同时也会兼顾不做不必要的指令原则。

（三）子女抚养费

2008 年新出台了《子女抚养费和其他款项法》（Child Maintenance and Other Payments Act 2008）。该法旨在修订 1991 年《子女抚养费法》（Child Maintenance Act 1991），同时改进子女抚养费代理处（Child Support Agency）的工作。从立法理念上讲，2008 年《子女抚养费和其他款项法》认为父母应协商解决子女抚养费的问题，国家主要是帮助双方协商达成协议，并帮助执行这些协议。帮助双方协商达成协议的工作主要由儿童抚养费方案中心（Child Maintenance Options）这一政府组织完成。该中心也建立了相应的网站（www. cmoptions. org）帮助双方当事人获取相关信息。

同时，根据 1991 年《子女抚养费法》第 4 条的规定，在双方

---

① *Re A* (*Contact*: *Witness Protection Scheme*) [2005] EWHC 2189 (Fam).

② *Re K* (*Minors*) (*Children*: *Care and Control*) [1997] Fam. 179.

③ *Re M* (*Handicapped Child*: *Parental Responsibility*) [2001] 3 FCR 454.

无法达成一致时，与子女共同居住的一方父母或不与子女共同居住的一方父母可以向相关机构申请计算子女抚养费。一旦完成了子女抚养费的评估，一方父母就可以向子女抚养费代理处①申请代收抚养费或者强制执行另一方父母的抚养义务。

1. 子女抚养费的计算方式

修订后的1991年《子女抚养费法》附件1中详细规定了子女抚养费的计算方式。按照不与子女共同居住一方的总收入的多少，② 子女抚养费的计算方式可有四种，分别是基准比率、优惠比率、统一比率、零比率。

（1）基准比率

当不与子女共同居住一方的每周的总收入超过200英镑时，适用基准比率：如果有一个需要抚养的子女，则其需支付的子女抚养费就是其每周总收入的15%；如果有两个需要抚养的子女，则其需支付的子女抚养费就是其每周总收入的20%；如果有三个及以上需要抚养的子女，则其需支付的子女抚养费就是其每周总收入的25%。

如果不与子女共同居住一方还有其他的子女需要抚养，则其用于计算应支付的子女抚养费的每周总收入应为其每周总收入减去以下比例的收入的余额，也即另有一个需抚养的子女时，其应纳入基数的每周总收入为总收入减去15%总收入后的余额；另有两个需抚养的子女时，其应纳入基数的每周总收入为总收入减去20%的

① 2008年《子女抚养费及其他款项法》设立了子女抚养费执行委员会（Child Maintenance and Enforcement Commission），旨在取代子女抚养费代理处。但在2008年《子女抚养费及其他款项法》生效前，这一计划又被抛弃。2014年，子女抚养费代理处的工作将由子女抚养费服务署（Child Maintenance Service）取代。与子女抚养费代理处不同的是，子女抚养费服务署只是一个志愿服务机构，并非以往的政府机构。因此，帮助征收子女抚养费会收取一定的费用。

② 2008年《子女抚养费及其他款项法》将评估方式由原来的纯收入改为总收入，这样子女抚养费代理处就可以直接通过皇家税务海关总署获得评估数据，而不再依赖非居住方提供信息。

总收入后的余额；另有三个及以上需抚养的子女时，其应纳入基数的每周总收入为总收入减去25%的总收入后的余额。

例如，甲、乙双方生育两个子女丙、丁。丙和丁与母亲乙生活在一起。甲现和戊生活，二人又生育己、庚两个子女。如果甲每周的总收入为2000英镑，那么甲要抚养己、庚，所以首先要从总收入扣除20%（400英镑）。那么对于丙和丁，其应支付的抚养费为20%×1600（2000－400）＝320英镑。

（2）优惠比率

当不与子女共同居住一方每周的总收入在100到200英镑，适用优惠比率，计算公式为F（统一比率计算的子女抚养费）＋A（净收入总值）×T（根据需抚养的子女人数确定的比例），[①] 但是优惠比率计算得出的子女抚养费不得低于一周5英镑。

（3）统一比率

如果不与子女共同居住一方每周的总收入低于100英镑，或者该当事人或者他/她的伴侣正在领取法律规定的生活补贴或失业补助等，其需支付一周5英镑的子女抚养费。

（4）零比率

如果不与子女共同居住一方的收入不足5英镑，或者该当事人属于法定可免除子女抚养费的情况，也即其为全职学生，不满16周岁，或是16到17周岁依靠收入补贴生活的，或者因病住院长达一年以上，或是在监狱服刑的，这时子女抚养费的计算适用零比率。

如果未成年子女有在不与子女共同居住一方家中生活的情形，那么在双方共同抚养时子女抚养费的计算也会考虑这种情形。在适用基准比率和优惠比率的情况下，由于被抚养的子女在不与子女共同居住一方家里生活过一段时间，那么其应支付的子女抚养费也会

① 详细的比例参见 the Child Support（Maintenance Calculation and Special Cases）Regulations 2000（SI 2001/155）规则三。

做相应的扣减。根据一年内，被抚养人在其家里居住的时间或子女抚养协议中安排居住的时间，子女抚养费扣减的比例如下表所示：

表 2－2　共同抚养下子女抚养费的扣减比例

居住时间	扣减比例
52～103 晚	1/7
104～155 晚	2/7
156～174 晚	3/7
175 晚以上	1/2①

若不与子女共同居住一方应支付的子女抚养费应适用统一比率，且在规定的一年内，被抚养人在其家里居住超过 52 晚，那么其应支付的子女抚养费改为适用零比率。②

2. 子女抚养费的执行

1991 年《子女抚养费法》赋予了子女抚养费代理处广泛的权力。该法第 31 条规定，子女抚养费代理处可以直接向不与子女共同居住一方的雇主签发扣减收入令（deduction from earnings order）。或者可以通过其拥有的存款账户所在银行发出指定账户定期扣款令（orders for regular deductions from accounts）③ 或者冻结账户的命令。④ 不与子女共同居住一方故意藏匿财产、拒不执行的，属于犯罪行为，可以处以罚金，⑤ 或者向法院申请精神损害赔偿或出售该当事人的个人财产。⑥ 如果连这种方式也无法奏效，则申请人可以

① 如果扣减比例达成了 1/2，则不与子女共同居住一方所要支付的子女抚养费还可再减少 7 英镑。参见该附件第 7 条第 6 款之规定。

② 参见该附件第 8 条第 2 款。

③ 参见该法第 32A 条。

④ 参见该法第 32G 条。

⑤ 参见该法第 32D 条。

⑥ 参见该法第 34 条。

申请法院签发逮捕令，将其投入监狱，或是扣留驾驶证。[①]

3. 法院和子女抚养费代理处的分工

为强化子女抚养费代理处的工作，1991 年《子女扶养费法》第 8 条第 1 款和第 3 款规定，对于只有子女抚养费代理处有权处理的计算子女抚养费的案件，任何法院都无权对涉案子女或不与子女共同居住一方作出变更或重新启动任何子女抚养费令。简而言之，在子女抚养费代理处的权力范围内的事项，法院无权作出定期支付令等指令。但法院仍可以就子女抚养费作出一次性支付令、财产调整令、财产出售令等。在申请人申请指令的种类以及申请指令所涉价值方面，郡法院和高等法院没有什么限制，[②] 但治安法院所作出的一次性支付令不能超过 1000 英镑。[③]

只有在下列情形中，法院才能依法作出相应的定期支付令。一是已有子女抚养费令。在 2003 年 3 月[④]前法院已经作出了子女抚养费的指令，并且因为这一指令当事人不能再向子女抚养费代理处申请子女抚养费的计算，[⑤] 那么法院有权就原已作出的子女抚养费的指令进行变更。对于 2003 年 3 月 3 日或之后作出的，但只要没有向子女抚养费代理处申请进行子女抚养费计算，法院仍保留变更子女抚养费令的权力。[⑥] 二是已有子女抚养费协议。如果父母双方通过协议已经就子女抚养费作出安排，要求不与子女共同居住一方为了子女利益定期支付或担保定期支付子女抚养费，法院有权就此作出与协议同样内容的指令。[⑦] 三是补充指令。根据 1991 年《子

---

① 参见该法第 39A 条。

② 1973 年《婚姻诉讼法》第二部分；1989 年《儿童法》附件一。

③ 1978 年《家事程序和治安法院法》（Domestic Proceedings and Magistrates' Courts Act 1978）第 2 条第 3 款；1989 年《儿童法》附件一，第 5 条第 2 款。

④ 参见 2003 年《子女抚养费（申请：规定日期）条例》［The Child Support（Applications：Prescribed Date）Regulations 2003］（SI 2003/194）。

⑤ 1991 年《子女抚养费法》第 4 条第 10 款。

⑥ 1991 年《子女抚养费法》第 8 条第 3A 款。

⑦ 1991 年《子女抚养费法》第 8 条第 5 款。

女抚养费法》附件一第10条第3款的规定，每周总收入在2000英镑以内的才用于基准比例的子女抚养费计算。也即超过2000镑的部分不用于计算子女抚养费。这是因为，这一标准基本可以涵盖大多数的家庭。但对于特别富有的非居住方，如果子女抚养费代理处已经对其情况做了子女抚养费的计算，那么法院有权作出定期支付令，作为对依据1991年《子女抚养费法》作出的子女抚养费的补充，增加子女实际获得抚养费数额。① 四是教育或残疾涉及的费用。法院有权作出相关指令，用以满足子女在接受教育或有关行业的职业培训所产生的费用，② 或者用于支付由于子女残疾所产生的相关费用，③ 但不包括育儿费和保姆费。和有关补充子女抚养费的指令不同，这类指令可以在没有计算子女抚养费的前提下作出。

4. 法院在离婚时作出子女抚养费指令时的考虑因素

1973年《婚姻诉讼法》第25条第3、4款列明了离婚时，法院在作出有关子女抚养费指令时，需考虑以下问题：一是子女的经济需要；二是子女的收入，如果有赚钱能力，赚钱能力的强弱，子女的财产以及其他经济收入；三是子女是否有任何身体或精神残疾；四是子女接受的教育以及婚姻双方对子女接受教育的意愿；五是夫妻双方的收入、赚钱能力（以及一方可合理期待对方配偶未来可以获得的赚钱能力）、财产及其他经济收入；夫妻双方现在及未来的经济需要、债务、责任；夫妻双方是否存在身体残疾或精神残疾；六是在双方离婚前，家庭所享有的生活水平。

5. 子女抚养费的给付期限

一般情况下，一审时，子女抚养费的定期支付令不会超过子女

① 1991年《子女抚养费法》第8条第6款。

② 1991年《子女抚养费法》第8条第7款。

③ 1991年《子女抚养费法》第8条第8款。该法第8条第9款规定，这里的“残疾”是指，盲人、聋哑人或因为身体疾病、事故、精神疾病导致的重大永久性残疾，或先天性残疾，或是法律规定的其他残疾。

的17周岁的生日，也即义务教育结束后的第一个生日。[①] 除非案情需要，为保护子女的权益，应延长到之后的某个时间。[②] 但一般情况下，不会超过18周岁子女成年的年龄。[③] 同时也不能对年满18周岁的子女作出经济抚养或转移财产令，[④] 除非法院认为该子女正在或将要接受学校教育或是任何行业的职业培训，或是其他特殊情况需要父母继续抚养的。[⑤] 子女即使获得了奖学金，也不能免除非居住方的抚养责任。[⑥]

---

① 英国义务教育到16周岁高中结束。

② 1973年《婚姻诉讼法》第29条第2款a项。

③ 1973年《婚姻诉讼法》第29条第2款b项。

④ 1973年《婚姻诉讼法》第29条第1款。

⑤ 1973年《婚姻诉讼法》第29条第3款。

⑥ 参见 *B v B*（*Adult Student*：*Liability to Support*）[1998] 1 FLR 373。

第三章　英国现代离婚制度之评析

任何系统都是事物在客观的普遍联系的基础上形成的某种存在。[①] 英国现代离婚制度也不例外。笔者在第二章中详细介绍了在英国现代离婚制度这一系统中，各种具体制度的内容。所有这些要素通过有机联系结合在一起，使英国现代离婚制度成为一个有机整体，表现出离婚制度的整体性。具体制度各部分之间又有一定的独立性。离婚制度的指导思想是英国现代离婚制度未来发展的旗帜和方向；离婚法定理由的设定反映了立法机构对离婚调控的宽严程度；离婚程序的规定直接关系离婚当事人通过何种方式获取离婚；离婚法律后果则是对离婚当事人及其子女离婚后生活的调整及保障。本章，笔者将从英国现代离婚制度的内容和整体特点两个层面展开讨论，分析英国现代离婚制度如何在审理家事案件过程中得以适用及其效果，总结英国现代离婚制度改革之特点。

第一节　离婚指导思想之评析：以个人、家庭、社会为视角

如前所述，英国现代离婚制度的指导思想是保障离婚自由；维护婚姻稳定，防止草率离婚；保障离婚法律后果的正义最大化和损

① 张文彦主编：《社会科学与您同行·哲学分册：智慧之光》，人民出版社 2005 年版，第 59 页。

害最小化。这一指导思想可大致划分为三个部分，分别是“保障离婚自由”、“维护婚姻稳定，防止草率离婚”和“保障离婚法律后果的正义最大化和损害最小化”。

从个体方面考察，首先，离婚是否自由事关个人生活幸福与否。强迫已经破裂的婚姻继续维持就如一道枷锁，束缚了个体的自由。英国哲学家罗素（Russell）在评价20世纪20年代的离婚制度时[①]说，这种限制离婚主义法律的后果是一种广泛传播又非常脆弱的虚伪，牺牲了孩子、公共生活、真理和诚实。显然，这并非立法者所希望的结果，但限制离婚制度实施后，这就是实际的结果。没有子女，又能保持隐蔽的婚外关系不受处罚，但那些诚实或生育子女的人却要接受严厉处罚。[②] 因此，现代离婚制度必然要求抛弃这种违背法律公平正义要求的离婚制度，在制度上保障个体的离婚自由。其次，圆满的婚姻不仅能增强双方当事人幸福的主观感受，而且也符合未成年子女的最大利益。相反，离婚不但影响当事人的身心健康，同时离婚的负面因素也会波及未成年子女。[③] 社会发展进程中的目标之一就是保护个体的合法权益。社会发展所追求的终极目标和最高原则正是个人生活质量的提高。[④] 保护未成年子女利益也符合《儿童权利公约》的要求。离婚制度作为社会运行机制的一环，势必也要契合社会发展的这些目标和要求。同时我们应注意到，在感情的世界中，不同的个体表现不同。我们无法排除因为感情失去理性的个体的存在。也有部分当事人出于草率、赌气或是不

① 在当时的离婚制度下，只有在证明夫妇一方而不是双方犯了通奸罪时才能被解除。如果犯罪的一方是男方，那么他还须同时犯有虐待或遗弃。

② ［英］伯特兰·罗素：《自由之光》（第2版），文化艺术出版社2005年版，第212页。

③ 冉启玉：《人文主义视阈下的离婚法律制度研究》，群众出版社2012年版，第126～129页。

④ 周长城、王培刚：《生活质量的提高——社会发展的终极目标和最高原则》，载《科学决策》2005年第7期。

理性的其他行为，轻易离婚。故以维护婚姻稳定、防止草率离婚作为指导思想的离婚制度无疑可以在一定层面上保障离婚案件当事人的合法权益，通过鼓励调解的机制，促使尚未完全破裂的婚姻重归于好，减少因为不理性行为带来的消极影响。最后，保障离婚法律后果的正义最大化和损害最小化作为离婚指导思想重在强调对婚姻中的弱势方及其未成年子女的救济，双方当事人对婚姻作出同样贡献，因此离婚时应共同分享婚姻存续期间的经济成果。就婚姻中的弱势方而言，这一指导思想则进一步保障了他们的离婚自由。

从家庭层面观察，首先，婚姻家庭法律制度必然肩负维护婚姻稳定的重任。婚姻作为人类社会繁衍后代的机制，其重要性不言而喻。由于家庭关系着个人幸福和文明培育，承担教育子女、塑造人格、培育社会道德、形成善良风俗的社会功能，任何文明社会都会认为家庭具有独立且高于爱情的价值，因此促进家庭稳定成为离婚制度立法者的首要任务。[①] 其次，从家庭的功能角度观察家庭以及离婚制度，帕森斯（Parsons）认为，均衡是家庭的中心特点，家庭最主要的功能在于重建被外界扰乱了的秩序，从失和失衡复归至和谐平衡。[②] 一旦家庭无法实现这一功能，夫妻双方无法重新建立和谐平衡，家庭也就失去了存在的基础。因此，如果强迫一个已经失去主要功能的家庭继续存在下去，极不现实。这也是为何在英国历史上限制离婚的情形下，仍有部分人通过合谋的方式离婚，或者通过分居的方式让已然破裂的家庭自行瓦解。所以，保障离婚自由就是为了让貌合神离的家庭脱去虚假的外衣，从而让其蜕变为能够实现家庭功能的新家庭。最后，保障离婚法律后果的正义最大化和损害最小化，则是为当事人及子女在离婚后重新建立的家庭（包

① 强世功：《司法能动下的中国家庭——从最高法院关于〈婚姻法〉的司法解释谈起》，载《文化纵横》2011 年第 2 期。

② ［南斯拉夫］切·索姆巴蒂：《社会与家庭之间相互作用的模式化》，载《国际社会科学杂志》（中文版）1991 年第 4 期。

括单亲家庭和重组家庭）实现生产生活功能的保障。只讲离婚，不关注离婚后重新建立的家庭的困难，则可能让部分离婚当事人及其子女在离婚后彻底陷入贫困。这有违离婚制度对家庭的保护功能。

从社会的角度分析，在英国现代离婚制度发展演变的过程中，可以清楚地看到：历史上，个体没有离婚自由。婚姻乃天作之合的神圣宗教观点严格控制了英国社会民众的婚姻生活。从1215年《自由大宪章》到1998年《人权法》，自由作为现代社会公民追求的目标之一，在离婚制度中得到了充分展现。现在，只要婚姻关系确已无法挽回地破裂，双方即可通过法定离婚程序离婚。英国现代离婚制度的建立充分保证了英国社会下民众的离婚自由，这也充分说明作为离婚指导思想之一，“保障离婚自由”在离婚制度中的重要地位。同时，我们也注意到，在英国历史上，都铎王朝亨利八世的离婚案充分说明，离婚制度也是统治阶级实现其阶级利益的工具之一。[①] 统治者总是从有利于巩固自己的统治、有利于维护本阶级的价值体系的角度制定离婚制度，[②] 规范个人的婚姻行为。此外，离婚制度作为整个婚姻家庭法律制度的一部分，仍然以维护社会的主流意识，维持社会的现有结构模式为己任。马克思在《论离婚法草案》中对离婚曾有一段精彩的论述：“离婚仅仅是对下面这一事实的确定：某一婚姻已经死亡，它的存在仅仅是一种外表和骗局……这既非立法者的任性，也不是私人的任性，而每一次都只是事物的本质来决定婚姻是否已经死亡……既然在肉体死亡的时候你们要求确凿的、无可反驳的证据，那么立法者只有根据最无可怀疑的征象才能确定伦理的死亡……因为保护伦理关系的生命不仅是立

① 详见施京吾：《一场离婚案引发的社会革命》，载《文史天地》2012年第8期。
② 杨善华编著：《家庭社会学》，高等教育出版社2010年版，第59页。

法者的权利，也是他的义务，是他的自我保存的义务！”[①] 也即，社会有义务保护婚姻这种伦理关系的生命，必须实事求是、谨慎处理离婚纠纷，只有在证实了婚姻已然死亡的前提下，才可以在法律上认可离婚的事实。对待离婚问题的慎重自然也要求在离婚制度建构时，要维护婚姻稳定，防止轻率离婚。由是观之，“维护家庭稳定”作为离婚制度的指导思想，体现了英国社会统治阶层对社会稳定的诉求，这是和平社会的必然追求。从这个角度观察离婚制度指导思想的第三部分，不难发现，“保障离婚法律后果的正义最大化和损害最小化”恰恰体现了统治阶层对于离婚后婚姻中弱势一方及其未成年子女的保障，这种保障功能在福利主义色彩浓厚的国家正得到越来越多的重视。

从指导思想这三部分的关系分析，“保障离婚自由”所要保护的离婚自由是相对的离婚自由，并非指想离就离，要真正实现这一离婚自由，须通过法律设定的两道关卡。“维护婚姻稳定，防止草率离婚”是“保障离婚自由”的第一道关卡。婚姻关系是一种极其重要的法律关系和伦理关系，夫妻双方相互承担着不可推卸的法律义务和道德责任，草率离婚是对这种法律义务和道德责任的放弃，有悖于离婚自由原则。[②] 只有无可挽回地破裂的婚姻才能经法院判决离婚。因此，离婚制度要求司法机关剔除冲动任性的离婚者，只有已经证明“婚姻已无可挽回地破裂”的离婚当事人，才能被准予离婚。只有在“维护婚姻稳定，防止草率离婚”限制下的离婚自由，才是符合当事人真实意愿的离婚自由，才是当事人真正要实现的自由。

“保障离婚法律后果的正义最大化和损害最小化”是“保障离

---

① 马克思：《论离婚法草案》，载《马克思恩格斯全集》（第1卷），人民出版社1956年版，第184页。

② 马克思：《论离婚法草案》，载《马克思恩格斯全集》（第1卷），人民出版社1956年版，第183页。

婚自由”的第二道关卡。既然婚姻已经无可挽回地破裂，那么这种婚姻也应以法律规定的方式结束，[①]也即保障离婚正义的最大化和损害的最小化。不如此，就无法实现法律的公平正义。例如，因离婚致贫的弱势方的增多，更多的未成年子女因此得不到抚养，那么这将加重社会管理的困难和国家为贫困人口提供经济帮助的负担。因此，法律不仅要保护个人的离婚自由，同时也要保护社会公平和弱势群体的合法权利。只有这样，才能在保障个人离婚权利的同时，维护整个社会的婚姻制度和人伦关系网络的稳定。

“维护婚姻稳定，防止草率离婚”和“保障离婚法律后果的正义最大化和损害最小化”实际上是一个问题的两个不同维度。前者强调能不能离，后者强调怎么离。前者谈的是离婚的条件，后者谈的是离婚的后果。根据“维护婚姻稳定，防止草率离婚”这一指导思想，在设定离婚法定条件必然就要求对提请离婚的当事人所处的事实状态进行审查，故在英国的离婚制度中，我们就能找到限制离婚条款，如结婚头一年不得离婚等。在证明“分居两年且双方同意离婚”的法定事由时，法律要求被告的同意必须是积极的同意，且在离婚暂准令作出前，被告可以任意撤回其同意的意思表示，为促进双方和解，在涉及分居问题时，允许双方恢复同居，且一旦同居长达六个月，则需重新计算分居时间。在离婚过程中，英国模式有为当事人提供调解服务等程序设计。此外，根据“保障离婚法律后果的正义最大化和损害最小化”这一指导思想，在设定离婚法律后果的规则方面，我们就能找到离婚后扶养制度中对弱势方权利的保护——在通常情况下，离婚后仍可以请求原配偶支付扶养费；同时我们也能找到保护婚姻中未成年子女的内容，儿童福利原则在离婚后的子女抚养、交往问题方面发挥了重要的导向作用。

英国现代离婚制度的指导思想是英国现代离婚制度的精神和灵

① Family Law Act 1996, s. 1.

魂，为英国建立符合社会要求的现代离婚制度提供了路标和灯塔，为之后的英国离婚制度的改革指明了前进的道路和方向。

第二节　离婚法定理由之评析：过错抑或破裂

回顾离婚制度的发展变迁史，我们可以发现，近代以来，过错离婚主义（又被称为有责离婚主义）和破裂离婚主义（又被称为无责离婚主义或自由离婚主义）作为两大阵营，一直处于离婚制度改革的中心。过错离婚主义旨在制裁有过错配偶的过错行为，对法定离婚理由采用列举式的立法模式，凡是符合法定离婚理由之一的，无过错方配偶始得向法院起诉，并获准离婚；反之，凡是不符合法定离婚理由的，不得请求离婚。破裂离婚主义则从婚姻生活的目的出发，在法律是否准予离婚的立场上，不要求当事人是否存在婚姻过错，在诉权上也不受婚姻过错限制，只要婚姻无可挽回地破裂，无法共同生活，依夫妻双方或一方的请求，即可准予离婚。[①]基于兼顾个人利益和社会利益的原则，许多国家在离婚法定理由上大多实行相对破裂离婚主义的原则，主要表现为：采破裂离婚主义的同时，仍有过错离婚主义的因素或色彩；适用破裂离婚主义时，尚规定有须分居达法定期间的限制以及离婚苛刻条款。[②] 英国的离婚制度也不例外。但近年来，对于离婚法定理由的问题，立法层面有一些动向，学界也有一些论争。

一、从混合破裂主义到纯粹破裂主义：未完成的任务

学界对于破裂主义的形态，认识并未统一。根据是否许可有过错之配偶请求离婚，破裂主义可分为积极破裂主义、消极破裂主义

① 陈苇主编：《婚姻家庭继承法学》（第二版），群众出版社 2012 年版，第 237 页。蒋月：《婚姻家庭法前沿导论》，科学出版社 2007 年版，第 130～131 页。

② 陈苇：《中国婚姻家庭法立法研究》，群众出版社 2000 年版，第 236～237 页。

及折中主义。积极破裂主义主张在是否准予离婚的问题上，不考虑配偶有无过错，只从婚姻目的出发，考虑婚姻是否已经无可挽回地破裂，配偶双方是否已经无法共同生活。如果答案是否定的，那么就应准予离婚。消极破裂主义主张，虽然判断是否准予离婚的唯一标准是婚姻关系确已破裂，但根据民法的诚实信用原则以及权力不得滥用原则，有过错之一方配偶丧失离婚请求权。折中主义选择了中间道路。其认为，既不应毫不例外地否定有过错配偶的离婚请求，也不应毫不例外地支持有过错配偶的离婚请求，而是采两家理论之所处，避免一刀切。[①] 以法院是否实质审查法定离婚理由之外的其他事实为标准，破裂主义可分为绝对破裂主义和相对破裂主义。前者主张，一方或双方配偶依据法定的离婚理由诉请离婚，如果法院证实诉请离婚的法定理由属实，涉案婚姻已经无可挽回地破裂，法院即应准予离婚。相对破裂主义则主张，一方配偶依据法定离婚理由诉请离婚，虽然法院证实原告所诉理由属实，涉案当事人的婚姻也已无可挽回地破裂，但如果离婚结果致使不愿离婚一方之利益严重受损，对其过于严苛，或离婚将严重损害共同子女之利益或是其他社会公共利益时，法院有权拒绝作出离婚判决。[②] 也有学者将以下情形都纳入相对破裂主义的范围：在离婚法定理由中仍包括了有责事由，没有实行彻底的无过错离婚；在适用婚姻关系无可挽回地破裂的离婚标准时，尚规定了离婚限制条款等。[③] 为行文之方便，笔者拟将破裂主义的形态划分为以下两类：一是混合破裂主义，指立法中以婚姻关系无可挽回地破裂作为离婚的唯一标准，但在离婚法定事由中保留了部分过错事由；二是纯粹破裂主义，指离婚的唯一标准是婚姻关系无可挽回地破裂，且证明婚姻关系破裂的

---

① 对于这种分类方法下各种学说的详细观点，参见林秀雄：《婚姻家庭法之研究》，中国政法大学出版社 2001 年版，第 73 ~ 78 页。

② 余廷满：《亲属法原论》，法律出版社 2007 年版，第 342 ~ 343 页。

③ 陈苇：《中国婚姻家庭法立法研究》，群众出版社 2000 年版，第 236 ~ 237 页。

法定事由中剔除了过错事由。为了避免这样的立法过于抽象，给法官司法造成不便，一些国家往往以法定的分居时间作为证明婚姻已经破裂的法定事由。[①] 简言之，混合破裂主义和纯粹破裂主义的区别是，在证明婚姻破裂的法定事由中，是否包含了过错型的法定事由。

在离婚法定理由的法律改革中，立法层面最明显的动向是1996年《家庭法》的颁布。1996年《家庭法》的出台与1969年离婚制度改革后离婚率不断上升有关。人们担心，很多可以挽救的婚姻因为现行离婚制度而走向了灭亡。同时，学者及部分法律实务界人士也认为，原来的法律过于依赖过错的离婚理由，而且过错在离婚程序中也可能进一步加剧离婚双方当事人的对立情绪。因此，1990年法律委员会针对这两方面的问题提出了改革建议，也即在以婚姻无可挽回地破裂为唯一离婚标准外，应通过立法确定一定期间的经过，而非某些具体的事实来证明婚姻已无可挽回地破裂。[②] 在该立法建议中，法律委员会主张在离婚当事人提出婚姻破裂的声明后，设立长达11个月的离婚反思考虑期，在反思考虑期内，鼓励双方当事人通过调解解决双方间的有关离婚财产分配以及子女抚养问题。这样就避免了在离婚过程中讨论双方婚姻期间存在的过错问题，同时也为双方当事人在法律上真正结束双方的婚姻关系前，留出充足的时间思考，他们的婚姻是否已经无可挽回地破裂。这一建议实际上就是将英国的离婚制度从混合破裂主义改为纯粹破裂主义，在离婚法定事由中删除过错事由，避免双方敌对情绪加深、矛盾升级，为未来离婚后的新生活尤其是涉及子女抚养方面的合作，协助与子女未共同生活一方和子女交往等奠定一个良好的基础。

---

① 林秀雄：《婚姻家庭法之研究》，中国政法大学出版社2001年版，第68页。

② The Law Commission, *Family Law: The Ground for Divorce*, Law Com. No. 192, London: HMSO, 1990.

当时的大法官事务部（Lord Chancellor' s Department）[①] 虽然接受了法律委员会的诸多建议，但却对未来离婚制度的改革提出了更多要求，尤其是为了进一步维护婚姻制度，其对调解在未来离婚制度所发挥的作用寄予了更大的希望。1993 年和 1995 年的两份工作报告就以“调解”作为报告的名字。[②] 在 1995 年的报告《面向未来：调解和离婚理由》中，大法官事务部提出的建议如下：在参加离婚程序前，双方配偶须参加一个离婚信息说明会，主要向离婚当事人宣传离婚可能会给双方当事人带来的法律后果以及在涉及未成年子女的案件中，对子女造成的影响，让当事人双方考虑婚姻是否已经无可挽回地破裂，同时也向他们宣传调解的优势；避免离婚当事人为了尽快离婚，声称对方存在法定过错；[③] 设立长达一年的离婚反思考虑期，帮助离婚当事人慎重作出离婚决定，挽救可以挽回的婚姻；确保在离婚令作出前，离婚当事人已经就子女抚养问题及其他事项作出了合理安排；如果离婚将给离婚当事人带来重大的经济困难或是其他困难，可以不作出离婚令；在离婚程序中引入了综合性的家庭调解方案。这一方案与法律委员会的改革方案相比，维护婚姻稳定的意愿更加明显。改革的目的由原来法律委员会提出的简化离婚程序扩充为既要挽救可以挽回的婚姻，又要结束已无法挽回的婚姻。这两个目的本就具有一定的矛盾，因此在议会辩论中，政府的压力也不断增加，最终出来的版本已经完全与法律委员会的改革方案不同。

---

① 2003 年，大法官事务部更名为宪政事务部，大法官同时兼任宪政事务大臣一职，2007 年这一部门再度更名为司法部，大法官同时兼任司法大臣一职。

② Lord Chancellor' s Department, *Looking to the Future: Mediation and the Ground for Divorce*, London: HMSO, 1993. Lord Chancellor' s Department, *Looking to the Future: Mediation and the Ground for Divorce*, cm 2799, 1995. 相关评论参见 Davis G.,“Divorce Reform - Peering Anxiously into the Future”, *Family Law*, vol. 35, 1995, p. 564。

③ 由于在现有证明婚姻已无可挽回地破裂的事由中，无过错事由需要经过较长的分居时间予以证明，因此离婚当事人为了尽快获得离婚令，往往以法定过错事由为由诉请离婚。

在政府主导下，1996年《家庭法》得以出台并最终获得了御准。在离婚制度方面，该法主要力图作出两方面的改革：一是将过错从离婚法定事由中删去，证明婚姻已经无可挽回地破裂，只需离婚当事人完成所必须的程序步骤，包括：参加离婚信息说明会；三个月之后可作出婚姻破裂的声明；经过九个月的离婚反思考虑期（如涉及不满16周岁的儿童或提出离婚请求的相对方要求法院慎重考虑，离婚反思考虑期再延长半年），在反思考虑期内，双方当事人须对子女未来的抚养作出合理安排；反思考虑期结束，法院认为双方当事人对子女未来的抚养安排符合子女利益时，将作出离婚令。二是加大了调解在离婚程序中的作用。在改革后的离婚程序中，新增了离婚前的信息说明会，以及反思考虑期等（在反思考虑期内，双方当事人可以接受调解服务）。政府希望通过离婚程序的设置尽可能挽救那些可以挽救的婚姻的意图十分明显。

1996年《离婚法》本应于1999年1月1日生效，但生效时间被政府推迟，直到2000年政府获得了有关信息说明会工作机制试点项目的结果报告。但是，这些试点项目的结果却非常让人失望。参加了信息说明会的离婚当事人只有7%选择了离婚调解，而且很多离婚配偶都未能一起前往信息说明会，因此信息说明会根本不能实现政府设定的目的：鼓励调解，挽救可以挽回的婚姻。① 于是政府以此为由，认为新的改革方案不能实现政府设定的降低政府这方面的财政支出的目标，也不能实现1996年《家庭法》第1条反映的离婚制度指导思想，因此有关离婚程序的该法第二部分的内容被废止了。

二、混合破裂主义：合理的选择？

为了考察是否应在离婚法定理由中保留具体的过错事由，我们

① Gilmore S., Glennon L., *Hayes and Williams' Family Law* (3rd edition), Oxford: Oxford University Press, 2012, p. 82.

须对司法实践中这些离婚法定事由的适用有所了解。从某种层面上讲，英国离婚制度自 1969 年将“婚姻无可挽回地破裂”作为判决离婚的唯一标准，但在证明“婚姻无可挽回地破裂”的五项法定事由中，其中有三项法定事由与过错有关。笔者将从这些法定事由着手，分析其在英国司法实践中的适用情况。

证明“婚姻无可挽回地破裂”的五个具体事由中，第一个是被告的通奸行为。这里需说明的是，不是被告的通奸行为就使原告有权请求离婚，而是通奸行为后，双方无法继续共同生活的事实。尽管一般人都认为，一旦有通奸行为，基本上，双方也很难继续共同生活。尽管立法者希望将通奸作为证明婚姻破裂的一个事由，而不是作为一方配偶的过错，但是这种立法初衷在司法实践中并未得到完全遵从。上诉法院就曾指出，原告方无须证明通奸行为发生后，双方无法共同生活。[①] 学者的研究表明，被告的通奸行为作为离婚法定事由，在离婚当事人看来，这明显仍与过错有关。[②]

第二个离婚法定事由“被告的不合理行为”来源于早前离婚制度中的“虐待”这一婚姻过错条款。但在离婚制度改革后，这一离婚法定事由已与早前的“虐待”发生了质的变化。现在，这一离婚法定事由不光包括了“虐待”等家庭暴力行为，还包括了身体或精神残疾、酗酒、物质依赖等其他行为。依照伊克拉教授（Eekelaar）所言，在法庭上并非是要证实被告的行为不合理，重点是原告是否还有可能和被告继续共同生活。[③] 用上诉法院的话说：“通盘考虑案件的所有情形，以及双方当事人的性格特点，任何理性之人是否会得出这样的结论：丈夫作出的行为让妻子无法与

---

① *Cleary v Cleary and Hutton* [1974] 1 WLR 73.

② Wright K., “The Divorce Process: A View From the Other Side of the Desk”, *Child and Family Law Quarterly*, Vol. 18, 2006 (1), p. 106.

③ Herring J. etc., *Great Debates in Family Law*, Hampshire: Palgrave Macmillan, 2012, p. 187.

他共同生活?"[1] 从司法实践的角度看，用第二个法定事由证明婚姻已经无可挽回地破裂，其所体现的过错因素已经在很大程度上淡化。但是，离婚当事人对于离婚时所指出的这些问题，所谓"不合理的行为"，仍然感觉不适。[2] 在适用第二个法定事由时，对不合理行为的界定通常是一种主观感受。对存在严重冲突、无法就离婚达成一致的离婚双方而言，这种主观感受的讨论仍会牵涉"过错"。

第三个离婚法定事由"遗弃"在早前的离婚制度中也存在。尽管，较之通奸和不合理行为，证明遗弃往往难度更大，所以以遗弃起诉离婚的案件并不多，但这一离婚法定事由明显与过错有关。

人们普遍认为不涉及过错问题的离婚法定事由主要指 1973 年《婚姻诉讼法》所规定的证明"婚姻无可挽回地破裂"的第四个和第五个法定事由，二者都涉及分居问题。只要经过了法定的分居时间，法院即可认定双方当事人的婚姻已经无可挽回地破裂。

英国国家统计署的数据表明，1973 年《婚姻诉讼法》实施后，1974 年，在男性中还有 21% 的申请人依据"分居五年"的事由获得离婚令，有 28% 的申请人依据"双方合意基础上的分居两年"获得离婚令。但到 2011 年，依据"分居五年"的事由获得离婚令的男性下降至 16% 左右，依据"双方合意基础上的分居两年"获得离婚令的增至 32% 。在女性中，在 1974 年，请求离婚使用最多的事由依次为"不合理行为"、"通奸"和"双方合意基础上的分居两年"，分别占 33% 、25% 、23% 。到 2011 年，女性使用最多的前三位请求离婚的事由依次为"不合理行为"、"双方合意基础

---

① *O' Neill v O' Neill* [1975] 1 WLR 1118.

② Wright K. , "The Divorce Process: A View From the Other Side of the Desk", *Child and Family Law Quarterly*, Vol. 18, 2006 (1), p. 101.

上的分居两年”以及“通奸”，分别占54%、22%、15%。[①] 相较而言，男性依据“分居五年”的事由获得离婚令的人下降较大，女性则由过去较多依据“通奸”为由诉请离婚转变为更多依靠“不合理行为”这一法定事由。从总体上看，相较1974年，离婚当事人依据分居事由（包括“分居五年”和“双方合意基础上的分居两年”），2011年的比例略有下降，从38.81%降到36.58%。其中，依据“分居五年”诉请离婚的下降更明显，从14.10%降到11.18%，而依据“双方合意基础上的分居两年”这一事由的则有所上升，从24.71%升至25.40%。在其余三项法定事由中，依据“通奸”事由诉请离婚的比例降幅较大，从30.09%降至14.74%，下降了1/2。依据“不合理行为”这一事由诉请离婚的比例则大幅增加，从23.56%增至48.07%。从这些数据可以看出，在20世纪70年代初，离婚制度改革的头几年，尚有部分积压的想要离婚却不能离婚的案件适用这一法定事由。但由于适用“分居五年”这一事由需要满足的分居时间太长，现在这一事由越来越不受欢迎。此外，由于采用分居事由（包括“分居五年”和“双方合意基础上的分居两年”）的比例变化不明显，可以说，虽然现行离婚制度规定了无过错离婚事由，但在英国的现有体制下，即使双方合意，也需要分居两年，因此部分民众仍会选择时间上相对更快的其他法定事由。但从“通奸”和“不合理行为”事由方面的数据变化中，我们可以发现，离婚当事人在诉请离婚时，对于过错问题有趋于淡化的趋势，这表现在“通奸”事由比例的大幅下降，“不合理行为”事由比例的大幅上升，“遗弃”事由也由1974年的5.87%降为2011年的0.46%。由于“不合理行为”事由涉及内容广泛，有

① 原始数据来自 Office for National Statistics，Divorces in England and Wales，2011：Number of Divorces，Age at Divorce and Marital Status before Marriage，2012 - 12 - 20. www.ons.gov.uk，access time：2013 - 11 - 28。这些统计数据不包括双方达成合意后提出的离婚请求以及婚姻无效的案件。后文的分析是笔者在对这些原始数据进行计算、整合、分析后得出的。

些行为并非过错行为，如身体或精神残疾等，因此大体而言，离婚时当事人选择过错事由的比例应有所下降。

此外，对于大多数的无争议离婚案件而言，双方只需按照特别程序的规定向法院提交离婚申请，履行相关手续，六周后，即可获得离婚令。即便当事人存在过错事由，法院也不会做任何调查。简言之，在这种情形下，获得离婚令也只不过是做一些文书工作，因此选择过错作为离婚理由和选择其他事由作为离婚理由，没有太大区别。唯一的区别是，如要适用分居的法定离婚事由，则双方当事人需要等待法定的时间。

离婚是夫妻双方依照法律规定解除婚姻关系的行为。家庭作为社会的细胞，与社会的稳定息息相关。这也是为何社会在建构离婚制度时，会将维护婚姻的稳定作为非常重要的政策目标之一。[①] 法律推定每一个人都是具有民事行为能力之人，是理性之人，结婚是当事人理性的选择，离婚亦然。[②] 在法律体系下，判断是否应准予双方当事人离婚，必须要有一定的离婚理由。因此，有理性的人就应该为自己的行为负责。所以，离婚时，如果双方达成离婚的合意，而且已经证明双方分居达到法定的时间，双方的婚姻已经无可挽回地破裂，那么法律就应该准许双方当事人离婚。因此，在离婚的法定理由中规定具体的法定过错行为有何意义呢？对于是否应在离婚法定理由中保留具体的过错事由，英国学者对此有不同观点。

有学者对制定离婚制度相关政策部门的重要人士的调研发现，大多数的受访者都强烈建议引入彻底的无过错离婚，[③] 也即像1996年《离婚法》改革那样，删去有关过错的条款。他们的理由包括：有人认为这些过错型的离婚法定事由已不再是为了阻止离婚，而是

① 参见本章第一节中有关维护婚姻稳定的内容。

② 武秀英：《法理学视野中的权利——关于性·婚姻·生育·家庭的研究》，山东大学出版社2005年版，第100页。

③ Hasson E.，"Wedded to 'Fault'：The Legal Regulation of Divorce and Relationship Breakdown"，*Legal Studies*，vol. 26，2006（2），p. 267.

为离婚提供一个快捷的渠道；有人认为，过错型的离婚法定事由与离婚附带救济问题的解决没有任何关系；有人则认为，过错型的离婚法定事由只会给离婚当事人在离婚程序中带来更多痛苦，违背离婚要尽可能减少离婚当事人的痛苦的立法指导思想。另有学者对离婚当事人的调查也证实，对于那些通过过错型的法定事由证明婚姻破裂的离婚当事人而言，采用这些法定事由确实导致双方敌对情绪增加，冲突升级。[①] 在强调双方协商解决争议以及合作抚养子女的今天，在财产分割以及子女抚养交往等具体问题上，配偶双方的合作意识特别重要。这与因过错型的离婚法定事由导致的冲突加剧问题矛盾重重。“鼓励双方当事人回首过去，而不是关注未来的安排和责任，（英国的）离婚程序本身就与1996年《家庭法》第一部分列明的立法目的完全相悖。”[②]

也有学者对此持不同观点。虽然将过错型的法定离婚事由从立法中删去可以减少双方当事人的对抗情绪，但这并不能消除双方当事人之间的纠纷。离婚过程本就涉及双方的过错以及责任，这“体现了一种心理调适机制，无法通过改革法律轻易实现”。[③] 希望通过删除过错型的离婚法定事由，从而减少双方相互指责的行为，实现以和平方式离婚，这种想法过于理想。社会司法中心的报告进一步指出，保留过错条款有其合理性：“首先……过错作为离婚的法定事由，向社会传递了婚姻的重要性。而且，在某些案件中，为单方诉请离婚提供了很快捷的离婚途径。其次，在部分案件中，过错事由也真实反映了婚姻破裂的现实……毫无疑问，在有些婚姻中，婚姻双方都存在过错，不论过错大小，但也有一些婚姻，过错

---

① Wright K.，“The Divorce Process：A View From the Other Side of the Desk”，*Child and Family Law Quarterly*，Vol. 18，2006（1），p. 101.

② Shepherd N.，“Ending the Blame Game：Getting No Fault Divorce Back on the Agenda”，*Family Law*，vol. 39，2009（2），p. 122.

③ Brown J. & Day Sclater S.，“Divorce：a Psychodynamic Perspective”，Day Sclater S. & Piper C.（eds.），*Undercurrents of Divorce*，Surrey：Ashgate，1999，p. 155.

则完全在一方配偶或是在很大程度上是在一方配偶身上。最后，我们认识到，这是一个议会和民众有严重分歧的议题，如果再次提出离婚法改革（指关于离婚法定事由的改革），这种情况不会发生重大的改变。"① 在议会规定的会议时长中，有关离婚法改革的议会讨论耗时过长且又不能获得积极成果，不但会分散议会对家庭其他重要领域的注意力，还可能打击议会的积极性，从而放弃那些他们本该进行的家庭法其他方面的重要改革。

笔者认为，英国现行离婚制度采用混合破裂主义，是妥协的产物，但其却不尽合理。支持采用混合破裂主义的一方给出的理由大致可以分为三点：一是"信号论"，即过错型的法定事由向社会传递了婚姻的重要性；二是"反映论"，即过错型的法定事由是部分婚姻破裂的原因的真实反映；三是"失败论"，政府和民众对于过错条款存在分歧，因此即使未来要进行离婚法定理由的改革，这一改革也不可能成功。实际上，这三点理由都不具有绝对的说服力。

一方面，从"信号论"看，过错作为离婚的法定事由，就能证明其向社会传递了婚姻的重要性？作为证明婚姻无可挽回地破裂的法定事由之一，这些过错事由只是一个评判婚姻是否破裂的标准。假设支持者的这一结论正确的话，那是不是规定的婚姻过错越多，越能向社会传递婚姻重要性的信息，人们会更加重视、珍惜婚姻制度呢？离婚制度的发展史已然告诉了我们答案。从过错离婚主义到无过错离婚主义，我们看到的是离婚制度中"过错"的颜色正逐步褪去，但是我们却无法得出现在的人已经不重视婚姻了。另外，这些过错事由实际上也无法实现劝阻民众不犯这些过错，从而实现维护婚姻的功能。由于在离婚法律后果上，婚姻过错与离婚财产分割基本毫不相关，② 因此即使存在这些过错型的法定事由，也

① Centre for Social Justice, *Every Family Matters: An In-Depth Review of Family Law in Britain*, 2009, p. 70.

② 只有重大过错才会影响离婚后的财产分割，具体参见本文第二章第四节。

不会给当事人带来财产损失的消极后果。所以，在英国离婚司法实践中，也有夫妻双方为了尽快离婚，双方同意编造一个过错事实，从而以此为由诉请尽快离婚。①

另一方面，关于编造过错从而尽快离婚的事实恰恰说明“反映论”的失真。由于运用过错证明婚姻已经无可挽回地破裂，相对较为容易，比起双方同意下的分居两年或分居五年这类法定事由，可以更快离婚，因此部分离婚当事人就会通过共谋，选择这种方式离婚。这说明，对于部分以过错型事由离婚的配偶而言，他们的婚姻中可能并非真正存在这类过错。在通过特别程序离婚的无争议离婚的配偶中，我们也无从得知，他们的婚姻中是否存在这类过错。过错事由并不一定就反映了生活事实。英国国家统计署的数据说明，从1974年到2011年，依据“通奸”事由离婚的比例大幅下降，依据“不合理行为”事由离婚的比例大幅上升。考虑到不合理行为中诸如一方存在精神疾病等并非属于过错行为，所以我们可以说，近年来，离婚当事人在诉请离婚时，对于过错问题有淡化的趋势。依“反映论”的观点，是否可以得出结论，现代的婚姻比起过去更少犯错，更少人通奸？我们依然得不出这个结论。

“失败论”的错误更加明显。仅仅因为1996年《离婚法》的失败，就推定未来离婚法定理由的改革不会成功，这个结论太过草率。即使政府和民众存在分歧，也不能排除未来分歧会逐渐减小，认识会进一步统一的可能性；也可能在存在分歧的情况下达成妥协。

因此，尽管英国现在仍然实行的是混合破裂主义，但其仍有进一步改革的空间。

---

① 参见Davis G. & Murch M., *Grounds for Divorce*, Gloucestershire: Clarendon Press, 1988.

三、纯粹破裂主义：历史的必然

英国社会近年来民主运动以及妇女权利运动的不断深化以及宗教影响的式微，加速了英国离婚制度从过错离婚主义向破裂离婚主义的改革。以往的离婚制度要求解释因为过错“与现在的配偶分居”，从而“获得与新恋人的结婚许可证”，这种论证思路完全不合逻辑。其结果是以过错离婚主义为原则的离婚法被瓦解，最终让位于无过错的离婚。离婚的标准演变为：“不相容”（指一种相互性的强烈精神伤害）和破裂的“真实性”检测：“婚姻无可挽回地破裂”，常常表现为“分居”达到一段规定的时间。① 这样的改革是极具历史进步意义的。遗憾的是，英国最终抛弃了 1996 年《离婚法》中规定的新的离婚制度。这一改革之所以失败，主要有以下三方面的原因。

首先，在政府层面，20 世纪八九十年代，执政党推行了一系列的保守化改革。20 世纪 80 年代，自撒切尔夫人上台后，英国政府就开展了一系列的保守化改革。在撒切尔夫人任首相的 11 年间（1979 ~ 1990 年），她在经济上施行的政策包括显著的私有化，反对社会福利，重返货币主义，强调发挥市场机制，减少国家干预，撒切尔施行的保守政策也取得了复杂的结果。一方面，失业者和低收入阶层为财政紧缩付出了巨大代价，失业率持续增长，富人财富却持续增长，贫富差距扩大；另一方面，地区差异也日益明显。截至 20 世纪 90 年代中期，伦敦已经成功成为世界金融中心。高科技新兴产业在英国南部逐步壮大，但是英国也被其落后的北方老工业城市如曼彻斯特和利物浦所拖累。在英国的保守化改革中，表现出

---

① ［美］格劳斯、梅耶：《美国家庭法精要》（第五版），陈苇、石雷等译，中国政法大学出版社 2010 年版，第 167 页。

的特点是：英国的政党政府[①]非常制度化，英国政府要比美国更易受到来自特别小组（ad hoc group）的压力。由议会选出的内阁意味着英国执政党比其他国家的执政党在政策议程方面更容易妥协。[②]

其次，在议会层面，议会受政府影响很大，因此在立法上仍然体现了政府的主观愿望。英国是西方近代议会民主的发轫国，也是最早创立近代资本主义立法体制的国家之一。相较其他机关，英国议会居于“至上”的优越地位，曾经拥有无限的立法权。戴西曾就英国议会的至上地位评价说：根据英国宪法，议会有权制定或废除任何法律；根据英国法律，任何人、任何机构都无权推翻或废止议会的立法。[③] 虽然英国实行三权分立，但政府和议会并无泾渭分明的分水岭，政府在立法方面拥有很大权限，而议会立法时，政府的参与、渗透和控制也十分明显。[④] 英国政府以及议会的这种架构致使在20世纪末的离婚制度改革必然要符合政府的意愿。而1996年《家庭法》出台前，当时的英国政府仍以保守派思想占据上风，社会改革也是保守化改革。我们从1996年《家庭法》的制定也能看出端倪。这就是为何在政府的改革构想中，维护婚姻稳定这一立法理念能够稳稳当当地把法律委员会的改革方案修改成最终1996年《家庭法》出台时的模样。同时也解释了占据上风的保守派的意见不可能允许一个更加自由的离婚制度出台。他们认为，过错型的法定事由对于彰显社会对婚姻的期望，仍有积极作用。

最后，在英国民众层面，与以往的离婚制度改革不同，1996

---

① 指政党“侵入”政府，政党支配政府。政党支撑政府的那一部分影响了政府的运作。

② ［美］T. J. 彭佩尔：《体制转型：日本政治经济学的比较动态研究》，余红放译，中国人民大学出版社2011年版，第182~183页。

③ Dicey A. V., *Introduction to the Study of the Law of the Constitution* (8th ed.), London: Macmillian, 1915, p. 39-40.

④ 李林：《立法理论与制度》，中国法制出版社2005年版，第468页。

年《离婚法》的改革动因不是来自于民众，而是来自于政府。民众层面改革离婚制度的动力不足。尽管，许多法律从业人员以及学者对1973年《婚姻诉讼法》提出了诸多批评，但是必须指出的是，与家庭法的其他领域不同，大众对于离婚制度的改革热情不高。在家庭法其他领域，民众曾经为了修改法律上街游行，但他们在这一领域的反应却比较平淡，没有民众请愿游行。①

值得注意的是，政府对某一议题的保守态度并非不可改变。最明显的例证就是英国政府对待同性结婚的态度。《同性配偶结婚法》于2013年6月通过了议会审议，7月获得御准，10月该法生效。2014年3月29日起，同性配偶就可以在英国登记结婚。② 该法的生效也意味着同性伴侣完全享有男女结合时一样的结婚权利。而在此之前，同性伴侣只能登记为民事结合关系，不能结婚。也就是说，政府和民众的态度具有转变的可能性，因此未来离婚制度抛弃过错型的法定理由也是有可能的。

实际上，社会的发展也预示着离婚制度走向纯粹破裂主义是历史的必然选择。理由如下：

如前所述，从司法实践看，过错型离婚法定事由只是证明婚姻关系破裂的手段，其存在的价值不具有不可替代性。英国国家统计署的数据颇有说服力。从1947年到2011年，依据“通奸”的法定理由诉请离婚的下降了50%，依据“遗弃”事由诉请离婚的也从1974年的5.87%降为2011年的0.46%，“不合理行为”则从23.56%增至48.07%。相较1974年，离婚当事人依据分居事由（包括“分居五年”和“双方合意基础上的分居两年”）与2011年的数据大体持平。需要说明的是，由于在英国离婚，必须通过证明存在五个法定事由之一，从而证明婚姻关系无可挽回地破裂，因此

① Herring J., *Family Law* (6th edition), Harlow: Pearson, 2012, p. 125.

② Woodcock A., “Save the Date: 29 March 2014 Will See First Same - Sex Marriages in UK”, *The Independent*, 2013 - 12 - 10.

离婚当事人要么选择通奸、不合理行为、遗弃，要么等待两年或五年。而数据中，依据“分居五年”诉请离婚的从 14.10% 降到 11.18%。这说明部分民众不愿意为了离婚等待较长时间。另外，更多的民众选择过错色彩相对更弱的不合理行为而非过错、遗弃作为离婚法定事由，说明民众离婚时不太关注婚姻中的过错问题。

从司法从业人员和政策部门的态度看，他们大多支持删除过错型的法定事由。前任高等法院家事法庭庭长伊丽莎白·巴特勒女士（Elizabeth Butler - Sloss）就曾对现行列举破裂主义提出批评，以不合理行为这一法定事由诉请离婚是一个“虚伪的幌子”，英国有必要引入真正意义的无过错离婚。[①] 2001 年大法官家庭法顾问委员会在其最终报告中也建议政府再次考虑改革现有对抗式的离婚制度，以及列举破裂主义的离婚体制。[②] 多个决策机关的重要人士也建议引入真正的无过错离婚。[③] 名为“决议”的家事律师团体作为一个采取非冲突式纠纷解决办法的律师团体，也建议把离婚制度改革纳入政府议事日程，从而使离婚不再是相互“推卸责任”的过程。[④]

从制度层面观察，纯粹破裂主义相较混合破裂主义而言，更符合立法者的目的。首先，混合破裂主义中的过错事由和家事司法体制中强调的替代性纠纷解决方式，也即强调非冲突性、对抗性的纠纷解决方式，存在一定矛盾。立法者最近的政策动向旨在鼓励更多的离婚当事人通过婚姻咨询、调解等替代性纠纷解决方式解决离婚纠纷。[⑤] 实际上，采用替代性纠纷解决方式的一个重要前提是双方

---

① Gilmore S. , Glennon L. , *Hayes and Williams' Family Law* (3rd edition), Oxford: Oxford University Press, 2012, p. 84.

② Advisory Board on the Family Law, Making Contact Work. 2001, www. led. gov. uk, access time: 2013 - 12 - 10.

③ Hasson E. , "Wedded to 'Fault': The Legal Regulation of Divorce and Relationship Breakdown", *Legal Studies*, vol. 26, 2006 (2), p. 267.

④ Shepherd N. , "Ending the Blame Game: Getting No Fault Divorce Back on the Agenda", *Family Law*, vol. 39, 2009 (2), p. 122.

⑤ 参见本章有关离婚程序的论述。

能够冷静下来进行理性的沟通。而过错型离婚事由的一个最大问题是容易使双方当事人的冲突和矛盾升级，而且离婚当事人的愤怒和痛苦很可能转移到未成年子女身上。[①] 存在激烈冲突的离婚当事人不但在离婚过程中无法通过调解解决离婚纠纷，而且如果双方需要合作抚育未成年子女，或不随子女共同居住的一方需要承担抚养费和与子女交往，在离婚过程中的激烈冲突很可能诱发更多人为制造的困难，不利于离婚纠纷及后续问题的解决。其次，混合破裂主义中的过错法定事由与离婚制度的指导思想相悖。一个各方普遍存在共识的观点是，在婚姻关系中，寻找一方当事人的过错极其困难和复杂。在很多案件中，双方当事人对婚姻的破裂都有责任。因此，允许一方当事人因另一方的过错诉请离婚，只是在双方感情的伤口上撒盐，这在根本上也违反了离婚制度的指导思想——使离婚对当事人的伤害降到最低。最后，过错事由对离婚后的财产分割以及子女抚养问题毫无关系，除非行为特别严重。[②] 因此，当过错事由的唯一目的，即证明婚姻关系无可挽回地破裂也可以通过其他途径得以实现时，过错事由存在的必要性也大打折扣。实践证明，认为过错可以为良好婚姻提供道德规范的观点过于理想化，根本无法通过在离婚事由中规定几种过错得以实现。

从欧洲的家庭法发展趋势看，旨在在欧洲范围内协调各国家庭法的欧洲家庭法委员会，基于对各国离婚制度的调查，在寻找共同点[③]和改善家庭法的目标指引下，就曾建议：合理的离婚制度应允许共同合意下无须分居时间要求，即可离婚；对单方提出的离婚请

---

① Advisory Board on the Family Law, Making Contact Work. 2001, www. led. gov. uk, access time：2013 - 12 - 10.

② 参见本文第二章。

③ 欧陆部分国家早已推进彻底的无过错离婚。例如，德国从 1977 年起，就抛弃了过错原则。法律规范中不再以婚姻过错为要件，它们既不是离婚的前提条件，也不构成对离婚申请的抗辩。［德］迪特尔·施瓦布：《德国家庭法》，王葆莳译，法律出版社 2010 年版，第 171 ~175 页。

求在经过一段分居时间后，即可准予，除非延迟准予离婚会给离婚申请人带来严重伤害，[①] 如在家庭暴力案件中。身处欧洲的英国在一定程度上也必将受到欧洲法律发展变化的影响。欧洲家庭法的改革目标也说明，在离婚法定理由中，删去过错型法定理由是未来发展的趋势。

未来随着社会的进一步发展，民众需求的改变，以及政府态度的转变，我们有理由相信，英国离婚制度最终将走向纯粹破裂主义，彻底实现无过错离婚。

第三节 离婚程序之评析：以家事司法体制为背景

离婚程序是离婚制度在程序方面的核心问题，其重要性不言而喻。在英国现代离婚制度中，如果说离婚法定理由是能否离婚的看门人，那么离婚程序就是离婚当事人进入离婚大门的具体行动指南。离婚程序直接关系离婚当事人是否能够获得离婚令，如何获得离婚令，对离婚财产分配以及子女抚养等问题也将产生直接影响。笔者将先从家事纠纷和家事司法体制着手，通过系统分析，考察英国现代离婚制度中的离婚程序的优劣。

一、家事纠纷和家事司法体制

家庭，作为一种基本社会组织形式，是基于婚姻、血缘以及法律拟制而产生的社会关系。传统的家事纠纷主要是指发生在婚姻家庭关系内的民事纠纷，包括离婚、亲子关系、继承、家庭财产分割等，现在家事纠纷还包括家庭暴力、婚约、离婚后子女的抚养与探视、婚生子女否认、非婚生子女的权利保护等。在英国，收养、儿童监护监督等涉及婚姻家庭的其他纠纷也属于家事纠纷。

---

① Boele - Woelki K. et al., *Principles of European Family Law Regarding Divorce and Maitenance Between Former Spouses*, Cambridge: Intersentia, 2004.

家事纠纷不同于一般的其他民事纠纷，家事纠纷主要有以下特点：一是家事纠纷是直接关涉人的身份权利、以身份相关的权利为中心的纠纷，具有高度人身属性。① 家事纠纷中，纠纷的产生和解决都与婚姻家庭有关，要么涉及未来的子女抚养探视问题，要么涉及家庭财产分割问题，对当事人的人身关系影响深远，由此带来的财产关系变化往往也会影响当事人的未来生活。因此，在解决家事纠纷时，应该把促成当事人之间恢复感情、消除对立、实现和解作为其价值取向之一。②

二是家事纠纷大多属于民事纠纷，但其在一定程度上事关国家及社会利益，具有一定的公益性。为维护公共利益，公权力会较多地介入家事纠纷的解决，提供指导服务。③ 应该摒弃一种错误观念，即实现家庭里的正义不如实现其他正义重要。④ 家庭是社会的细胞，也是个人生活的避风港，是个人安全感和幸福感的源泉，家庭关系稳定与否是社会和谐稳定的前提和基础。家事纠纷犹如身体上的伤口，处理不当，"恶化生脓"，最终可能转变为个人、家庭甚至社会的巨大悲剧。在司法实践中，不难找到因为家庭温暖丧失，失足沉沦走上犯罪道路的例证。此外，对于涉及未成年子女的家事纠纷而言，儿童作为国家未来的公民，国家有义务为其提供充分的保护。因此，家庭法的一项重要任务就是限制部分当事人在涉及个人私密生活的自由空间里滥用权利，⑤ 对于未成年子女、妇女和老人等弱势群体的权益，加大公权力干预力度，维护家庭以及社

---

① 蒋月：《家事审判制：家事诉讼程序与家事法庭》，载《甘肃政法学院学报》2008 年第 1 期。

② 范愉主编：《多元化纠纷解决机制》，厦门大学出版社 2005 年版，第 653 页。

③ 蒋月：《家事审判制：家事诉讼程序与家事法庭》，载《甘肃政法学院学报》2008 年第 1 期。

④ Maclean M. & Eekelaar J., "Family Justice", *Family Law*, 2011 (3), p. 3.

⑤ Henaghan M., "The Normal Order of Famiy Law", *Oxford Journal of Legal Studies*, vol. 28, 2008, p. 180.

会的和谐稳定。

三是家事纠纷体现出很强的伦理色彩。家庭关系体现出一定历史阶段人们伦理道德的价值取向。家庭关系的这种特殊性必然影响家事纠纷。由此，家事纠纷也就带来一定历史阶段下，社会的伦理道德取向。同时，家庭伦理的价值目标决定了家庭法的伦理价值取向。[①] 要妥善解决家事纠纷，除了依据各种法律法规，还应当充分考虑到家庭所处的特定社会共同体所遵循的家庭伦理、风俗习惯和共同生活准则。因此，不论是家事纠纷本身还是家事纠纷的解决，伦理道德都与其有着千丝万缕的联系。注重家事纠纷的伦理色彩，能够帮助法官在家事纠纷的解决过程中，既注重当事人个人的合法权益的实现，也注重借助伦理道德的力量定纷止争，在争取特定社会共同体的群体支持的同时，保障社会秩序的稳定。[②]

家事案件的特殊性使得家事司法体制也与其他司法体制有着显著不同。家事司法体制是指，由一系列组织机构组成，旨在界定、保护、执行家庭成员所拥有的合法权益，并解决家庭成员因合法权益产生的纠纷的系统。这些机构组织包括法院系统（法官、法院工作人员以及相关机构）、法律从业者（沙律师和巴律师）、调解员（如果家事案件涉及调解程序）、提供处理家事纠纷相关信息的服务机构、在子女抚养费评估和执行过程中涉及的子女抚养费服务署甚至警察（如果涉及家庭暴力问题）等。[③] 现代英国家事司法体制相对独立，在法院系统内主要由三级机关构成：一是家事程序法院，设在治安法院中，由家庭问题专门小组的三名治安官开庭审理案件，他们可以处理涉及儿童的大多数家事案件，但是不能作出离婚或解除婚姻的判决，或者就婚姻财产作出指令。二是郡法院，郡

① 曹贤信：《亲属法的伦理性及其限度研究》，群众出版社 2012 年版，第 74 页。

② 范愉主编：《多元化纠纷解决机制》，厦门大学出版社 2005 年版，第 654 页。

③ Eekelaar J. & Maclean M., *Family Justice: the Work of Family Judges in Uncertain Times*, Oxford: Hart Publishing, 2013, pp. 7 – 8.

法院的地区法官和巡回法官可以审理离婚、家庭财产以及儿童案件。家事程序法院受理的案件如果案情复杂，可以将案件移送郡法院，或者将他们无权处理的案件移交郡法院。三是高等法院家事法庭，由高等法院、家事法庭总登记处的地区法官处理非常复杂的家事案件，以及具有涉外因素的家事案件。[①] 这些是家事案件的一审法院。郡法院的巡回法官也可以审理来自家事程序法院和郡法院地区法官审理的一审案件，高等法院法官可以审理来自高等法院以及家事法庭总登记处的地区法官的上诉案件。高等法院法官和巡回法官（无论是一审或上诉审）的判决都可以上诉到上诉法院，上诉法院的判决则可以上诉到最高法院。少数特别案件也可以直接从高等法院直接上诉到最高法院。[②]

英国的家事纠纷处理在司法实践中呈现出以下两个特点：一是律师在大多数家事纠纷的解决中占据重要地位，只有少数案件才交由法官作出正式判决。研究表明，有些家事纠纷由当事人独立解决，有些则通过调解和咨询得以解决。大多数家事纠纷并没有诉诸法院，而是在律师的帮助下得以解决。[③] 解决家事纠纷的大量工作实质上由沙律师完成（有时需要巴律师的帮助）。他们处理家事纠纷的原则是，减少当事人之间的冲突，尽量帮助当事人在法律的框架下，达成一个最佳的、公平的、可执行的解决方案。[④] 当沙律师不能帮助当事人达成协议，案件可能进入诉讼阶段时，沙律师会求

---

① 参见石雷：《现代英国家事案件审判体制的变迁及其启示》，载《时代法学》2012 年第 5 期。

② George R., *Ideas and Debates in Family Law*, Oxford: Hart Publishing, 2012, pp. 8-9.

③ Davis G., Cretney S. & Collins J., *Simple Quarrels: Negotiating Money and Property Disputes on Divorce*, Oxford: Clarendon Press, 1994, p. 253. Also see: Eekelaar J., Maclean M. & Bernart J., *Family Lawyers: The Divorce Work of Solicitors*, Oxford: Hart Publishing, 2000.

④ Eekelaar J., Maclean M. & Bernart J., *Family Lawyers: The Divorce Work of Solicitors*, Oxford: Hart Publishing, 2000, p. 185.

助于巴律师。这时，巴律师才会介入家事纠纷。巴律师会向委托人介绍法官可能作出的判决，要么通过书面文件，要么在会议室或走廊告知委托人。有时，巴律师也会进出法庭几次，告知法官案件的最新信息，并要求再多留些时间，以便他们帮助当事人协商。只有少数案件，当巴律师认为不能解决纠纷时，才会交由法官作出正式判决。[①] 此外，在律师的工作中，大部分时间用于与自己的委托人以及对方当事人的律师进行协商、调解。这与民众、甚至政府的决策人眼中律师在法庭上针锋相对的形象迥然不同。[②]

二是尽管很多纠纷都通过律师得以解决，但是法院裁判仍是家事司法体制的核心，为家事案件获得公正判决提供了旗帜和标杆。法院裁判之所以占据家庭司法体制的核心地位，道理很简单，因为司法体制的最终目的是保护公民的合法权益。这并不是说，当事人要在法庭上才能主张自己的合法权益。在许多案件中，在律师的帮助下，当事人都会采取一种负责的态度，为对方做一些让步，或是放弃自己的合法权益。这是一个完整的责任概念的内在属性。[③] 让步或放弃自己的权利是一回事，在不知情的情况下服从，或者尽管知情但由于遭受到一些不正当的压力，或是在没有办法保护自己权利的情况下屈从又是另一回事。司法裁判就是要防止后一种情况出现。法院的存在为保护家事案件中合法利益受到损害的当事人提供了保障。20 世纪 90 年代的研究表明，许多纠纷诉至法院就是为了获得一些来自法官的指导意见，然后双方根据法官的指导意见达成

---

① Maclean M., Eekelaar J., *Family Law Advocacy: How Barristers Help the Victims of Family Failure*, Oxford: Hart Publishing, 2009, p. 120.

② See, e. g. Lord Chancellor's Department: *Looking to the Future: Mediation and the Ground for Divorce*, A Consultation Paper, London: HMSO, 1993.

③ Eekelaar J., *Family Law and Personal Life*, Oxford: Oxford University Press, 2007, pp. 103 – 130.

解决方案。[1] 也就是说，家事法院为双方达成解决方案提供了一个工作平台。[2] 双方最终达成的解决方案是在双方完全知情，且有办法保护自己的权利下作出的，这就保证了法律的公正公平。

二、家事司法体制视野下的离婚程序

离婚纠纷是一种典型的家事纠纷，因此离婚程序必然要顾及家事纠纷的上述特点。家事司法体制作为处理家事纠纷的工作系统和工作机制，离婚程序是其中的重要一环。家事司法体制的特点从适用离婚程序的工作人员的角度对离婚程序提出了具体要求。这些具体要求包括：

一是家事纠纷与人的身份相关性决定了在解决家事纠纷时，应注重对人的身份关系的调整以及在处理财产问题时兼顾人的身份关系。如能恢复感情、消除对立、实现和解，最好；不能的话，也应退而求其次，尽量化解冲突矛盾，减少对抗。1996 年《家庭法》规定的英国现代离婚制度的基本原则中就包括“维护婚姻制度”和“鼓励面临婚姻破裂风险的当事人采取一切实际步骤，包括婚姻咨询或其他方式，来挽救婚姻”。在具体离婚程序的制度安排上，1973 年《婚姻诉讼法》第 6 条规定，如果在离婚程序中，法院认为存在和解的可能，那么法院可以中止离婚程序，允许双方当事人为达成和解进行协商。2010 年《家事程序规则》第 7.6 条规定如果原告有代理人，那么代理人须同时提交一份“调解声明”，说明是否已经向委托人建议调解，同时向委托人提供了能够提供调解和解服务的相关专业人士的信息，即在受理案件前就要求律师对离婚纠纷进行干预，希望借助专业调解人员帮助当事人消除对立，

---

① Maclean S. , *Legal Aid and the Family Justice System*, London: Legal Aid Board Research Unit, 1998, p. 101.

② Maclean S. , *Legal Aid and the Family Justice System*, London: Legal Aid Board Research Unit, 1998, p. 97.

尽可能调解和好，或者调解和平分手。前文已指出，大多数离婚纠纷是通过律师得以解决的，从这一层面上讲，这一规定力图保证更多的离婚纠纷能够通过调解工作实现减少冲突，消除对立的工作目标，在程序上强化了律师应向当事人建议调解，并提供调解信息的工作。

除了一般的离婚程序，在限制离婚条款以及离婚法律援助上，我们也能找到政府为了帮助当事人和平解决离婚纠纷，尽可能努力建立和谐的家庭关系所做的努力。1973 年《婚姻诉讼法》第 3 条第 1 款中就规定，自结婚之日起一年内，不得向法院起诉离婚。这一规定旨在防止离婚当事人轻率离婚。2013 年 4 月生效的 2012 年《法律援助法》大幅缩小了法律援助对象的范围，将所有私法领域的家事纠纷案件都排除在外，除非是有明确证据证明当事人是家庭暴力的受害人；案件涉及强迫婚姻、儿童虐待问题；或者儿童是该家事案件的一方当事人，以及其他特殊情形；① 或者是与调解相关的法律工作。政府出台这一政策的目的旨在鼓励更多的离婚案件的当事人参加调解程序。这也与离婚制度维护婚姻制度的政策目标相吻合。

二是家事纠纷一定程度的公益性和其较强的伦理色彩决定了在解决家事纠纷过程中应注意保护婚姻家庭中的弱势方，通常是女方以及未成年人的利益，维护家庭伦理秩序和抚育功能，实现法律的公平正义。这在离婚纠纷中也不例外。在离婚程序的制度安排上，根据 1973 年《婚姻诉讼法》第 41 条，2010 年《家事程序规则》第 7. 25 条的规定，如果离婚纠纷中涉及不满 16 周岁的子女，或年满 16 周岁但身体残疾、法院认为需要抚养的子女，法院在作出暂准离婚令前，还会考虑，原告提交的子女抚养安排是否能够保护子女的利益。如果法院认为这一子女抚养安排违背了子女利益，法官

① Hunter R. , “Doing Violence to Family Law”, *Journal of Social Welfare and Family Law*, vol. 33, 2011, p. 343.

可以此为由，拒绝签发离婚令。这一规定充分体现了离婚程序中保护婚姻家庭中的弱势方，维护家庭抚育功能的价值取向。

此外，英国离婚制度中设置了暂准离婚令和绝对离婚令，将离婚令分两步颁发，同时又在二者之间设定了一定的时间间隔，一方面，赋予被告平等的诉权，即在此期间，被告有权上诉法院，要求拒绝签发绝对离婚令；另一方面，也为女王代理人或其他人为社会公益介入该诉讼提供了机会，只要他们能够证明有合理理由不应签发绝对离婚令（1973 年《婚姻诉讼法》第 8 条）。2003 年的贝积诉秋寒案①就很好地说明了这一制度在应对利用离婚制度规避其他法律法规谋取非法利益时所起的积极作用，维持了社会的秩序，实现了法律的公平。

三、离婚程序改革述评

英国政府最近推动的离婚程序改革主要体现在 1996 年《离婚法》中。此外，最新出台的 2012 年《法律援助法》也影响到离婚程序。1996 年《家庭法》出台前，1990 年法律委员会在离婚程序方面提出了一些改革建议。政府对法律委员会做的有关离婚制度改革的报告很感兴趣，议会希望通过 1996 年《家庭法》的实施改革离婚制度。法律委员会最初提出的改革方案比较清晰简单，其目标就是简化离婚程序，调解只是简化离婚程序的一个步骤或办法，但在政府的改革方案中，挽救婚姻被上升到一个新的高度，强调通过离婚信息说明会和反思考虑期帮助更多人选择调解，从而挽救尚未完全破裂的婚姻。这为原来的法律委员会改革方案增加了新的目标任务。其部分原因是压力团体在议会审议法案时扮演了积极的游说角色。为了挽救部分婚姻，调解等办法被议员们反复强调，“英国

---

① *Bhaijii v Chauhan* [2003] 2 FLR 485. 在该案中，基层法院审理的五个离婚案中的婚姻都是为了规避移民法规而缔结。参见本文第二章中的介绍。

的立法程序也让那些旨在维护某种利益的团体找到了机会”。[①] 但是政府的这种主观愿望和积极推进却在随后进行的试点项目中遇冷，最终导致1996年《家庭法》中有关离婚程序的制度被废止。观察政府1996年的离婚程序改革方案，最主要的制度改革主要有两处，一处是新增的离婚信息说明会，另一处是调解程序在离婚程序中的位置。以下笔者将从这两方面展开论述。

（一）离婚信息说明会

1996年《家庭法》被废止的第8条就离婚信息说明会做了规定，离婚当事人在提出离婚声明前须参加不少于三个月的离婚信息说明会。随后政府对于如何运作离婚信息说明会展开了试点，以期能找到一个最佳方案。从统计数据观察，在中期报告中，7000名参与试点项目的志愿者中，39%认为，他们在参加完信息说明会后，更想找沙律师解决自己的问题，7%希望通过调解解决，13%希望通过婚姻咨询师解决。[②] 最后的结果是，在参加信息说明会后的两年内，只有10%的参与人与他们的配偶选择了调解，73%的参与人则选择了律师。[③]

对于这一结果，负责试点项目的研究人员认为信息说明会是非常成功的，[④]“我们从参加婚姻咨询项目信息说明会获得的反馈意见表明，参加信息说明会的人都认为这些信息非常有用，参加信息说明会的人数远远超出了我们的预期”。研究表明，在具体实施

---

① Cretney S.，“Breaking the Shackles of Culture and Religion in the Field of Divorce?”，Boele－Woelki ed.，*Common Core and Better Law in European Family Law*，Cambridge：Intersentia，2005，p. 11.

② See Reece H.，*Divorcing Responsibly*，Oxford：Hart Publishing，2003，p. 169.

③ The Centre for Family Studies at the University of Newcastle upon Tyne，*Information Meetings and Associated Provisions within the Family Law Act* 1996：*Key Findings from Research*，London：Lord Chancellor' s Department，2001，pp. 3－4.

④ The Centre for Family Studies at the University of Newcastle upon Tyne，*Information Meetings and Associated Provisions within the Family Law Act* 1996，London：Lord Chancellor' s Department，2001，p. 860.

1996年《家庭法》第二部分的规定前，需要解决各种信息说明会模式[①]之间的冲突。这是能够很快解决的。[②] 最主要的冲突是试点项目参与人希望这种信息说明会能根据他们自身的情况，包括婚姻指导以及财产分割中产生的税务问题等，量身打造。

政府则认为，这一结果让他们非常失望。由于政府的目标是挽救婚姻和进行调解，政府在评估信息说明会试点工作时把关注的焦点放在当事人在参加了信息说明会后是否采用调解而非诉讼的方式解决他们的离婚问题上。[③] 后来，1996年《家庭法》有关离婚程序的部分废止。这说明在政府眼里，信息说明会并非单纯向离婚当事人说明离婚涉及的问题等事实问题，实际上，信息说明会应该发挥劝解的功能，让当事人明白离婚会给当事人及其子女带来的不利后果，帮助当事人挽救他们的婚姻，或者如果婚姻无法挽回，那么也应负责地离婚。负责在这里实际上就是指要运用调解。[④]

实际上，大多数参加信息说明会试点项目的离婚当事人已经做好了离婚的决定。55%参加信息说明会的离婚当事人已经和原配偶分居。[⑤] 而且，由于试点项目是自愿参加的，因此参与人实际上很可能是那些更愿意尝试其他纠纷解决方式的离婚当事人，因此可能上述研究中的数据实际上高估了愿意参加调解和咨询的人群比例。实证研究表明，政府希望通过在离婚程序中增加信息说明会从而引导更多民众选择调解方式解决离婚纠纷的理想脱离了现实。同时，

---

① 这些模式包括一对一模式、团体辅导、观看录像等。

② See Reece H., *Divorcing Responsibly*, Oxford: Hart Publishing, 2003, p. 168.

③ The Centre for Family Studies at the University of Newcastle upon Tyne, *Information Meetings and Associated Provisions within the Family Law Act* 1996, London: Lord Chancellor's Department, 2001, p. 21.

④ Eekelaar J., "Family Law: Keeping Us 'On Message'", *Child and Family Law Quarterly*, vol. 11, 1999, p. 387. Also see Reece H., *Divorcing Responsibly*, Oxford: Hart Publishing, 2003.

⑤ Herring J., Probert R., Gilmore S., *Great Debates in Family Law*, Hampshire: Palgrave Macmillan, 2012, p. 184.

民众对离婚信息的需求很多都未得到满足。这也是为何在此之后，网上有关离婚的信息大量增加，既有政府网站提供的有关离婚程序的指导，[①] 也有商业网站为快速离婚提供服务。[②] 如今，政府并未停止这方面的努力。2011 年高等法院家事法庭庭长制定的《操作指南》中依然延续了这一政策主张，该指南要求所有的家事案件的原告都须先联系调解员，参加有关家事调解以及其他替代性纠纷解决方式（ADR）的信息说明会，然后才能提出相关诉讼申请。[③] 这体现了政府维护婚姻稳定，防治草率离婚的立法指导思想。

（二）离婚调解程序

离婚程序中对调解的重视是 20 世纪 90 年代的事。尤其是被废止的 1996 年《家庭法》第二部分对离婚调解程序作了详细规定。在此之前，调解大多适用于有关子女的纠纷中，而民众适用的情形并不多。1996 年《家庭法》第二部分被废止，意味着政府希望借助调解程序帮助离婚当事人，通过替代性纠纷解决方式解决离婚纠纷的愿望落空。即使在 1996 年《家庭法》第二部分有关离婚程序的改革被废止后，政府依然没有放弃。1996 年《家庭法》第 29 条得以保留，该条规定，任何希望在家事纠纷中得到法律援助的当事人（不仅仅是涉及未成年子女的当事人），都应接受调解员的调解，尽管这一要求并非强制要求。随后，2010 年《家事司法评论》的政府报告再次提到了调解。在这份名为《家事司法评论：最终报告》的报告中，政府列出的指导原则就有："应尽可能使用调解或类似的家庭支持性服务工作，帮助当事人达成（有关儿童抚养

① 例如，https：//www. gov. uk/divorce。

② 例如，http：//www. quickie - divorce. com，http：//www. fasttrack - divorce. co. uk/等。

③ Practice Direction 3A - Pre - application Protocol for Mediation Information and Assessment .

的）协议，而非法院将相关的协议强加给当事人。”[①] 这份报告提出的改革建议之一就是，涉及儿童纠纷的当事人必须参加至少一次调解后，才能向法院起诉。这也就是说，在涉及离婚后儿童抚养等问题的纠纷时，当事人需要先行调解。政府试图在家事纠纷中继续推进替代性纠纷解决方式的适用机制。2013 年 4 月 1 日开始生效的 2012 年《法律援助法》对涉及离婚纠纷的当事人带来的最大影响是，新法不再为离婚案件的当事人提供法律援助，只有在有客观证据证明存在家庭暴力或儿童虐待的案件与调解相关的法律工作时才能获得法律援助。这样，一般的离婚当事人要么选择调解，要么在承担较高的诉讼费用前提下，自行上法庭起诉应诉。[②] 2012 年《法律援助法》通过限制当事人获得法律援助的方式，鼓励当事人采用调解，进一步扩大了调解在离婚纠纷中的作用。由此可见，虽然在现行制度中，调解尚不是离婚的必经程序，但政府仍在通过多种途径让民众选择调解。

观察现行的英国离婚制度中的调解，笔者认为，该制度存在以下特点：一是从调解制度而言，离婚制度中的调解实现了调审分离，[③] 审理离婚案件的法官不做调解工作，调解由法庭外的专业调解员或是律师开展。按照 1973 年《婚姻诉讼法》第 6 条第 2 款之规定，如果法院在离婚程序的任何阶段，认为双方当事人存在任何和解的机会，法院都可中止离婚程序，给离婚双方当事人的和解创造机会。[④] 但这里的调解工作依然是由专业调解员或律师进行。调

---

① Review Panel, *Family Justice Review*: *Final Report*, London: Ministry of Justice, 2011, p. 182.

② 律所也因为法律援助政策的变化，收缩了对离婚案件当事人的代理业务。因为他们无法像以往那样，从政府那里拿到法律援助的资金。

③ 石雷：《现代英国家事案件审判体制的变迁及其启示》，载《时代法学》2012 年第 5 期。

④ 在司法实践中，这一条款基本没有被适用。实证研究表明，进入法庭程序的离婚当事人往往双方矛盾较深、冲突较大，基本没有和好的可能。能够通过调解和好或是通过和平方式分手的已经通过律师或是调解员解决了纠纷。

解与审判不同。在有关身份关系的纠纷中，很难找到一个对各方当事人都十全十美的解决方案，而且由于每个人观点的不同，即使案情相近的纠纷，可能最佳的解决方式会完全不同。从这一层面看，调解比审判有更多的优势，可以结合当事人的具体情况作出最适合的调解方案。从结果的执行情况看，调解由于经双方合意达成，因此在执行过程中，调解协议遇到的阻力更小。在离婚这样涉及情感问题的纠纷中，调解也更容易帮助当事人处理感情问题，尽快实现离婚后的平静生活。① 在应对离婚制度的难点——在一个依照理性思维而非感性情感构建的法律体系中如何引导当事人在离婚过程中产生的强烈情绪，② 调解制度反映出其在情感处理上的优势。此外，调解程序面向未来，而非指向过去。③ 因此，实行调审分离，消除了审判人员参与调解时可能给当事人带来的潜在影响，有利于调解自愿原则切实有效地实施；保护当事人的隐私；维护司法的公正权威④——让调解过程独立于法官，有利于法官在审判过程中不会受到当事人调解过程中的言行的影响，有利于法官保持中立。

二是社会各界对于调解的态度不一，政府积极推进，民众反应不积极，学界多有质疑。从上文介绍的种种立法改革中就能看出政府对于调解的积极态度。这一方面缘于调解具有的诸多优势，另一方面政府乐于在家事纠纷中推动调解的一个重要考虑因素是，政府的财政赤字迫使政府大幅削减法律援助资金。2012 年《法律援助法》的施行缩小了法律援助的对象，基本不再援助涉及私领域的家事纠纷的当事人。

---

① Herring J., *Family Law* (6th edition), Harlow: Pearson, 2013, pp. 145 – 146.

② Herring J., *Family Law* (6th edition), Harlow: Pearson, 2013, p. 153.

③ Harris – Short S. & Miles J., *Family Law*: *Text*, *Cases and Materials* (2nd edition), Oxford: Oxford University Press, 2011, p. 22.

④ 参见李浩：《调解归调解，审判归审判：民事审判中的调审分离》，载《中国法学》2013 年第 3 期。

民众对于调解的反应，我们可以从上文有关信息说明会试点项目的介绍中找到相应的证据。尽管政府希望民众在参加完离婚信息说明会后，能够选择调解解决离婚纠纷，但试点项目最后的结果显示，在参加信息说明会后的两年内，只有10%的参与人与他们的配偶选择了调解，73%的参与人则选择了律师。① 对于1996年《家庭法》第29条的实施，学者的实证研究表明每三到四位参加受理面谈（intake interview）② 的人中，最终选择调解的只有一位。尽管大多数参与人都对调解有积极评价，但是调解率却并不高。选择沙律师的参与人对律师工作的评价更高。③ “近来政府对家事调解的热情……忽略了调解的群众基础较差。这是因为，调解‘理论’与理性和让步相关”，更符合家事纠纷的特点，“所以颇有吸引力。另外，政府认同了调解员的观点，即通过将案件转出调解，可以节省下大笔飞速增长的法律服务费用。而实践中，调解似乎还增加了费用”，因为许多转去调解的案件又回头找律师解决，调解因此成了法律程序增加的一个多余的步骤。④ 这些研究都表明，真正选择调解解决离婚纠纷的英国民众只占一小部分。

学者们则认为，在调解中，调解员事实上无法做到完全中立。⑤ 如果调解员认为双方当事人的协商过程可能会走向一个不合

---

① The Centre for Family Studies at the University of Newcastle upon Tyne, *Information Meetings and Associated Provisions within the Family Law Act* 1996: *Key Findings from Research*, London: Lord Chancellor' s Department, 2001, pp. 3 -4.

② 也称为预备咨询，指对前来参加咨询的人所存在的问题或是所需要的帮助进行预判。

③ Davis G., "Reflections in the Aftermath of the Family Mediation Pilot", *Child and Family Law Quarterly*, vol. 13, 2001, p. 371.

④ Dingwall R., "Divorce Mediation: Should We Change Our Mind?", *The Journal of Social Welfare and Family Law*, vol. 32, 2010, p. 109.

⑤ Wilson B., "Emotion, Rationality and Decision - Making in Mediation", *Family Law*, vol. 34, 2004, p. 685.

适的结果时，他们会采用一系列的技巧改变协商的努力方向。[①] 调解往往不利于保护弱势一方的权利，这有违法律的公平。相较律师中适用的个人财产披露制度，调解没有有效的办法核查一方当事人的财产，[②] 这很可能会损害弱势一方的合法权利。一方当事人缺乏某些专业知识也可能影响其调解时的谈判能力。当事人之间也存在协商能力的差异。在涉及子女的案件中，关心子女的一方当事人，通常为女方，往往为了子女的利益更愿意牺牲自己的利益。[③] 政府现行的鼓励调解的政策从一个侧面反映了，政府认为，在家庭纠纷中，是否有机会获得法律的公正判决并不重要，对于无法获得法律援助的人，政府更愿意帮助他们获得调解服务，以期解决离婚纠纷。[④] 有意思的是，一旦当事人选择了调解（也只有在这种情况下），政府又开始重视法律的重要性，因为法律援助会用于支付家庭纠纷调解服务产生的法律费用。例如，如果家事纠纷经调解达成了协议，其中一个条款涉及房产的转让，因转让不动产产生的相关费用，就可以通过法律援助申请到资助。[⑤] 但如果双方没有选择调解服务，通过其他途径达成了协议，在执行时就无法获得法律援助。这种政策本身是否也有悖于法律的公平呢？

笔者认为，家庭关系不同于一般的社会关系，其本身具有的私密性以及家庭关系中因婚姻、血缘关系带来的感情上的关系表现了家庭成员之间特殊的相互行为，既有物质方面的行为，也有精神方

---

① Richards C.，"Equal Opportunities: Who Decides"，*Family Law*，vol. 35，2005，pp. 389 - 390.

② Parkinson P.，"About Time We All Cared More about Marriage"，*Sydney Morning Herald*，2012 - 8 - 24.

③ Tilley S.，"Recognising Gender Differences in All Issues Mediation"，*Family Law*，vol. 37，2007，p. 352.

④ Legal Aid，Sentencing and Punishment of Offenders Act 2012，Schedule 1，para. 14（1）.

⑤ Legal Aid，Sentencing and Punishment of Offenders Act 2012，Schedule 1，para. 14（2）and（5）.

面的行为，[①] 在代际关系的层面，父母行为还表现出一定的利他性，常常牺牲自我利益，保护子女利益。因此，在离婚纠纷中，部分当事人往往会为了子女利益作出有损自我利益的举动，不排除一方当事人利用对方当事人的这种心理，在夫妻财产分割时获取更多利益。这些特点势必要求法律在处理家事纠纷时，不能完全推定当事人的所有行为都是市民社会中经济人的理性行为，从这个意义上讲，注重参与人内心活动的调解有其制度上的优势。可以预见的是，未来英国政府依然会继续推进调解在家事纠纷中的运用。但是，让当事人自行协商解决，即使是鼓励他们继续和子女保持适度交往的父母子女关系，是不是也像是把他们丢弃在法律的保护范围之外，适用类似原始社会般的弱肉强食的丛林法则？从法律的公正角度讲，这是以个人利益的牺牲成全家庭成员关系的稳定和和睦。这里，我们遇到了一个表面上的悖论，一方面家庭成员中的两性关系已经崩塌，法律应该为弱势一方伸张正义，另一方面家庭成员中的亲子关系尚存，法律应该以子女利益为重？实际上，两个问题都统一为对家庭关系中弱势一方的保护，只不过，在涉及未成年子女的家庭，未成年子女的地位更加弱势，因此排在了法律要保护的第一对象上。所以，家事纠纷的解决都始终围绕一个问题，也即在特定的家庭关系中，法律应该指导当事人如何行动。从这个层面上讲，调解也好，审判也罢，都是如此。因此，调解程序确实有其制度价值，在离婚制度改革中，我们需要思考的是，如何结合地方实际，既要发挥调解的价值，同时又不违背法律的公平？英国政府因为政府财政的原因，着力推进调解，以此分化离婚纠纷，有其经济因素的考量，但其也应在试点项目的基础上，在制度理想和社会现实之间搭建一座帮助实现二者更有效地沟通的桥梁，而非一味以对立的观点看待离婚调解和诉讼。

---

① 杨善华：《家庭社会学》，高等教育出版社 2006 年版，第 114 页。

第四节　离婚法律后果之评析：家庭正义的不同表达

家事程序的架构最终都是为了实现家事司法体制的目标及价值取向：家庭正义。家事纠纷程序是家庭正义在程序正义上的表现。在实体正义上，家庭正义则表现为家事纠纷的解决结果。在离婚纠纷中，这就表现为离婚法律后果。由于离婚纠纷个案的差异，因此每个案件的离婚法律后果必然存在差异，但这些不同的结果都最终反映了家庭正义，是家庭正义的不同表达形式而已。本节，笔者将讨论分析英国模式下的离婚法律后果。具体而言，笔者将从夫妻关系和父母子女关系两方面对离婚法律后果进行考察。

一、离婚在夫妻关系上的法律后果

离婚在夫妻关系上的法律后果可以分为在夫妻人身关系上的法律后果和在夫妻财产关系上的法律后果。在夫妻人身关系上，离婚后夫妻关系终止。此无疑义。笔者将把讨论的重点放在离婚在夫妻财产关系上的法律后果。

离婚时，法院处理离婚财产问题的首要工作是认清双方各自的财产归属。对于双方当事人各自的财产权的认定，法院施行的基本规则是：一是双方收入归各自所有；二是在一般情况下，个人财产归出资购买者所有；三是一方配偶可以向另一方配偶赠予个人所有的财产，只要已经交付，而且有证据证明财产是作为礼物赠予对方的；四是结婚不改变财产所有权的性质。[①] 在分清各自财产时，法院往往会根据离婚案件的具体情况，重新分配双方财产。

20 世纪 90 年代中期，在涉及离婚财产问题的案件中，法院往

---

① Herring J, Family Law (6th edition), Harlow: Pearson, 2013, p. 159.

往强调传统父权社会中的家庭价值观及其权利义务。[①] 法院认为，传统家庭价值观要求一方配偶（通常是男方）主要负责赚钱养家，另一方配偶（通常是女方）则负责照顾家庭，抚养未成年子女。赚钱养家的一方扶养配偶及抚育未成年子女的角色不会因为离婚而终止。因此，在这类案件中，法院除了判令离婚时转让部分财产外，通常还会判定经济强势一方定期向弱势一方支付一定的款项。至20世纪90年代末，家事司法开始将重心转向性别平等和保护个人合法权利。在离婚附带救济诉讼中，法院开始强调赚钱一方应与弱势方分享婚姻存续期间的成果。[②] 自怀特案之后，离婚财产分割案件确立了公平原则，"公平是离婚财产分割的最高目标"。[③] 有学者指出，从实质看，怀特案后，英国法的婚姻财产制是延迟的共同财产制，尽管形式上英国法的表现有所不同。[④] 但是这种观点并未得到很多支持。对于部分案件而言，现行法律主张平分双方的财产。但在司法实践中，怀特案后，平分配偶双方财产的离婚案件只占少部分。[⑤] 随后在米勒、麦克法兰案中，上议院对公平原则做了进一步的阐述，实现公平的三种基本原则包括：需要、补偿和平等分享。[⑥] 法院最终作出的判决就是在此三原则基础上，综合考虑1973年《婚姻诉讼法》第25条规定的各种因素，最终得出的公平结果。

（一）需要、补偿、平等分享三原则的关系

实践中，法院对需要、补偿以及平等分享三原则的适用采用了相当灵活的态度，补偿原则在司法实践中的作用相对较小。尽管法

---

① Diduck A., "What is Family Law for?" *Current Legal Problems*, vol. 64, 2011, p. 6.

② Diduck A., "What is Family Law for?" *Current Legal Problems*, vol. 64, 2011, p. 7.

③ *White v White* [2000] 3 FCR 555.

④ Cretney S., "The Family and the Law - Status or Contract", *Child and Family Law Quarterly*, vol. 15, 2003, p. 403.

⑤ Herring J., Family Law (6th edition), Harlow: Pearson, 2013, p. 158.

⑥ *Miller v Miller*; *McFarlane v MaFarlane* [2006] 2 FLR 213.

院比以往更了解弱势方放弃个人的职业机会，在家相夫（或妻）教子给其带来的长期影响，但在判决中适用补偿原则，在该配偶分得的财产中明确补偿份额的做法并不常见。① 在低收入家庭的离婚案中，因在婚姻中放弃工作照顾家庭所做的牺牲常常以该当事人的需要的方式处理；② 在高收入家庭的离婚案中，适用平等分享原则，弱势方可以分得比适用补偿原则所分得的更多的财产，③ 或者通过评估弱势方的需要，认可其在谋生能力方面的损失，④ 进而依照需要原则分割财产。在另外一些案件中，要么一方配偶结婚前并没有获得工作机会，⑤ 要么放弃个人的工作机会只是个人行使其生活方式选择权，并非是生活所迫，⑥ 这与补偿原则毫无关系。在大多数的普通离婚案中，与高收入家庭离婚案件不同，法院最主要的考虑是在双方当事人所有的资产中如何尽量满足双方当事人的需要。由于许多案件都要优先考虑离婚案件中未成年儿童及其主要抚养人的住房需要，因此在财产分割时，通常不能按照平等分享原则分割财产。⑦

仔细分析实现公平的三种基本原则，不难发现，三种原则背后体现了对婚姻不同的认识。在实践中，如何适用这三种原则，也有不同认识。需要和补偿二原则之间的区分不是特别明显。正如学者所言，在某些情况下，需要和补偿两个原则的含义非常相似。“申请人的需要实质上就是，因为男方或（更普遍的情况是）女方为

---

① See *Lauder v Lauder* [2007] EWHC 1227; *VB v JP* [2008] EWHC 112; *H v H* [2007] EWHC 459.

② See *Lauder v Lauder* [2007] EWHC 1227.

③ *CR v CR* [2007] EWHC 3334.

④ *McFarlane v McFarlane* (No 2) [2009] EWHC 891.

⑤ *NA v MA* [2006] EWHC 2900.

⑥ *Radmacher v Granatino* [2010] UKSC 42, para. 121.

⑦ *M v B* (ancillary relief proceedings: lump sum) [1998] 1 FCR 213.

了照顾家庭抚育未成年子女，放弃了个人事业，因此所生的症状。”[①] 但同时，二者也有不同，如在某些案件中，某些需要并非是通过补偿这一原则就能获得的，[②] 如因身体或精神残疾所生之需要与对这类情况进行补偿就不同；在另一些案件中，通过补偿原则分得的财产则远远超过通过需要原则分得的财产，如因为放弃某一回报丰厚的工作所生之补偿。从时间维度上考察，需要原则是未来导向的，主要针对的是当事人现在以及未来的情况；补偿原则则是过去导向的，主要针对的是当事人以往生活中所产生的损失。如果说补偿是从弱势方的立场出发，那么平等分享则把重点放在婚姻关系中双方配偶的平等地位上，主张婚姻是平等人之间的合伙关系，因此双方配偶都可从婚姻关系产生的经济成果中获得自己应得的份额。需要原则不同于补偿和平等分享原则，其更看重个人物质生活的满足，体现了离婚分割财产及判令离婚后扶养时对离婚当事人的保障作用。

在米勒、麦克法兰案中，上议院并未就三原则的优先顺序进行排序。既可以先运用平等分享原则，如果有充分理由，则可以违反平等分享原则，适用需要或补偿原则；又可以先运用需要或补偿原则，然后再就结余部分，适用平等分享原则。[③] 这几个原则的适用顺序不同，一方配偶获得的财产也会截然不同。学者就此举出的例证很有说服力。

如双方配偶的资产总值为 200 单位，A 当事人的需要为 30 单位，B 当事人的需要为 70 单位，对 A 当事人应提供的补偿为 0 单位，对 B 当事人应提供的补偿为 30 单位。

---

① Miles J.，“Charman v Charman (No 4)：Making Sense of Need，Compensation and Equal Sharing After Miller/McFarlane”，*Child and Family Law Quarterly*，vol. 20，2008，p. 389.

② Miles J.，“Responsibility in Family Finance and Property Law”，Bridgeman J.，Keating H.，Lind C. eds，*Regulating Family Responsibilities*，Farnham：Ashgate，2011，p. 106.

③ *Miller v Miller*；*McFarlane v MaFarlane* [2006] 2 FLR 213，para. 144.

案情概要：B 相对 A 而言，有更大的需求，因为 B 负责抚育子女，因此在住房以及子女吃穿等方面有更大的需要。从补偿上讲，A 无须补偿，B 则需要补偿 30 单位，这是因为 B 因照顾家庭子女损失了工作机会，既是对其工作机会损失的补偿，也是对其照顾家庭子女的补偿。

方法一：如果按照先适用需要和补偿原则，然后再就结余部分适用平等分享原则：

那么我们从总共 200 单位的总资产中，分别减去两位配偶的需要并给予相应补偿，也即 A：30 单位 +0 单位 =30 单位，B：70 单位 +30 单位 -10 单位（按照需要和补偿分别计算时的重复部分）=90 单位。剩下 80 单位的资产由二人平等分享，也即 A、B 各得 40 单位。其结果是：A：70 单位；B：130 单位。

方法二：如果按照先适用平等分享原则，然后适用需要和补偿原则会产生一个不同结果，则适用需要和补偿原则：

那么先将 200 单位的总资产平分，每人各得 100 单位。如果按照需要及补偿原则，任一方应获得的超过 100 单位，那么就应改变分割财产的方法。对于例子中的情况，双方的需要及补偿的和都不超过 100 单位，因此无须改变分割财产的方法。其结果是：A：100 单位；B：100 单位。[1]

从例证可以看出，适用方法二时（如查曼诉查曼案[2]），双方配偶各分得 100 单位。适用方法一时（如米勒、麦克法兰案[3]），A 分得 70 单位的财产，B 分得 130 单位的财产。要判断哪一种方法更合理，离不开对案情的分析。

从案情观察，一方面，B 之所以应获得补偿，并且其需要的也

---

① George R. , Ideas and Debates in Family Law, Oxford: Hart Publishing, 2012, pp. 98 - 99. 笔者对于原来的例子根据情况做了修改。

② *Charman v Charman* [2007] EWCA Civ 503, [2007] 1 FLR 1246.

③ *Miller v Miller*; *McFarlane v MaFarlane* [2006] 2 FLR 213.

更多，是因为其在劳动力市场的价值随着其离开劳动力市场的时间延长而下降，也即婚姻存续时间越长，年纪越大，其在劳动力市场的价值越低，离婚后能重新进入劳动力市场的难度越大。A 和 B 之间这种在未来就业能力上的巨大反差将严重影响他们离婚后的生活水平，从另一个角度而言，B 因离婚致贫的可能性远远大于 A。另一方面，如果首先适用平等分享原则，一旦其分得的财产能够满足其需要，而且也补偿了其在家庭生活中所作的贡献，她就不能分得更多的财产。相较而言，A 却可以在满足其需要后获得更多的盈余。也即财产分割后，因为抚育子女以及再就业的困难，B 当事人分得的财产只能刚好应付其接下来的生活，至多有 10 单位的盈余（需要和补偿单独计算时的重复部分）；A 当事人则在分割后即有 70 单位的盈余，同时由于在就业市场上存在优势，其在离婚后的生活必然优于 B。分析至此，我们不难发现，离婚后平等分享财产并不是一个公平方案。在现有社会环境下，这种由于性别原因导致的不公尤为明显。

此外，双方当事人的选择权也应放在现有社会环境中观察，而非从抽象角度考虑。[①] 男女社会分工之不同及各自在家庭中扮演的角色使得放弃个人事业追求、承担较多家务劳动、照顾抚养子女之一方（常常是女方）在关系破裂时承担了较大的损失。[②] 在外工作的一方（常常是男方）在对财产的控制权方面往往有更多优势。[③] 但夫妻各自的不同选择对家庭所作贡献应当在原则上视为相等。因此，要实现真正的家庭正义，就应考虑这些社会因素，在分割财产

① Diduck A.，"What is Family Law for?"，*Current Legal Problems*，vol. 64，2011，p. 20.

② Miles J. & Probert R.，"Legal Principles and Real Life"，J. Miles & R. Probert ed.，*Sharing Lives*，*Dividing Assets An Inter – Disciplinary Study*，Oxford：Hart Publishing，2009：20.

③ See Eekelaar J.，"Family Justice：Ideal or Illusion"，*Current Legal Problems*，vol. 48，1995（2），p. 210.

时作出更符合公平要求的判决。

（二）家庭房产和养老金的处理

在有关家庭房产和一方配偶养老金的处理上，英国法表现出较大的灵活性，法官拥有较大的司法裁量权。在离婚后家庭房产和养老金问题上，英国法主要体现出以下几个特点：

一方面，在英国法上，家庭房产的分割中特别强调家庭关系的特殊性。所有权只是法官在自由裁量时的一个考虑因素，法官会依据家庭关系作出财产调整令。即使依据财产法的相关规则确定财产的所有权人，法官仍会根据家庭关系分割房产。在养老金问题上，养老金分割充分考虑了家庭中由于男女两性分工的不同带来的经济地位的差异。外出赚钱的一方由于工作的原因享有相应的养老金权益，而放弃个人工作机会、照顾家庭抚育未成年子女的一方则由于这种家庭分工的不同，丧失了养老金权益。因此，在离婚时或离婚后强势一方配偶获得养老金时，法院有权作出相应的养老金指令。“离婚财产分割的最终目的是让双方当事人能在未来独立生活的道路上获得平等的起点。”①

另一方面，英国法对家庭房产以及养老金的处理充分体现了英国离婚制度对弱势方的保护。例如，在归复信托中，英国法对于购买房产时有部分出资但又未在登记簿上出现的隐名所有人也会提供保护。在推定信托中，只要弱势方依据双方共同的意思表示发生了一定的信赖损失，弱势方就可以得到衡平法法律的救济。在财产权禁反言中，亦然。依据财产权禁反言，弱势方还可向法院主张在争议房屋的居住权等。这些救济制度和离婚财产分配时的平等分享、需要及补偿三个原则相得益彰，对婚姻中弱势方的保护更趋完善。此外，在离婚时，如果双方当事人的财产总额不足以保证满足离婚后的两个家庭的住房需求，法律通常会优先保护家庭中弱势方的住

---

① Per Baroness Hale. *Miller v Miller*; *McFarlane v McFarlane* [2006] 2 FLR 213, para. 250.

房需求，也即优先保护未成年子女及其主要抚养人的住房需求。在养老金问题上，现行制度也强调对弱势方的保护。在法院分割双方当事人的财产时，法院会依据需要、补偿、平等分享的原则进行分割，养老金权益也是法院纳入考虑的财产之一。在具体分割时，法院既可能作出一次性指令分割养老金，也可能根据案件的具体情形，如养老金要若干年才能实现等，推迟分割养老金。养老金灵活多样的分割方式保证了离婚制度为弱势方提供最大可能的保护。

从共同共有房产纠纷的分割方法中我们发现，法官在适用信托相关理论时，非常看重双方当事人共同的意思表示。双方有明确协议的，依照协议。没有协议时，依照双方的行为推定：如是否存在承诺，是否存在依承诺作出的信赖损失等。信托制度源于英国的衡平法。衡平法旨在履行道德上的义务以及弥补普通法上的漏洞。[①] “在成文法规范之外，衡平法是超解释性（ultra - interpretative）的法律适用工具……除了发现成文法的意义（解释），还包括填补法律空白（整合），调节过于严苛的法律使之更符合常理（调节），甚至在一定程度上，还要创新（创设），尽管这与我们头脑中的法律渊源不同。”[②] 经衡平法检验的解释（效力上）远大于一般性解释，其重在发现法律制度的“心”素：[③] 法律制度的精髓。[④] 由此可见，英国法上家庭房产纠纷的分割方法，重在实现家庭财产分割中的公平正义，保护善意的弱势方权利，形式要件对房产分割不具有绝对的影响力。

在养老金的分割问题上，养老金的分割实质上是和离婚后财产

---

① Thompson M. P., *Modern Land Law* (5th edition), Oxford University Press, 2012, p. 41.

② Maria Jose Falcon y Tella, Peter Muckley, translated. *Equity and Law*. Martinus Nijhoff Publishers, 2008, p. 96.

③ 与此相对的是法律制度的“身”素，指法律制度的文字实体内容。

④ Maria Jose Falcon y Tella, Peter Muckley, translated. *Equity and Law*. Martinus Nijhoff Publishers, 2008, pp. 94 - 97.

分割、婚姻房产分割连在一起，由法官统一考虑的。单就养老金而言，英国的立法经验提供了三种重要的分割方法，[①] 笔者将其简单归纳为补偿法（补偿一方的养老金损失），标记法（签发指定用途养老金令）和转让法（签发养老金分享令）。补偿法是离婚财产分割时最简单快捷的一种方法，即直接由未来能够获得养老金的一方在现有财产中提前向另一方一次性支付其应得的份额。这需要支付补偿款项的一方有足够的经济实力。标记法实质上是暂时不分割养老金，只在部分养老金上指定用途，未来到可以支取时，直接付给未参与养老金项目的一方。转让法则是将现有养老金进行分割，应支付给弱势方的款项作为弱势方加入养老金计划中的款项，帮助弱势方直接成为养老金计划的参保人。三种方法各有利弊，但不管哪种方法，其在本质上都体现了离婚制度追求公平、保护弱势方的价值取向。

（三）婚前协议和婚后协议

在米勒、麦克法兰案后，英国家庭法表现出了另一个倾向。在离婚附带救济诉讼中，虽然法院仍广泛使用公平、平等、反歧视等关键词，但新近的判决中也开始使用自主权、个人选择权这类的术语。[②] 判决中的“个人选择权”被解释为个人的生活方式的选择，并且这种个人选择权得到了司法上的支持，法院不会因为社会、家庭的具体环境不同或基于公平、平等等原则对这种个人选择权进行干预调整。[③] 在离婚制度中强调个人自主权，这与离婚程序中推行调解制度一样，本质上旨在通过认可个人自主权的方式，帮助离婚当事人自行解决离婚纠纷，这也是对政府削减法律援助资金的回

---

① 另一种方法即转换养老金的办法由于适用情况较少，而且对当事人也会造成财产损失，这里就不提了。

② Diduck A.，“What is Family Law for?”，*Current Legal Problems*，vol. 64，2011，p. 6.

③ Diduck A.，“What is Family Law for?”，*Current Legal Problems*，vol. 64，2011，pp. 27 – 28.

应。个人自主权在缔结有关婚姻的协议中，体现最明显。正如前文所述，2010 年英国高等法院审理的拉德马赫案[1]正是司法中强调个人自主权的体现。

新近的实证研究表明，在英国，缔结婚前协议的配偶并不多，在受访的 39 位法律执业者中，24 位表示在其执业过程中，从没遇到涉及婚前协议的离婚当事人，剩下 15 位法律执业者也只是偶尔有遇到。[2] 涉及婚前协议的案件要么是夫妻双方或一方属于外国人，或者一方婚前继承了父母的雄厚资产或是已建立其雄厚的产业。缔结婚后协议的人较之婚前协议的更少。

以往，即使双方当事人订立了离婚协议，法官也会根据案件具体情况，将离婚协议作为法官审理案件时的一个考虑因素，以公平的方式分割财产。现在，如果双方当事人订立了婚前协议，法官的工作不是要去寻找一个公平的解决方案，然后根据这一方案审查修改双方所订立的协议。只要协议不违反公平原则，法院就应赋予双方当事人所达成的协议的合法性，据此可要求法院执行。[3] 在新的司法理念下，法院更加支持当事人的个人自主权。

拉德马赫案的判决是以判例法的形式，肯定了一般情况下，婚前协议应赋予其法律效力，司法上可以执行。之前的麦克劳德诉麦克劳德案（Macleod v Macleod）[4] 则以判例法的形式肯定了一般情况下，婚后协议也应赋予法律效力。尽管在决定离婚当事人离婚财产分割问题上，离婚协议并没有绝对的约束力，但麦克劳德案和拉德马赫案也算是回应了一些学者的呼吁，在一定程度上认可了婚前

① *Radmacher v Granatino*［2010］UKSC 42.

② Hitchings E.，"From Pre－Nups to Post－Nups：Dealing with Marital Property Agreements"，*Family Law*，vol. 39，2009，p. 1056.

③ George R.，Ideas and Debates in Family Law，Oxford：Hart Publishing，2012，p. 100.

④ ［2008］UKPC 64.

协议的效力,[①] 支持者的理由大致有以下几点：一是在拉德马赫案之前，英国的离婚制度存在一个非常明显的矛盾：一方面认可婚姻是一种合伙关系，但另一方面却不允许配偶双方通过婚前或婚后协议行使其相应的权利——缔结协议并遵守协议，这种权利的缺位是在其他合伙关系中都没有的。[②] 二是在一定程度上认可离婚协议的效力，可以让当事人息讼，从而节省法律服务的费用以及法院的工作时间。三是从国际上看，许多国家都认可离婚协议的效力,[③] 因此认可离婚协议的效力，符合国际发展趋势，在涉及跨国婚姻的诉讼中，也能减少择地诉讼，即一方配偶在认可离婚协议某一管辖区内缔结了离婚协议，却选择在不认可离婚协议的英国提起诉讼。[④] 四是认可离婚协议的效力也是尊重离婚当事人的自主权。[⑤] 五是如果法院推翻双方当事人达成的协议，这无疑会损害调解中沟通协调的作用,[⑥] 这与家庭法推行家事调解程序背道而驰。六是如果人们不能自由选择并作出相关的婚姻财产协议，如来自德国等认可离婚协议效力国家的人以及经历了一次失败婚姻同时拥有一定财富的当

---

① See Cretney S. , "The Family and the Law - Status or Contract?", *Child and Family Law Quarterly*, vol. 15, 2003, p. 403; Clark B. , "Should Greater Prominence be given to Pre - Nuptial Contracts in the Law of Ancillary Relief", *Child and Family Law Quarterly*, vol. 16, 2004, p. 399; Morley J. , "Enforceable Pre - Nuptial Agreements: Their Time Has Come", *Family Law*, vol. 36, 2006, p. 772.

② Cretney S. , "The Family and the Law - Status or Contract?", *Child and Family Law Quarterly*, vol. 15, 2003, p. 403.

③ See Scherpe J. ed. , *Marital Agreements and Private Autonomy in Comparative Perspective*, Oxford: Hart, 2012.

④ Morley J. , "Enforceable Pre - Nuptial Agreements: Their Time Has Come", *Family Law*, vol. 36, 2006, p. 775.

⑤ *Radmacher v Granatino* [2010] UKSC 42, para. 78.

⑥ Herring J. , Probert R. and Gilmore S. , *Great Debates in Family Law*, Hampshire: Palgrave Macmillan, 2012, p. 251.

事人，可能选择不结婚，[①] 因此认可婚姻效力无疑可以促进双方当事人缔结婚姻。

但对离婚协议的效力问题，也有学者提出了反对意见：认可离婚协议的效力可能出现的后果是，法律改革后，关于离婚制度中的确定性和简单性不单没有增加，没有导致诉讼的减少、费用的节约；相反，其可能使离婚后财产分割的问题更加复杂、不确定，这无疑会进一步增加离婚人提出诉讼解决争议的可能性。此外，法院在履行职责作出公平的财产分割方案方面也会有所限制。[②] 已经认可离婚协议效力的管辖区就出现了有关离婚协议效力问题的诉讼大幅增加。[③] 有的当事人主张：缔结离婚协议时，对方当事人没有充分披露其财产信息；或者自己是在未接受法律咨询时作出的；[④] 或者所缔结的离婚协议存在错误陈述，不当影响或违背良心等，因此应判决该离婚协议无效。这些缔结离婚协议时的情况，违背了离婚制度公平的价值追求。此外，拉德马赫案向社会传递出这样的信号：一方配偶在基本层次上的需求应得到满足，损失在某种程度上也要予以补偿，但对于婚姻财产中的盈余部分，另一方可以获得全部的盈余。这是在司法上明目张胆地认可性别歧视。[⑤] 认可离婚协议效力的另一个障碍是，婚前或婚后订立的有关离婚如何分割财产的协议，如果协议自订立时已经经过了较长时间，家庭发生了较多

① George R., Harris P. and Herring J., "Pre – Nuptial Agreements: For Better or For Worse?", *Family Law*, vol. 39, 934

② George R., Harris P. and Herring J., "Pre – Nuptial Agreements: For Better or For Worse?", *Family Law*, vol. 39, 934.

③ Fehlberg B., Smyth B., "Binding Pre – Nuptial Agreements in Australia: The First Year", *International Journal of Law, Policy and the Family*, vol. 16, 2002, p. 127.

④ 在英国法上，这种在没有充分法律咨询意见下作出的离婚协议将被判无效，以此保证离婚当事人作出的协议是在知晓个人权利下所做的放弃，这与不知道个人权利时所做的协议完全不同。

⑤ Herring J., Harris P. and George R., "Ante – Nuptial Agreements: Fairness, Equality and Presumption", *Law Quarterly Review*, vol. 127, 2011, pp. 335, 338.

变化，认可离婚协议的效力会导致不公。这是因为，要预测在不确定的未来，家庭各方配偶应获得的财产多寡，从而实现公平分割，这是不可能完成的任务。家庭情感是复杂多变，无法预测的。此外，双方配偶也可能在缔结离婚协议后，生育了未成年子女，或遭遇不测致使身体或心理残疾。承认婚前协议，就是希望在感情开始的阶段，规定好双方配偶的财产性的权利义务，这完全忽略了家庭关系的现实。[1] 离婚后法院作出的经济指令不光涉及配偶双方的利益，同时也关涉国家利益，[2] 尤其在有未成年子女的案件中。因此，在配偶双方制定离婚协议时，我们无法保证双方配偶能够完全顾及未成年子女的利益，并对其做到充分的保护。

笔者部分赞同反对者的观点，但这并不是说就应否定离婚协议的效力。综合比较离婚协议肯定说和否定说的观点，笔者认为，对于离婚协议，我们理应采取一种折中态度，理由如下：一方面，从英国的国情观察，离婚协议并非一个普遍存在的问题。但对于外国人或者希望通过离婚协议保护自己财产的人的态度，他们对于认可离婚协议效力的期待是合理的。肯定说提出的有关跨国婚姻择地诉讼的问题也颇有说服力。而且离婚协议确实能实现当事人的自主权，对于沟通良好，不存在欺诈、隐瞒财产、利用自身优势迫使对方同意等有违公平的行为的，应该认可离婚协议的效力。另一方面，在是否认可离婚协议的效力问题上，需要注意的是，对于否定说提出的部分问题，也确实存在。因此，立法上应提供相应措施，帮助离婚当事人尽可能在公平、平等的情形下达成离婚协议。例如，尽可能提供条件帮助当事人获得其所需的法律信息。剥夺公民的权利，不让公民在获得相应法律咨询后提出诉讼保护自己理应享

---

① Herring J. , "Relational Autonomy and Family Law", Wallbank J. , Choudhry S. and Herring J. eds. , *Rights*, *Gender and Family Law*, Oxford: Routeledge, 2010.

② Herring J. , "Why Financial Orders on Divorce should be Unfair", *International Journal of Law*, *Policy and the Family*, vol. 19, 2005, p. 218.

有的财产权利，这是让家庭中的强者压迫控制弱者，背离了离婚制度公平的价值目标。[①] 应建立配偶双方财产的披露机制，充分的财产信息披露是订立公平的财产协议的前提。离婚协议制定后，家庭发生重大变化，应重新制定离婚协议，或者订立一个经过一定期限后即自行失效的条款。[②] 审查离婚协议时，重点审查订立离婚协议时容易疏忽的对未成年子女的利益保护等。通过这些辅助措施保障订立的离婚协议公平公正。

二、离婚在父母子女关系上的法律后果

正如黑尔女男爵在拉德马赫案的判决中所言，婚姻由双方当事人自由订立，一旦订立，双方就要受到法律规定的离婚后果的约束，从这个意义上讲，婚姻当然是合同关系。但是，婚姻也是一种身份关系。这包括两方面的含义，一方面，双方当事人可以自由决定离婚的（部分）法律后果，他们可以在法律规定的范畴内缔结协议；另一方面，婚姻对于其他人以及国家而言，也会带来其他法律后果。[③] 由此可见，婚姻对于父母子女关系的重要性。以下，笔者将对父母子女身份关系中的法律后果展开进一步的研究。

（一）儿童福利原则：法官处理子女抚养纠纷的优先考虑因素

在有关离婚后子女抚养的纠纷中，尤其是离婚双方存在激烈冲突时，法院如何执行交往令，这一直是法院在处理这类纠纷的难点问题。进入21世纪，对这一问题的持续关注引发了相关的政策讨论，最终英国政府出台了2006年《儿童和收养法》，修订了关于交往令执行的相关程序规定。但在实体法方面，现行法依然主要依

---

① George R., Ideas and Debates in Family Law, Oxford: Hart Publishing, 2012, p. 21.

② Cooke E., "The Law Commission' s Consultation on Marital Property Agreements", Scherpe J. M. ed., *Marital Agreements and Private Autonomy in Comparative Perspective*, Oxford: Hart, 2012, p. 154.

③ *Radmacher v Granatino* [2010] UKSC 42, para. 132. 黑尔女男爵在该案中持反对意见，是该案8:1多数判决的唯一一位反对者。

据的是1989年《儿童法》。法院在审理每个有关离婚后子女抚养纠纷的案件中都会按照1989年《儿童法》第1条第1款的规定，以儿童福利作为优先考虑因素，同时考虑该法第1条第3款规定的其他考虑因素。

儿童福利原则，正如麦克得蒙特勋爵（Lord MacDermott）所解释的那样："在与争议案件相关的所有因素中，儿童福利是最重要的一个因素。儿童福利原则是指这样一个过程，对所有相关的事实、关系、请求、父母意愿、风险、选择及其他情形进行评估，按照我们所理解的儿童福利的标准，什么是最重要的。（儿童福利）是首要考虑的因素，因为其最重要，也是优先考虑的因素，其决定了接下来我们所要做的。"① 作为优先考虑因素，儿童福利原则在解决此类纠纷中意义重大。但是学界对于儿童福利原则，却颇多争论。

儿童福利原则的支持者认为，儿童福利原则具有重要的导向作用，其向社会传递了一种重要的价值观，即儿童尚处于依靠他人抚养、易受他人影响和伤害的阶段，因此社会必须保护儿童不受伤害。② 儿童福利原则"将法院关注的焦点导向家庭关系中最安静的那一个，并且也是对于家庭纠纷是否起诉到法院以及问题如何解决掌控力最小的那一个。儿童也是法院最难共情的"。③ 在众多的法律原则中，儿童福利原则是公众最容易准确理解的，也是达成调解协议时一个非常实用的基础工具，因为父母都倾向于在儿童福利的问题上达成一致。④

---

① *J v C* [1970] AC 668.

② King M., "Playing the Symbols - Custody and the Law Commission", *Family Law*, vol. 17, 1987, p. 1986.

③ Herring J., "The Welfare Principle and the Rights of Parents", Bainham A., Day Sclater S. and Richards M. (eds), *What is a Parent*? Oxford: Hart, 1999, p. 100.

④ Herring J., "Farewell Welfare?", *Journal of Social Welfare and Family Law*, vol. 27, 2005 (2), pp. 163, 168.

批评者也有之。对儿童福利原则的最主要的批评是这一原则的模糊性。学者就此举过这样例子，在一个子女抚养纠纷中，为了确定子女随男方还是女方生活，需要分析对子女而言指令作出后可能的结果，以及这种结果的发生概率大小。这种分析无疑需要诸多信息。法官要考虑的内容广泛，观点庞杂，有些甚至相互矛盾。在作出指令前，还有一个价值观的问题：法院是考虑短期的儿童福利还是长期的儿童福利，是一方的情感支持重要，还是另一方的教育帮助重要？所以关键的问题，不是福利这一概念，而是法院所做的选择。[①] 另一个批评意见则把矛头指向了儿童福利原则所带来的判决缺乏透明性。在部分案件中，看似打着儿童福利的旗号，实则法官是运用了其他判决理由或者价值观。[②] 有些案件不光给该案中的儿童带来影响，同时也会牵扯到其他类似的儿童身上，给他们带来消极影响。尽管有时我们认为要保护儿童，所以应把儿童福利作为优先考虑因素，但这并不是说，为了保护儿童就只考虑该儿童的福利。[③]

1998 年《人权法》出台后，部分学者对批评者的意见做了回应。许多学者认为，《欧洲人权公约》（ECHR）[④] 也就是现在的 1998 年《人权法》，要求法院在考虑儿童福利的同时，也要单独考虑父母利益。在论及儿童福利原则和《欧洲人权公约》第 8 条所规定的“尊重个人的私人和家庭生活”[⑤] 二者之间的关系时，有学

---

① Mnookin R.，“Child - Custody Adjudication：Judicial Functions in the Face of Indeterminacy”，*Law and Contemporary Problems*，vol. 39，1975（3），p. 226.

② Reece H.，“The Paramountcy Principle：Consensus or Construct?”，*Current Legal Problems*，vol. 49，1996，p. 267.

③ Reece H.，“The Paramountcy Principle：Consensus or Construct?”，*Current Legal Problems*，vol. 49，1996，pp. 267 - 304.

④ 全称为 The European Convention on Human Rights。

⑤ 《欧洲人权公约》第 8 条第 2 款规定：公共机关在行使权力时不应干预个人的家庭生活，除非依据法律和民主社会中为了保护公共秩序安全以及他人健康的要求，这是必须的。

者指出二者之间有质的差异，儿童福利原则是事实判断，后者则是价值判断。① 儿童福利是对《欧洲人权公约》第8条规定的父母权利的一种限制。父母的私人和家庭生活受到尊重的权利应得到法院支持，除非这样做有违儿童最佳利益。② 还有学者认为，从另一个角度观察《欧洲人权公约》和儿童福利原则的关系，除了要遵循儿童福利原则外，实际上儿童和成年人一样享有《欧洲人权公约》第8条规定的权利。儿童的家庭生活也应受到尊重。③ 因此，自1998年《人权法》出台后，儿童福利原则理应在一个更广阔的视域下得以适用。未来在适用儿童福利原则时，也要考虑所有关涉的成年人的利益。不可否认的是，欧洲人权法院已经多次表现出支持内国法院基于儿童最大利益作出的最终判决。④

还有部分学者在论及儿童福利原则作为优先考虑因素时，提出了“完善论”的主张。有学者认为，应该重构子女抚养纠纷案件的处理原则，除了儿童利益之外，还应增加一个公平原则。⑤ 在衡量儿童福利时，公平因素也是应该考虑的内容。⑥ 为了说明公平因素的重要性，有学者举了一个案例：在一个子女抚养纠纷中，法院在调查案情后，认为双方当事人的条件相当，儿童都能得到健康的成长。相对而言，随父生活，儿童生活的条件更好一些。但如果法院作出随父生活的指令，母亲会陷入严重抑郁，而如果法院作出相

---

① Herring J., “The Human Rights Act and the Welfare Principle in Family Law: Conflicting or Complementary?”, *Child and Family Law Quarterly*, vol. 11, 1999, p. 223.

② Fortin J., “The HRA’ s Impact on Litigation Involving Children and Their Families”, *Child and Family Law Quarterly*, vol. 11, 1999, p. 237.

③ Bainham A., Children - the Modern Law (3rd edition), Bristol: Family Law, 2005, pp. 37 - 38.

④ 例如，欧洲人权法院在 Soderback v Sweden [1999] 1 FLR 250 案中所做的判决。

⑤ Elster J., “Solomonic Judgments: Against the Best Interest of the Child”, The University of Chicago Law Review, vol. 54, 1987 (1), p. 1.

⑥ Murphy J., “The Welfare Principle Again, An Old Problem under a New Regime”, *Family Law*, vol. 21, 1991, p. 535.

反的指令，父亲却不会。在这一案例中，如果依据儿童福利原则，那么法院应作出随父生活的指令，可以证明的是，一个更加公平的方法是不排除父母的利益，同时采取一个既能维护儿童福利，同时又能减小对父母的伤害的办法。①

还有学者提出了“融合论”。有学者认为，应重新界定儿童福利这一概念，儿童福利是在相互尊重的前提下的儿童福利，是在互惠的人际关系中作出一定牺牲的儿童福利。因此，尊重（或者说避免不当侵犯）他人的权利本身就是儿童福利的一个侧面。② 但有学者指出，这一理论的最大问题是，如果一个纠纷中各方当事人的利益不是相互独立的，那么就存在用一方当事人的利益界定另一方当事人的利益的风险。③ 这种划分不够严谨妥当。

笔者认为，无论是“完善论”还是“融合论”，二者都有一个共同特点，也即现在的儿童福利原则在适用时，已不再是单一的适用儿童福利这一优先因素，而是分等级考虑各种因素。当然，儿童福利始终具有优先地位，但同时也注重对涉案成年人利益的保护。在审理过程中，法官往往会对各方得失做全盘考量。从儿童福利原则在英国的发展论争中不难发现，当下的儿童福利原则体系更为完善。以儿童福利为优先考虑因素，将所有涉案人员的利益做通盘考虑，这一工作方法既体现了儿童福利的优先性，又剔除了只考虑儿童福利的片面性。在结果上的表现是，儿童福利原则并非必然对案件结果起决定性作用，但保护儿童权利优先的方针并未改变。这种改良的儿童福利原则更具有可操作性，也更能保障子女抚养纠纷的结果相对各方当事人而言更加公平合理。

---

① Eekelaar J.,“Beyond the Welfare Principle”, *Child and Family Law Quarterly*, vol. 14, 2002（3）, p. 237.

② Herring J.,“The Human Rights Act and the Welfare Principle in Family Law: Conflicting or Complementary?”, *Child and Family Law Quarterly*, vol. 11, 1999, p. 223.

③ Eekelaar J.,“Beyond the Welfare Principle”, *Child and Family Law Quarterly*, vol. 14, 2002（3）, p. 237.

（二）父母子女交往权的理论论争及司法实践

按照英国现行法律，父母与子女都有权与对方交往、生活。这点已在欧洲人权法院得到认可："父母子女的相互陪伴"是《欧洲人权公约》第8条规定的"家庭生活权的基本要素"。[①]"法院应考虑相关各方的权利和利益，尤其是儿童最佳利益以及其在《欧洲人权公约》第8条项下的权利。如果与父母交往可能威胁甚至损害这些权利，那么内国机关有责任在各方之间寻求一个平衡。"[②]但是，父母一方不能依据《欧洲人权公约》第8条之规定，要求法院采取可能危害子女健康成长的措施。[③]

在内国法院，上诉法院在Re C（暂定直接接触）案中对交往纠纷中法院的工作方法做了很好的总结，要点如下：一是父母子女的交往是家庭生活的基本要素，是符合儿童利益的基本要求。二是只有在极端情况下，有充分理由并且在别无他法的情况下，才能中止父母子女间的交往。三是国家，也即法官有义务采取必要措施维系父母子女之间的关系，简言之，也就是保持或恢复交往。法官只有在穷尽了一切办法，确定即使继续努力，儿童也不会从中受益后，才能作出中止交往的指令。四是法院应以中长期的儿童交往安排为工作目标。五是关键问题是在具体案件中，法官是否穷尽了一切办法帮助父母子女交往。六是儿童福利优先于其他考虑因素。[④]

在这一基本框架下，对于一些具体问题，学界尚有一些论争。其中之一就是在一般情形下，法律是否推定父母子女的交往是有益

---

① *Elsholz v Germany*（Application No 25735/94）（2002）34 EHRR 58，[2000] 2 FLR 486，para. 43.

② *Glaser v United Kingdom*（Case No 32346/96）（2001）33 EHRR 1，[2001] 1 FLR 153，para. 65.

③ *S and G v Italy*（Cases 39221/98 and 41963/98）[2000] 2 FLR 771，ECHR，para. 169.

④ *Re C*（*Direct Contact：Suspension*）[2011] EWCA Civ 521，[2011] 2 FLR 912，paras. 37－47.

的。正如贝汉姆（Bainham）教授所言，积极认同交往的价值，可以教育激励各方当事人继续维持互动良好的父母子女关系，[①] 帮助父母承担其应尽的责任。上诉法院在 Re LVMH 案[②]中就推定在交往纠纷中，推定父母子女的交往是有益的。索普法官的这一结论依据的是两位儿童精神病专家斯特奇博士（Sturge）和格拉泽博士（Glaser）对一般儿童心理情况所做的调研报告，索普法官认为这一报告充分证实了，未成年子女继续与父母交往将会使他们受益。[③] 实际上，这是对两份学者的调研报告的误读。他们的报告强调的是每个个案都不相同，因此在个案中应根据案情识别有利于父母子女交往的因素，同时也要找出阻碍各方交往的障碍，由法官作出综合判断。正如斯特奇博士所言，他们的观点是，当具备一定条件时，未成年子女继续与父母交往将会使他们受益。[④] 学者对交往安排和子女健康所做的关联研究表明，对子女健康而言，重要的不是交往本身，而是交往的质量。[⑤] 其中一些重要因素包括，父母关系如何，各方当事人的性格等。实际上，由于父母之间的冲突给子女造成的消极影响，在交往纠纷中推定父母子女应有相互交往的权利在有争议的交往纠纷案件中有失妥当。近来的研究显示，这类案

---

① Bainham A.，"Contact as a Right and Obligation"，Bainham A.，Lindley B.，Richards M.，and Trinder L. eds.，*Children and Their Families*：*Contact*，Rights and Welfare，Oxford：Hart，2003，pp. 61 –88

② ［2001］Fam 260（CA）.

③ Re LVMH［2001］Fam 260，para. 365.

④ Gilmore S.，"Disputing Contact：Challenging Some Assumptions"，*Child and Family Law Quarterly*，vol. 20，2008，p. 285.

⑤ Gilmore S.，"Contact/Shared Residence and Child Well – being：Research Evidence and Its Implications for Legal Decision – Making"，*International Journal of Law*，*Policy and the Family*，vol. 20，2006，p. 344.

件往往都是有激烈冲突的案件。①

以上论及的是是否应作出交往令以及如何作出交往令的问题，接下来笔者将考察交往令的执行情况。从司法实践来看，长期以来，家事法院在父母离婚后有关儿童交往令的执行方面都困难重重。一方面是原有的救济措施——罚款、拘役甚至变更子女的抚养令——在执行时都效果不佳，甚至可能伤害子女。2006 年《儿童和收养法》引入的一个新办法，也即要求违反交往令的一方父母参加义务社区劳动。但是，这一新办法在司法实践中适用较少。

2011 到 2012 年度，根据 CAFCASS 的数据，英格兰申请执行交往令的共有 1400 个案件。司法部 2011 年的数据显示，英格兰和威尔士申请交往令的案件总共有 38405 件。② 尽管申请执行交往令的案件占比较小，但是违背法院的交往令不但有违当事人的利益，而且也会让公众丧失对家事司法体制的信心。因此，对于交往令的执行难问题，一直困扰着英国家事司法系统。在 2013 年的政府咨文中，政府决定不再增加诸如扣留驾驶证、护照等新的制裁措施，改革重心放在了程序上。对于违反交往令的案件将再次回到法院，由原任法官处理。③

学者的实证研究表明，④ 在现有法律制度框架下，86% 提出执

① Gilmore S.，"Contact/Shared Residence and Child Well - being: Research Evidence and Its Implications for Legal Decision - Making", *International Journal of Law*, *Policy and the Family*, vol. 20, 2006, p. 359. Perry A. and Rainey B.，"Supervised, Supported and Indirect Contact Orders: Research Findings", *International Journal of Law*, *Policy and the Family*, vol. 21, 2007, pp. 21, 29.

② Trinder L.，*Enforcing Child Contact Orders*: *Are the Family Courts Getting It Right*? London: Nuffield Foundation, 2013, p. 2.

③ Ministry of Justice: *Cooperative Parenting Following Family Separation*: *Proposals on Enforcing Court - Ordered Child Arrangements*: *Summary of Consultation Responses and the Government' s Response*, 2013, pp. 14 - 15.

④ Trinder L.，*Enforcing Child Contact Orders*: *Are the Family Courts Getting It Right*? London: Nuffield Foundation, 2013, pp. 3 - 4.

行交往令申请的都是不随子女一起生活的父方。70%的案件缘于父方完全不能与自己的子女交往。59%的案件在法院判决交往令（基准交往令）后的五个月内提起。66%的案件只涉及法院作出的基准交往令。也有5%的极端案件，当事人双方已经就子女抚养问题有过四次以上的法庭审判经历。大多数民众认为，不执行交往令在很大程度上是因为母方敌视、阻挠。与此相反，在学者调研的案件中，只有4%的案件，随子女生活的父母一方阻挠另一方与子女交往，个别当事人甚至说服儿童，在没有任何正当理由的情况下，拒绝与另一方的所有人交往。其他的案件不能执行交往令的原因包括：双方存在沟通障碍，在一些不重要的细节问题上也无法沟通协调；有些案件存在家庭暴力史，儿童虐待史，父母一方有吸毒、酗酒或精神疾病等，直接抚养子女的一方有安全方面的担忧；10周岁以上的子女自己不愿意再和非共同居住方交往。在接受调查的案件中，法院解决这类问题的方法大致可以分为五类：一是帮助双方达成新的与儿童交往的时间表；二是将案件转介到父母支持系统，如调解或抚养子女协调机构，开展针对父母养育的教育指导；三是评估并控制风险，如限制交往次数或是将施暴者或有物质滥用等行为问题的父母一方转去相关支持机构参加相关的培训或行为改变计划；四是在与儿童交流中，探寻儿童的真实想法，尊重儿童的意愿，并予以回应；五是通过惩戒措施教育违反交往令的父母一方，通常是签发在社区参加义务劳动的指令，并警告如有再犯，将判令拘役。

从学者的研讨及实证研究数据中，我们不难发现，对于交往纠纷以及交往令执行难问题，应该全面认识分析。是否签发交往令是法院在儿童福利原则的指导下，综合考量多种因素作出的判断。交往令执行难也并非只是随子女居住方拒绝执行交往令这么简单。由于交往涉及随子女共同居住方、不随子女共同居住方、未成年子女三方当事人，各当事人之间的关系、当事人的性格、行为都与交往纠纷的顺利解决息息相关。套用一种简单模式——如推定父母子女的交往对子女有益，或拒绝执行就实施惩戒措施，对于解决这类纠纷的效果并不好。相反，根据案情不同，结合当事人特点，尝试多渠道、多样化的解决方式，倒不失为一种处理交往纠纷的良好机制。在交往令执行难问题上，这种从“违反—惩戒”到“违反—帮助”的司法态度的转向，对于我国的探望权纠纷的执行难问题具有借鉴意义。

（三）子女抚养费的执行

英国政府近年来一直致力于完善有关子女抚养费纠纷的解决，一是要尽可能帮助当事人拿到法院判决的子女抚养费，二是避免随子女共同居住的一方当事人，通常是女方，由于离婚陷入贫困。在政府准备关闭子女抚养费代理处，并庆祝子女抚养费代理处的成功时，民众却对这一行为提出了质疑。

子女抚养费代理处是否取得了成功？先看政府公布的相关数据。在2013年第二季度（4～6月），有93万儿童从抚养费中受益，较之2005年一季度（1～3月）的37万受益儿童增长一倍多。子女抚养费代理处帮助征收的儿童抚养费达到31.5亿英镑，比2005年一季度增长20.7亿。在2013年一季度接受的案件中，87.4%的案件在三个月内处理完毕。[①] 单亲慈善机构“姜饼”的总干事维尔女士（Weir）指出，今年早些时候发布的数据表明，政府所说的支付了子女抚养费的父母，每五位就有一位并没有支付所有的子女抚养费，但只要他们每三个月支付了一部分子女抚养费，也被计入了政府成功执行子女抚养费的统计数据中。政府忽略了这样一个事实，那些由一方父母直接支付给另一方的情形中，并不是所有案件，支付子女抚养费的一方都做了全额支付。政府在这一方面也没有相关统计数据支持。许多家庭都需要政府的帮助才能得到其应得的子女抚养费。那些拿到子女抚养费的家庭中接近半数是通

① Department for Work and Pensions, *Child Support Agency Quarterly Summary of Statistics for Great Britain*, London: Department for Work and Pensions, 2013.

过子女抚养费代理处实现的。代理处的工作方式是从应支付抚养费的一方的工资和福利津贴中直接扣取。①

但是按照政府新出台的2008年《子女抚养费和其他款项法》以及在此之后的工作计划，自2013年11月25日起，子女抚养费代理处不再受理新案件，已受理的案件仍会处理完毕。② 2014年，子女抚养费代理处的工作将由子女抚养费服务署（Child Maintenance Service）取代。立法机构认为父母应协商解决子女抚养费的问题，公权力机构主要是帮助双方协商达成协议，并帮助执行这些协议。按照新的工作计划，子女抚养费服务署与子女抚养费代理处不同，它只是一个志愿服务机构，并非以往的政府机构。因此，帮助征收子女抚养费会向父母双方收取一定的费用。应支付子女抚养费的一方除了支付子女抚养费外，还要向子女抚养费服务署支付约为抚养费20%的服务费。应收取子女抚养费的一方则要支付4%的手续费。

且不说，政府希望父母自行解决子女抚养费纠纷的愿望是否能够实现，但有一点政府似乎忘了，创立子女抚养费代理处的初衷正是为了应对单身母亲面临的拿不到子女抚养费的难题。下议院的工作和养老金委员会③就表达了这样的担忧，新法似乎又回到了创立子女抚养费代理处之前的状况，要想拿到不随子女生活一方支付的儿童抚养费困难重重。

最近的一项调查说明，24%的正在接受政府福利的单亲母亲④

---

① Child Support Agency Success Celebrated before It Goes, 2013 - 09 - 11, http://www.bbc.co.uk/news/uk - politics - 24042991, access time: 2013 - 12 - 10.

② Arranged Child Maintenance: the Child Maintenance Service and the Child Support Agency, www.gov.uk/child - maintenance, access time: 2013 - 12 - 10.

③ House of Commons Work and Pensions Committee, *The Child Maintenance and Enforcement Commission and the Child Support Agency's Operational Improvement Plan*, London: The Stationery Office, 2010.

④ 在英国，低收入的单身母亲可以获得住房补贴、失业救济金以及地方政府税津贴等。

表示，如果政府让双方自行协商解决子女抚养费的问题，他们都认为，不随子女共同生活的一方父母不会支付子女抚养费。支持政府这一新举措的，更多的是不随子女共同生活的非居住方，在数量上是随子女共同生活的一方父母的一倍。[①]

虽然，政府也设立了子女抚养费服务署，但是对于申请执行子女抚养费的当事人而言，其须先交 20 镑的预付款。[②] 一旦启动征收子女抚养费的服务工作，子女抚养费服务署会向不随子女共同生活的非居住方征收 20% 的服务费，旨在敦促未直接抚养子女的一方当事人通过私下的协商解决子女抚养费纠纷。[③]

综观子女抚养费相关负责机构及征收办法的改革，政府力图促使纠纷双方通过调解等替代性纠纷解决方式解决子女抚养费纠纷的立法用意跃然纸上。一方面，我们从子女抚养费代理处的实践统计数据以及部分学者的实证调研中发现：原有的子女抚养费代理处的工作尽管未能解决所有的纠纷，但其仍然帮助了 87.4% 的单身母亲在较短的时间内拿到子女抚养费，尽管是否是全额拿到所有的子女抚养费存疑，但其工作仍然取得了一定效果。另一方面，新的工作机制能否实现政府设定的工作目标——帮助子女抚养费双方达成协议，以一种更和平的方式拿到子女抚养费，这有待时间的检验。但从学者和民众对新方案的反映看，似乎这一新的工作机制的未来并不被看好。大家普遍怀疑，让剑拔弩张的双方当事人协商子女抚养费的设想过于理想，收取子女抚养费本就困难重重的现状未来只会更加糟糕。20 镑的预付款对于接受救济的家庭而言，并非一个小数目。可以预见，未来英国政府仍将继续探索执行子女抚养费指

---

① Wickeley N., Ireland E., Bryson C. and Smith R., *Relationship Separation and Child Support Study*, *Department for Work and Pensions Research Report* 503, London: Department for Work and Pension, 2008.

② 如果是家庭暴力的受害者或是 18 周岁以下的未成年人，可以申请减免。

③ Department for Work and Pensions, *Universal Benefit*, London: Department for Work and Pensions, 2013.

令的更加行之有效的办法。

第五节 英国现代离婚制度改革之特点

综观英国现代离婚制度的历史发展及其具体内容，英国现代离婚制度在顺应社会发展、调整英国民众离婚纠纷中，表现出较强的适应性和灵活性。在整体性方面，英国现代离婚制度表现出以下特点。

一、英国现代离婚制度改革的保守性

和世界上其他国家在家庭法领域的发展相比，英国在家庭法领域的制度改革步履缓慢，具有浓厚的保守特点。在离婚制度中，德国离婚制度在离婚法定事由中已经彻底抛弃了过错事由，采用了纯粹破裂主义。1976 年《婚姻家庭第一改革法》（The First Reform Act on Marriage and the Family）就明确了离婚法定理由以婚姻破裂为离婚法定标准。在《德国民法典》第 1565 条中，离婚的法定理由只有一条，即婚姻已经破裂。随后在该条第 1、2 款中，又明确了在分居已满一年时，如果双方都提出离婚，或一方提出离婚，对方同意，即可认定婚姻已经破裂。如果一方提出离婚，对方不同意，但分居已满三年，亦可认定婚姻已经破裂。① 按照澳大利亚 1975 年《家庭法》（2008 年修正）第 48 条的规定，双方分居已满一年的，可以认定为婚姻关系已无可挽回地破裂，② 也即澳大利亚也已完全采用了纯粹破裂主义的立法模式，抛弃了认定婚姻破裂的有责事由。瑞典也采用了概括破裂主义的立法模式，离婚法定事由

---

① Schwab D., Gottwald P. & Lettmaier S., *Family and Succession Law in Germany* (2nd edition), New York: Kluwer Law International, 2012, p. 62. 也可参见《德国民法典》（第二版），陈卫佐译，法律出版社 2006 年版。

② 陈苇：《澳大利亚家庭法》（2008 年修正），群众出版社 2009 年版，第 110 ~ 111 页。

中没有有责事由。[①] 根据瑞典《婚姻法典》的规定，如果双方当事人同意离婚，且没有未满 16 周岁的子女的，可以立即离婚。如果双方当事人同意离婚，有未满 16 周岁子女，或是双方当事人任一人要求给予长达 6 个月的反思期，则须经过 6 个月的反思期。如果一方提请离婚，另一方当事人不同意的，那么也须经过 6 个月的反思期，如果一方仍然坚持，即可获准离婚。如果双方当事人分居已满 2 年，那么无须经过反思期，双方可以立即离婚。[②] 和这些国家相比，英国在是否删除有责离婚法定事由上的徘徊不前充分说明了其离婚制度改革的保守特点。此外，在分居事由的规定上，英国现代离婚制度所要求的法定时间也偏长。有学者评价说，英国不是以激烈的变革去追求自由，而是在尊重秩序和传统的基础上，以尽可能小的变革来维护和保存自由。[③] 这种以时间换秩序、尊重传统的保守特点弱化了改革可能给社会带来的不稳定因素，在与传统文化紧密相连、特别重视稳定秩序的家庭领域有其特殊价值。维护稳定的家庭秩序实际也减少了个人及家庭因社会动荡可能遭受的损害，在更大的层面实现了法的价值。

二、重视实证调研的方法

英国现代离婚制度在推行制度改革时，重视实证调研。综观英国现代离婚制度的发展历程，“法律委员会”这个术语反复出现。法律委员会是依据 1965 年《法律委员会法》设立的一个法定的研究机构。其主要工作就是对现行法律进行检视，进而在有需要的情

---

① Le Bouteillec N. , Bersbo Z. & Festy P. , Freedom to Divorce or Protection of Marriage? The Divorce Laws in Denmark, Norway and Sweden in the Early Twentieth Century, *Journal of Family History*, vol. 36 (2), 2011, pp. 191 – 209.

② The Marriage Code (Äktenskapsbalken) Chapter 5 Section 4; SFS 1987: 230, with subsequent amendments up to and including SFS 2000: 1731.

③ 袁峰:《比较政府与法治：现代社会中的政治秩序》，上海人民出版社 2008 年版，第 91 页。

况下，提出改革意见。这既是英国法律改革的特点，同时也证实了英国在制度改革中，对实证调研的重视。

这里不得不提的是1996年《家庭法》的改革。即便在法律出台后，为了检验法律的运行效果，英国政府又根据1996年《家庭法》准备推行的改革开展了试点。且不说试点效果是否令人满意，这种将法律改革与民众生活紧密结合，用试点项目的成功与否研判未来法律改革的可行性颇值得我们学习。通过试点项目的开展，无疑可以排除由于制定政府政策时的技术偏差而引发的制度无法实现政府立法目标的不良后果。在一个可控的范围内进行政策试点，既能观察法律改革的社会实效，又能避免因为政策疏漏而引发大的社会动荡。

三、以判例法为纲，强调实质公平

对于离婚法律后果方面的制度而言，英国的判例法意义重大。由于英国是英美法系国家，在司法实践中有遵循先例原则。因此，在英国离婚法律后果的制度改革方面，判例法体现出其主导作用。从前文的论述中可以看出，制定法只对离婚法律后果方面的内容做了指导性规定，如法院可以作出哪些法令，作出这些法令时应考虑的因素有哪些等。而关键性且具有实质意义的内容则体现在判例法的法律原则中，且离婚法律后果方面的制度之改革也是通过判例法实现的。考察离婚法律后果方面的具体内容，笔者认为，英国这方面的制度十分强调实质公平。试举两例说明：

一是在离婚协议方面，英国离婚制度对待双方达成的离婚协议态度极其慎重。对于双方合意达成离婚协议，需要双方都有律师参与，从而保证双方是在充分了解各自的法律地位、其所拥有的法律权利，在知晓法律权利下所达成的协议，且在没有隐瞒、欺骗或违背披露义务的情况下，这样的协议才会被认可，否则，即便法院作出了同意令，同意令也将被废止。[①] 这样严格的事前审查制度能够有效遏制利用一方无知，通过欺骗、隐瞒等手段离婚，并少分婚姻弱势方财产的情况。

二是在法院处理离婚后双方财产关系方面，按照米勒、麦克法兰案[②]的要求，法官需要通过运用需要、补偿、平等分享原则作出有关财产分割以及离婚扶养的法令以实现公平。需要指出的是，法官在适用这些原则时，往往会根据案情做具体的分析判断。可供分割的财产也绝不仅仅是双方婚后所得的财产，在某些情况下，婚前个人财产也可纳入法官分割财产的范围。尽管这类案件在数量上并不多，但对于极端个别的情况，通过分割一方当事人的婚前财产，从而保障婚姻中弱势方的需要，补偿弱势方在婚姻存续期间经营家庭所带来的损失，更加体现了英国现代离婚制度在特殊案件中所表现出的灵活性。

英国现代离婚制度在离婚后果上对于实质公平的追求还体现在有关离婚后父母子女关系的法律后果上，如对于未与子女共同生活的一方父母应负担的子女抚养费数额的计算等。鉴于笔者将在后文进行深入分析，这里不再一一说明。

第六节　英国现代离婚制度之不足

对一国制度之评析，应站在客观公允之立场全面认识后作出中立的评价。对英国现代离婚制度之评析，亦然。研究英国现代离婚制度，并非指英国离婚制度一切内容都发达先进，司法经验远胜过我国。若是如此，这样的研究就不可能客观。先入为主的全盘吸收态度既丢失了自我的公允立场，又有违社会发展必然尊重各自社会历史的客观规律。纵然他国立法、司法经验丰富，但其也未必适应

① 参见本文第二章有关离婚协议的内容。

② *Miller*; *McFarlane* [2006] UKHL 24.

中国国情和社会。这早已为历史所证。因此，我们也应留意英国现代离婚制度中之不足，以此作为完善我国离婚制度的反面教材，力求避免之。

从前文笔者对英国现代离婚制度的评析中，不难发现，英国现代离婚制度改革中，尚存在以下几方面不足：

一、离婚事由之不足

在英国离婚制度中，部分离婚法定事由过于陈旧，已经脱离社会现实需要。英国的离婚法定理由虽已经将“婚姻无可挽回地破裂”作为离婚的唯一理由，但诉请离婚的原告仍须向法院证明存在五个法定事由之一，简言之，也即被告的通奸行为；被告的不合理行为；被告的遗弃行为已满两年；分居两年且双方同意离婚；分居五年。这五项法定事由自 1969 年离婚制度改革得以成形后，经历近五十年，都未做大的修改。但在司法实践中，部分离婚法定事由已经脱离了社会现实需要。

一方面，被告的遗弃行为满两年这一法定事由。司法实践的统计数据很有说服力。在五项法定事由中，当事人离婚选择“遗弃”事由的由 1974 年的 5.87% 下降到 2011 年的 0.46%。可见，“遗弃”这一离婚事由已被大多数离婚当事人抛弃。分析其原因，大致有以下几点：第一，对于无争议的离婚而言，双方为了尽快离婚，可以选择“通奸”、“不合理行为”这样的法定事由。和这两个事由相比，“遗弃”事由的证明难度更大。第二，如果双方分居已满两年，且离婚无争议，则可直接选择第四项法定事由，从而实现离婚的目的。第三，如果是有争议的离婚，由于被告当事人不同意离婚，因此选择“通奸”、“不合理行为”起诉离婚和选择“遗弃”起诉离婚并无太大区别，加之后者还须满足“遗弃已满两年”的时间要求，对希望离婚的当事人而言，实无选择“被告遗弃已满两年”之必要。“遗弃”这一法定事由是从 1937 年《婚姻诉讼法》中遗留下来的。在现代社会其已经表现出脱离社会现实的特点。

另一方面，和欧陆很多国家相比，在英国离婚制度中，两项有关分居的法定事由的时间要求过长。例如，《法国民法典》第230条规定，合意离婚，在满足其他条件下，没有分居要求，离婚即可准许；第238条规定，夫妻分居满两年的，视为夫妻关系恶化至无可挽回。[①] 按照《德国民法典》之规定，双方若有离婚合意，那么分居满一年后的离婚请求，即可准许；如若一方执意离婚，则须分居三年。《荷兰民法典》第一编“人法和家庭法”第九章“婚姻的解除”中，第1：150条[②]规定，对于未获得司法分居的婚姻当事人，经双方当事人共同申请离婚或一方当事人申请离婚，法院可准许离婚。第1：151条进一步规定，婚姻已经无可挽回地破裂的，应准许一方提出的离婚请求。也即在法律上，对于离婚请求，不要求须达到一定的分居期间（申请法定分居与此不同），也不要求证明存在婚姻过错情形。在挪威，对于已经获得司法分居判决的，可以在任何时候提请离婚，并被获准，不再有分居时间的要求；对于未获得司法分居判决，但分居满两年的，任一方配偶均可提请离婚，并被准许。[③] 《葡萄牙民法典》第1775条规定，对于双方合意，共同提出的离婚申请，没有分居的时间要求；第1781条则规定了，双方或分居一年且被告同意离婚的，可以获准离婚；或是双方连续分居已满三年，则不问是否存有过错，或是被告是否同意，都可获准离婚。[④]

英国离婚制度的发展历程揭示了有关分居的两项离婚事由产生于20世纪60年代。当时的英国社会正处于英国离婚制度是否应采纳无过错离婚主义的争论旋涡中。作为一个妥协的产物，规定较长

① 《法国民法典》，罗结珍译，北京大学出版社2010年版，第74页。

② 表示《荷兰民法典》第一编第150条。以下同。

③ 参见蒋月：《婚姻家庭法前沿导论》，科学出版社2007年版，第143～144页。

④ 《葡萄牙民法典》，唐晓晴等译，北京大学出版社2009年版，第313页。

时间的分居才能离婚是有其历史原因的。时至今日，社会早已接纳了“婚姻无可挽回地破裂”是是否准许离婚的唯一法定理由。尽管，现行法律规定，认定婚姻是否无可挽回地破裂需要证明存在五种法定事由之一，但在英国，离婚已不像20世纪上半叶那样遭人唾弃。现在，离婚也已十分稀松平常。因此，从某种程度上讲，现有分居事由过长的时间要求已经失去了其生存的社会土壤，缩短这些事由中的时间要求既符合现行英国社会现实需要，也具有可行性。

实际上，法国离婚制度中有关分居事由条款的改革已经为英国未来的离婚制度改革提供了一个很好的榜样。在法国，原来的制度规定，如当事人依据分居提请离婚，须配偶一方患有严重精神疾病至少六年以上。随后，新的法律草案将六年的时间要求缩短为三年。且不再限于患有严重精神疾病这一种情况。[①] 但在2004年，《法国民法典》第238条已经将此修订为，至提出离婚传唤状时，夫妻分居生活满两年的，夫妻关系无可挽回地破裂，此时，夫妻一方可诉请离婚（《法国民法典》第237条）。因此，笔者认为，英国离婚制度中有关分居的法定事由过于保守，也存在与英国社会现实脱节的问题，可借鉴法国经验予以完善。

二、离婚财产分割之不足

英国的离婚财产分割规则之不足主要表现在现有规则过于原则，相关制度十分庞杂，在具体实施过程中，倚重法官的自由裁量权。

在英国现行离婚制度中，已经确立了离婚财产分割的公平原则，主张配偶双方，不论是外出工作或在家照顾家庭，都应平等分享婚姻存续期间取得的经济上的成果。按照英国最高法院在米勒、麦克法兰案中的解释，实现公平的三种基本原则为需要、补偿和平

① 参见蒋月：《婚姻家庭法前沿导论》，科学出版社2007年版，第138～139页。

等分享。但正如笔者在前文中所指出的那样,[①] 英国最高法院并未能最终给出一个清晰明确的分割办法。依据现有规则，不但可能出现同案不同判的结果，而且也可能因为在权衡需要、补偿、平等分享三原则的适用先后顺序上出现较大差异。这样的结果难言公平。实际上，在法律委员会于2014年2月出版的最新报告《婚姻财产、需要和协议》中，委员会也建议，应进一步细化前述提及的离婚财产分割的原则。该报告在离婚制度改革的建议中，明确提及应制定一个指导意见，对离婚后双方的经济需要进行明确界定；针对离婚后可能给双方配偶带来的经济后果，制定一系列的指导意见，并对这些改革措施的可行性进行评估等。[②]

可以预见的是，在英国现行体系下，法律规则过于原则，法官自由裁量权过大，不但不能较好地解决纠纷，而且可能引发更多由于判决结果超出人们预期所带来的一系列社会问题。这样的法律制度也容易滋生腐败，引发新的社会矛盾。这是我国未来离婚制度改革时，应注意避免的问题。

---

① 参见本章第四节中对需要、补偿、平等分享三原则的分析。

② The Law Commission, *Matrimonial Property*, *Needs and Agreements* (No. 343), London: HMSO, 2014, ch. 9.

第四章　英国现代离婚制度的价值取向

英国现代离婚制度发展至今，已建立起一套完整的制度体系，为解决离婚家庭的系列问题提供了制度保障。英国现代离婚制度不是单一的制度建构，而是一个制度系统，是由内部各个要素通过复杂的机理构成的一个有机整体。要认识这一制度作为离婚问题的解决办法是否合理，需要深入到这种制度的价值层面，挖掘和分析离婚制度的价值所在。基于这些意图，本章将在抽象的层面梳理英国现代离婚制度，力图通过分析发现制度背后的价值取向及其整合关系。

研究一种制度的价值，就是研究该制度对维护社会稳定发展、维护制度所涉及的人的合法利益的效用以及意义问题。在现代社会条件下，要科学认识和理解某一制度的地位、作用和效用，就必须理论联系实践，对以下相关问题作出回应：该制度与价值为何有关，以及如何有关？该制度的价值到底是什么？该制度的价值形态如何？在价值实现过程中，是否存在价值冲突，如何解决？

第一节　英国现代离婚制度的价值内涵

价值一词在《现代汉语词典》中指：（1）商品中所体现的社会必要劳动；（2）积极作用。英文中“价值”（value）一词来源于公元13世纪的古法语value（现代法语中为valeur），其本意为

“值”，是由 valoir 这一法语动词的过去分词演变来的，表示有……的价格、价值。动词 valoir 又可以追溯到拉丁文中的 valere 一词，表示强壮、健康、有影响、重要、英勇、有力量。[①] 从词源上考察，价值一词隐含了有效益、有作用、有益等含义。

马克思主义学说认为，价值根源于人与周遭外物的关系。它是一种关系范畴，反映人与外物的某种关系，从而与反映独立存在的实体范畴和反映某一独立实体状况的模式范畴相区别。价值主体与价值客体是对立统一的关系。一方面，主体在改造客体的过程中，同客体进行能量和信息交换，使自己的主体性凝结在客体中并获得客体的形式，日益带有客体所赋予的特征的过程和结果。另一方面，客体则在被主体改造的过程中，统一于主体的本性和规律。在主客体的相互作用中，客体被改造而趋向于主体或为主体服务，并被贴上主体所赋予的性质和特征。[②] 此两方面分别即为主体客体化和客体主体化的社会实践过程。前者确立真理尺度，后者则确立价值尺度。[③]

价值源自客体，决定于主体，在人类历史的社会实践活动中，价值逐步形成、发展，并得以实现。价值是主观性和客观性的统一。它既反映价值主体的主观偏好，也反映客体的客观属性。价值也是相对性和绝对性的统一。一方面，不同主体对同一客体会产生不同的价值评判；另一方面，价值具有不随社会、时代、阶级阶层的变化而变化的普遍性属性。[④] 假如物质、精神生活条件一定，那么共同的社会实践活动就会为这个社会带来某种“价值共识”，并被大多数人确认、信仰，并遵循。法律就是对这个社会的一定限度

---

① Online Etymology Dictionary，http：//www. etymonline. com/index. php？allowed_in_ frame = 0&search = value&searchmode = none，access time：2013 - 11 - 15.

② 金京振：《哲学方法概论》，民族出版社 1998 年版，第 241 ~243 页。

③ 陈兴良：《刑法的价值构造》，中国人民大学出版社 1998 年版，第 14 页。

④ 付子堂主编：《法理学进阶》，法律出版社 2005 年版，第 78 页。

的价值标准的权威表达。[①] 在语言学中，一个词的含义离不开使用该词的语境。因此，笔者将在下文重点考察法学语境下的价值。

一、法学语境下的价值

（一）古代法学视野下的价值

法的价值是价值在法学语境、法学研究中的具体应用。在法学的语境中，对法律价值的研究由来已久。古往今来的法学家都讨论过法律的价值问题，但早期法学研究对法的价值的讨论带有一定的偶然性。例如，柏拉图在其《法律篇》中指出，立法工作十分重要，可是，如果在一个秩序良好的国家，安排执行那些制定优良的法律的是一个不称职的官吏，那么这些法律的价值就会减损，不但会带来更多不合理的事情，而且最严重的政治破坏和恶行也会从中滋长。[②] 柏拉图所说的法律的价值在这里指法律的良好功能。中世纪基督教哲学家托马斯·阿奎那（Thomas Aquinas）在论及自然和实在的正义时指出，按照人类的意志，那些本身并不违反自然正义的任何事情都可因人类共同的同意而具有法律价值。此即为实在法的范围。所以亚里士多德（《伦理学》第五篇）把符合法律正义之事明确地解释为“其本身并不呈现任何价值的区别而是在被规定时才获得价值的事情”。与此相反，一旦某一事情违反了自然正义，人类的意志也无法改变这一结果，使其成为正义的；例如，如果规定可以偷窃或通奸，就发生这样的情况。[③]阿奎那这里提及的法律价值是指法律的正义性。

（二）近现代法学视野下的价值

近现代以后，法律价值得到了大量使用，法律价值作为法理学

---

① 张文显主编：《法理学》，法律出版社 2007 年版，第 305 页。

② 西方法律思想史编写组编：《西方法律思想史资料选编》，北京大学出版社 1983 年版，第 26 页。

③ ［意］阿奎那著：《阿奎那政治著作选》，马清槐译，商务印书馆 1983 年版，第 138 页。

中一个重要问题，得到了普遍重视，而且形成了一股侧重法律价值研究的思潮，笔者在此将对部分有代表性的法学流派的法律价值的观点做一些简单介绍。

西方的法学学者普遍认为，自然法学派是专门研究法律价值的法学流派。在他们的研究中，重点在于法律产生、存在的根源，法律的目的及意义，法律的理想境界及评价标准等，这些问题都与法律价值息息相关。意大利自然法学家登特列夫（A. P. d' Entreves）指出，历来的自然法学家都有一份“价值表”，如公共幸福、个人自由等。它们“充当一切法律秩序之基础”，“法律之效力系于这些价值体现于这法律之程度”。[①] 对法律价值的重视使得自然法学有时也被冠以“价值法学”。自然法学家认为，法律价值有众多的内容，但法律的最高价值是正义。

法律价值一直是哲理法学派最为关注的基本问题。例如，康德之后的黑格尔就把法律价值理解为法律存在的必然性。黑格尔在《法哲学原理》中谈到实在法存在的必要性时说：“这些法律既然按当时情况都有其意义和适当性，从而只具有一般历史的价值，所以它们是实定的，因此之故，它们又是暂时性的。”[②] 而哲理法学在新时代的代表，即新康德主义法学，亦秉承先辈对于法律价值问题的重视，成为20世纪西方众多法学流派中专门研究法律价值理论的流派之一。新康德主义法学的代表人物德国法学家拉德布鲁赫（Radbruch）集中研究了法律价值问题，其理论被称为新康德主义的“法律价值论”。拉德布鲁赫认为，所谓的“社会的客观价值”就是正义，特别是亚里士多德所说的分配正义，即权利之享受和义务之承担应以个人的贡献和能力之大小来分配。社会客观价值只能

---

① ［意］登特列夫著：《自然法——法律哲学导论》，李日章等译，新星出版社2008年版，第196页。

② ［德］黑格尔著：《法哲学原理》，范扬、张企泰译，商务印书馆1961年版，导论第7页。

为信仰所把握，所以往往会因个人信仰不同而不同。[①] 在这里，法律价值的含义也是正义。

社会法学虽然在总体上强调法律的功能和效果，但其中的一些代表人物也非常重视法律价值问题，如美国法学家庞德（Pound）。庞德认为法律作为一种行为准则，其以评价各种相互冲突和相互重叠的利益为使命，因此要有一个被人们普遍接受的评价标准，否则，人们就不会遵守，这就等于把社会交给不受制约的强力。而这个评价标准或制定法律的依据就是价值问题。依庞德所言，这个价值问题只能用经验的方法取得，也即“通过经验来发现并通过理性来发展调整关系和安排行为的各种方式，使其在最小的阻碍和浪费的情况下给予整个利益方案以最大的效果”。[②]

在规范法学的视野中，法的价值遭受到了与其他学派截然不同的命运。例如，纯粹法学派和现实主义法学派就否定或怀疑法的价值。纯粹法学派的代表人物凯尔森（Kelsen）对法的价值采取回避和怀疑的态度。他将法分为“实际上是这样的法”（所谓的纯粹法律规范）和“应当是这样的法”（法律的价值目标）。[③] 他把前者，即法律规范作为法律的研究对象，认为后者“应当是这样的法”的所谓“政治”或“道德”具有意识形态倾向，是一种主观价值判断。现实主义法学派的代表人物罗斯（A. Ross）走得更远，持一种极端的价值虚无主义态度。他认为“几乎没有必要来专门驳斥认为法律是以抽象正义为基础的观点。这种观点明显是由迷信引起的”。[④]

我国学者对于法的价值研究最早源于20世纪90年代。近年来

---

① 严存生：《法的价值问题研究》，法律出版社2011年版，第20页。

② ［美］庞德著：《通过法律的社会控制·法律的任务》，沈宗灵、董世忠译，商务印书馆1984年版，第71页。

③ 沈宗灵：《现代西方法理学》，北京大学出版社1992年版，第156页。

④ 张宏生、谷青德主编：《西方法律思想史》，北京大学出版社1990年版，第437页。

有诸多学者就此问题发表了个人见解，出现了多种不同的意见。如有学者认为，法律价值是指，在作为客体的法律与作为主体的人的关系中，法律对一定主体需要的满足以及由此所产生主体人对法律的评价。[①] 有学者指出，法的价值以法与人的关系作为基础，“是法对于人所具有的意义，是法对于人的需要的满足，是人关于法的绝对超越指向”。[②] 有观点指出，“所谓法的价值，就是法作为社会规范应有的内在属性及其满足主体即人的需要的外在目标”，有三层内容：一是“作为一种价值评价标准的价值”；二是“法律的内在价值，即法律的良善性，逻辑性”；三是法律所追求的外在价值，即“公平正义、维护秩序与人权保障等”。[③] 还有观点认为法的价值“是标志着法与人关系的一个范畴，这种关系就是法的存在及其属性对人类的生存和发展的意义或积极作用、效用”。[④]

站在马克思历史唯物主义的立场，笔者赞同“关系论”。法的价值是在价值主体和价值客体，也即人与法律之间的互动关系中产生、发展并得以实现的，法律价值是主观性与客观性的统一，是历史性和实践性的统一。在不同的价值主体眼中，法律呈现不同的价值，因而法律价值具有主观性。但同时，法律价值建基于法律这一客观事实基础上，是法自身所具有的属性的外化，[⑤] 反映并体现法律的基本特点，具有客观性。法律价值不能脱离一定的历史时空而抽象地存在，它总是反映某一具体时间，某一社会中价值主体和法律之间的互动关系，具有历史性。法律价值不能离开价值主体和法律之间的社会实践而独立存在，所以法律价值必然具有实践性。

---

① 付子堂主编：《法理学进阶》，法律出版社 2005 年版，第 80 页。

② 卓泽渊：《法的价值总论》，人民出版社 2001 年版，第 26 页。

③ 李龙主编，汪习根执行主编：《法理学》，武汉大学出版社 2011 年版，第 413 页。

④ 严存生：《法的价值问题研究》，法律出版社 2011 年版，第 25 页。

⑤ 卓泽渊：《法的价值总论》，人民出版社 2001 年版，第 27 页。

二、英国现代离婚制度的价值内涵

研究英国现代离婚制度的价值，实际上是在法律价值基础上结合英国现代离婚制度的特点所进行的宏观抽象研究。价值问题是法学无法回避的问题，“即使是最粗糙的、最草率的或最反复无常的关系调整或行为安排，在其背后总有对各种互相冲突和互相重叠的利益进行评价的某种准则”。①由于英美法系和大陆法系在制度结构上的差异，在研究英美法系法律制度时，我们面临的一个重要问题就是英美法系法律制度对我国的法学研究、法制建设有何意义？移植抑或借鉴？总结还是警示？这都离不开对具体制度背后的立法理念的探索。而研究英国现代离婚制度的价值恰好为我们提供了一个法律评价工具，借以探查英国现代离婚制度对于英国社会、英国民众的价值。这正是笔者进行这一研究的初衷和目的。

作为一项具体的法律制度，英国现代离婚制度必然有其价值。那么英国现代离婚制度的价值到底涵摄了哪些内容呢？笔者认为，英国现代离婚制度的价值是指英国社会和英国民众在适用法律处理离婚问题的实践活动中建立起来的，以离婚纠纷的解决以及离婚当事人的合法利益得到法律保护为尺度的主客体关系，是英国现代离婚制度是否与离婚当事人以及社会解决离婚纠纷的目的及合理需要等趋于一致的关系。这种关系是英国现代离婚制度在保障社会稳定、保护当事人合法利益的法律实践活动中呈现出的一种肯定的、积极的意义关系。

在深入讨论英国现代离婚制度的具体价值前，我们须对英国现代离婚制度的价值主体做一界定。这里我们所说的价值主体是指，处于一定社会历史阶段中的社会集团或民众，简言之，也就是当下的英国社会或英国民众，包括离婚案件的当事人、法官和律师等法

---

① [美] 庞德：《通过法律的社会控制·法律的任务》，沈宗灵、董世忠译，商务印书馆 1984 年版，第 55 页。

律工作者。作为价值主体的社会或民众，并非一个抽象的概念。马克思和恩格斯对社会历史的研究始终建立在人这一本体基础之上，正如马克思所说："应当避免重新把'社会'当做抽象的东西同个体对立起来。个体是社会存在物。"① 一定社会、阶级、集团由于其对英国现代离婚制度的需求不同，其价值必然呈现出差异。这种需要可以表现为民族价值、阶级价值、阶层价值以及社会团体价值等层次。② 至于在处理具体的离婚纠纷时的当事人以及法律工作者，其价值取向虽然受到英国社会及其发展水平的制约，但从一定程度上讲，具体案件中的个体对这一制度的需求的程度以及满足的方式表现出更多的灵活性及选择性，其主观性的特点表现更明显。这种需要所表现出的价值内容可以是平等、自由、权利、人格尊严、保护妇女及儿童等弱势群体的权益等。

与价值主体相对的另一个概念是英国现代离婚制度的价值客体。这里所说的价值客体指价值主体需要的对象，同时与解决离婚纠纷的法律适用过程发生直接关系。对价值客体可从以下三方面来认识：一是按价值主体需要的性质看，可分为社会层面的需要，也即英国现代离婚制度在社会层面表现出的属性和个体层面的需要，也即英国现代离婚制度在个体层面表现出的属性。二是从抽象和具体的层面分析，在抽象层面，英国现代离婚制度作为一种社会规范对于人所具有的意义，即离婚制度是一种带有特定权威的社会符号，作为一种行为准则能够指导人们的行为，适应人们对于规则的内在和外在的要求，并以社会规范的形式评价人们的行为，③ 肯定人们具有正当性、有效性及合理性的行为。这是英国现代离婚制度在规范层面上的属性。在具体层面，即在具体个案中适用离婚制度的过程中，英国现代离婚制度表现出诸如保护婚姻中的弱势方以及

① 马克思：《1844 年经济学哲学手稿》，人民出版社 2000 年版，第 84 页。

② 付子堂主编：《法理学进阶》，法律出版社 2005 年版，第 81 页。

③ 参见卓泽渊：《法的价值总论》，人民出版社 2001 年版，第 69 页。

未成年子女等属性。这是其实践意义上的属性。三是从离婚制度的众多属性之间的关系考察，英国现代离婚制度呈现给价值主体的各种属性并非处于同一位阶上。相反，不同的属性，其对于人的重要程度也迥然不同。有的属性表现为离婚制度中其他属性得以实现的手段，有的属性则表现为离婚制度中其他属性实现后的目的。需要注意的是这些属性最终都统一于离婚制度中，因此对这些属性进行目的和手段的划分也非简单机械地一刀切，二者存在变化的可能。

必须强调的是，英国现代离婚制度的价值并非反映实体对象的实体范畴，而是反映主体的需要和客体的属性之间的关系范畴，脱离了二者关系去孤立地谈主体的需要或客体的属性，就不能全面理解英国现代离婚制度的价值。

三、英国现代离婚制度价值的特殊性

英国现代离婚制度的价值反映的是英国社会和英国民众在适用法律处理离婚纠纷时建立的主客体关系。离婚不仅涉及当事人婚姻关系的终止，家庭解体，而且与社会利益息息相关。① 因此，自阶级社会产生以来，许多国家都通过制定相应的法律制度，将离婚行为纳入法律的调整范围。根据英国的法律制度，结婚意味着创设法律认可的夫妻关系，由此产生相应的权利义务；同样，离婚意味着解除法律认可的夫妻关系，法院可以据此作出一系列的指令。但是，双方当事人在婚姻过程中获得的权利并不一定会因为婚姻关系的结束而丧失。②

和其他法律制度一样，从一般意义而言，英国现代离婚制度也具有其他法律制度一样的普遍意义上的法律价值，如正义、自由、公平、平等、效益等。但是，从价值客体角度而言，英国现代离婚

---

① 陈苇主编：《婚姻家庭继承法学》，群众出版社 2012 年版，第 233 页。

② Masson J., Bailey - Harris R. & Probert R.: Cretney’s Principles of Family Law (8th edition), London: Sweet & Maxwell, 2008, pp. 277 - 278.

制度作为一项独立的法律制度，明显与其他法律制度不同。离婚制度的调整对象除了涉及已经破裂的婚姻关系，很多情况下还会涉及亲属血缘关系，这是一种特殊的社会关系。“其特殊性就是自然属性与社会属性、人的个体需要与人类社会需要的矛盾统一体。”① 正如学者在研究刑法的价值构造中强调刑法的公正、谦抑、人道等价值一样，② 英国现代离婚制度也有其价值的特殊性，这种特殊性体现了英国现代离婚制度的基本特点，同时也反映出该制度价值的本质。

从价值关系角度考察，英国现代离婚制度作为价值客体的属性，与人作为主体的需要之间存在正相关的关系。也就是说，作为价值主体的人的合理需要越多，该制度在其相应程度上呈现出了更多的属性，满足了主体的合理需要，则其价值就越大；反之，则其价值越小。当然，价值客体满足人的合理需要并不是万能地实现人的所有需要。这种主客体间的关系也受到主客观多方面的限制。因此，从最终意义上讲，英国现代离婚制度是满足价值主体的合理需要的客观基础，而在价值关系中的价值主体则是适用英国现代离婚制度的对象。在适用法律的过程中，不能离开价值客体抽象讨论价值问题，否则价值必然是无源之水、无本之木。价值客体的这种基础地位是英国现代离婚制度价值关系的特殊性的决定因素之一。另外，在适用英国现代离婚制度的过程中，也不能离开价值主体，仅就客体谈论价值问题，否则价值也只是披上了价值客体的外衣，无法在价值主体上得以实现。价值主体作为价值关系的直接承担者意义重大，且离婚制度的价值主体关涉婚姻关系破裂的家庭，这也是英国现代离婚制度价值的特殊性的第二个决定因素。笔者认为，英国现代离婚制度价值的特殊性表现在：首先，在整体性的价值取向上，英国现代离婚制度以个人的离婚自由权为主，维护家庭稳定为

---

① 曹诗权：《中国婚姻家庭法的宏观定位》，载《法商研究》1999 年第 4 期。

② 参见陈兴良：《刑法的价值构造》，中国人民大学出版社 1998 年版。

辅；其次，在夫妻关系的价值取向上，英国现代离婚制度以男女平等为重点；最后，在亲子关系的价值取向上，英国现代离婚制度以儿童福利原则为纲领。笔者将在下一节详细论述体现英国现代离婚价值特殊性的内容，在此不再赘述。

第二节 英国现代离婚制度价值的存在形式

英国现代离婚制度的价值在主客体的社会实践活动中产生并得以发展。在此过程中，因为价值主体需要的不同，该离婚制度就会产生不同的价值。因此，英国现代离婚制度的价值是一个价值体系，是多种价值以多种结构方式，整合形成的统一整体。[①] 价值在人类社会的历史进程中表现出多种形态，其可以是意义深刻的原则或准则，也可以是美好的观念。但并非所有的价值形态都是我们论及的法律价值。与法无关的道德价值或美学价值等不属于英国现代离婚制度的价值体系中的价值。

在英国现代离婚制度的价值体系内，按照不同的标准，我们可以将英国现代离婚制度的价值划分为不同的表现形态。例如，站在可能性和现实性的维度观察，价值可分为理想价值和现实价值；以价值的性质及作用为尺度，价值又可分为正价值和负价值；按照效果显现的程度，价值可分为直接价值和间接价值；从制度对社会生活的作用程度，价值又可分为现有价值、已实现的价值、潜在价值以及未开发的价值；按理想与现实划分，英国现代离婚制度的价值可划分为应然价值和实然价值等。以下我们将重点就英国现代离婚制度体现出的实然价值形态进行进一步的阐述。

① 卓泽渊：《法的价值总论》，人民出版社 2001 年版，第 51 页。

一、自由的根本取向

自由在英文中常用 liberty 表达，[①] 出现于 14 世纪，表示不受约束地选择，并做自己选择的事的自由。Liberty 源自 14 世纪的古法语的 liberté，意为行动自由、自由意志，这一法语词又源于拉丁语 libertatem（主格为 libertas）表示没有限制、不受任何拘束地自然生活，自由人的状态。从一般角度看，自由就意味着人、主体的充分自我实现。从认识论的角度出发，自由是主体的认识和实践与客观必然性的统一。从本体论的角度看，自由指意志自由。[②] 就价值论本体角度观察，自由在两个层面展开：在类或社会的宏大层面，它表现为个体向其自身的复归；在个体的细微层面，它指的是真善美统一的存在境界。在向自由王国的历史发展进程中，二者得以统一。[③] 在法学的话语场域，自由既是法律发展的基础和基本要素，又是法的必然追求，法律的价值目标之一。“法典就是人民自由的圣经。”[④] 法律之自由价值，体现在自由是法律的前提和目的，法律是自由的实现方式。

英国现代离婚制度把自由作为根本的价值取向。在英国现代离婚制度中，这首先就表现为确认和保障个人的离婚自由。英国历史上禁止离婚，这种理念源于宗教上婚姻乃神作之合的理念，[⑤] 现在，如果婚姻已经无可挽回地破裂，则双方配偶即可通过法院按照

---

① 对英美学术界而言，freedom 和 liberty 的意思大致相同。伯林曾经说，他在使用这两个词时，未做太多区别。也有学者认为，虽然两个词意思相近，可以互换，但相对而言，freedom 多在哲学和更为一般的意义上使用，liberty 多在政治和法律的语境中使用。参见［英］斯金纳：《自由主义之前的自由》，李宏图译，上海三联书店 2003 年版，第 13 页。

② 付子堂主编：《法理学进阶》，法律出版社 2005 年版，第 129 页。

③ 杨国荣：《道论》，北京大学出版社 2011 年版，第 293 页。

④ 《马克思恩格斯全集》（第 1 卷），人民出版社 1995 年版，第 176 页。

⑤ Eekelaar J.，*Family Law and Personal Life*，Oxford：Oxford University Press，2006，p. 17.

法定程序离婚。伴随着英国离婚制度的变革，离婚的法定标准已由过去的通奸的法定事由，转变为婚姻关系已经无可挽回地破裂；提出离婚申请的主体也由原来的无过错方，转变为现在的任一方配偶。这既符合婚姻伦理实体有关婚姻死亡的本质要求，也与人的个体感受和主观选择相统一。英国民众对婚姻态度也经历了一个去神圣化的过程，即婚姻不再是社会理想的一个公共表达，而是一件私事。① 因此，当有关离婚的禁忌一一解除后，那么囚禁在破裂婚姻牢笼中的配偶也就解放了出来。正如高等法院家事法庭的科尔里奇法官所言，“当下，如果双方合意离婚，只要填好几份表格，那么双方就可以在六周之内离婚”。② 新近的拉德马赫案反映出，如果双方达成的婚前协议没有法律规定的无效情形，法律将认可这类协议，并赋予其法律效力。个人在自觉的选择中实现离婚自由，体现了英国法对个人离婚自由的保障和认可，英国民众的离婚自由在英国现代离婚制度中得到了充分彰显。

但离婚自由绝不是绝对的自由，想离就离，相反，英国现代离婚制度也通过离婚限制条款、离婚财产分割以及离婚扶养制度等一系列制度，限制个人离婚自由被滥用，保障他人的离婚自由以及生存自由不被侵犯。在限制离婚条款中，就设定了结婚一年内，不能提出离婚之诉。③ 在离婚财产分割以及离婚扶养制度中，法官通过适用需要、补偿、平等分享三原则，保证离婚对婚姻中的弱势方，通常为女方，以及未成年子女的基本生活有保障，不会因离婚致

---

① Eekelaar J., *Family Law and Personal Life*, Oxford: Oxford University Press, 2006, p. 26.

② Doughty S., "'Getting Divorce Is Easier than Getting a Driving Lisence' Says Top Judge", 2012-1-3, http://www.dailymail.co.uk/news/article-2014285/Its-easier-divorce-driving-licence--says-judge-Sir-Paul-Coleridge.html, access time: 2013-12-16. 参见第三章有关离婚程序的内容。

③ 对于有特殊情况如遭受家庭暴力等，确需离婚的，英国离婚制度则提供了司法分居作为补充。详见本文第二章。

贫。正如西塞罗所言:“我们都是法律的奴隶。正因为如此，我们才是自由的。如果没有法律所强加的限制，每一个人都可以随心所欲，结果必然是因此而造成的自由毁灭。”①

二、公平的社会取向

（一）公平释义

英国现代离婚制度追求公平的社会取向。公平，英文为 Fairness。部分学者在使用公平一词时，也常常用公平、公正、平等等代替使用，并未严格区分。② 汉语中的公平在《现代汉语词典》中解释为，处理事情符合情理，不偏袒，③ 在《布莱克法律词典》中，公平（fair）指公正，不偏袒，平等，没有偏见、偏好。④ 古希腊先贤亚里士多德曾指出，“公正是最终要达到……一个人要在自己和他人之间进行分配时不使自己得的过多，使别人得得过少，或不使自己受损害过小，使别人受损害过大，而是达到比例的平等”，那么这就是公平。⑤ 此外，公平表现为相对公平和绝对公平，相对公平主要指法律上的公平，绝对公平则是不受时空限制的公平，是建立在自然法基础上的公平，由此，公平也就成为一种最高价值。在国家、社会不断变化的历史洪流中，人类社会对公平价值的追求却始终如一。

公平、平等二者意思相近，我们甚至在公平的定义中也能找到

---

① ［英］彼得·斯坦、约翰·香德:《西方社会的法律价值》，王献平译，中国法制出版社 2004 年版，第 202 页。

② 例如，有学者在论及公平内容时指出，在该章中，公平、平等、公正等概念将等同使用。参见李龙主编、汪习根执行主编:《法理学》，武汉大学出版社 2011 年版，第 496 页。

③ 《现代汉语词典》，商务印书馆 1995 年版，第 384 页。

④ Garner B. A. ed., *Black Law's Dictionary* (8th edition), New York: West Group, 2004, p. 766.

⑤ 亚里士多德:《尼各马可伦理学》，廖申白译注，商务印书馆 2003 年版，第 146 页。

平等，“平等是正义的表现，是完善的政治制度或社会制度的原则”，[①] 如在形式公平中，就含有同样的情况同样对待的意思。二者作为法律的基本价值之一，对于社会的稳定发展和人类的福祉都有重要意义。在指导社会分配时，公平和平等都要求对各种利益进行合理、公正、不偏不倚地分配。公平含义广泛，其既可以指社会制度规章的公正、平等，也可以指人与人、人与社会之间利益关系互相符合、互相平衡。但公平、平等并非绝对的平均主义，也不是对利益进行平均分配。公平和平等都具有相对性。在这些方面，二者表现出一定的一致性。

但二者也有一些细微的区别。从公平和平等的实现角度观察，可以发现，平等的实现难度较高。不平等本质上是社会分工和私有制的产物；而分工和私有制讲的都是同一回事，只是角度不同而已，一个就活动而言，另一个就活动的产品而言。[②] 这就意味着，只有在消灭了阶级和旧的社会分工后，才能实现真正的平等。公平与此不同。古希腊人和古罗马人认为奴隶制是公平的；1789 年资产阶级则主张废除被宣布为不公平的封建制度。可见，公平的观念不仅因时因地而变，甚至因人而异。[③] 马克思曾深刻地指出：“难道资产者不是断定今天的分配是‘公平的’吗？难道它事实上不是在现今的生产方式基础上唯一‘公平的’分配吗？”[④] 从马克思恩格斯的经典论述中，可以发现，公平的评价标准是历史唯物主义的评价标准，只有建基于一定社会历史条件下的相对的公平。如果以是否公平评价不同的社会制度，那么是站在一定历史条件下比较不同历史时期的社会制度；如果评价对象是在同一社会制度内，那么评价标准则是人们观念中的某一评价尺度。人们在认识和评价公

---

① 恩格斯：《〈反杜林论〉的准备材料》，载《马克思恩格斯全集》（第 20 卷），人民出版社 1956 年版，第 668 页。

② 《马克思恩格斯选集》（第 1 卷），人民出版社 1995 年版，第 124 页。

③ 《马克思恩格斯选集》（第 18 卷），人民出版社 1995 年版，第 310 页。

④ 《马克思恩格斯选集》（第 3 卷），人民出版社 1995 年版，第 302 页。

平时的标准和尺度带有明显的主观色彩。虽然在言及何谓平等及其衡量标准时，不能排除其相对性的一面，但平等却以不受时代、社会制度等条件的制约的特点展现出标准之永恒。平等是公平的理想境界，是最高意义的公平。①

（二）英国现代离婚制度的公平价值

按照亚里士多德的分析路径，公平可细化为分配的公平和矫正的公平。分配的公平主张，对相同的人给予相同的对待，对不同的人给予不同的对待。不同社会地位、身份的人“相互是怎样的比例”，分配给他们的利益“就要有怎样的比例”。② 分配的公平在于成比例，不公平意指分配违反了其原有的比例。而矫正的公平则是指不管什么人，如果在社会交往中或是交易活动中，损害了别人的财产或权利，就要给予同等的补偿，适用等价交换原则，使当事人双方保持“得与失之间的适度”。③ 分配的公平依据“几何的比例”，要求在分配利益时保持原有的比例。而矫正的公平则依据“算术的比例”，要求在平衡损益时，保持、回复原来的结果。

从分配的公平分析，迄今为止，人类社会曾出现过无差别分配原则、按照优点分配的原则、按劳分配原则、按需分配原则和按照身份分配的原则，这五种分配原则都曾被人们视为“公正的”分配原则。④ 离婚制度中最能反映制度的公平价值的就是离婚后财产分割及离婚扶养的相关规定。英国现代离婚制度通过设立离婚判决指令制度，同时赋予法官制定各种分配财产的指令的权力，以成文法以及案例法的形式明确了双方当事人离婚后的权利义务配比，充分体现了英国现代离婚制度公平价值中的分配的公平。从其制度特

① 洋龙：《平等与公平、正义、公正之比较》，载《文史哲》2004 年第 4 期。

② 亚里士多德：《尼各马可伦理学》，廖申白译注，商务印书馆 2003 年版，第 134 页。

③ 亚里士多德：《尼各马可伦理学》，廖申白译注，商务印书馆 2003 年版，第 138 页。

④ 张文显主编：《法理学》，高等教育出版社 2011 年版，第 274 页。

点观察，无论是针对夫妻财产作出的指令，还是针对父母子女关系作出的指令，法官作出指令的考虑因素之一就是双方当事人的生活需要，或是子女生活学习的需要等。从制度背后的理念考察，这些制度已经充分体现了按需要分配利益的原则，体现了英国现代离婚制度对公平价值的追求。

从矫正的公平分析，在经济收入上，女性通常都不如男性。女性在婚姻中一旦生育子女，则进一步带来了抚养子女的责任。在两性分工上，一般而言，女性往往选择承担更多的抚育责任。这就加剧了女性在经济上的不利地位。而已婚男性却由于家庭发挥的支持作用，在收入上表现为进一步增长。离婚时，在子女抚养权问题上，子女大多与母亲同住，由母亲抚养。离婚后这种抚养子女的责任对单亲母亲的再就业造成阻碍和冲击。因此，离婚必然导致这种抚养子女的单亲家庭生活水平的下降。[①] 如果离婚时严格按照分别财产制原则分割财产，那么会给婚姻中的弱势方带来较大的经济困难。考虑到在家庭中从事家务劳动、照顾老人子女的弱势方与外出赚钱养家的强势方同样为家庭作贡献，但在离婚时，弱势方却明显承受了较多的不利益，因此经过20世纪的离婚法变革，现行英国离婚制度在救济婚姻弱势方方面做了详细规定。这些规定旨在为相关当事人提供一个经济方面的“综合包”，通过一切可行的手段，为双方当事人及子女提供一个最优的解决方案。[②] 离婚附带救济制度，就是其中的工具之一。这无疑体现了现代英国离婚制度的矫正的公平价值。上议院的尼科尔斯勋爵在怀特案[③]中曾指出，公平是英国离婚法的最高目标。这为英国现代离婚制度的公平价值提供了最好的注解。

---

① Carbone J.，“Feminism，Gender and the Consequences of Divorce”，in M. Freeman ed.，*Divorce：Where Next*？Ashgate：Dartmouth，1996，pp. 181 – 182.

② Jackson et al.，“Financial Support on Divorce：The Right Mixture of Rules and Distretion?”，*International Journal of Law and the Family*，vol. 7，1993，pp. 244 – 245.

③ *White v White*［2000］3 FCR 555.

三、平等的基本追求

平等价值作为法律的基本价值之一，在英国现代离婚制度中也得到了充分的体现。从其关涉的内容看，平等的对象可以指向政治参与权利、收入分配制度，也可以指向弱势群体的社会地位与法律地位。平等既包括法律待遇、机会的平等，也包括人类基本需要的平等；既可能关注保护诺成合同的义务与对应义务间的平等，也可能关注在因损害行为进行赔偿时作出恰当补偿或恢复原状。① 按照马克思历史唯物主义的观点，从社会实践的维度观察，平等是人类在实践领域的平等。马克思认为，“平等是人在实践领域中对自身的意识，也就是人意识到别人是和自己平等的人……它表明人的本质的统一，人的类意识和类行为、人和人的实际的同一，也就是说它表明人对人的社会关系或人的关系”。人的本质在于人和社会的关系、人与社会生产实践活动的关系，马克思平等思想的内在逻辑就是从人类社会的劳动实践角度解读认识平等之内涵。②

用马克思的平等思想审视法律，实际上要求法律面前人人平等，对同样的人同等对待。法律追求的平等首先建立在“人与人的对等对待的社会关系”基础之上，在今时今日，平等原则已被公认为是一项司法准则。③ 法律平等价值的终极关怀就是人与人之间的平等对待的社会实践关系。从两性关系考察，人与人的平等对待在婚姻家庭中必然要求法律认可并贯彻执行性别平等，也即男女

---

① ［美］博登海默著：《法理学——法哲学及其方法》，邓正来、姬敬武译，华夏出版社 1987 年版，第 280 ~ 281 页。

② 刘乃源：《马克思平等思想的内在逻辑及其对西方平等观的超越》，载《湖南师范大学社会科学学报》2011 年第 3 期。

③ ［法］皮埃尔·勒鲁著：《论平等》，王允道译，商务印书馆 1988 年版，第 21 页。

的尊严和价值的平等，以及男女权利、机会和责任的平等；[①] 从亲子关系考察，平等的价值取向则要求法律认可儿童在法律上应享有的平等地位，“纯粹从法律观点看来，子女的境况……不能由父母任意处理、不能让父母随心所欲地来决定”。[②] 英国现代离婚制度的相关规定则契合了这种平等思想和价值取向。

（一）性别平等

从性别平等的角度看，历史上，英国妇女在结婚后没有独立的财产，她们的财产转归丈夫的名下，由丈夫支配。妇女在法律上没有独立的人格，表现出对丈夫的依附性。但在英国现代离婚制度中，这种局面已经发生了根本扭转。从组织结构看，家庭以及类似家庭的组织自20世纪70年代以来经历了重大变革，从以男性导向的、婚姻为中心的性别等级秩序转变为配偶作为个体享有更多选择和权利、夫妻在形式上平等的秩序。[③] 从法律规定看，现行离婚制度早已摒弃了原来离婚法中妇女依附丈夫的相关规定，赋予女性独立的财产权，女性同时也拥有了法律上的独立人格，有权自由地以个人名义与他人订立合同等。丈夫的权利被缩减，平等原则要求离婚时要平等分享婚姻中的经济果实。性别平等同时也包含着反对性别歧视。《消除对妇女一切形式歧视公约》第1条明确规定了，对妇女的歧视指基于性别而作的任何区别、排斥或限制，其影响或其目的均足以妨碍或否认妇女不论已婚未婚在男女平等的基础上认识、享有或行使在政治、经济、社会、文化、公民或任何其他方面的人权和基本自由。英国现代离婚制度也包括了反对性别歧视的内容。

---

① 这是第一次世界妇女大会对“性别平等”的界定，参见夏勇主编：《法理讲义——关于法律的道德与学问（上）》，北京大学出版社2010年版，第295页。

② 《马克思恩格斯全集》（第1卷），人民出版社1956年版，第182~183页。

③ Daly M. & Scheiwe K.，“Individualisation and Personal Obligations – Social Policy, Family Policy and Law Reform in Germany and the UK”, *International Journal of Law, Policy and the Family*, Vol. 24, 2010 (2), p. 178.

具体而言，在离婚财产分割上，上议院在怀特案[①]的审理中确立了离婚财产分割的平等原则。“有一项能在人世间普遍得以适用的原则。为了获得一个公平的结果，丈夫和妻子之间不应有任何歧视，对于丈夫和妻子各自在家庭中承担的角色也不应有任何歧视。通常，丈夫和妻子共同赚钱养家，共同经营家庭，抚养他们的子女。而在传统上，往往是丈夫赚钱，妻子照顾家庭以及子女……不论丈夫和妻子选择怎样的劳动分工，或者由于各种条件限制被迫作出了这样的选择，公平要求不能以此（分工的不同）歧视或优待任何一方……如果双方在各自领域内，都为家庭作出了平等的贡献，那么原则上，不论谁赚钱或积累了家庭资产，这都不重要。不应因此就优待赚钱一方，歧视照顾家庭抚育子女一方。”婚姻家庭中的弱势方并不会因为从事家务劳动，就无权分享强势一方赚得的经济收入。[②] 黑尔女男爵在米勒、麦克法兰案中也指出，“由于在家务劳动上的付出”，许多父母在个人职场上作出了牺牲。“即使他们尽最大努力再次进入就业市场”，常常也无法找到在不放弃职场时所能找到的相应的职位，“也没有办法弥补他们在养老金权益方面的损失”。即使是双职工家庭，双方也“很难真正实现平等的职场机会。总有一方会作出一些放弃，从而保证另一方能够在职场上有所成就”。这种家庭内部的分工就是离婚时补偿作出牺牲一方的合理理由。[③] 这里所说的补偿充分体现了尊重家庭中的分工以及两性间的差异，充分体现了性别平等作为英国现代离婚制度的价值取向在法官审理案件时的重要性。

在离婚后的子女抚养教育问题上，英国法强调父母双方在离婚后都有抚育子女的共同责任，因此在法律术语上，选择了更加中性

---

① *White v White* [2000] 3 FCR 555.

② Daly M. & Scheiwe K., “Individualisation and Personal Obligations - Social Policy, Family Policy and Law Reform in Germany and the UK”, *International Journal of Law, Policy and the Family*, Vol. 24, 2010 (2), p. 181.

③ *Miller v Miller*; *McFarlane v McFarlane* [2006] UKHL 24, para. 138.

的居住令和交往令。在作出居住令时，也不再只是依据性别因素，认为女性就应抚育子女，而是根据法律规定的诸多考虑因素综合研判。在有关子女的诸如教育、医疗等重大问题上，强调双方平等的决定权。

（二）儿童与父母的平等法律地位

从儿童与父母平等的法律地位看，随着英国社会的不断发展，1973 年《婚姻诉讼法》第 25 条第 1 款明确规定，法官在审理离婚案件时，首要考虑因素是家庭中任何未满 18 周岁的儿童的福利。至此，儿童福利成为法官审理涉及儿童的离婚案件的首要考虑因素。这一规定的进步性不容置疑。但是，儿童的未来更多取决于成年世界的观点，要么来自于其父母，要么来自于专家。换言之，儿童福利原则本身是以成人为中心的，颇有家长做派。但是最近二十来年的司法实践见证了同等重要的又一次文化转向：儿童不再被简单视为被动接受家庭破裂的受害人。越来越多的法官也将儿童视为家事司法程序的参与人。其结果是，在涉及儿童的离婚案件中，法院有义务听取并考虑儿童自己的意愿和看法。① 这也体现了联合国 1989 年《儿童权利公约》第 12 条规定对缔约国的要求，即缔约国应确保有主见能力的儿童有权对影响到其本人的一切事项自由发表自己的意见，对儿童的意见应按照其年龄和成熟程度给以适当的看待；为此目的，儿童特别应有机会在影响到儿童的任何司法和行政诉讼中，以符合国家法律的诉讼规则的方式，直接或通过代表或适当机构陈述意见。英国 1998 年《人权法》第 6 条也规定，在决定个人的民事权利和义务时，每个人都有权依据法律，在合理时限内，接受来自独立公正法庭的公平公开的审判。正如富汀（Fortin）所言，这一规定保证了人们有权获得司法服务以及获得公正审

① Lowe N., Murch M., "Children's Participation in the Family Justice System – Translating Principles into Practice", *Child and Family Law Quarterly*, vol. 13, 2001 (2), pp. 137 – 138.

判的权利。因此，这也对父母子女关系的法律提出挑战。[①] 实际上，这一规定赋予了儿童在涉及自身利益的家庭诉讼中可享有独立的法律代理人。这进一步肯定了儿童在英国离婚诉讼中的平等地位。

在双方矛盾不大的一些离婚诉讼中，法院有权指定儿童福利调查员提交儿童福利报告，力图通过第三人的视角尽最大可能保护儿童福利。如果儿童福利调查员认为不能完全代表涉案儿童的立场，法官则可进一步要求儿童作为案件的当事人参加诉讼，通常是到庭陈述个人意愿。例如，在L诉L（未成年人）（独立代理）案[②]中，父母和三个年龄分别为14岁、12岁和9岁的儿童都是澳大利亚人，父母已经离婚，母亲已经和第三人同居，子女和父亲一起居住。父亲可能会把他们带回澳大利亚。双方主要争论子女和谁居住，以及母亲与子女交往生活的时间问题（也即我们所谓的探望权问题）。孩子们向儿童福利调查员说，他们想和母亲多待几天，目前与母亲生活的时间太少了。儿童福利调查员认为，自己不能充分反映子女的意愿，于是法官同意在儿童看护小组中任命一位沙律师专门担任儿童的法律代理人。上诉法院也支持了这一判决，并要求儿童作为诉讼参与人加入到诉讼中来。如果在离婚诉讼中，双方关系非常恶劣，在子女抚养的问题上争执不停，在这类案件中，适用儿童独立的法律代理人当然具有充分理由。[③] 儿童独立的法律代理人承认父母双方与子女之间存在利益冲突，在离婚制度中适用这一制度，是承认儿童独立法律地位的体现，因而也充分体现了英国

---

① Fortin J., "The HRA' s Impact on Litigation Involving Children and Their Families", *Child and Family Law Quarterly*, vol. 11, 1999 (3), p. 244.

② *L v L* (*Minors*) (*Separate Representation*) [1994] 1 FLR 156. 类似的案例还有 *Re C* (*Prohibition on Further Applications*) [2002] 1 FLR 1136. 该案中，CAFCASS 法律工作人员在一起探视权纠纷中担任了该家庭四个子女中两个年幼的小女儿的代理人。

③ Bainham A., *Children - the Modern Law* 3rd edition, Bristol: Family Law, 2005, p. 595.

现代离婚制度在亲子关系方面的平等价值取向。

四、秩序的基本维护

在博登海默看来，秩序是指在自然界与社会运行过程中存在某种程度的一致性、连续性和确定性，无序则指普遍的无连续性和无规律性，人们无法找到一种理解模式对其进行解释，“表现为从一个事态到另一个事态的不可预测的突变情形”。[①] 作为描述自然和社会的一个工具，以静态观之，秩序描述的是人或物处于一种稳定之状态，有条理、有规则、不紊乱，表现出结构的恒定性和一致性；以动态观之，秩序则是指在发展变化过程中，人或事物所表现出的连续性、反复性、有规律性和可预测性。[②] 在法学的语境下，法律秩序则是指一种建构性的社会秩序，[③] 是建基于法律法规及各种规范基础上，在现实中通过各种配套制度及措施得以实现，使社会生活实现有序的状态，从而形成的社会秩序。法律秩序中的规范与事实互为条件，二者缺一不可。博登海默指出，如果包含在法律规则中的应然内容仅停留于纸面，对人的行为没有丝毫影响，那么法律犹如一个脱离于现实的神话。另外，如果统治者与政府官员的所作所为超脱于符合社会需要的行为规则、原则或准则，那么统治这个社会的就是专制体制而非法律。因此，规范性制度的存在以及对该规范性制度的严格遵守，是在社会中推行法治所必需的前提条件之一。[④]

英国现代离婚制度不同于其他法律制度，其主要关涉婚姻关系

---

① ［美］博登海默著：《法理学——法哲学及其方法》，邓正来、姬敬武译，华夏出版社 1987 年版，第 207 页。

② 付子堂主编：《法理学进阶》，法律出版社 2005 年版，第 87 页。

③ 李龙主编、汪习根执行主编：《法理学》，武汉大学出版社 2011 年版，第 471 页。

④ ［美］博登海默著：《法理学：法律哲学与法律方法》，邓正来译，中国政法大学出版社 1998 年版，第 239 页。

破裂的问题。因此，在社会秩序方面，英国现代离婚制度旨在正确识别婚姻关系确已破裂的家庭，维护婚姻稳定，防止轻率离婚。同时对于婚姻关系确已破裂的家庭，英国现代离婚制度则尽可能减小离婚对双方当事人的伤害，同时尽可能促进双方当事人及子女在离婚后保持良好关系。这既是社会对于离婚秩序的要求，是社会处理婚姻关系确已破裂家庭的有效方法；也是英国现代离婚制度理应实现的法律秩序。

英国现代离婚制度的秩序价值大致表现为以下几个方面：[①]

一是支持价值。这是指尽可能挽救可以和好的婚姻。社会制度之功能在于维持社会体系之均衡。[②] 离婚制度围绕家庭关系的解除和重建展开。滥用离婚自由、放任个人任性，将会让本可继续维持的幸福婚姻遭遇不幸，给婚姻弱势方和未成年子女造成不必要的伤害，由此带来抚育团体的失衡。正如费孝通先生所言，夫妇不只是男女间的两性关系，也是共同向儿女负责的协作关系。在婚姻这一社会结构中，同时缔结了夫妇和亲子两种相互关联的社会关系。为了个人生活的健全，人类必须维持社会结构的完整。而维持社会结构完整的任务就落在了父母抚育子女这种生育制度的形式上。[③] 因此，从人类繁衍的角度讲，维持现有家庭模式是人类社会的一种内生性的需要，家庭的存续是保障人类后代得到抚养的前提和保障。“在男女分工体系中，一个完整的抚育团体必须包括两性的合作。两性分工和抚育作用加起来才发生长期性的男女结合。”[④] 尽管近年来随着人类社会文明的不断发展，分工不断细化，人类社会的部分抚养功能正从家庭向社会传递，但本质上，家庭仍是生育抚养子

---

① 参见 Eekelaar J., *Family Law and Social Policy*, London: Weidenfeld & Nicholson, 1984, pp. 24 - 26. Eekelaar J., “Family Law and Social Control”, in Eekelaar J. and Bell J. eds, *Oxford Essays in Jurisprudence*, Oxford: Oxford University Press, 1987.

② 蔡文辉：《社会学理论》，台湾三民书局 1986 年版，第 69 页。

③ 费孝通：《生育制度》，商务印书馆 1999 年版，第 61、107 页。

④ 费孝通：《生育制度》，商务印书馆 1999 年版，第 67 页。

女的主要场所。维护家庭稳定这一价值目标暂时不会改变。其仍是英国现代离婚制度的指导思想之一。在离婚制度中，维护完整的抚育团体就体现为要建立防止家庭成员草率离婚的机制，纠正离婚当事人的任性行为。

在英国现代离婚制度中，1996 年《家庭法》明文规定，鼓励在离婚诉讼中采取措施挽救婚姻。该法第 1 条第 6 款规定，法院或其他相关机构必须考虑一项基本原则，即应该鼓励婚姻双方当事人采取一切可能的措施挽救婚姻。1996 年《家庭法》的一个重要的改革动因就是鼓励离婚纠纷双方当事人和解。① 按照政府设计的新的离婚程序，离婚之前当事人须参加一个信息说明会，三个月后，才能提出婚姻破裂的呈请。② 政府希望这一时间间隔能充当冷静期的作用，准备离婚的当事人可以考虑是否和好，同时也会得到一些婚姻指导服务。在新设计的反思和考虑期期间，政府也鼓励离婚当事人采用调解程序解决离婚纠纷。2013 年 4 月 1 日施行的 2012 年《法律援助法》对离婚案件当事人带来的直接影响就是，在新体制下，离婚案件当事人获得法律援助的概率大幅降低。英国政府把获得法律援助的机会留给了参加了调解的当事人，意在鼓励更多的离婚案件当事人能够通过调解解决离婚纠纷，从而实现立法机构维护婚姻稳定的立法目的。可以说，调解已经成了英国现代离婚制度中不可或缺的一个主题。③ 通过调解维护婚姻也就是维护社会秩序价值的体现。

二是调适价值。也即通过英国现代的离婚制度，确定离婚后双方的权利义务的界限，帮助离婚当事人能够尽快从离婚恢复到一种均衡的生活状态。通过离婚制度一系列的成文法和判例法，明确离

---

① Mackay Lord, "Family Law Reform", in Cretney S. ed., *Family Law - Essays for the New Millennium*, Briston: Jordan, 2000, p. 68.

② Family Law Act 1996, section 8 (2).

③ 参见石雷：《现代英国家事案件审判体制的变迁及其启示》，载《时代法学》2012 年第 5 期。

婚时，配偶一方是否需要向另一方支付扶养费；在涉及子女的案件中，如何计算子女抚养费的数额，通过何种方式支付；如有婚姻房产，婚姻房产是否要分割，如何分割；如双方已订立相关协议，法院是否认可等。这其中，部分问题已经有成文法和案例法作出了明确规定，如原则上，英国实行的是分别财产制，婚姻期间的各自财产归各自所有。也有部分问题，成文法和案例法有一些原则规定，如在离婚后财产分割以及离婚扶养的问题上，案例中有需要、补偿、平等分享三原则以确保当事人双方获得公正的财产分割方案。法官将在具体案件中适用一定的自由裁量权，帮助离婚案件的当事人尽快适应生活的变化。在离婚财产分割中，正如黑尔女男爵所言，“财产分割的最终目的是让双方当事人都能在（重新）独立生活的道路上有个平等的开始”。[①] 也即帮助离婚当事人在经济上尽快适应离婚后的生活。这种制度上的调适价值对于维护社会稳定，帮助减少因离婚导致贫困的单亲家庭具有重要作用。

三是保护价值。第一，法律的基本任务之一就是保护其公民不受其他公民的伤害，在家庭领域的民事法律关系上，就意味着保护公民不受任何身体以外的伤害，包括经济上的损失和精神伤害。[②] 在离婚问题上，就是帮助离婚纠纷的双方当事人尽可能以一种平和、和谐的方式结束婚姻，保证双方当事人在婚姻已经无可挽回地破裂的情况下，尽可能减小对弱势方当事人及未成年子女的伤害；根据案件事实，以尽可能促进双方当事人及子女用保持良好关系的方式解决问题。[③]

第二，英国现代离婚制度的保护价值还体现在对于离婚前后或离婚纠纷中，对可能出现的家庭暴力风险的控制。1996 年《家庭

① *Miller v Miller*; *McFarlane v McFarlane* [2006] 2 FLR 213 at para 144.

② Schnerder C. E., “Channeling Function in Family Law”, *Hofstra Law Review*, vol. 20, 1992, p. 497.

③ Family Law Act 1996, section 1 (c).

法》第1条d款有关基本原则的规定中就明确包含了这样的内容："尽可能消除或减小婚姻一方当事人对另一当事人或任何子女的任何暴力风险。"家庭暴力的受害人可以向法院申请不得骚扰令（the non－molestation order）（法院作出指令，要求一方配偶或前配偶不得骚扰另一方配偶或前配偶①），1996年《家庭法》第42A条②则进一步规定，没有正当理由违反不得骚扰令的，将会受到刑事指控。借助这一规定，对家庭暴力受害人的保护力度得以明显增强。除了不得骚扰令外，受害人还可以向法院申请占用令（occupation orders），③ 要求施暴者搬离受害人居住的住所，该房屋由受害人使用。对于存在家庭暴力或家庭暴力风险的家庭而言，离婚制度就需要扮演一个积极帮助的角色，尽快准予双方当事人离婚，④ 从而减少甚至消除一方配偶或其子女存在的遭受家庭暴力的风险，实现维护平安的社会秩序价值。

第三，最能体现英国现代离婚制度的保护价值的是该制度对儿童利益的保护。英国2011年的离婚率为10.8‰（每千人结婚人口中有10.8人离婚），尽管较20世纪初有所下降（2001年的离婚率为12.9‰），⑤ 但相对而言，英国仍属于离婚率较高的地区。在高离婚率背景下，许多英国民众都担心离婚对未成年子女带来的负面影响。有研究表明，在同样的社会背景条件下，经历父母离婚的儿童与父母未离异的子女相比，在儿童时期表现差异不大，但这种差异持续存在，且在成年后表现出不同的生活轨迹。具体而言，离异

① Family Law Act 1996, section 42.

② 2004年《家庭暴力，犯罪和受害人法》（Domestic Violence, Crime and Victims Act 2004）引入了这一规定。

③ Family Law Act 1996, sections 33－41.

④ Herring J., Probert R., Gilmore S., *Great Debates in Family Law*, Hampshire: Palgrave Macmillan, 2012, p. 178.

⑤ Divorces in England and Wales － 2011, Office for National Statistics, 2012－12－20.

家庭子女在学业表现、自尊方面平均得分较低，儿童时期心理调适或行为问题的发生率较高。研究也证实，离婚家庭儿童更早进入成年期，表现为离家、与异性同居、结婚并生育子女。在刚进入成年期时，更多离异家庭子女频繁更换工作，社会经济地位较低，离婚的可能性更高，在心理上，他们更易感到抑郁，心理幸福指数较低。与父母及其他亲属的关系更疏远。① 因此，英国政府希望离婚制度能为儿童提供最大限度的保护。英国现代离婚制度充分体现了英国政府的意愿。

1973 年《婚姻诉讼法》第 25 条第 1 款明确规定，在审理离婚纠纷案件时，首要考虑因素是家庭中任何未满 18 周岁的儿童的福利。该法第 25 条第（3）款对儿童利益的保护做了进一步规定，对于有未成年子女的配偶一方，在作出指令时，需考虑（a）子女的经济需要；（b）子女的收入，赚钱能力（如果有的话），财产以及其他经济资源；（c）子女的身体或精神残疾；（d）子女正在接受的教育或培训以及婚姻当事人双方对子女教育和培训的意愿等。如果案件涉及未成年子女，法院将结合双方当事人提出的或已经开始实施的子女抚养安排，考虑是否应依据 1989 年《儿童法》作出任何指令。② 在离婚制度改革中，1996 年《家庭法》第二部分③第 7 条规定，如果涉及未成年人，那么离婚的反思考虑期将延长半年

---

① Richards M.，"The Interests of Children at Divorce"，M – T Meulders – Klein ed.，Famillles et Justice，Bruylant：Bruxelles，1997，p. 543. 其他类似研究还有：Elliott BJ.，Richards MPM，"Children and Divorce：Educational Performance and Behavior，Before and After Parental Separation"，*International Journal of Law*，*Policy and the Family*，vol. 5，1991（3），p. 258 – 276. Amato PR.，"Children' s Adjustment to Divorce：Theories，Hypotheses and Empirical Support"，*Journal of Marriage and the Family*，vol. 55，1993，p. 23.

② 1973 年《婚姻诉讼法》第 41 条第 1 款。参见 Douglas G. etc.，"Safeguarding Children' s Welfare in Non – contentious Divorce：Towards a New Conception of the Legal Process?"，*Modern Law Review*，vol. 63，2000，p. 177。

③ 这一部分的法律最终被废止。废止原因主要是由于试点项目的结果差强人意，与儿童权利保护的内容没有太大关系。参见本文第三章的内容。

（反思考虑期从法院收到当事人的离婚声明之日起两周后开始计算，共计九个月时间）。十五个月考虑期结束，法院才能作出离婚指令。尽管这一法条已被废止，但从政府主导的这一法律的出台上，我们可以看出政府的立场和态度。

在子女抚养及父母子女交往问题上，英国现代离婚制度的纠纷解决机制为涉及子女的纠纷管控提供了有效途径，帮助争议双方不光在离婚后财产问题上取得一个公平的判决，而且在离婚后子女抚养交往问题上，其合法权益也能得到应有的保护。例如，司法实践上，在离婚财产分割中，英国现代离婚制度会优先保护未成年子女的住房需求，由此延伸到优先保障与子女共同生活一方对婚姻住房的需求。如果不与子女共同生活一方需在外租房，法官往往也鼓励其在有条件的情况下，租住较大的房屋，以保证未成年子女探望时的住房需求为标准。在子女抚养费的支付上，英国政府专门设立了子女抚养服务署，帮助抚养子女的配偶一方能够及时得到未与子女共同居住的一方应支付的子女抚养费。政府报告中也提及了政府在帮助弱势方获取子女抚养费方面的责任："不论父母双方是否在一起居住，他们都对抚养子女有明确的道德义务及法律义务。（父母双方的）关系结束了，（但是这种抚养子女的）责任并未结束。政府和社会都有义务确保这种（抚养）义务得以履行。"① 英国现代离婚制度提供的这些保护，契合了 1989 年《儿童权利公约》的要求。

从社会视角观察，家庭是生产高素质劳动力的第一生产场所，为社会经济繁荣所必需；家庭是培育新时代公民的重要学习场所，为公民未来进入民主体制，建设社会国家做准备；② 家庭政策实际

---

① Department for Work and Pensions, *A Fresh Start: Child Support Redesign - the Government's Response to Sir David Henshaw*, London: Department for Work and Pensions, 2006, p. 1.

② ［美］博根施奈德、科比特：《家庭政策：成为一个研究领域和社会政策分支》，载上海社会科学院家庭研究中心编：《中国家庭研究》（第 6 卷），上海社会科学院出版社 2012 年版，第 241 ~246 页。

上是公共资源对未来社会的连续、稳定地有效投入，目的是实现社会发展和世代更替。因此，离婚制度必然也会加大对未来新时代公民、未来劳动力、未来社会的保护力度，实质上是实现维护社会成员生存发展权的秩序价值。

第三节　英国现代离婚制度的价值冲突与整合

市场经济的进步作用促使民众主体意识的普遍觉醒，直接导致了社会中主体的多元化，从而进一步激发了社会发展的活力。[①] 主体的多元化和需要的多样化相辅相成，其结果为价值的多元，价值冲突成为社会发展的常态。尽管英国现代离婚制度调整的是婚姻家庭关系，但与英国现代离婚制度相关的各主体之间仍存在差异，而且主体的需要也千差万别，价值冲突在所难免。因此，探讨英国现代离婚制度的价值就无法回避如何解决实践中常态化的价值冲突的问题。

法的价值是一个复杂多元、有机联系的庞杂体系。因此，在论及法的价值冲突时，其可能意指法的价值准则、价值观念之间的内在固有矛盾及其外化；也可能表达不同价值主体，诸如国家、社会、民众、个体等，在价值观念、认识等问题上的不符与矛盾；还可能表示不同法律文化、法律制度、法律规范之间冲突所蕴含的价值对立样态。[②] 为了论述的方便，本书主要讨论英国现代离婚制度在法律价值准则方面的冲突及其整合。

一、价值冲突之表现

如前所述，英国现代离婚制度的价值体系在实然层面表现出了自由、公平、平等、秩序等价值，但是在社会实践活动中，各价值

---

① 马俊峰：《应重视对价值冲突问题的研究》，载《哲学动态》1999 年第 7 期。

② 卓泽渊：《法的价值论》，法律出版社 2006 年版，第 587 页。

之间并非是以一种完备、无矛盾的方式出现的。价值冲突在所难免。在制度设计及司法实践中，英国现代离婚制度主要表现出自由与秩序、公平间的价值冲突。

一是自由与秩序之间的价值冲突。1996 年《家庭法》离婚制度改革的失败充分体现了英国现代离婚制度在自由与秩序之间的冲突。从英国现代离婚制度的发展演变观察，判断离婚的标准从过去的过错主义走向今日的破裂主义，这充分彰显了英国现代离婚制度的自由价值。但同时，我们也注意到，政府一直将离婚率过高视为是影响社会稳定的隐患之一。因此，在政府最近推行的改革以及新颁布的立法，如 2012 年《法律援助法》中，政府一直将促进当事人和解，维护家庭的稳定作为其政策目标之一。秩序价值在政府设定的离婚制度改革目标中占据重要地位，相反，离婚制度的自由价值被淡化。以完善离婚程序、彰显离婚自由的 1996 年《家庭法》第二部分最终被废止。

二是自由与公平之间的价值冲突。在英国现代离婚制度中，对于婚前协议和婚后协议的效力一直持排斥态度，但在拉德马赫案[①]中，英国高等法院认可了当事人双方订立的婚前协议的效力。对涉及婚姻协议的效力如何认定，英国法院的谨慎态度充分体现出英国现代离婚制度自由与公平价值之间的冲突。一方面，认可婚前协议和婚后协议的效力保障了离婚当事人处理个人事务的自由；另一方面，之所以谨慎认可这类婚姻协议的效力则是为了充分实现法律的公平正义，保护离婚弱势方的合法权利。

此外，在司法实践中，法官审理具体案件还可能遭遇自由、公平、平等及秩序之间的其他价值冲突。

二、价值冲突之原因

之所以会出现上述价值冲突，其原因大致包括以下两点：

---

① *Radmacher v Granatino*［2010］UKSC 42.

一是价值主体的多元。英国立法机构和英国民众对于英国现代离婚制度的价值认知不同。英国民众往往更重视个体的离婚自由以及公平的价值，而立法机构常常会将英国现代离婚制度的秩序价值摆在重要位置。此乃价值主体多元性的表现之一。此外，仅考察具体的离婚案件，法官不同，代理委托人的律师不同，委托人也不同，价值观念亦会产生差异，司法实践中的离婚制度必然遭遇上述价值冲突。

二是伴随社会的发展变化，价值主体的需要也在逐步多元化。英国现已成为一个多元社会，少数族裔在英国人口中所占比重越来越高。在多元社会中，各价值主体在社会发展变化中的需要也在发生变化。这种变化致使价值冲突的出现更加频繁。即便是同一价值主体，也可能因社会发展变化产生新的价值需求，从而与原来制度体系中的价值构造产生新的冲突。最明显的例证即为，跨国婚姻的增多致使具有涉外因素的离婚案件也相应增加。这些案件将进一步带来不同法域的制度、文化冲突，以及随之而来的价值冲突。

三、价值冲突之整合

为了应对客观世界和现实世界中的新的不确定因素，在社会实践中人们必将通过改造现有的价值体系结构，维护各价值在相互包容下的统一，消解抑或淡化冲突。价值冲突的整合，是指有权的国家机关为应对一定主体的需要，对冲突的价值进行一定形式的评价、定位、权衡、取舍与补偿，以满足一定主体需要的行为。[①] 要整合不同价值主体的价值冲突，依博登海默所言，在某种程度上须通过颁布一些规则，以此评价各种价值及利益的重要性，提供整合

---

① 李龙主编、汪习根执行主编：《法理学》，武汉大学出版社 2011 年版，第 427 页。

价值冲突的标准。[①] 因此，我们所希望的是寻找一个整合价值冲突的一般规则。

但是，我们也应意识到，试图通过为法律制度设立一种具有普适性的或刚性的价值位阶，一劳永逸地解决法的价值冲突，不符合实际。要想通过价值位阶的原则和方法解决英国离婚制度的价值冲突问题，就会走上形而上学的错误道路，过于机械和片面。[②] 要解决价值冲突问题，首要的任务是分析各主体间相互重合的、最低限度的价值共识，唯有如此，学者才能相互理解，从而在具体的价值判断问题上找到共识。[③] 因此，有必要对英国现代离婚制度的各价值进行权衡和比较，以期在此基础上达成价值共识。这种权衡比较必定是在特定时期以及特定社会背景下进行。但总体而言，在探查解决法的价值冲突的平衡整合之术时，关键得看哪种备选项更有利于实现法的公平正义。要实现法的价值的最大化，只有在追求正义的道路上不懈努力。[④]

以英国现代离婚制度的改革为例，在离婚理由方面，英国现代离婚制度已经确立了婚姻无可挽回地破裂作为离婚的唯一理由，彰显了其自由价值。但与此同时，英国现代离婚制度中设立了一些限制离婚的条款：如结婚一年内不得诉请离婚；如离婚将导致一方陷入严重的经济困难，不得离婚等。在离婚法律后果上，也强调应保障正义最大化，损害最小化。这些条款都体现出英国现代离婚制度所追求的秩序以及公平价值。在自由与秩序、公平的价值冲突中，

---

① ［美］博登海默著：《法理学——法哲学及其方法》，邓正来、姬敬武译，华夏出版社 1987 年版，第 383 页。

② 周灵方：《法的价值冲突与选择——兼论法的正义价值之优先性》，载《伦理学研究》2011 年第 6 期。

③ 王轶：《民法价值判断问题的实体性论证规则——以中国民法学的学术实践为背景》，载《中国社会科学》2004 年第 6 期。

④ 杨文丽、袁振辉：《复杂性视野中的法的价值冲突》，载《中共中央党校学报》2008 年第 4 期。

英国现代离婚制度采用的平衡方法是：在尽可能保障离婚自由时，尽力保障社会的稳定秩序以及离婚法律后果上的公平。如果结婚不足一年，离婚自由则被限制。解释适用法律规范定纷止争的过程是一个平衡过程，法律要对不同个体在追求利益最大化时的各种机会主义行为的冲突和对抗进行调控平衡，在一定的秩序框架内实现个人利益。[①] 离婚绝非个人游戏，不能任由当事人率性而为。维护婚姻的稳定也是离婚制度的目标之一。如果离婚将导致一方当事人陷入严重的经济困难，对其生活造成严重影响时，离婚自由也会被限制。这实质是通过限制离婚自由补偿社会公平上的缺失，损自由之有余，补公平之不足。通过保障婚姻中弱势方的生活安全，维护社会的稳定秩序，实现离婚制度的公平价值。一旦离婚当事人的生活安全有保障，那么一方陷入严重经济困难这一限制离婚条款也将不再适用。也即当离婚制度的自由价值和公平价值的冲突消解后，自然也就谈不上整合离婚制度在法的价值上的冲突。这正是为何实践中这一限制条款很少被适用的原因。

在离婚程序方面，英国政府希望民众通过调解解决离婚纠纷，在新近的立法改革中，一直将促使离婚纠纷的双方当事人和解、调解作为其重要的改革方向。对于离婚程序，有学者认为调解程序在一定程度上有损公平价值。[②] 笔者认为，调解程序的适用有其前提条件，如存在家庭暴力等严重危害当事人的沟通能力或平等协商地位的情形时，调解不能适用。设置调解的适用条件，是实现离婚制度的正义价值的制度保障，此为其一。其二，适用调解程序解决离

① 李国强、孙伟良：《民法冲突解决中的利益衡量——从民法方法论的进化到解释规则的形成》，载《法制与社会发展》2012 年第 1 期。

② See Jian Wang, "To Divorce or not to Divorce: A Critical Discourse Analysis of Court - ordered Divorce Mediation in China", *International Journal of Law Policy and the Family*, vol. 27, 2013 (1), pp. 74 - 96. Xin He & Kwai Hang Ng, "In the Name of Harmony: The Erasure of Domestic Violence in China' s Judicial Mediation", *International Journal of Law Policy and the Family*, vol. 27, 2013 (1), pp. 74 - 96.

婚纠纷是在充分考虑家事纠纷的特点后作出的政策选择。离婚制度和其他民法规范一样，旨在确认保护民事主体的合法利益，司法在调节、分配各种利益时，不能抛弃司法定纷止争的目的，相反，应将避免冲突和保护民事主体的各种利益相结合，这样才能最大限度实现法的公平价值。从这个意义上讲，调解这种尊重双方平等主体的意愿的纠纷解决模式，具有将平息纠纷和执行纠纷解决结果相结合的先天优势，更能得到纠纷当事人的自觉履行，因而也能更大程度实现离婚制度的公平价值。

在离婚法律后果方面，公平仍是一个基本的价值标尺。公平原则是英国司法实践中审理离婚后财产分割案件的一个基本原则。例如，在是否认可婚前协议法律效力的问题上，在拉德马赫案中，法官从需要、补偿、平等分享三原则分析该案，最终得出结论，认可双方当事人婚前协议的效力是公平的。① 在养老金的分割问题上，英国现代离婚制度的补偿法、标记法和转让法都在本质上体现了英国现代离婚制度的公平价值。② 在离婚后父母子女关系上，英国现代离婚制度十分注重双方应公平分担子女抚养义务。表现为未与子女共同生活一方须向另一方支付子女抚养费，但如果未成年子女有在未与子女共同生活一方居住达到规定天数，则其应支付的子女抚养费数额可以做相应的扣减。其复杂详尽的子女抚养费计算方式旨在保证实现离婚制度的公平价值。此外，在子女抚养费的执行方面，通过设立独立的第三方服务机构，强调子女抚养费在离婚判决后得以顺利执行，维护离婚制度的公平价值。

在离婚制度的诸价值中，公平价值具有终极和根本性的地位。因此，在整合离婚制度价值的价值冲突时，将公平价值放在优先位置符合离婚制度的内在要求和社会民众的合理期待，契合了现代民法对实质公平的价值追求。

---

① *Radmacher v Granatino*［2010］UKSC 42 at para. 123.

② 参见第三章第三节有关养老金分割的论述。

第五章　英国现代离婚制度对我国之启示

为应对当代中国离婚问题的新情况，2001 年 4 月 28 日起施行的修正后的《婚姻法》（以下简称现行《婚姻法》），增加规定了认定夫妻感情确已破裂的法定情形、父母离婚后对子女的探望权、离婚时对夫妻一方的家务劳动等特别贡献的经济补偿等新内容。[①]现行《婚姻法》施行至今已经十三年有余，其有关离婚制度的规定基本上能够满足调整当代中国离婚情况的需要。但由于近年来，中国经济社会发展迅速，民众收入不断增加，人们的婚姻家庭观念也有新的变化，中国的粗离婚率正持续走高。我国现有离婚制度正面临许多新的挑战。英国现代离婚制度能为我们未来的离婚制度改革带来什么启示呢？笔者拟在阐述当代中国的离婚状况和离婚制度的基础上，考察和分析当代中国离婚制度面临的挑战，在对比中英离婚制度的基础上，提出当代中国离婚制度的修改完善建议。

需要特别说明的是，对中英离婚制度进行比较研究绝不是对英国现代离婚制度的全盘接收。前文，笔者已经指出，英国离婚制度也存在一些不足之处。因此，我们应在比较中寻找英国现代离婚制度之合理之处，借鉴其有益经验，总结其立法中的教训，为富有中国特色的社会主义法治添砖加瓦。同时，也应警惕由于法律移植过

① 参见陈苇主编：《婚姻家庭继承法学》（第二版），群众出版社 2012 年版，第 27 页。

程中，可能出现的水土不服的问题，如前文提及的离婚财产分割原则较为抽象、不易把握，法官的自由裁量权倚重等英国离婚制度之不足，放在我国的社会环境中，会进一步诱发民众对法官、法律的不信任，从而进一步导致影响社会稳定的一系列问题。以下，笔者将按照前文介绍英国离婚制度具体内容的逻辑顺序，分析英国离婚制度对完善我国离婚制度的启示。

第一节　对我国离婚的指导思想和法定理由之启示

考察我国的离婚制度，离不开对社会现实的观察。我国人口众多。2010 年第六次人口普查的数据显示，当年，我国 20 岁至 34 岁的青年人口总数接近 3.26 亿。[①] 在新的历史时期，由于中国推行的计划生育政策、劳动力市场的变动与生活成本的上升，家庭逐步向核心家庭转变，少子化现象突出。这一社会现实，加之传统文化对教育的重视，促使父母拿出更多积蓄投资子女的教育。民众接受教育年限的延长，以及市场经济中生活成本的增加，推迟了青年一代的初婚时间，单身家庭与同居家庭增多。这是中国的人口家庭现状。

一、当代中国的离婚状况

在当代中国，2003 年新的《婚姻登记条例》简化了原来的登记离婚程序。同年，一度回落的离婚率再度走高。自 2003 年始，中国内地的粗离婚率逐年上升。国家民政部统计资料显示，在中国内地，2003 年的离婚配偶有 133.1 万对，较上年增长 15.4 万对，其中登记离婚的 69.1 万对，较上年增长 11.8 万对，另有 64 万对诉讼离婚的配偶，较上年增长 3.6 万对，粗离婚率为 1.05‰，环

① 张冀：《中国青年人口的基本特征及其面临的主要问题——基于“第六次人口普查”数据的分析》，载《江苏社会科学》2012 年第 5 期。

比增长 14.29%。离婚率再次突破了 1‰。① 2012 年，离婚配偶达 310.4 万对，比上年增加 23.0 万对，其中登记离婚的配偶有 242.3 万对，诉讼离婚的配偶有 68.1 万对，粗离婚率为 2.3‰，比上年增加 0.17 个千分点。② 2013 年，离婚配偶再创新高，达到 350.0 万对，从 2003 年到 2013 年，离婚配偶的累计增加量为 216.9 万，增长超过 1.5 倍。其中登记离婚的 281.5 万对，2003 年到 2013 年十年间的累计增加量为 212.4 万，是 2003 年登记离婚绝对值的 3 倍多。诉讼离婚的增幅相对较小。2013 年诉讼离婚配偶达 68.5 万对，2003 ~ 2013 年的累计增加量为 4.5 万对。2013 年粗离婚率为 2.6‰，比上年增加 0.3 个千分点，环比增长 13.0%。③ 以上数据说明，从 2003 年到 2013 年，十一年的统计数据显示，中国的粗离婚率一直在持续增长，年均增长率为 10.15%（见表 5 - 1），其中，登记离婚配偶对数呈爆炸式增长，诉讼离婚配偶对数增长趋缓。

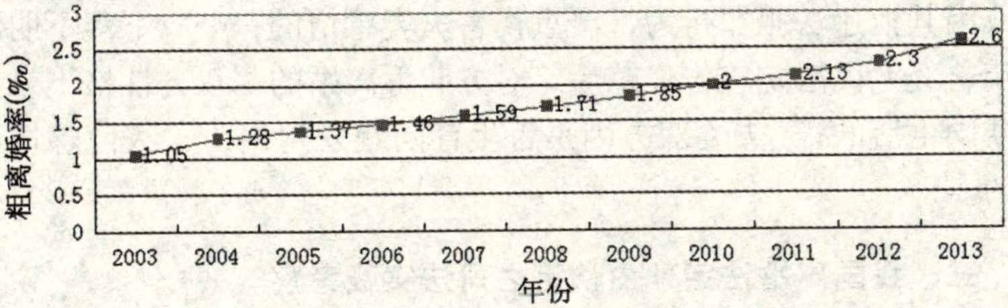

表 5 - 1　2003 年到 2013 年的粗离婚率趋势图

① 民政部：2003 年民政事业发展统计报告，http：//cws. mca. gov. cn/article/tjbg/200801/20080100009381. shtml，访问时间：2013 年 1 月 16 日。

② 原始数据来自民政部：2012 年社会服务发展统计公报，http：//cws. mca. gov. cn/article/tjbg/201306/20130600474746. shtml，访问时间：2014 年 7 月 1 日。

③ 原始数据来自民政部：2013 年社会服务发展统计公报，http：//www. mca. gov. cn/article/zwgk/mzyw/201406/20140600654488. shtml，访问时间：2014 年 7 月 1 日。

二、我国离婚的指导思想和法定理由之立法现状

在我国的离婚立法、婚姻登记以及涉及离婚案件的司法审判实践中，都坚持了一个指导思想，即保障离婚自由，防止轻率离婚。这是学界的普遍共识。[①] 现行《婚姻法》第 32 条规定，夫妻感情确已破裂是我国判决离婚的唯一标准，因此对于夫妻感情确已破裂，经调解无效的，人民法院应判决准予离婚。该条同时规定了证明夫妻感情确已破裂的五项法定事由：一是重婚或有配偶者与他人同居的；二是实施家庭暴力或虐待、遗弃家庭成员的；三是有赌博、吸毒等恶习屡教不改的；四是因感情不和分居满二年的；五是其他导致夫妻感情破裂的情形。这里的其他情形主要包括：一方患有恶性传染病的；患有严重疾病，如精神病等，久治不愈的；结婚草率，婚后又未建立起夫妻感情，无法共同生活的；婚后未同居生活的；一方有通奸或婚外恋，屡教不改的；一方被依法判处长期徒刑或因其他违法犯罪行为，严重伤害夫妻感情的；一方下落不明满两年，经人民法院宣告失踪后，对方起诉离婚的；双方性格不合无法共同生活的；[②] 夫妻双方因是否生育问题发生纠纷，致使感情破裂的。[③]

三、我国离婚法定理由认定之司法实践考察

在司法实践中，如何认定“夫妻感情确已破裂”问题一直是

---

① 例如，陈苇主编：《婚姻家庭继承法学》（第二版），群众出版社 2012 年版，第 241 页。巫昌祯主编：《婚姻家庭法新论：比较研究与展望》，中国政法大学出版社 2002 年版，第 308 页。曹诗权、孟令志、麻昌华主编：《婚姻家庭继承法》，北京大学出版社 2006 年版，第 155 页。许莉主编：《婚姻家庭继承法学》，北京大学出版社 2006 年版，第 162 页。

② 参见 1989 年最高人民法院《关于人民法院审理离婚案件如何认定夫妻感情确已破裂的若干具体意见》。

③ 《婚姻法解释三》第 9 条。

困扰法官审理离婚案件的难点之一。为解决夫妻感情破裂认定难的问题，我国最高人民法院于1989年颁布了司法解释，补充规定了认定“夫妻感情确已破裂”的14种法定情形。但该司法解释规定的这些情形并非全部属于“夫妻感情确已破裂”的情形，有的属于应宣告婚姻无效的情形，如一方配偶属于患有精神病的限制行为能力人或无行为能力人，也即婚前隐瞒精神病史，婚后久治不愈的，或婚前知道对方患有精神病与其结婚的；因欺诈致使结婚意思表示失实的情形，也即一方通过欺诈的方式，骗取另一方当事人及婚姻登记机关的信任，获得结婚证的等。有的则属于从未建立夫妻感情的婚姻，如婚前缺乏了解草率结婚，包括我们通常所说的闪婚，婚后又未建立夫妻感情，无法共同生活的；包办、买卖婚姻虽共同生活多年，但双方当事人确未建立夫妻感情的等。为弥补此缺陷，现行《婚姻法》第32条改采例示主义的立法模式，具体列举了4种可以认定“夫妻感情确已破裂”的事实法定情形，外加一条兜底条款。

此外，近年来在我国司法实践中，法院形成了某些经验做法。也即一方当事人首次向人民法院提出离婚的，在一般情况下，人民法院不准予离婚，在被判决不准离婚达到法定期限[①]（一般为6个月）后，当事人再次提起离婚诉讼的，人民法院一般准予其离婚。有学者称之为“二次离婚诉讼审判规则”，并分析指出此“二次离婚诉讼审判规则”的产生有强烈的现实需求；同时，该规则与既有法律规范体系完全相容，既具有合法性，也具有合理性。[②]

在采用离婚法定理由方面，我国的司法实践中，更多案件选择了离婚法定事由的兜底条款。例如，2002年，某中级人民法院审理的946件离婚案中，大多数案件都以“其他导致夫妻感情破裂

① 根据我国《民事诉讼法》第124条第7款的规定，判决不准离婚和调解和好的离婚案件，没有新情况、新理由的，原告在6个月内又起诉的，人民法院不予受理。

② 刘敏：《二次离婚诉讼审判规则的实证研究》，载《法商研究》2012年第6期。

的情形”判决离婚，以分居两年或赌博恶习等判决离婚只有几例，[①]占比不超过1%。选择过错型法定事由的少之又少。2005年，宜昌市中级人民法院审理的离婚案件合计186件，法院最终认定的离婚事由中，依据第一项重婚及有配偶者与他人同居的有2件，且都属于该项中的第二种情形；依据第二项事由的有10件，其中属于实施家庭暴力的有9件，虐待1件；依据第三项法定事由的1件；前三项都属于过错型法定事由，合计13件，占当年离婚案件的比重为6.99%，属于“兜底”条款的超过90%。[②]可见，过错型法定事由的离婚案件所占比例比较小。学者于2010～2012年在重庆市某基层人民法院所做的抽样调查显示，请求离婚的理由中，当事人选择最多的是感情不和，占87.8%。而选择有配偶者与他人同居的占5.6%，选择实施家庭暴力的占12.5%，选择有赌博、吸毒等恶习屡教不改的占10.3%，[③]从这些数据可以看出，在当事人请求离婚时，选择过错型法定事由的较少，近九成的当事人选择无过错型的法定事由。

四、对我国离婚的指导思想和法定理由之反思

从对我国有关离婚指导思想以及离婚法定事由的立法现状以及司法实践考察，笔者认为，在离婚指导思想方面，我国现有的离婚指导思想强调对离婚自由的保护，保障公民在符合法律规定的条件下，通过在婚姻登记机关登记和到人民法院起诉的方式，行使自己的离婚权利。这符合离婚制度的自由价值取向。此外，为保障离婚当事人的离婚自由，同时避免离婚自由被当事人滥用，在离婚指导

① 吴晓芳：《对法定离婚标准的再思考》，载《人民法院报》2004年10月17日。

② 参见王礼仁：《是进步还是倒退——评我国离婚标准中的例示主义立法模式》，载《法律适用》2005年第12期。

③ 陈苇、何文骏：《我国离婚救济制度司法实践之实证调查研究——以重庆市某基层人民法院2010～2012年被抽样调查的离婚案件为对象》，载《中国法学会婚姻法学研究会2013年年会论文集》，第350页。

思想中还规定了防止轻率离婚。轻率离婚是对离婚自由的误读曲解，防止轻率离婚，旨在避免婚姻关系中的任性行为，保护婚姻关系中的弱势方以及未成年子女的合法权益，维护社会稳定。但遗憾的是，我国的离婚指导思想中没有强调处理离婚纠纷应保障离婚法律后果的公平公正。

在离婚理由上，我国现行《婚姻法》规定，判决准予离婚的法定理由是“夫妻感情确已破裂”。但在司法实践中如何把握“夫妻感情确已破裂”这一标准，法官仍有不同认识。正如学者所言，以“夫妻感情确已破裂”作为夫妻离婚的法定条件，是建立在爱情是婚姻的基础，婚姻需要爱情来维系这一前提条件之下的。但考察我国的社会现实，人们结婚时尚不能完全排除经济等其他因素的考量，我国的大部分婚姻都是以爱情因素与物质因素相结合为基础的，也即大多都是混合基础。[①] 社会生活中也存在既没有感情，又没有物质基础的婚姻。[②] 且有的夫妻离婚并非因为没有感情。例如，有的夫妻一方因为意外事故致使身体重度残疾，长期瘫痪在床而无法承担夫妻义务，为夫妻他方的幸福考虑，主动提出离婚，但实际双方夫妻感情尚未破裂。以“夫妻感情确已破裂”作为判决离婚的法定理由，用法律调整属于思想意识范畴的夫妻感情，在司法实践中往往难以操作把握。以“夫妻感情确已破裂”作为离婚标准还可能在婚姻价值取向上过于强调个人主义至上，忽视个人在婚姻中本应对其子女、家庭及社会承担的责任，有违婚姻家庭伦理的要求。[③]

---

① 参见陈苇：《中国婚姻家庭法立法研究》，群众出版社 2000 年版，第 261 页。

② 例如，一方出于报恩等嫁给另一方，参见黄传会：《天下婚姻：共和国三部婚姻法纪事》，文汇出版社 2004 年版，第 220 页。有学者指出，在我国城市或农村地区，还有一些夫妻感情名存实亡的婚姻，参见胡志超：《中国破裂主义离婚法律制度》，法律出版社 2010 年版，第 138 页。

③ 杨大文主编：《婚姻家庭法》（第四版），中国人民大学出版社 2008 年版，第 192 页。

前文提及的“两次离婚诉讼审判规则”也存在不合理之处。如果不分实际情况严格按照“两次起诉”规律处理离婚案件，有损法律的公平正义。例如，有法官指出，当事人想离婚，却又被判决不准离婚，一种方式是可以等待一段时间后再行起诉，另一种极端的方式就是制造法定的离婚理由，即或与他人非法同居，或制造家庭暴力，或参与吸毒、赌博等，这些都是法定的准予离婚理由，然而，这可能会给夫妻双方带来更大的痛苦，也可能带来更多的社会不稳定因素。并且，这也不符合诉讼经济原则。根据调研数据，从2008年7月到2010年12月，某基层法院75%以上的当事人在判决不准离婚六个月后再行起诉，法院对同样的事情进行再次审理，无疑提高了司法成本。①

五、英国法对完善我国离婚指导思想以及离婚法定理由之启示

英国离婚制度的立法指导思想不但涵盖了离不离的问题，而且就如何离的问题也作出了指示，即既要维护婚姻的稳定性，又要尽可能通过婚姻咨询、调解等方式，采取一切实际措施，挽救婚姻，防止轻率离婚，同时尽可能减小离婚带来的消极影响，尽可能节省双方当事人为解决离婚所做的开支，减小一切可能的家庭暴力风险。对离婚法律后果的强调是英国离婚制度中立法指导思想的特点，这对于保障离婚中弱势方的权益，实现离婚制度的公平价值意义重大，值得我们借鉴。

国内已有学者指出，现行《婚姻法》中有关离婚救济制度的变革，② 反映了我国有关离婚指导思想的重大变化，由保障离婚自由，反对轻率离婚发展为保障离婚自由，实现保护弱者利益的社会

① 时美娜：《论法院判决不准离婚制度应当取消》，载光明网，http://court.gmw.cn/html/article/201212/17/114302.shtml，访问时间：2013年1月31日。

② 2001年修法后的离婚救济制度的论述，参见陈苇、石雷：《离婚救济法律制度的创新思路》，载《社会科学辑刊》2013年第1期。

正义与法律公平。[①] 可见，我国在离婚制度建设上已经有这种动向，未来我们需要进一步在离婚指导思想中将保护弱势方的权益，尽可能减小离婚对当事人及其未成年子女的消极影响，即将“保障离婚法律后果的正义最大化和损害最小化”上升到离婚指导思想中，彰显离婚制度的公平价值。

关于离婚法定理由，英国的离婚制度采用了“婚姻无可挽回地破裂”的标准。为方便法官执法，英国立法又进一步列举了五种离婚法定事由。这种立法模式，实质上旨在强调用一种更加客观的事实标准判断婚姻是否破裂的问题。尽管我国的离婚制度也在朝这一方向努力，但还不够完善。针对司法实践中认定“夫妻感情是否确已破裂”的现实困难，学界已有很多学者主张，应以“夫妻关系确已破裂”取代“夫妻感情确已破裂”作为判决准予离婚的法定条件。[②] 对此，笔者完全赞同。社会生活的多样性告诉我们并非所有的离婚都是以夫妻感情确已破裂作为离婚标准。如前所述，在部分案件中，当事人离婚并非因为感情破裂，也可能是因为疾病等其他理由。对于既没有感情基础、也并非为了物质生活的婚姻，用“夫妻感情确已破裂”作为离婚法定理由，有失偏颇。所以，客观而言，以夫妻感情破裂作为离婚标准本身存在一定不合理之处。“两次离婚诉讼审判规则”是部分法官在司法实践中的经验总结，但需注意的是这种经验并非法律，也不可能适合所有案件。在司法实践中，仍应坚持现有规定，将“夫妻关系确已破裂”作为法院是否作出离婚判决的唯一标准。综上，笔者建议以“夫妻关系确已破裂且无法共同生活”作为判决准予离婚的唯一法定理由。

对于是否应保留过错型离婚法定事由，比较英国离婚制度，我

---

① 夏吟兰：《离婚衡平机制研究》，载《中华女子学院学报》2004 年第 10 期。

② 李银河、马忆南主编：《婚姻法修改论争》，光明日报出版社 1999 年版，第 131 ~204 页。陈苇：《中国婚姻家庭法立法研究》，群众出版社 2000 年版，第 261 页。

们不难发现，纯粹破裂离婚主义在本质上要求离婚制度应该向前看，注重双方当事人离婚后的生活，而非向后看，寻找双方婚姻关系存续期间的过错，这不利于双方当事人在离婚后建立一种平和的关系。在涉及未成年子女的家庭中，只有这样，才有利于未来双方在子女抚养、探望上的相互合作。英国民众在选择离婚的法定事由时也证实，过错法定事由作为证明婚姻关系无可挽回地破裂的作用正逐步弱化。大量民众通过无争议离婚的程序获得离婚令。反观我国，部分法院的统计数据显示，这些地区的司法实践中也出现了和英国类似的趋势。有学者主张，“重婚或有配偶者与他人同居的”、“实施家庭暴力或虐待、遗弃家庭成员的”、“有赌博、吸毒等恶习屡教不改的”这三条离婚事由作为感情破裂的证明，反映的是有责思想残余，立法做此规定并不妥帖，应予删除。[①] 对此，笔者表示赞同。从国际趋势看，纯粹破裂主义是未来离婚法的方向，德国、澳大利亚、瑞典等国都已采用了纯粹破裂主义。从这个意义上讲，无须保留过错型的法定事由。

我国社会是一个尊重传统家庭伦理的社会。在现有体制下，尚有小部分人道德自律意识不高，因此尽管理论上过错型离婚法定事由没有存在的必要，但社会是否能够认可，尚有待深入研究。综上，笔者认为，我国应将离婚法定理由修改为“夫妻关系确已破裂且无法共同生活”，为减小法官在司法实践中的认定“夫妻关系确已破裂”的困难，可在司法解释中进一步完善认定夫妻关系确已破裂的法定情形，增加可操作性，保障离婚自由的实现。对于是否删除过错型的法定事由，可在部分法院开展试点，通过科学性的实证调研，证实这一立法模式是否符合我国社会现实和具体国情。

① 胡志超：《中国破裂主义离婚法律制度》，法律出版社 2010 年版，第 209 页。

第二节　对我国离婚程序之启示

一、我国离婚程序的制度概述

按照我国法律规定，离婚当事人有两种法定的离婚途径，也即登记离婚和诉讼离婚。

（一）登记离婚

登记离婚是指由夫妻双方共同申请办理离婚登记，婚姻登记机关按《婚姻法》和《婚姻登记条例》等规定进行审查，对符合法定条件的夫妻办理离婚登记的制度。登记离婚制度又被称为行政登记离婚制度。

1. 登记离婚的条件

现行《婚姻法》第31条规定，男女双方自愿离婚的，双方须到婚姻登记机关申请离婚，经婚姻登记机关审查，符合登记离婚条件的，应立即发给离婚证，准予离婚。

2003年10月1日施行的《婚姻登记条例》对登记离婚的条件作了具体的规定。只有符合以下法定条件的配偶才能办理离婚登记：（a）双方须是合法配偶。非婚同居当事人到婚姻登记机关要求离婚的，婚姻登记机关不予受理。（b）双方均是完全民事行为能力人。登记离婚，只能由当事人本人亲自提出申请，不能由第三人代理。并且离婚当事人双方须共同前往婚姻登记机关，申请办理离婚登记，两人分别前往婚姻登记机关，不能办理离婚登记。（c）双方须有离婚合意。婚姻当事人双方一致同意离婚，且意思表示真实、自愿，没有意思表示不真实的情形，如被对方或第三人欺诈、胁迫等。（d）双方须对离婚后的子女及财产问题达成协议。具体而言，双方须对子女的抚养教育达成协议，主要包括离婚后子女随何方生活，对方是否负担抚养费，抚养费的数额、给付方式，离婚后不随子女共同生活的一方对子女的探望时间和方式等。双方须对共同财产分割及债务的清偿等达成协议。如离婚后一方生活有困难，有负担能力的一方须向经济困难一方给付一定的经济帮助费，对离婚经济帮助费的数额、期限、给付方式等双方也应达成协议。双方对上述问题达成的协议，须做成书面形式并有双方签字，方可向婚姻登记机关申请办理离婚登记。（e）结婚登记须在中国内地办理。①

2．登记离婚的程序

我国居民申请办理离婚登记的机关是县级（含市辖区、县级市）人民政府民政部门或乡、镇人民政府。② 婚姻双方当事人共同申请登记离婚时，应提交下列证件：本人的户口簿、身份证；结婚证；经双方签名确认，一式三份的离婚协议书。③ 办理离婚登记的程序有初审、受理、审查、登记（发证）。④

（1）初审。在收到当事人的离婚登记申请及其提供的证件、证明及离婚协议书后，婚姻登记员将进行初审，主要涉及以下内容：是否属于本婚姻登记机关管辖；当事人提供的证件是否齐全，有无伪造或虚假证件；离婚协议的内容是否完备。如果证件齐全、真实，离婚协议内容完备，婚姻登记员应当向双方当事人讲明法律规定的登记离婚的条件，同时询问当事人的离婚意愿是否真实。

（2）受理。经初审符合离婚登记条件的，离婚双方当事人将收到婚姻登记机关发放的《申请离婚登记声明书》。双方当事人须

---

① 《婚姻登记条例》第12条。

② 参见《婚姻登记条例》第2条。此外，根据2004年3月29日民政部《关于贯彻执行〈婚姻登记条例〉若干问题的意见》（以下简称《执行婚姻登记意见》）第9、10条的规定：办理现役军人的婚姻登记的机关可以是现役军人部队驻地所在地或户口注销前常住户口所在地的婚姻登记机关，也可以是非现役军人一方常住户口所在地的婚姻登记机关。办理服刑人员婚姻登记的机关可以是一方当事人户口所在地或服刑监狱所在地的婚姻登记机关。

③ 《婚姻登记条例》第11条。

④ 参见民政部2003年10月1日施行的《婚姻登记工作暂行规范》（以下简称《暂行规范》）第六章的规定。

在婚姻登记员面前填写并签名。

（3）审查。受理后，婚姻登记员将审查双方离婚协议书的内容，并询问双方当事人是否对协议书上的内容达成一致。如果符合离婚登记条件的，即于办理离婚登记。

（4）登记。婚姻登记员告知当事人双方领取离婚证对双方的法律后果，离婚后父母对子女应尽的抚养、教育和探望等义务，见证双方当事人在《离婚登记审查处理表》“当事人领证签名或按指纹”一栏内签名或按指纹，随即向双方颁发离婚证。登记离婚完成，双方夫妻关系解除。

对不符合离婚条件的，不予受理。婚姻登记员将出具《不予办理离婚登记通知单》。当事人领到该通知单后有异议的，可向上一级婚姻登记机关申请行政复议。

离婚登记后，如一方当事人反悔，向人民法院起诉要求撤销离婚登记或确认离婚登记无效的，人民法院不予受理。如对离婚协议中的财产分割条款反悔的，按照《婚姻法解释二》第 9 条的规定，协议离婚后一年内，双方就财产分割问题反悔请求变更或撤销财产分割协议的，人民法院应当受理，未发现订立财产分割协议时存在欺诈、胁迫等情形的，应依法驳回当事人的诉讼请求。

（二）诉讼离婚

夫妻一方单方要求离婚或夫妻双方虽同意离婚，但对离婚后的子女抚养、财产债务等无法达成协议的，由夫妻一方向人民法院起诉，人民法院按诉讼程序审理后，对符合法定准予离婚情形之一的，调解或判决准予离婚。这就是诉讼离婚制度。

1. 诉讼离婚的条件

诉讼离婚应符合以下法定条件：

（1）须有合法的婚姻关系。双方当事人在婚姻登记机关依法领取了结婚证，结婚证合法有效，或双方符合法定的事实婚姻要件，事实婚姻关系合法有效的，即在 1994 年 2 月 1 日《婚姻登记管理条例》施行前，没有配偶的男女双方符合结婚条件，未办结婚登记即以夫妻名义同居生活的。[1]

（2）须为夫妻单方要求的离婚。夫妻单方要求离婚，对方不同意或双方虽同意但对离婚后子女抚养、财产处理等无法达成协议，经夫妻一方提出离婚诉讼请求，人民法院才予受理。任何婚姻关系以外的第三人，包括当事人的父母等近亲属，一般均无权代理婚姻当事人提出离婚诉讼。但依据《婚姻法解释三》第8条的规定，在特殊情况下，为维护被监护人的利益，监护人在符合法定条件的情况下可代理无民事行为能力人一方提出离婚诉讼。

（3）须有管辖权的法院才能受理离婚诉讼。根据我国《民事诉讼法》第22条之规定，要求离婚的一方须向被告一方住所地的人民法院起诉。被告住所地与常住地不一致的，向被告常住地人民法院起诉。[2]

2. 诉讼离婚的程序

（1）起诉与受理。要求离婚的一方须向有管辖权的人民法院提交离婚起诉状及副本。[3] 人民法院经审查，起诉状有明确的原被告和住址、职业，有明确的离婚诉讼请求及事实和理由，予以立案受理，并将起诉状副本送达被告人，要求其15日之内提交答辩状。如被告不提交答辩状的，不影响审判的进行。

（2）调解。按照最高人民法院《关于适用〈中华人民共和国民事诉讼法〉若干问题的意见》第92条第2项规定，人民法院须对其审理的离婚案件进行调解。这种调解即诉讼中的调解，为法定

---

① 参见《婚姻法解释一》第5条第1款。

② 特殊情况的离婚诉讼管辖规则，参见最高人民法院《关于适用〈中华人民共和国民事诉讼法〉若干问题的意见》第11、12条。

③ 书写有困难的可以口头起诉，由人民法院记入笔录，并告知对方当事人。

必经程序，但同时，法律也规定法院不应久调不决。[①]

离婚诉讼中的调解，由具体承办离婚案件的审判员主持。如案情需要，也可邀请离婚当事人的工作单位或住所地的人民调解委员会到庭协助调解。人民法院的调解结果具有法律约束力。一方要求的离婚，经人民法院调解后，可能有三种结果：一是调解和好。调解结果将被记入庭审笔录，经离婚双方当事人、诉讼参加人签名后，终止案件审理。[②] 二是调解离婚。在人民法院主持下，调解成功，双方同意离婚，并对子女抚养、财产处理等达成协议的，由人民法院制作离婚调解书。离婚调解书经双方当事人签收后，即发生离婚的法律效力。[③] 三是调解无效。经人民法院调解，当事人双方既不能和好，又不能达成离婚协议的，法官应当在依法继续审理后作出判决。

（3）审理和判决。经调解无效的离婚案件，人民法院应继续审理。现行《婚姻法》第 32 条规定，如夫妻感情确已破裂，调解无效的，应准予离婚。当事人不服一审判决的，可在收到判决书次日起，15 日内向二审人民法院提出上诉。过期不上诉的，离婚判决生效，双方的婚姻关系终止。如果对一审判决不服，提出上诉的，经二审人民法院调解，仍无法和好或达成离婚协议的，由二审人民法院判决。二审人民法院判决为终审判决，一经送达双方当事人签字后，即发生法律效力。[④]

此外，诉讼离婚中还有两项特殊规定。现行《婚姻法》第 33

---

① 与此相对的是诉讼外的调解，又被称为诉前调解，主要由法院之外的有关单位部门进行，可以是当事人双方所在单位，没有单位的可由村民委员会或居民委员会调解。参见现行《婚姻法》第 32 条第 1 项的规定，诉讼外的调解或诉前调解不是法院处理离婚案件的必经程序。

② 此类案件，如无新情况、新理由，原告六个月内又起诉的，法院不予受理。但如果被告提出离婚的，不受此限。

③ 离婚调解书与离婚判决书和离婚证具有同等效力。

④ 根据《民事诉讼法》第 202 条的规定，当事人对已经发生解除婚姻关系法律效力的判决，不得申请再审。如果双方自愿恢复婚姻关系的，应办理复婚手续。

条规定，现役军人的配偶未经现役军人同意，不得提出离婚。但军人有重大过错的不受此限。现行《婚姻法》第 34 条规定，女方在怀孕期间，分娩一年内或中止妊娠六个月内，男方不得提出离婚。女方请求离婚的，或人民法院认为确有必要受理男方离婚请求的，不在此限。

二、对我国离婚程序之反思

随着我国社会经济的飞速发展，人们物质生活水平的改善，现有离婚程序正面临许多新问题，笔者将从我国现有的两种离婚模式着手，探讨我国离婚程序面临的主要问题。

（一）对我国登记离婚制度之反思

2003 年《婚姻登记条例》中修改了原来的登记离婚条件的规定。按照新的规定，离婚当事人无须再到当事人所在单位、村民委员会或居民委员会开具介绍信，同时，登记离婚也没有离婚登记的审查期间的规定。法律做这样的修订，原因在于在我国，长期以来，国家公权力对于登记离婚的干预力度较大，无法保障个体的离婚自由。要求离婚当事人所在单位、村民委员会或居民委员会出具介绍信，主要有两个目的：一是证明当事人之间的婚姻状况，二是表明单位知晓该夫妻申请离婚，甚至表明该单位同意该离婚。① 这在无意间泄露了当事人的隐私。一些农村及欠发达地区以往也有一些不合理的做法，如以离婚登记审查期为由拖延、阻止当事人离婚。本着保护民众隐私权，更充分地实现婚姻自由原则，2003 年《婚姻登记条例》在“意思自治”、“自己责任”、“自己决定权”等私法自治理念指导下删除了上述规定。②

① 参见巫昌祯、夏吟兰：《改革开放三十年中国婚姻立法之嬗变》，载陈苇主编：《改革开放三十年婚姻家庭继承法研究之回顾与展望》，中国政法大学出版社 2010 年版，第 3 ~ 15 页。

② 夏吟兰：《对中国登记离婚制度的评价与反思》，载《法学杂志》2008 年第 2 期。

如前所述，自2003年到2013年，登记离婚的夫妻对数呈现高速增长（见表5－2）。相对于诉讼离婚，登记离婚已经成为我国夫妻离婚的主要模式。在2013年，登记离婚已经占到当年离婚夫妻总对数的80.4%。但这种离婚模式也面临新的挑战。

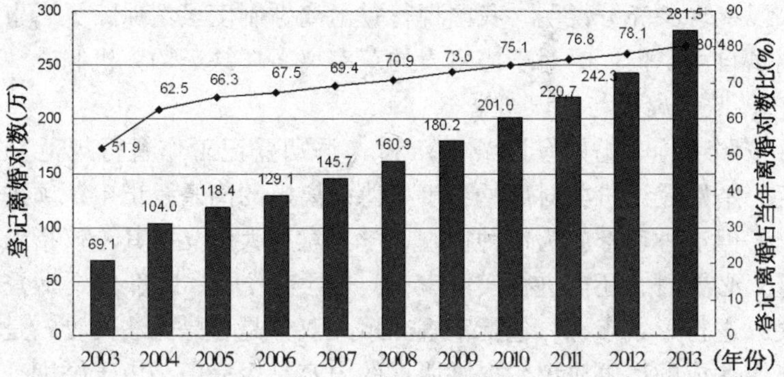

表5－2　2003年到2013年登记离婚变化图

1. 闪离婚与复婚

随着近年我国经济和社会的不断发展，人们的婚姻家庭观也发生了很大变化。20世纪80年代，离婚曾经被视为一种不光彩的事，而现在，离婚已不再难以启齿，“从一而终、白头偕老”的传统婚姻观念正遭到前所未有的挑战。[①] 闪结婚与闪离婚已经不再是个别现象。[②] 例如，据重庆市民政局2010年的统计数据，当年该市结婚后不到一年就离婚的夫妻已占到四分之一。[③]

同时，据2007年对全国近50个城市的一份调查显示，有七成

① 参见王鹏：《婚恋：自由，迷茫与回归》，载《京华时报》2008年12月16日，第17版。

② 在中国，20世纪90年代后出生的人群中“闪离”的逐渐增多，已超过20世纪80年代后出生的人。参见纪驭亚：《为争夺10万元婚礼红包结婚才5天的90后小夫妻闪离》，载《今日早报》2012年10月20日，第3版。

③ 陶昆：《去年全市29.3万对结婚，10.5万对离婚》，载《重庆时报》2013年1月10日，第8版。

离婚人士对离婚心生悔意。[1] 例如，上海市的统计数据表明，该市2009年的复婚率较2008年增加20%。[2] 浙江省慈溪市近年来的复婚率也逐年攀升，从2006年的9.2%上升到2010年的18.5%。[3] 重庆市2011年的复婚率超过了15%。[4]

以上现象充分说明，我国现行登记离婚制度虽然保障了当事人的离婚自由，但同时对于当事人的草率离婚还缺乏约束机制。

2. 欺诈离婚与合谋离婚

按照现行《婚姻登记条例》和《婚姻登记工作暂行规范》的规定，婚姻登记机关对离婚当事人协议离婚的离婚登记申请须进行审查。但这种审查应为何种审查，学界意见大多支持其不仅指形式审查，必要时，还需进行实质审查。[5] 但实践中，大部分婚姻登记机关只进行形式审查，包括审查当事人双方是否是合法夫妻，是否是自愿达成的离婚协议，离婚协议的内容是否完备。由于婚姻登记机关对当事人是否作出了离婚的真实意思表示只做形式审查，不做实质审查，所以在有些案件中，夫妻一方为了实现个人的离婚目的，通过欺诈的手段将另一方骗至婚姻登记机关，进行离婚登记。这种情形被称为欺诈离婚。还有一种情况，夫妻双方为了规避现有

---

① 《围城内外，七成人士心生悔意复婚率逐年攀升》，载《北京日报》2007年1月17日，中国网，http://www.china.com.cn/city/txt/2007-01/17/content_7670372.htm，访问时间：2013年1月24日。

② 陈里予：《上海人去年平均婚龄男32岁，女29岁，复婚率增幅高》，东方网，2010年1月13日，大众网，http://www.dzwww.com/rollnews/news/201001/t20100113_5440648.htm，访问时间：2013年1月24日。

③ 张丽、余刚：《预约离婚，给冲动降温》，载《浙江日报》2012年12月18日，第15版。

④ 陶昆：《去年全市29.3万对结婚，10.5万对离婚》，载《重庆时报》2013年1月10日，第8版。

⑤ 有学者主张：婚姻登记机关审查当事人的离婚申请，必要时，应与当事人所在单位、居民委员会或村民委员会联系核实。参见：马忆南：《婚姻家庭继承法学》（第二版），北京大学出版社2011年版，第129页；杨大文主编：《婚姻家庭法》（第四版），中国人民大学出版社2008年版，第179页。

的法律法规，实现某种利益，如为了规避计划生育多生子女；为了逃避债权人；为了多分征地补偿款；为了两边同时享受购房优惠政策、多分福利房等，双方合谋暂时离婚，等获取相关利益后再复婚。这种情况被称为合谋离婚。由于欺诈离婚和合谋离婚引发的纠纷，近年来时有发生。例如，以下的两个案例就非常典型。

案例一：女 A 与男 B 于 2000 年结婚，现膝下育有一个 10 岁的女儿。因女 A 患有精神分裂症，2010 年被男 B 欺骗，夫妻两人共同到民政局申请办理了登记离婚。①

案例二：Q 和 J 二人结婚十年有余，生育有一个 8 岁的儿子。2010 年夏，他们的老房子面临拆迁。为了多分补偿款，夫妻商量决定通过假离婚增加户头，多拿补偿款。随后，两人申请办理了登记离婚，协议上写明儿子随 Q 生活。他们也如愿多拿到了 5 万元补偿款。夫妻离婚后，一家三口仍共同生活，一起居住。但当 Q 提出复婚请求时，J 却借口推脱。后来，Q 发现 J 已与第三人办理结婚登记。②

对于夫妻一方欺诈离婚这种情况，在现有工作机制下，婚姻登记机关只能对夫妻离婚的意思表示进行形式审查。按照民政局工作人员的解释，他们不会受理无民事行为能力人或限制民事行为能力人的登记离婚。并且在现有工作机制下，他们并不能准确辨识无民事行为能力人或限制民事行为能力人。登记离婚的申请人如果有此类病史，应事前告知，因为离婚登记机关并无相关病史的审查能力。对于双方当事人亲自到场、自愿办理，符合办理登记离婚法定条件，且办理离婚登记时，婚姻登记员也未发现离婚者有任何精神分裂症症状或其他影响当事人行为能力疾病的症状，婚姻登记机关

---

① 参见陈治：《丈夫嫌弃病妻骗离婚?》，载《合肥日报》2010 年 6 月 12 日，第 5 版。

② 参见杨武忠、贾晓宁：《为多拿拆迁款假离婚，谁知“丈夫”偷娶了“小三”》，载《扬子晚报》2013 年 1 月 21 日，第 A44 版。

依法就应为前来申请登记离婚的双方当事人办理离婚登记。[①] 同样，对于夫妻合谋欺骗婚姻登记机关的情形，婚姻登记机关也无法审查双方离婚的意愿是否真实。如何应对以上离婚意思表示有瑕疵的情形，保护婚姻中弱势方的合法权益，这是我国登记离婚制度面临的一个难题。

3. 离婚登记工作人员的准入门槛相对较低，培训工作有待加强

婚姻登记员是登记离婚工作的执行者，在登记离婚中起着关键作用。按照《婚姻登记条例》和《婚姻登记工作暂行规范》的规定，婚姻登记员应由当地（市）级以上人民政府民政部门进行业务培训，经考核合格，才有从事婚姻登记工作的任职资格。但由于婚姻登记机关的机构和编制问题一直没有明确，目前国内很多婚姻登记机关属于自筹自支性质。[②] 在一些经济欠发达地区的县级民政部门，办理离婚登记的工作人员多为聘用人员。在培训方面，目前婚姻登记员的培训内容及方式，全国各地并不统一。在培训内容上，有培训有关婚姻登记法律法规的，有培训如何依法行政、规范操作的，有培训礼仪规范、沟通交流技巧的，也有组织观看《婚姻登记机关规范化建设辅导》光盘的。培训时间、考试内容及形式也无统一规范要求。所有参训的婚姻登记员只要参训就能取得资格证书。[③] 由此可见，婚姻登记员的准入门槛尚无全国统一标准，业务培训工作尚有进一步完善的空间。

（二）对我国诉讼离婚制度之反思

1. 离婚调解制度

按照我国法律的现有规定，调解制度作为我国司法实践中的优

① 参见陈治：《丈夫嫌弃病妻骗离婚?》，载《合肥日报》2010 年 6 月 12 日，第 5 版。

② 参见王云斌主编：《婚姻与收养登记》，中国社会出版社 2011 年版，第 182 页。

③ 张迎秀：《结婚登记制度之重构》，载《法学杂志》2010 年第 3 期。

良传统，在离婚纠纷以及其他相关的家事纠纷的解决中，备受重视。但现有离婚调解制度也存在一些不尽如人意的地方。一是调解程序启动较晚，[①] 人民法院通常是在案件开庭审理后法庭评议前启动调解，属于诉讼中调解。案件进入审理后，控辩双方都已站在各自立场陈述事实，举证质证，部分用于证明感情破裂的事实通常会进一步激化双方矛盾。在这种情况下，法庭较难达到调解所需的一个平和的环境，双方也无法以平和的心态进行调解。二是调解往往由审判员主持。这种制度安排有以下不足：首先，将审判员的角色赋予了某种程度的家长权，虽然加大了审判员的权威，但审判员也很可能因此丧失其应在庭审中保持的中立性，出现“以判压调”、“以拖压调”等强制调解的倾向，违背了调解的自愿原则。同时，在调解过程中，双方当事人的性格以及是否合作等因素，也可能在潜意识中影响审判员的判决，有违司法公平。其次，审判员是司法工作人员，一般情形下，审判员的知识结构更加偏重法学，相反，调解所需要的社会学、心理学等知识相对不足。这在一定程度上影响了离婚等家事纠纷调解的专业性以及成功率。

2. 离婚一方当事人隐瞒、转移夫妻共同财产的情形

由于离婚一方当事人隐瞒、转移夫妻共同财产引发的纠纷比较常见。尽管在现行法律体制下，一旦离婚一方当事人发现对方有隐瞒、转移夫妻共同财产时，对隐瞒、转移夫妻财产的一方可以少分或不分。离婚后发现的，可以请求人民法院重新分割尚未分割的共同财产。但在登记离婚时，对于订立协议前，是否存在夫妻一方隐瞒、转移夫妻共同财产的违法行为也无法在事前掌控、阻止。[②] 在诉讼离婚过程中，现有规定的事前救济也不尽如人意。在我国现有社会条件下、父权社会中，尽管女性在自我独立方面取得了较大进

---

① 蒋月：《构建婚姻家庭诉讼司法调解制度》，载《甘肃社会科学》2008 年第 1 期。

② 为行文方便，笔者对这一问题的论述将统一放在诉讼离婚部分阐述，后文同。

步，但不能排除仍有部分女性在婚姻家庭中主要在家照顾家庭、抚养子女，在专业知识等方面弱于男性。例如，在有些家庭中，男方拥有公司企业，女方在家照顾家庭及未成年子女，女方对于男方公司中的事知之甚少，如果没有法律的制度保障，在离婚案件中，男方就能轻易通过其他途径隐瞒、转移财产，让女方少分财产。弱势方往往难以通过自身资源查证核实所有情况。广州妇联发布的2013年信访热点难点分析报告也证实，在信访的离婚妇女财产纠纷案件中，大多数家庭的男性依然占据经济主导地位，女性往往无法掌握夫妻共同财产的类别、数额等。因此，在离婚财产分割时，因男方隐匿转移财产、伪造债务等造成的分割不公现象较为普遍。① 在我国现有体制下，对离婚协议审查不严，且尚未建立夫妻财产申报制度，实质上就偏离了离婚制度所应追求的公平的价值取向。

三、英国法对完善我国离婚程序之启示

（一）对完善我国登记离婚制度之启示

1. 恢复登记离婚考虑期制度

英国的离婚制度中没有登记离婚制度。即使双方合意离婚，也要满足结婚已满一年，且双方须通过法院作出离婚令。双方当事人往往是通过律师进行沟通，在一定程度上保证了离婚当事人双方对对方财产的知情权，且按照法律规定，尚有从暂准离婚令到绝对离婚令的过渡时期，当事人可以在这期间就法院判决的离婚令提出上诉。在英国1996年《家庭法》的离婚改革中，政府还试图设立离婚反思考虑期。离婚事关重大，设立离婚考虑期，防止草率离婚，符合离婚制度维护婚姻稳定的本质要求。

---

① 林志文：《5000宗信访案件，婚姻家庭类仍居首位》，载《中国妇女报》2014年2月19日，http://www.china-woman.com/rp/main?fid=open&fun=show_news&from=view&nid=103692&ctype=3，访问时间：2014年2月20日。

由于我国人口众多，登记离婚的方式具有方便、快捷、经济且能保护当事人隐私的优点，符合我国民众的现实需要，这是近年来选择登记离婚的夫妻对数稳步上升的重要原因。但是，相对诉讼离婚而言，登记离婚的方便和快捷，容易导致草率离婚的配偶增多。前文论及的闪离婚以及我国复婚率的增长都说明了这个问题。这违背了我国“保障离婚自由、防止轻率离婚”这一离婚立法的指导思想。因此，我国有不少学者都提出了增设离婚考虑期的建议。①针对如何防止轻率离婚这一问题，我国有的婚姻登记机关正在进行一些新的尝试。例如，浙江省慈溪市民政局推出了“预约离婚”的做法。夫妻申请登记离婚，需要提前一周预约。这一周时间就是让双方当事人冷静思考的期间。从实施效果看，据统计，从2012年4月开始实行此新做法到2012年11月底，共有1992对夫妻“预约离婚”，而一周后实际办理登记离婚的只有1045对，离婚人数下降了近50%。②

笔者认为，增设离婚考虑期的建议具有合理性。③ 我国有的婚姻登记机关的实践也证明设立离婚考虑期或建立预约离婚的工作机制，有助于夫妻双方冷静思考、慎重对待离婚决定。有助于减少闪

① 例如，有学者建议宜增设3个月的离婚考虑期。参见陈苇：《中国婚姻家庭法立法研究》，群众出版社2000年版，第248页；有学者建议设立1个月的离婚考虑期。参见夏吟兰：《离婚自由与限制论》，中国政法大学出版社2007年版，第126页；有学者亦赞同增设考虑期。参见余廷满：《家庭法原论》，法律出版社2007年版，第316页。

② 张丽、余刚：《预约离婚，给冲动降温》，载《浙江日报》2012年12月18日，第15版。

③ 此外，为防止草率离婚，我们已经提出设立我国分居制度的建议。Chen Wei, Shi Lei, Lou Xiaoling, “A Separation System for China’s Mainland: Concept and Social Reality”, *International Journal of Law, Policy and the Family*, vol. 26, 2012 (1), pp. 88－101。

离婚、欺诈离婚与合谋离婚的发生。[①] 因此，我们建议，恢复设立离婚考虑期制度。同时加大婚姻登记机关的实质审查力度，主要审查当事人是否是真实意思表示，是否属于无民事行为能力人或限制民事行为能力人，是否有人顶替假冒当事人前来办理离婚登记。考虑到实质审查中，涉及须核实离婚当事人个人身份等信息，因此登记离婚考虑期以一个月为宜。

2. 增加调解作为登记离婚的程序供当事人选择

调解在一定程度上更能兼顾家事纠纷的特点，因此作为离婚纠纷的解决办法，具有一定的优势。在英国的离婚程序中，当事人首先会在律师的帮助下进行调解，而且英国离婚制度最近的改革动向以及2012年《法律援助法》的新规都旨在督促当事人尽可能选择调解，帮助当事人解决离婚纠纷。

在我国，调解制度是我国法院审判的一大特点。抗日战争时期，我国就有著名的马锡五审判方式。[②] 现在，调解文化也深刻融入了民众生活。[③] 但与诉讼离婚的程序不同，登记离婚程序中没有

---

① 有学者认为，对于登记的虚假离婚引发的纠纷，人民法院不予受理，应由当事人向婚姻登记机关申请解决。婚姻登记机关对这种弄虚作假、骗取婚姻登记的，应当对离婚的当事人宣布其解除婚姻关系无效，并收回离婚证，并对当事人处以一定的罚款。对于在人民法院达成调解协议的虚假离婚，引发纠纷的，人民法院可以按照审判监督程序重新处理。（许莉主编：《婚姻家庭继承法学》，北京大学出版社2006年版，第103页。）笔者认为：这一主张与我国的离婚指导思想并不相符，对于这种骗取婚姻登记机关离婚的，除非双方自愿恢复婚姻关系，否则通过行政和法院的程序恢复婚姻关系，违背了希望解除婚姻一方当事人的离婚意愿，还可能导致第三人与其缔结的新婚姻的效力问题。当然，对于在欺诈离婚和合谋离婚中受到损害的当事人，法律理应保护，这实际上要求我们加大对登记离婚中离婚协议的审查力度，同时提供一定的救济措施。在一定情况下，法院可以判定离婚协议无效，重新分割婚姻存续期间的夫妻共同财产。

② 石雷：《现代英国家事案件审判体制的变迁及其启示》，载《时代法学》2012年第5期。

③ 调解类电视节目的兴起从一个侧面说明了调解文化在中国有着深厚的群众基础。参见黄勇贤、刘巍：《电视调解节目的兴起与推广》，载《当代电视》2011年第12期。

设置调解程序。如前所述，在我国的现实生活中有相当一部分当事人属于冲突、草率型的离婚。有鉴于此，江西省南昌市青云谱区民政局2009年设立了婚姻家庭指导工作室，从设立伊始到2012年11月，共受理离婚咨询1136对，调解成功209对，通过婚姻家庭指导服务暂缓离婚决定的有374对。[①] 通过设立调解工作室，挽救了部分可以挽救的婚姻，实现了我国离婚指导思想防止轻率离婚的立法目的。我们认为，在登记离婚程序中设置调解程序，符合我国调解文化传统和婚姻家庭的规律特点。这既给冲动离婚的夫妻一次挽救婚姻的机会，也给欺诈离婚与合谋离婚的夫妻一个慎重考虑的机会。由于调解的前提是双方自愿，因此在程序设计上，将调解设置为自愿参加的服务为宜。但夫妻申请登记离婚前，婚姻登记员应负责告知双方可以提供调解服务。在现有条件下，调解员可以由具有一定资质的志愿者担任。

3. 完善婚姻登记员的准入及培训制度

在英国，即便是开展离婚调解的调解员，也设置有大不列颠家庭调解员学院这类专门的培训机构，为家庭调解员的选拔、培训、资格认定提供了统一标准。为家庭调解员的专业化提供了机构及制度保障。[②] 这是因为英国人口较少，人口素质较高，实施难度相对较小。

在我国，婚姻登记员作为婚姻登记机关的重要工作人员，在性质上本应属于公务员或参照公务员法进行管理的事业单位编制人员。但由于我国人口众多，东西部地区、城市和农村之间发展不平衡，因此尚未建立起全国统一的婚姻登记员的资格考试制度。笔者建议，应进一步提高思想认识，将婚姻登记员的工作提高到维护家

---

① 李星：《江西首家“婚姻调解室”，五年挽救了209个家庭》，载今视网，http：//news. jxgdw. com/jszg/1942794. html，访问时间：2013年1月31日。

② Casals M. M.，Divorce Mediation in Europe：An Introduction Outline，*Electronic Journal of Comparative Law*，vol. 9. 2（July 2005），http：//www. ejcl. org/，p. 18.

庭以及社会稳定的高度，建立起全国统一的婚姻登记员资格考试制度，完善入职培训工作，进一步规范离婚登记工作。这是保护婚姻中弱势方及未成年子女合法权益的重要制度保障之一，也能在一定程度上缓解法院涉及离婚的案件数量。

（二）对完善我国诉讼离婚制度之启示

1. 离婚调解制度

英国离婚制度新近的制度改革中，十分强调调解的作用。这从政府1996年《离婚法》力图推行的改革方案以及2012年《法律援助法》的实施效果等就能看出。与我国不同的是，尽管英国现代离婚制度十分强调调解的作用，但其依然坚持鼓励诉前调解，调审分离。在鼓励诉前调解方面，规定律师在帮助委托人处理离婚纠纷时要先告知其可以参加调解。此外，通过为参加离婚调解的当事人提供法律援助这样的制度设计，引导更多离婚纠纷的当事人选择调解，调解失败的，再到法院起诉应诉。在调审分离方面，调解由专门的调解员开展。政府针对这一工作实行的是调解员资格准入制度，设立了专门的学院——大不列颠家庭调解员学院，为家庭调解员的准入提供了一个统一标准，同时也为社会提供了一份全国性的家庭调解员名册。调解员有义务保护当事人的隐私，在调解过程中获得的信息不能用于未来的庭审。同时，担任离婚案件的审判员不进行调解。在诉讼过程中，也只是为当事人双方的和解创造条件，具体的调解工作实际上由当事人的代理律师进行。这就避免了由于审判和调解工作之间的冲突，而给法官审判带来的困难。

针对前述离婚调解制度之不足，我国部分地方法院开展了庭前调解的工作，如广西壮族自治区隆林县人民法院在其《立案调解工作指导性要求》中规定，对事实清楚、争议不大的离婚纠纷案件，可在审查立案七日之内进行非诉调解。[①] 这种司法实践将调解

① 边丽娜、蔡尚红：《法院立案调解中存在的问题与对策》，载人民网，http://www.people.com.cn/GB/60833/72590/15216961.html，访问时间：2014年2月20日。

工作前置，既避免了庭审时双方当事人剑拔弩张的紧张气氛，又将审判和调解工作分开，具有一定的优势，值得推广。笔者建议，可在此基础上，进一步细化法院调解工作的专业化程度，可通过配置专职调解员，建立调解员资格准入制度，选拔、培训标准化等综合手段完善离婚调解程序，使离婚调解实现其制度价值，帮助离婚当事人挽救可以挽救的婚姻，或是以一种更小损害的方式结束无法挽救的婚姻。

2. 增设离婚重要事实披露制度

英国离婚制度中对于离婚财产协议的效力问题十分慎重，如果一方利用自身优势隐瞒、转移夫妻共同财产，这类协议将被法院废止。在有争议的离婚诉讼中，双方当事人也有义务向法院披露所有重要事实。[①] 从这个角度讲，英国模式对于离婚财产协议的慎重态度值得我们学习。

我国法律并未明确规定离婚双方当事人的重要事实的披露义务。针对前文提及的一方在登记离婚（或诉讼离婚）中隐瞒转移夫妻共同财产的违法行为，在诉讼离婚中，我国部分法院，如中山第一中级人民法院、广州市黄埔法院、东莞市第三人民法院等，试点了一项新举措，即离婚财产申报制度。按照这一制度，离婚当事人双方需要填写《离婚案件当事人财产申报表》。申报表中附有风险警示：如果夫妻一方被认定为故意作出虚假陈述、隐瞒财产等，作出虚假陈述方将会因此而受到相应处罚，法院在判决离婚分割财产时，可依法对其少分或不分，情况严重的还可能被施以其他惩戒措施。这一举措对于遏制一方当事人恶意隐瞒、转移财产具有较大优势。这项新举措在法院实施难度相对较小，可以在全国推广。笔者建议，在订立离婚协议时或请求法院裁判时，我们也应秉持英国模式中对待离婚财产协议的审慎模式，也可在登记离婚中增设离婚重要事实披露制度。笔者建议在法律中明确规定，申请登记离婚或

---

① 参见第二章中获得法院同意令的协议部分的内容。

请求法院判决离婚的双方当事人，应在登记离婚前或起诉应诉时填写离婚重要事实披露表，就可能会影响离婚财产分割的重要事实，包括双方的财产及债务情况、知识产权以及可能涉及财产分割的其他事项，向婚姻登记机关或法院进行披露。在婚姻登记机关，对离婚协议以及离婚重要事实披露表的审查工作交由有法律专业知识的法官或专职律师进行。[①] 也可将重要事实披露表作为登记离婚的合法性材料之一，一旦当事人发现对方有隐瞒、转移财产等违法行为时，可以此作为证据，请求法院重新分割，并对恶意做虚假申报的当事人进行相应的处罚。在法院审理时，法院可对离婚双方当事人的重要事实进行核实，如发现有漏报、瞒报的，可对其酌情少分夫妻共同财产，加大法律的威慑力。

第三节　对我国离婚法律后果之启示

一、我国离婚法律后果制度概述

离婚意味着家庭的破裂。从法律后果上讲，离婚最直接的影响就是夫妻关系解除，这是我们要论述的第一个方面，即离婚对双方当事人的法律后果；对于有未成年子女的家庭，离婚就不光是双方配偶之间的事，还牵涉双方配偶的子女，这是我们要探讨的第二个方面，即离婚在父母子女关系上的法律后果。

（一）离婚对当事人的法律后果

按照我国法律规定，在人身关系方面，离婚产生如下法律后果：一是夫妻关系消灭，双方可以再婚；二是夫妻忠实义务终止，夫妻日常家事代理权消灭；三是姻亲关系消灭。

在夫妻财产关系方面，按照现行法律规定，离婚主要有以下法律后果：一是夫妻扶养义务终止；二是配偶继承权丧失；三是终止

---

① 参见后文有关对离婚协议进行实质审查的相关内容。

夫妻财产制，清算夫妻共同财产。[①]

现行《婚姻法》第17、18条规定，我国的法定财产制为婚后所得共同制，即在婚姻关系存续期间，夫妻取得的以下财产属于夫妻共有，包括：工资奖金；生产经营所得，包括劳动收入及资本性收入；知识产权所得，包括实际已经获得或已明确可以取得的因转让或许可个人知识产权产生的收入；[②] 继承或赠与所得，但遗嘱或赠与合同中确定只归夫或妻一方的财产除外；其他应归共同所有的财产。一方的个人财产是指一方的婚前财产以及这些财产在婚后产生的孳息和自然增值、[③] 因受到人身伤害获得的医疗费、残疾人生活补助费等。

针对有关婚姻房产的问题，现行《婚姻法》及其司法解释在认定房产的归属时，主要依据以下因素：一是房产取得的时间是在婚前抑或婚后。婚姻存续期间购买所得的房产属于夫妻共同财产，此无疑义。二是房产登记的所有人是谁。婚前购买的登记于一方当事人名下的房产属一方所有。如是以按揭方式购买，房产登记于一方名下，婚后共同还贷的，法院可判决该不动产归产权登记一方，由其继续承担偿还房屋贷款之债，对共同还贷及相应增值部分，离婚时由分得房产一方对另一方进行补偿。[④] 婚姻关系存续期间，夫妻双方出资购得的以任一方父母名义参加房改的房产，产权登记在一方父母名下，离婚时，该房产不能作为夫妻共同财产分割。夫妻双方的购房出资为债权。[⑤] 三是父母是否出资。婚后由一方父母出资所购房产，产权也登记在出资人子女名下的，离婚时，该房产归

---

① 我国的法定夫妻财产制是婚后所得共同制，因此对于婚前没有约定财产制的一般夫妻而言，夫妻婚后所得即为夫妻共同所有，离婚时就涉及共同财产分割的问题。

② 《婚姻法解释二》第12条。

③ 《婚姻法解释三》第5条。

④ 《婚姻法解释三》第10条。

⑤ 《婚姻法解释三》第12条。

出资人子女个人所有。[①] 如为双方购房出资，该出资视为对夫妻双方的赠与，除非父母明确表示赠与其中一方。[②] 如双方父母均有出资，但产权证书只有夫妻一方的名字，房产归双方所有，但在财产份额上以双方父母的出资份额比例计算，除非当事人另有约定。[③] 除此之外，《婚姻法解释三》第6条还就夫妻间的赠与情形做了规定，也即夫妻一方当事人约定将个人所有的房产赠与另一方，但房屋产权并未办理变更登记的，一方可单方撤销赠与。

关于养老金问题，《婚姻法解释三》第13条规定，离婚时，对于夫妻一方因条件不符尚未领取的养老金，法院不支持将其计入夫妻共同财产的范围进行分割。对于以夫妻共同财产缴付养老保险的情形，一方当事人可在离婚时，主张分割该养老金账户中婚姻存续期间以夫妻共同财产缴付的部分。

关于离婚协议问题，如果离婚双方当事人达成了离婚协议，但未办理登记离婚或在人民法院也未能以此协议离婚，之后，一方在离婚诉讼中反悔的，该离婚协议无效，法院可据实依法分割夫妻共同财产。[④] 如达成离婚协议后已办理登记或已依该协议通过法院协议离婚，离婚协议包括其中的财产分割部分生效，各方应依照协议履行。[⑤] 如一方当事人对其中的财产分割内容反悔，在离婚之日起一年内起诉请求人民法院变更或撤销财产分割协议的，人民法院受理后，将审查订立财产分割协议时是否存在欺诈、胁迫等情形。如存在这类情形，法院可依法变更或撤销该离婚财产分割协议，作出新的离婚财产分割调解协议或离婚后财产分割的判决。[⑥]

---

① 《婚姻法解释三》第7条第1款。

② 《婚姻法解释二》第22条第2款。

③ 《婚姻法解释三》第7条第2款。

④ 《婚姻法解释三》第14条。

⑤ 《婚姻法解释二》第8条。

⑥ 参见《婚姻法解释二》第9条。

依据我国法律，离婚经济帮助、离婚经济补偿和离婚损害赔偿[①]都属于我国离婚制度中的离婚救济制度。离婚经济帮助主要规定在现行《婚姻法》第42条，如离婚后，一方生活困难，双方当事人可协商由经济条件较好的另一方从其住房等个人财产中给予适当帮助。如双方无法达成协议，生活困难一方可请求法院作出判决。判定一方当事人是否属于生活困难的标准是，离婚后，依靠个人财产和其在夫妻共同财产中分得的部分是否可达到当地基本生活水平，或者是离婚后是否有住处。[②] 离婚经济补偿规定在该法第40条，如夫妻双方婚后书面约定实行分别财产制，如一方因抚育子女、照料老人、协助另一方工作等为家庭作出较大贡献，付出较多义务，则离婚时，其有权向另一方请求并获得相应补偿。

（二）离婚在父母子女关系上的法律后果

对于离婚后父母子女关系的存续问题，主要有以下规定。夫妻离婚后，父母子女关系不因父母离婚而消灭。[③] 对于养子女，亦然。对于继子女，与继父母形成抚养关系的成年继子女与继父母之间的父母子女关系，不受继子女的生父母继父母离婚影响。但如果继子女未成年，生父母继父母可商议决定，是否继续保持父母子女关系。继父母生父母就此达成协议的，可继续维持继父母与继子女的父母子女关系，继父母继续抚养继子女。[④]

对于离婚后的子女随何方一起生活的问题，主要有以下规定。子女在哺乳期内，原则上随哺乳的母亲生活。[⑤] 两周岁以下的子女

---

① 限于篇幅，这里只介绍离婚经济帮助和离婚经济补偿，不再讨论离婚损害赔偿的问题。离婚损害赔偿的有关规定参见现行《婚姻法》第46条，《婚姻法解释一》第28、29、30条，《婚姻法解释二》第27条，《婚姻法解释三》第17条。

② 《婚姻法解释一》第27条。

③ 现行《婚姻法》第36条。

④ 1993年最高人民法院《关于人民法院审理离婚案件处理子女抚养问题的若干意见》第13条。

⑤ 现行《婚姻法》第36条。

一般随母方生活。在特殊情况下，如双方达成协议，且无不利于子女健康成长的因素，也可随父方生活，主要包括：（1）母亲身患重病或久治不愈的传染病；（2）母亲有抚养条件但不尽抚养义务，父方要求抚养子女的；（3）致使子女无法随母方生活的其他原因。[①] 哺乳期后，有以下法定情形的父母一方将被优先考虑，包括：（1）子女与其生活较长时间，改变子女生活环境不利于子女的；（2）子女随一方的父母生活多年，该祖父母或外祖父母要求，也有能力帮助照顾孙子女、外孙子女的；（3）一方因先天原因或因事故、医学手术等失去生育能力的；（4）双方离婚后一方无其他子女，另一方尚有其他子女的；（5）一方身体健康而另一方身患重病或久治不愈的传染病，或另一方有其他对子女不利的情形的。[②] 父母无法就子女随何方生活达成一致的，法院应考虑十周岁以上的未成年人的意见。[③] 双方也可协议轮流抚养子女，前提是对子女有利。[④]

不直接抚养子女的父母一方，有权探望子女，另一方有义务协助。行使探望权，不得违背子女的身心健康，否则，人民法院可依法中止探望。[⑤] 中止探望的请求权人包括未成年子女、直接抚养子女的父或母及其他对未成年子女负担抚养、教育义务的法定监护人。被中止探望的一方当事人可在符合条件时，也即中止探望的情形消失后，请求人民法院恢复探望权的行使。[⑥] 随子女生活一方拒

---

① 1993年最高人民法院《关于人民法院审理离婚案件处理子女抚养问题的若干意见》第1、2条。

② 1993年最高人民法院《关于人民法院审理离婚案件处理子女抚养问题的若干意见》第3、4条。

③ 1993年最高人民法院《关于人民法院审理离婚案件处理子女抚养问题的若干意见》第5条。

④ 1993年最高人民法院《关于人民法院审理离婚案件处理子女抚养问题的若干意见》第6条。

⑤ 现行《婚姻法》第38条。

⑥ 《婚姻法解释一》第25、26条。

不履行协助义务的，人民法院可以采取拘留、罚款等强制措施。①

离婚后，不直接随子女生活的一方应负担子女的抚养费，双方应对负担的抚养费的多寡和负担期限的长短协商一致，但不应违背子女利益，如协商后抚养方的能力明显不足以保障子女健康成长的，不予准许；② 协商不成的，由人民法院判决。抚养费包括子女的生活费、教育费、医疗费等。③ 子女抚养费的决定因素包括子女的生活学习需要、父母双方的负担能力以及当地的实际生活水平。一般而言，不随子女共同生活一方有固定收入的，可按其月总收入的两成至三成给付。如需支付两个以上未成年子女的抚养费，比例可相应提高，但一般最高为月总收入的一半。如无固定收入的，抚养费的计算标准为当年总收入或同行业平均收入，计算比例可参照上述情形。有其他特殊情况的，可适当提高或降低上述比例。当事人可选择一次性给付子女抚养费，也可定期给付。对于无法支付的，如无收入或下落不明的，可用其财物折抵子女抚养费。④ 给付期限一般至子女 18 周岁为止。16 周岁以上、符合完全民事行为能力人的标准的，父母可停止给付抚养费。⑤ 但如子女已成年但尚未独立生活，父母又有负担能力的，仍应支付必要的抚养费。这种情形主要包括：子女丧失劳动能力或虽未完全丧失劳动能力，但其收入不足以维持生活的；或子女仍在校接受高中及其以下学历教育等情形。⑥

---

① 《婚姻法解释一》第 32 条。

② 1993 年最高人民法院《关于人民法院审理离婚案件处理子女抚养问题的若干意见》第 10 条。

③ 《婚姻法解释一》第 21 条。

④ 1993 年最高人民法院《关于人民法院审理离婚案件处理子女抚养问题的若干意见》第 7、8、9 条。

⑤ 1993 年最高人民法院《关于人民法院审理离婚案件处理子女抚养问题的若干意见》第 11 条。

⑥ 1993 年最高人民法院《关于人民法院审理离婚案件处理子女抚养问题的若干意见》第 12 条，《婚姻法解释一》第 20 条。

二、对我国离婚法律后果制度之反思

（一）婚姻房产问题

总体而言，我国涉及婚姻房产的分割制度的具体条文有增多的趋势，这是因为近年来涉及房产分割的离婚纠纷越来越多，而且由于房产价值较大，购买房产的具体情形也较为复杂，因此相关纠纷的处理难度较大。但仔细分析这些条文，对照英国相关制度，笔者认为，我国现有有关婚姻房产的分割制度，主要存在以下不足：

一是对家庭关系的关照不够。在英国有关婚姻房产的制度中，特别注意对家庭房产的保护，这主要体现在法律对婚姻弱势方家庭住房居住权的保护，对于居住权的保护力度甚至超越对房屋所有人的保护力度，也即婚姻房产的所有人不得以房产归其所有为由，将居住在婚姻房产中的弱势方及未成年子女赶出该住房。在我国，有学者认为《婚姻法解释三》的立论基础就是民法的整体性，婚姻法适用的规则应与民法的基本规则保持一致。因此，有关夫妻共同财产等规定理应适用《物权法》及《合同法》的相关规定。[①] 对此，笔者存有疑义。婚姻法属于民法的一部分，但其有自身的独特性，既调整人身关系，同时也调整与人身关系相关的财产关系。但由婚姻法和民法的从属关系就推出有关夫妻共同财产等规定应适用《物权法》及《合同法》的相关规定，这是忽视了婚姻法的特点所致。在具体案件中，我们也不能撇开人身关系，只关注财产关系，忽视家庭法养老育幼的功能。[②] 例如，《婚姻法解释三》第7条第2款规定，婚后购买之不动产，双方父母均有出资，但产权登记上，只有一方子女名字的，该不动产视为配偶双方按各自父母出资份额

---

① 杨立新：《最高人民法院〈关于适用《婚姻法》的若干问题的解释三〉的民法基础》，载《法律适用》2011 年第 10 期。

② Shi L.，"Balancing Different Rights in Families：Did the Third Judicial Interpretation of the Marriage Law of the PRC Achieve Its Goals?"，*International Journal of Law*，*Policy and the Family*，vol. 27，2013（3），p. 381，p. 393.

比例共有。此规定，将家庭关系视为当事人双方及各自父母的合伙关系，有鼓励配偶双方各自算计之嫌，也不符合我国夫妻同心合力、同居共财等传统家庭伦理，违反了我国现行《婚姻法》“婚后所得共同制”的精神。[①] 从社会现实考察，在我国城乡及农村地区，仍有部分家庭遵循传统婚俗。结婚时，往往由男方准备结婚用房，女方则准备包括家具、被褥等日常生活用品，往往都是一些动产。在我国许多农村地区，通常是男方的父母出钱或出力帮助儿子准备结婚用房，女方的父母以同样的方式帮助女儿准备结婚用品。[②] 近几年的社会生活表明，结婚用房这类的不动产的价格不断上涨，但是动产的价格却在使用中日渐消耗。这显然有悖于离婚制度所追求的公平价值。

二是对离婚中弱势方信赖利益的保护不足。美国有研究表明，离婚后男女生活水平的变化存在显著差异。女性生活水平的下降幅度大概为30%，男性的生活水平不降反升，变化幅度大概为10%，二者之间存在近40%的差距。[③] 国内有实证研究也证实，一般而言，女性离婚后的生活水平以及身心健康都受到了负面影响，社会对离婚后的单身母亲家庭的经济帮扶力度较弱，致使这类人群容易陷入贫困。[④] 因此，离婚时对于从事家务劳动较多的弱势方，有必要进行一定的补偿救济。在英国的制度中，依据双方订立的协议以及归复信托、推定信托、财产权禁反言规则，婚姻弱势方可以享有在房产上的财产权益。而在我国现有离婚房产的分割制度中，如果

---

① 陈苇、黎乃忠：《现代婚姻家庭法的立法价值取向——以〈婚姻法解释（三）〉有关夫妻财产关系的规定为对象》，载《吉林大学社会科学学报》2013年第1期。

② 陈苇：《论双方父母赠与夫妻的不动产之归属——对“〈婚姻法〉司法解释（三）征求意见稿”第8条第2款之我见》，载《西南政法大学学报》2011年第2期。

③ Weitzman L. J., “The Economic Consequences of Divorce Are Still Unequal: Comment on Peterson”, *American Sociological Review*, vol. 61, 1996, pp. 537 – 538.

④ 易松国：《离婚原因、后果及社会支持》，载《深圳大学学报》（人文社会科学版）2005年第4期。

房产系婚前购买，且房产登记簿上没有弱势方的名字，那么弱势方将无权分得该房屋，现有离婚救济制度的救济力度偏小，[①] 对离婚中的弱势方的信赖利益保护不足。此外，对于婚姻关系中从事家务劳动较多的一方当事人而言，也会因为在房产出资上贡献较小，或者主要负责日常生活开支，直接影响其在房产上的权益，使其分得的补偿较少。传统观点认为的对于婚姻存续期间取得的财产归夫妻双方共有的观点，不能适用于一方婚前取得的房产或一方婚前支付首付、婚后共同还贷的房产，即使这类房产用于家庭生活，从事家务劳动一方当事人也较难获得相应的补偿或补偿较少[②]。而离婚经济补偿制度又不能充分补偿弱势方的损失，故整体上，在婚姻房产的分割上，对离婚后弱势方的信赖利益保护不足。这也是为何《婚姻法解释三》出台后，审判实践中房产加名诉讼——婚内夫妻一方要求确认财产共有权并在房屋产权证书上加名的诉讼——增多的原因之一。提出房产加名诉讼的婚姻弱势方旨在以此保证未来如果遭遇离婚，其仍能分得一定的房产份额。

（二）养老金问题

按照英国现有制度，离婚后的养老金分割问题可以依据补偿法、标记法、转让法解决。在我国，根据《婚姻法解释二》第 11 条规定，男女双方实际取得或应当取得的养老保险金属于夫妻共同财产。但在这一问题上，法院的认识各不相同。在司法实践中，法院主要有以下三种应对方法：（1）折价分割尚未领取的养老金，且以现金补偿。有的法院支持夫妻离婚时对养老金进行分割，目前采用的方法是先由离婚一方当事人将未领取的养老金价值之一半提前支付给对方当事人。（2）对半分割已缴付的养老保险金，有的

---

① 对我国现有离婚救济制度的司法实践，参见后文的论述。

② 按照现有规定，婚前支付首付购买的房产，离婚时，非产权方可以就婚后共同还贷的增值部分获得相应补偿。但这种补偿相较整个家庭房产的价值而言，是比较小的部分。

法院认为夫妻离婚时未实际取得的养老金不能作为夫妻共同财产进行分割，但在婚姻关系存续期间夫妻用各自工资缴纳的养老保险金可以作为夫妻共同财产对半进行分割。（3）养老金期待利益不属于夫妻共同财产，不能在离婚时进行分割。《婚姻法解释三》第13条的规定肯定了第二种处理方法，[①] 对于登记在一方名下的养老保险账户，在婚姻存续期间以夫妻共同财产缴付的部分，可在离婚时予以分割。如离婚时夫妻一方因不符合法定条件，无法领取养老保险金的，法院就不会支持分割。在司法实践中，如何分割婚姻期间尚未实际取得的养老金，也即养老金期待利益是否可分的问题仍有较大争议。将夫妻一方在婚姻期间取得的养老金期待利益排除在夫妻共同财产之外，有违现代离婚制度对平等价值理念之追求。此外，在司法实践中，也有法院未将夫妻一方工作单位为其个人补充缴付的部分养老金纳入夫妻共同财产的范围。这也存在不合理之处。[②]

（三）离婚协议和忠诚协议

在英国制度中，关于婚前或婚后协议的效力问题尚无定论。但总体而言，英国制度对于是否认可婚前或婚后协议的效力十分谨慎。在我国登记离婚制度中，离婚协议至关重要，关系着离婚后双方当事人及子女的未来生活。但婚姻登记机关在审查离婚的意思表示是否真实，离婚协议中有关离婚后子女抚养探望、财产债务等安排是否合理等问题时只做形式审查。一旦协议对夫妻共同财产分割、债务处理和子女抚养存在不清晰或不合理的安排，将导致离婚后财产或子女抚养问题的纠纷，甚至可能损害妇女和子女的利益。据统计，上海市嘉定区人民法院在2007年到2010年审结的127件

① 陈苇、陈思琴：《澳大利亚夫妻离婚时养老金分割立法及其借鉴》，载《法商研究》2008年第6期。

② 陈苇、黎乃忠：《现代婚姻家庭法的立法价值取向——以〈婚姻法解释（三）〉有关夫妻财产关系的规定为对象》，载《吉林大学社会科学学报》2013年第1期。

离婚后财产纠纷案件中，有120件属于登记离婚后产生的纠纷，占离婚后纠纷的94.5%。[①] 北京市密云县人民法院2007年受理登记离婚后财产纠纷案15件，2008年受理26件，而2009年8月，仅一个月就受理此类案件30件。[②] 河北省唐山市古冶区法院受理的离婚后财产纠纷案件也呈逐年上升趋势。2011年1~7月古冶法院审结该类案件仅5件，2012年1~7月审结7件，同比增长40%。2013年1~7月审结12件，同比增长约70%。[③]

登记离婚后财产分割纠纷产生的主要原因包括，有的离婚协议中未写明夫妻双方都包括哪些财产及具体的分割方法，致使离婚后一方反悔；[④] 有的女方当事人因遭遇家庭暴力，抱着尽快解决问题的想法，不在财产分割上做认真考虑，或在男方的胁迫下，被迫作出放弃财产的意思表示；有的弱势方则对夫妻共同财产的多寡不了解，在夫妻共同财产上与另一方处于信息不对称的状态，另一方则隐匿转移夫妻共同财产，致使离婚时签下有违公平的离婚协议，事后才发现还有其他的夫妻共同财产尚未分割；还有的出于对个人信息隐私的保护或碍于情面，对于有些财产，认为只要双方说好就行，不在离婚协议上予以明确，而办理登记离婚后又事与愿违。关于离婚后子女抚养争议产生的主要原因有二，一方面，在登记离婚的当事人中，有的感情用事，对子女抚养的安排不考虑子女的意愿和要求；有的把他们当成要价的“筹码”或者可以分配的“私有

---

① 范彦萍：《市妇联提议：离婚协议“格式化”》，载《青年报》2012年1月10日，第B7版。

② 高珊珊、徐征征、王忠利：《六大因素导致离婚财产纠纷案增多》，载《京郊日报》2010年1月8日，第2版。

③ 李国彪：《古冶法院反映离婚后财产纠纷案件呈上升趋势》，载唐山市古冶区法院网，http：//tsgyfy. hbcourt. org/public/detail. php？ id = 153，访问时间：2014年1月20日。

④ 李国彪：《古冶法院反映离婚后财产纠纷案件呈上升趋势》，载唐山市古冶区法院网，http：//tsgyfy. hbcourt. org/public/detail. php？ id = 153，访问时间：2014年1月20日。

物”，甚至为了离婚不惜牺牲子女的利益；还有一些离婚当事人，在离婚协议中对子女抚养安排约定过于简单，如仅约定子女归谁抚养，谁支付抚养费，而没有明确约定抚养费的支付方式、子女的探视方式等，引发事后的纠纷。另一方面，离婚协议中抚养费约定不合理，亦是发生抚养费纠纷的重要原因之一。[①]

婚姻协议中另一个难点问题是忠诚协议的效力问题。在英国法上也曾遇到这类案件，但在判例法上，对此持否定态度。在 NA 诉 MA 案[②]中，双方当事人订立了这样的协议。法院认为，由于在该协议中，一方配偶违背了自己的自由意志，迫于对方压力签订的协议，且订立的协议并不公平，因此法院没有认定该协议的效力。

在我国，忠诚协议是指配偶双方在婚姻关系存续期间，为维护婚姻稳定，排除感情风险所订立的书面协议，违反夫妻忠实义务的一方须向无过错方支付约定数额的财产。关于忠诚协议的效力问题，最初在《婚姻法解释三》草案中有规定，只要协议是双方自愿签订并且不违反法律规定，法院应当支持。但在随后的征求意见稿中又规定，法院对这类协议不予受理，已经受理的应驳回起诉。但是，最终出台的《婚姻法解释三》却删除了这一条款。[③] 时至今日，忠诚协议的效力问题仍无定论。

（四）离婚救济制度

在英国法上，离婚救济已经与离婚财产分割融为一体。在法官审理案件时，实现公平的三原则之一就有补偿。实质也就是对婚姻弱势方的离婚救济。在我国司法实践中，离婚救济制度与离婚财产分割泾渭分明。现行离婚救济制度适用面窄，实施效果不够理想。

---

① 孟斌：《扶养费纠纷案件呈现四大新特点　北京一中院提出四点对策》，载北京市第一中级人民法院网，http：//bj1zy. chinacourt. org/public/detail. php？ id = 676，访问时间：2013 年 1 月 26 日。

② *NA v MA* [2007] 1 FLR 1760. 详见本文第二章第四节。

③ 赵蕾：《夫妻“忠诚协议”，难倒最高法院》，载《南方周末》第 1388 期，2010 年 9 月 23 日。

有关离婚救济制度的适用，国内先后有多位学者对此做过实证研究[①]，这些实证研究表明：一是获得离婚经济帮助的当事人较少，一般只占到当年受理的离婚案件的5%左右；二是由于我国的法定财产制实行的是婚后所得共同制，很少有家庭采用分别财产制，[②]所以在司法实践中，少有当事人能通过家务劳动补偿制度得到法律救济[③]。例如，据我们近年开展的"重庆市防治家庭暴力情况实证调查"的统计数据，在重庆市S区、N区、J区和Y区的人民法院，2008年1月到2010年10月共受理涉及家庭暴力案件为1276件，其中离婚的案件有1230件，从审理结果看，获得离婚经济补偿的仅3件，即不到1%。[④] 总之，当事人能够适用离婚救济制度获得救济的案件比例非常小。其主要原因是符合法定救济条件的人较少。

从司法实践考察，我们认为离婚救济制度主要存在以下不足：

就离婚经济帮助而言，适用这一制度的主体条件严格；此外，

---

① 参见夏吟兰：《离婚救济制度之实证研究》，载《政法论坛》2003年第6期；马忆南：《离婚救济制度的评价与选择》，载《中外法学》2005年第2期；前两篇文章引用的数据都来自2001年4月~2002年12月，对北京、厦门、哈尔滨三市的有关情况做的调查。王歌雅：《离婚救济制度：实践与反思》，载《法学论坛》2011年第2期。这篇文章引用的数据来自对北京市海淀区、上海市闵行区、哈尔滨市南岗区2008年审结的离婚案件所做的调研。虽然这些实证研究存在统计时间较短，地域有一定的局限性等不足，但鉴于国内目前新的较为全面的实证研究尚无，故我们采用了这些实证研究的部分数据。

② 北京市第二中级人民法院2001年5月到2002年12月审结的离婚上诉案件共1032件，涉及离婚经济帮助的案件有76件，其中实行分别财产制的只有2件，而且这2件是双方处于分居或半分居状态时由原来的共同财产制转为分别财产制的。参见中国法学会婚姻家庭法学研究会：《〈婚姻法执行中的问题〉结项报告》，2003年，第62页。转引自：马忆南：《离婚救济制度的评价与选择》，载《中外法学》2005年第2期。

③ 夏吟兰：《民法亲属编离婚制度之探讨》，载《中华女子学院学报》2002年第4期。

④ Chen W. & Shi L., "Developments in China's Provisions for Postdivorce Relief in the 21st Century and Suggestions for Their Improvement", *Journal of Divorce and Remarriage*, vol. 54, 2013 (5), p. 370.

现行法律规定了适用离婚经济帮助的标准为：一是依靠个人财产和离婚时分得的财产无法维持当地基本生活水平的；二是离婚后没有住处的。这一规定较为简单，司法实践中法官对此认识不一，其已不能适应司法实践的需要。

就离婚经济补偿而言，适用这一制度的法定条件过于苛刻，适用情形被严格限定为：夫妻约定实行分别财产制，一方尽家庭义务较多；只能在离婚时提出。由于目前我国绝大多数家庭采取的是法定婚后所得共同制，如果离婚时夫妻共同财产较少或没有，承担了较多家务劳动的一方配偶将无法适用离婚经济补偿制度获得救济。①

（五）抚养探望问题

在有关离婚后父母子女的人身关系上，英国法积极回应社会现实。1989 年《儿童法》第 1 条第 1 款就明确规定了法院在审理涉及儿童成长以及关涉儿童利益的案件时，首先就要考虑儿童福利。对于离婚后涉及父母子女的常见纠纷，如子女随何方共同生活，另一方与子女如何交往等，法院可通过签发居住令和交往令解决问题。对于其他特殊纠纷，英国法也提供了禁为令和指定事项令等救济措施。与此相反，我国现有法律框架较为简单。关于离婚后子女随何方生活、另一方的探望权等基本问题，我国法律已有相关规定。但对社会生活中的其他特殊纠纷，我国现有法律规定则不够完善，如离婚后，法院判决子女归一方配偶抚养，另一方却不顾法院命令，将子女带走，甚至在有些涉外离婚案中，另一方配偶私自将子女带出国，之后便音讯全无。这严重损害了法的公平价值。

此外，英国在交往令的执行上虽然存在诸多困难，但在其司法实践中所进行的系列改革措施反映出法院司法态度已从“违反—惩戒”转变为“违反—帮助”。在我国的司法实践中，探望权的执

① 参见陈苇、石雷：《离婚救济制度的创新思路》，载《社会科学辑刊》2013 年第 1 期。

行难也是法学理论界和司法实务界的普遍共识。父母离婚后，如何尽量减小离婚对未成年人健康成长的影响，同时尽可能保证不和子女共同生活一方能够实现其探望权，一直是法院执行探望权案件的考量重点。

在司法实践中，探望权的执行难主要有以下几方面的表现：一是在探望权执行案件中法律未规定未成年子女的法律地位，且关于中止探望权的条件和情形，法律也无明确规定。① 二是对随子女共同生活的一方当事人及其近亲属，如祖父母、外祖父母违反探望权的协助义务的行为②，法律尚无明确规定。三是在请求执行探望权的纠纷中，当事人存在举证困难。四是法院有关子女抚养探望的裁判文书对探望权的具体行使规定不详，以此作为执行依据时，常常引发执行困难。③ 五是执行措施乏力。《婚姻法解释一》第32条规定的执行措施不多。对拒不执行有关探望子女等判决和裁定的，人民法院可采取的强制措施只明确规定有拘留、罚款等，不能对子女的人身、探望行为进行强制执行。但在司法实践中，拘留、罚款等强制措施的实施效果较不理想。2012年修正的《民事诉讼法》第100条新规定了行为保全措施，即对于可能因一方当事人的行为或其他原因，使判决难以执行或者造成当事人其他损害的案件，人民法院可根据对方当事人的申请，责令其为一定行为或不为一定行为；必要时，即便当事人未提出申请的，人民法院也可裁定采取保

---

① 参见戚雅萍、汤继荣：《探望权执行若干问题探析及对策建议》，载《青少年犯罪研究》2006年第1期。上海市高院下发的关于在民事审判中实施婚姻法的暂行意见对可中止探望权的情形解释如下：（1）患有严重精神疾病或尚未治愈的烈性传染性疾病；（2）拒付抚育费、对子女实施家庭暴力或虐待子女的；（3）道德品行特别恶劣的；（4）其他不利于子女身心健康的情形。

② 邓富国：《论探视权的执行》，载《法治研究》2009年第8期。在我国农村地区，很多当事人离婚后就长期外出务工，将子女交由祖父母或外祖父母抚养。祖父母、外祖父母的介入，使探望权的执行更加困难。参见王乔、顾承红：《我国探望权制度中存在的若干问题及其完善》，载《社会科学辑刊》2005年第2期。

③ 车发强：《论探视权案件的执行》，载《山东社会科学》2012年5月。

全措施。但这一规定在基层法院仍未得到全面落实，其实施情况有待进一步完善。目前，有关行为保全的措施大多只在审理家庭暴力案件的试点法院以人身保护令的方式得以适用。而其他方式的行为保全较为少见。

（六）子女的抚养费问题

在英国，总体而言，对于子女的抚养费问题，公权力的干预力度较大。尽管最新的立法动向鼓励双方当事人通过协商自行解决这一问题，但其仍然保留了独立的第三方机构，必要时可帮助收取子女抚养费。在我国现有的法律体系中，子女抚养费可由双方达成协议后或法院判决后支付。但在司法实践中，抚养费执行难度较大，这已成为我国普遍存在的问题。[①] 一旦没有直接抚养子女的一方父母延迟履行或不履行其支付子女抚养费的义务，弱势方只有再到法院要求执行，在一定程度上，加大了权利方实现其合法权利的成本。对离婚后未成年子女获取抚养费方面，现有规定的保护力度较弱。

三、英国法对我国离婚法律后果制度之启示

（一）婚姻房产问题

家庭财产关系和市场交易中的财产关系区别显著。正如英国最高法院大法官黑尔女士所说，家庭环境与商业环境大相径庭。[②] 在英国判例法上，家庭房产的分割方法突出强调要保护家庭关系。所有权只是法官在自由裁量时的一个考虑因素，法官甚至会依据家庭关系作出财产调整令。即使依据财产法的相关规则，财产所有权归一方配偶所有，法官仍会根据家庭关系将部分房产判给另一方所有，“离婚财产分割的最终目的是让双方当事人能在未来独立生活

① 刘莉：《试论父母离婚后的未成年子女问题》，载《宁夏社会科学》2005 年第 6 期。

② *Stack v Dowden* [2007] 2 AC 432 at 459.

的道路上获得平等的起点”。[①]

从社会学的角度出发，初级关系与次级关系理论认为，初级关系是指在初级群体中形成的，一种个人的、情感的、不容置换的关系。在初级关系群体中，人与人的互动亲密程度高，群体认同感十分强烈。在初级群体中，家庭是最重要，也是最常见的。次级关系则缺乏感情深度，次级群体由为了某一具体目标集聚在一起的成员组成，成员之间通过明确的规章制度结成符合群体目标的关系，次级关系的典型是市场交易关系。[②] 家庭是最基本的社会单位，利他主义行为在家庭这一初级关系群体中，更为普遍有效，利己主义的家庭成员也会在初级关系群体成员间的互动关系中，受利他主义家庭成员的行为引导，在依个人意愿行为中合并利他主义家庭成员的利益，从而表现出利他主义行为的特点。[③] 男女社会分工之不同及各自在家庭中扮演的角色使得放弃个人事业追求、承担较多家务劳动、照顾抚养子女之一方（常常是女方）在关系破裂时承担了较大的损失。[④] 在进一步深入家庭内部关系考察，夫妻关系通常都表现为强者与弱者的关系，有时也表现为一种弱屈从关系。[⑤] 父子关系则表现为一种强屈从关系。在夫妻地位相差悬殊时，应实行抑强

---

① *Per Baroness Hale. Miller v Miller*; *McFarlane v McFarlane* [2006] 2 FLR 213, para. 250.

② [美] 戴维·波谱诺：《社会学》，李强译，中国人民大学出版社 1999 年版，第 172~177 页。

③ 否则，利己主义的家庭成员将有可能被自己的利己主义行为所损害。因为再这样下去，利他主义的家庭成员花费在利己主义家庭成员身上的时间和资源将会不断减少。参见 [美] 加里·斯坦利·贝克尔：《家庭论》，王献生、王宇译，商务印书馆 1998 年版，第 367 页。

④ Miles J. & Probert R.,“Legal Principles and Real Life”, Miles J. & Probert R. ed., *Sharing Lives*, *Dividing Assets An Inter – Disciplinary Study*, Oxford: Hart Publishing, 2009, p. 20.

⑤ 徐国栋：《论民事屈从关系——以菲尔麦命题为中心》，载《中国法学》2011 年第 5 期。

扶弱的保护主义政策。[①] 家庭关系的本质决定了，在适用相关法律处理离婚后财产问题时，应考虑家庭关系的特殊性，保护婚姻中的弱势方及未成年子女的权利。

英国法在制度设计中，就很好地体现了这一点。例如，在归复信托中，英国法对于购买房产时有部分出资但又未在登记簿上出现的隐名所有人也会提供保护。在推定信托中，只要弱势方依据双方共同的意思表示发生了一定的信赖损失，弱势方就可以得到衡平法法律的救济。在财产权禁反言中，亦然。依据财产权禁反言，弱势方还可向法院主张争议房屋的居住权等。这些救济制度和离婚财产分配时的公平、需要及补偿三个原则相得益彰，对婚姻中弱势方的保护更趋完善。

据此，笔者认为，对于父母出资购买房产的情况，应综合考虑父母、男女双方的情况，平衡各方利益。如果是婚后由父母一方出全资为子女购买的不动产，产权登记在出资人子女名下的，可判令房产归出资方子女所有，但如婚姻存续时间较长，无产权方遭受了一定程度的信赖利益损失的，应在判令房产归出资方子女所有的同时，给予弱势方一定的经济补偿。[②] 如果是婚后由双方父母出资购买的不动产，产权登记在一方子女名下的，对于父母未明确表示赠与夫妻双方的，该不动产可认定为双方共有，但当事人另有约定的除外。如父母出资额度差距较大，且婚姻存续时间较短，可由法官酌情对出资额大的一方父母进行一定程度的补偿。婚后由父母一方或双方部分出资，产权登记在一方子女名下或双方名下时，如父母未明确表示赠与夫妻双方的，则父母视为房产的隐名共同所有人，其对房产的共有份额由出资额决定。房产剩余部分视为夫妻双方共

---

① 徐国栋：《家庭法哲学两题》，载《法制与社会发展》2010 年第 3 期。

② 例如，在刘某诉曹某离婚后财产案中，由于婚后购买房产系由男方父母出资，故判决房产归男方所有，但同时也判令男方给付女方 5 万经济帮助款。作为对女方的补偿。这一判决更趋合理。国家法官学院案例开发研究中心编：《中国法院 2013 年度案例：婚姻家庭与继承纠纷》，中国法制出版社 2013 年版，第 1 ~ 5 页。

同共有。房产登记在一方名下或双方名下不影响房产属夫妻双方共有的性质，分割时就配偶双方共同共有的部分平等分割。但如果父母一方或双方明确为赠与夫妻双方的，则父母的出资份额视为赠与。但如婚姻存续时间较短，无产权方遭受信赖利益损失不大，父母主张撤销赠与的，法院应予支持。

（二）养老金问题

在英国，离婚制度中规定了三种养老金分割方法，分别是补偿法、标记法和转让法。[①] 这为解决我国离婚财产分割中一方对另一方养老金的期待利益问题，提供了一种思路。但由于标记法涉及在不确定的未来，还要进行养老金分割的相关工作，具有不确定性，操作过于复杂。而补偿法和转让法相对简单易行，而且也保护了婚姻弱势方的权益，更符合我国国情，因此笔者认为，未来在设计养老金分割制度时应借鉴补偿法和转让法。

可具体规定如下：婚姻存续期间，以夫妻共同财产缴付的养老保险金，配偶一方工作单位为单位职工补充缴付的养老保险金，及其相应的期待利益，属于夫妻共同财产。离婚时，双方当事人对婚姻关系存续期间一方或双方所得的养老金利益可协议分割；无法达成协议的，由人民法院依据案件具体情况审理后作出判决，可以按比例分割或是折价分割。[②]

人民法院在确定夫妻对共有养老保险金利益的具体数额比例

---

① 参见第四章。还有一种分割方法是将养老金折换成现金进行分割，但这种分割方法会给当事人带来经济上的损失，所以法院通常都不会采用这种方法。

② 参见陈苇、陈思琴：《澳大利亚夫妻离婚时养老金分割立法及其借鉴》，载《法商研究》2008 年第 6 期。陈苇、黎乃忠：《现代婚姻家庭法的立法价值取向——以〈婚姻法解释（三）〉有关夫妻财产关系的规定为对象》，载《吉林大学社会科学学报》2013 年第 1 期。

时，应考虑以下情形：[1] 婚姻存续时间的长短及配偶双方各自所作的家庭贡献；配偶双方离婚时可分得的财产价值以及养老金部分在可分得财产中所占的比重；离婚后双方配偶的合理生活需要，如涉及未成年子女时，未成年子女的合理生活、教育、医疗等需要；当事人距离符合领取养老金条件的退休年龄的年龄差距；应考虑的其他因素。

（三）离婚协议和忠诚协议

在英国离婚制度中，对于配偶双方之间达成的离婚协议有严格的审查制度，以此保证离婚协议的合法性和公平性，符合英国现代离婚制度所追求的公平价值。而我国现有登记离婚制度中只对离婚协议进行形式审查。实质上，现代离婚制度的公平价值取向要求应对离婚协议进行审查。显而易见，在存在家庭暴力或者婚姻中的强势方霸占了话语权时，形式上平等的双方当事人实质上却是一种弱屈从关系，很可能在制定离婚协议的过程中呈现出不平等的对话，最终导致离婚协议的结果也不平等。从这个层面讲，对离婚协议进行审查是保证离婚协议公平公正的必要前提。

如前所述，我国登记离婚时对离婚协议缺乏审查机制，这往往可能导致婚姻中的弱势方的利益受损。因此，我们建议增加对离婚协议进行实质审查的工作机制。目前，我国深圳市罗湖区在这方面作了有益的探索。该区法院在民政局设立了调解工作室，[2] 并派驻法官轮值担任调解员。对于到婚姻登记处申请登记离婚的，如果双方在子女抚养和财产分割方面没有争议且同意进行司法确认，由区

---

① 参见陈苇、杨璇：《英国夫妻分割养老金立法研究及完善我国立法的建议》，载陈苇主编：《家事法研究》（2006 年卷），群众出版社 2007 年版，第 127 页。杨璇：《论英国夫妻分割养老金的程序规则》，载陈苇主编：《家事法研究》（2008 年卷），群众出版社 2009 年版，第 428 页。

② 《深圳罗湖法院将调解工作室搬进民政局，实现离婚纠纷“一站式”解决》，载法制网，http：//www. legaldaily. com. cn/bm/content/2011 - 07/16/content _ 2797035. htm？node = 20733，访问时间：2013 年 1 月 31 日。

民政局指导、帮助当事人填写资料，主动引导当事人向该院提出申请，确认离婚协议书的效力。该院在接到司法确认申请后，将及时对离婚协议中涉及财产分割和子女抚养的内容进行实质审查，并以司法调解书的方式确认其法律效力。若一方当事人不履行该生效的民事调解书，另一方可以向法院申请强制执行。

笔者认为，罗湖区的做法值得推广，但这种实践也有不足。相对婚姻登记机关的工作人员，以法官作为申请登记离婚时离婚协议的审查主体，无疑更有利于保护婚姻中弱势方的权益。但对于部分基层法院而言，法官人手不足，选派法官到登记机关协助审查离婚协议存在实际困难。故笔者建议，各地区应根据地方实际，在有条件的地区，由法官轮流前往婚姻登记机关，对离婚协议进行实质审查，如果离婚协议不存在意思表示的瑕疵，如欺诈、胁迫或是一方当事人对另一方当事人施加了不当影响，严重损害婚姻中弱势方利益或未成年子女利益等，经离婚当事人双方申请，法官可以为其认定离婚协议的效力，可直接申请法院执行。当事人可据此办理登记离婚。在没有条件的地区，应对婚姻登记人员进行法律知识的专门培训，再由其承担对离婚协议的实质审查工作，或者聘请离婚诉讼经验丰富的专职律师帮助进行离婚协议的审查。离婚协议通过实质审查的，可办理登记离婚。这样，也有助于减少登记离婚后的财产纠纷或子女抚养探望纠纷。

关于忠诚协议问题，英国法的态度是否认其效力。① 笔者认为，忠诚协议问题的根源在于法律和道德的关系问题。② 当下我国正处于社会转型期间，在部分地区出现了道德沦丧的现象，重塑道德的呼声日益高涨。要求认可忠诚协议的效力，希望以此抑制部分

---

① 参见 *NA v MA* [2007] 1 FLR 1760.

② Shi L.,"Balancing Different Rights in Families: Did the Third Judicial Interpretation of the Marriage Law of the PRC Achieve Its Goals?", *International Journal of Law, Policy and the Family*, vol. 27, 2013 (3), p. 381, p. 393.

人违反忠实义务的行为，这样的主张顺应了民意，符合社会道德的期许，有其合理性。一般而言，在一定限度和范围内，用法律推行、维护道德，并且推行的只是最低程度的道德，是可能和可行的。但是，如果这种做法超出必要的限度，采取全盘的道德法律化，那么就很可能会导致类似文化大革命一样的社会恶果。“文化大革命”的历史经验表明，这种“范道德化”在当时起到了推波助澜的作用。[①] 如果认定忠诚协议有效，实质上我们是以法律的公平和缔约自由为代价来维护法律。尽管有学者声称，忠诚协议为当事人自愿订立，是其违反忠实义务自愿承担的代价，这也是民法意思自由的一种体现。[②] 但我们却无法排除这样一种可能性，在缔结忠诚协议的过程中，一方当事人在离婚和签订协议的两个选项中，为了维护家庭的稳定而订立协议，并非真正愿意支付巨额的赔偿款项作为违反某些忠诚义务后对另一方的补偿。另外，就忠诚协议的赔偿额度而言，要求违约一方高额赔偿甚至“净身出户”这样的条款是否公平？对于不忠行为，赔偿额度限定在多少合适？[③] 正如英国最高法院所指出的那样，婚姻中的协议如果存在利用个人的优势地位获得不公平的利益份额的行为的证据，或者一方当事人处于某种压力之下才作出的协议，那么这类协议是无效协议。[④] 英国法院对婚姻协议的这种审慎态度值得我们学习。因为婚姻协议牵涉两

---

① 周文轩：《婚姻家庭案件的审判应审慎运用道德话语》，载《法律适用》2004年第2期。

② 隋彭生：《夫妻忠诚协议分析——以法律关系为重心》，载《法学杂志》2011年第2期。

③ 有学者认为，忠诚协议规定的违约金额过高，或者违约方负担过重的，可以由违约方提出调整的请求，由法官参照《合同法》的规定，酌情减少或者减轻违约方的财产责任。笔者对此颇有疑惑。法官酌情减少或减轻财产责任时，依据的是何标准，减多少视为公平？这一问题的本质是，对于违反忠诚义务的行为本身是无法用金钱来衡量的。否则，这是否和男性在外通过支付金钱购买性行为的交易行为一样呢？隋彭生：《夫妻忠诚协议分析——以法律关系为重心》，载《法学杂志》2011年第2期。

④ *Radmacher v Granatino* [2010] UKSC 42, para. 71.

个人的情感，在缔结协议时，很难判断当事人是在理性思维下作出的理性选择，还是哄对方开心的一句戏言，而这正是婚姻中的协议，包括忠诚协议与其他民事协议的最大区别。

从另一个角度观察，忠诚协议中的无过错方，常常是女方，遭遇了男方违反忠实义务的事。由此导致婚姻破裂，其要求赔偿的心情可以理解。正如最高人民法院吴晓芳法官所言，对于婚姻中的弱势女方“感情没有了，婚姻解体了，起码在经济上还能得到一些保障吧”。她认为，婚姻契约是聪明女性的智举。[①] 这一主张反映了认可忠诚协议效力的另一个因素，也即赔偿或补偿。但补偿可以通过离婚经济补偿的制度实现，赔偿也可以通过离婚损害赔偿的制度实现。虽然现行我国离婚救济制度尚不完善，但是我们应进一步完善离婚救济制度，以保障婚姻中的弱势方。[②] 通过双方的忠诚协议来实现这一补偿、赔偿的目标就牺牲了法律的自由和公平。关于情感和金钱之间能否有对价关系，法律和道德并没有确切的肯定结论。但客观上，情感本就无价。认可忠诚协议的效力，就是认可用金钱来衡量夫妻忠实义务，也即允许当事人通过协商议价的方式确定情感价格。[③] 这样，我们就陷入了一个悖论，众所周知，金钱买不来感情，既然如此，我们又如何能够确定情感的价格呢?

所以，笔者认为，我们应该学习英国法院的态度，审慎对待忠诚协议。对于违反忠实义务，情节严重符合离婚损害赔偿条件的，可以依法进行赔偿；对于其他情形，弱势方可以通过离婚经济补偿，获得相应救济。

---

① 吴晓芳：《关于“婚姻契约”问题的思考——兼与陈甦研究员商榷》，载《人民法院报》2007年2月8日，第5版。

② Shi L.，“Balancing Different Rights in Families：Did the Third Judicial Interpretation of the Marriage Law of the PRC Achieve Its Goals?”，*International Journal of Law*，*Policy and the Family*，vol. 27，2013（3），p. 381，p. 393.

③ 陈甦：《婚内情感协议得否拥有强制执行力》，载《人民法院报》2007年1月11日，第5版。

（四）离婚救济制度

从英国有关离婚法律后果的相关制度中，不难发现，英国现代离婚制度十分强调满足婚姻弱势方以及未成年子女的生活需要①。这种按“需”分配看似过于理想，但实际上，法官拥有很大的自由裁量权，也会根据离婚家庭的实际情况做相应的调整。这种工作机制就对法官素质提出了很高的要求。和英国相比，我国人口众多，虽然我们在推进法官素质以及工作能力方面做了许多工作，法官在学历层次上有所提升，但在法官素质方面，仍有待加强。② 如果进一步加大法官的自由裁量权，一方面，可能出现同案不同判的结果，影响人们对司法的信心；另一方面，也可能出现案件审理的难度加大，且我国尚无案例法的传统。这一改革路径与我国现实不符。笔者认为，在现有制度基础上完善离婚救济制度，加大对婚姻中的弱势方和未成年子女的保护力度，才是一条更可行、更符合我国实际的方法。

就宏观而言，英国现代离婚制度的价值取向与我国离婚制度的价值取向有异曲同工之处。2001 年修正后的《婚姻法》较之 1980 年《婚姻法》，由原来的只有离婚经济帮助一种制度，到现在包括了离婚经济补偿、离婚经济帮助、离婚损害赔偿在内的三种制度，离婚救济的范围不仅仅是离婚时生活困难的一方，还包括离婚的无过错方以及实行分别财产制的对家务劳动承担了较多义务的离婚夫妻一方。对婚姻中的弱势方，无过错方的保护力度更大，保障范围更宽。这种修订充分体现了我国离婚制度对公平、平等等诸价值的追求。但遗憾的是，尽管我国的离婚救济制度较之以往有了这些创新和突破，可是，正如前文所述，其还存在救济面窄，救济力度较

① 尽管英国法学界对“需要”的具体内容尚有争议，但在司法实践中，法官大多会以满足离婚当事人的基本生活为参考依据，同时参考补偿以及平等分享原则。详见第三章。

② 陈洪涛、黄西武：《中国改革开放 30 年法官素质变迁研究》，载《浙江工商大学学报》2010 年第 1 期。

小等问题。

以离婚救济制度所应追求的公平、平等价值取向为指导，我们建议，未来在制定《民法典·家庭法编》时，在离婚经济补偿上，应适度扩大离婚经济补偿的适用范围，从事家务劳动较多的一方除可在离婚时提出家务劳动的经济补偿外，在婚姻存续期间请求分割夫妻共同财产的，也可提出家务劳动补偿。实行共同财产制的夫妻，一方因抚育子女、照料老人、支持或协助另一方学习或工作等付出较多义务的，如果离婚时可供分割的共同财产数额较少或无共同财产的，有权向另一方请求经济补偿，另一方应当予以补偿。[①]经济补偿费可以一次性给付，也可以分期给付。

在离婚经济帮助上，应适度扩大经济帮助的范围。这在我国当下社会保障制度尚不健全的社会现实面前，意义重大。正如英国现代离婚制度所提倡的那样，不应让弱势方因离婚而陷入贫困。所以对经济困难的认定，除现行法律规定的两个绝对标准外，还应从离婚后的生活水平的相对困难着手，对比婚姻存续期间的生活水平，并补充“恢复性”扶养条件，建立法官确定离婚扶养费时应当考虑的因素。

参考英国的相关规定，我们认为有下列情形之一的，可以认定为生活困难：（1）离婚时无劳动能力或无经济来源或其经济收入不能维持生活的原配偶；（2）怀孕的或因抚养未满 3 周岁的子女或残疾子女，不能就业或影响经济收入的原配偶；（3）因其他原因生活困难且有正当理由需要扶养的原配偶。[②]

法院判决离婚经济帮助的考虑因素应包括：（1）双方的年龄、健康状况（包括有身体残疾或心理疾病）；（2）双方的经济来源、住

---

① 参见陈苇、曹贤信：《论婚内夫妻一方家务劳动价值及职业机会利益损失的补偿之道》，载《甘肃社会科学》2010 年第 4 期。

② 在外国法上，结婚 20 年以上在离婚后 3 年内丧失劳动能力的原配偶也被认定为经济困难，如德国、俄罗斯的相关规定。参见陈苇、石雷：《离婚救济法律制度的创新思路》，载《社会科学辑刊》2013 年第 1 期。

房状况、劳动能力和职业技能；（3）双方生活的实际需要；（4）婚姻存续期间；（5）一方离婚后为重新就业需要接受学校教育或职业技能培训的；（6）抚育年幼子女或残疾子女须花费的时间、精力以及对就业的影响；（7）婚姻期间的家庭生活状况；（8）当地的一般生活水平。

（五）抚养探望问题

首先，英国法在处理子女抚养纠纷时，法律已明文规定了儿童福利原则。司法实践中，在处理父母子女人身关系纠纷时，始终坚持儿童福利优先的原则，但同时兼顾成年人的利益。从英国法官及学者的论争中，我们不难发现，英国法律界比较流行的观点是：儿童福利是优先考虑的因素，但其不是唯一考虑的因素，在案件中也不是必须起决定性的作用。法官在子女抚养纠纷中往往会在优先考虑儿童福利时，同时考虑其他重要因素，在平衡各方利益的前提下，作出最佳方案。笔者认为，对儿童福利原则的这种定位更符合社会现实。因为在通常情况下，儿童并非独立的利益个体，而是在家庭中与家庭成员共生的一员，不考虑整个家庭的综合情况，唯儿童利益论的观点在某些情况下，不但不是保护儿童利益，而且会损害儿童利益。

目前，我国尚未在法律中明确规定儿童最大利益优先原则①。笔者认为，未来制定我国《民法·亲属编》时，应明文规定儿童最大利益优先原则。法律除了伸张正义、惩罚过错外，还有一个重要的功能，即对社会和公民的引导、激励功能，从主体自身而言，

---

① 儿童福利原则，又被称为儿童最大利益优先原则，儿童最大利益原则，在不同国家表述不尽相同，但实质内容趋于一致。参见陈苇、谢京杰：《论儿童最大利益优先原则在我国的确立——兼论〈婚姻法〉及其相关法律的不足及其完善》，载《法商研究》2005年第5期。王雪梅：《儿童权利保护的"最大利益原则"研究》（上），载《环球法律评论》2002年第4期。王雪梅：《儿童权利保护的"最大利益原则"研究》（下），载《环球法律评论》2003年第1期。

可以激发公民的认同感和义务感。[①] 设立儿童最大利益优先原则，有利于实现法律的激励功能。也有学者用法的表达功能来阐述这一内容，即明文规定儿童最大利益优先原则进一步凸显了保护儿童利益的重要性。这种通过《民法》、《婚姻法》等相关法律的运行在保护儿童权利上赋予更重要意义的过程，在社会层面将会促进社会观点的进一步转变，从而在一定程度上转变社会行为，[②] 保护儿童这一弱势群体得以健康成长。在规定了儿童最大利益原则后，可通过司法解释明确如何理解并适用儿童最大利益优先原则。

其次，在处理离婚后的父母子女人身关系纠纷时，英国模式表现出较强的灵活性。“禁为令”和“指定事项令”对于解决离婚后父母子女人身关系的某些特殊纠纷提供了有用的工具。这对解决我国现有的这类特殊纠纷也有重要的参考价值和借鉴意义。笔者认为，可借鉴英国现代离婚制度的“禁为令”和“指定事项令”制度，在司法解释中释明行为保全措施可适用的情形，如针对一方当事人趁另一方当事人不备，将子女带走并失去联系的情形，可根据一方当事人的申请以禁为令的形式禁止另一方当事人将子女带离本市[③]或出境[④]，最大限度地保护离婚案件中的未成年子女的利益。或是当双方当事人在就学、就医等涉及未成年子女抚养教育的问题

---

① 行为科学理论把对行为的激烈因素分为外附激励和内滋激励，外附激励包括赞许、奖赏等正激励，又包括压力、约束等负激励；内滋激励属于主体自身产生的发自内心的自觉精神力量，如认同感和义务感。付子堂：《法律行为激励的功能分析》，载《法律科学》1999 年第 2 期。

② Schneider, C. E., “The Channeling Function in Famiy Law”, *Hofstra Law Review*, Vol. 20, p. 498.

③ 防止带离儿童离开本市的禁为令的执行需要在全国建立户籍、学籍联网，相对难度较大，但正如正在试点的防治家庭暴力的人身保护令一样，这类指令往往具有较大的法律威慑力，在一定程度上可以帮助弱势方。同时随着未来社会管理手段的进步，建立户籍、学籍联网也并非不可能。

④ 防止带离儿童出境的禁为令的执行相对更加容易一些，只要通过扣留儿童的护照即可实现。

上存在巨大争议、无法协商一致时，法院可根据一方当事人的申请依据儿童最大利益优先原则作出指定事项令。

最后，在如何更好地执行交往令方面，英国法作出了一些有益探索。对于我国司法实践中遇到的探望权执行难困境，不失为制度改革的参考模板。英国模式中好的做法大致可以归纳为以下几点：

一是在工作态度上，对违反交往令的当事人轻惩罚手段，重帮助教育。这种工作态度表现为法官不是一味按照法律规定采取刚性的惩戒手段，如罚款、拘留等，相反，针对交往纠纷的各方仍有不能割断的血缘关系或某些法律拟制的父母子女关系（如异质人工生育子女）：被执行方往往是自己子女的父亲或母亲，因此法官采用了更多柔性的办法，如组织双方再次沟通，就执行父母子女交往的时间地点达成一致。这符合家事纠纷的特点。

二是在工作思路上，坚持以儿童福利原则为指针。在英国模式中，对儿童利益的保护措施主要表现在：（1）尊重10周岁以上子女的儿童意愿；如果10周岁以上子女明确表示不愿继续执行交往令的，法院可中止交往令的执行。我国也有学者赞同这种做法。[①]（2）在执行交往纠纷中，尽量让儿童参与到纠纷的解决中，儿童的参与方式是指法官尽可能地与儿童单独交流，掌握儿童的真实想法，为交往令纠纷的解决在子女方面打下基础。

三是在承办法官方面，英国模式采用了家事纠纷中比较常见的同一问题由同一法官办理。也即在出现交往令执行难时，仍由处理交往纠纷的法官执行。这种做法的优势在于，原审法官熟悉双方当事人的情况，便于和双方当事人沟通，为修订原来的子女交往计划以及未来的执行创造更多有利条件。

四是在父母子女交往方式上，英国模式除了直接的会面交往

---

① 参见车发强：《论探视权案件的执行》，载《山东社会科学》2012年第5期。

外，还有间接的交往模式，如通过网络视频[①]、录音、相片等。这些间接的交往模式对于某些存在特殊困难的交往令纠纷案件能起到事半功倍的效果。对于存在有家庭暴力风险的案件，也可选择在公权力监督下进行交往，如在社工陪伴下在社区进行交往等。

五是在解决方式方面，对要求执行交往令纠纷的案件类型化。需要注意的是，在区分各类纠纷案件的类别时，应发现主要问题，抓住主要矛盾，对这类案件划分类别主要是帮助我们认清案件特点，执行受阻的主要原因是什么，方便我们有针对性地采取帮助措施。对于个别有必要的案件，也可以借助调解员、心理咨询师等社会力量，帮助离婚当事人双方。对于部分执意阻挠，拒绝执行的当事人也可以先行通过提醒或口头告诫的方式，教育当事人。罚款、拘留等措施只是最后采取的手段。

这些好的做法对于我们解决我国现行司法实践中探望权执行难问题具有一定的参考价值和现实意义。实际上，在我国司法实践中，有论者就探望权执行问题提出的建议与英国经验也有一些相近之处，如加强说服教育，做好矛盾的疏导和化解工作，尽可能让当事人自行协商解决探望权纠纷，但不排除采用必要的强制措施等。[②] 因此，笔者建议在制度上，建立探望权执行纠纷由探望权纠纷的法官处理的制度，在管理上，培训法官转变观念，丰富执行手段和方式方法，落实1993年《关于人民法院审理离婚案件处理子女抚养问题的若干具体意见》第5条之规定，父母双方对10周岁以上的未成年子女随父或随母生活发生争执的，应考虑该子女的意见。对于涉及未成年人切身利益的其他纠纷，也应依照《儿童权

① 参见陈思琴：《美国虚拟探望制度及其启示》，载陈苇主编：《家事法研究》（2010年卷）群众出版社2011年版，第395～405页。

② 参见马忆南：《婚姻家庭继承法学》（第二版），北京大学出版社2011年版，第152页。戚雅萍、汤继荣：《探望权执行若干问题探析及对策建议》，载《青少年犯罪研究》2006年第1期。于东辉：《我国探视权法律制度研究》，载《山东社会科学》2009年第7期。车发强：《论探视权案件的执行》，载《山东社会科学》2012年第5期。

利公约》确立的四项基本原则之一——尊重儿童意见原则，重视并保障未成年子女在案件审理过程中的参与权，同时尽量避免父母纠纷对子女带来的伤害。以更灵活的姿态处理探望权纠纷，疏导化解矛盾，帮助不与子女共同生活一方及未成年子女实现探望权。

（六）子女抚养费问题

英国政府近年来着力在子女抚养费制度方面所做的改革主要体现为：公权力介入子女抚养费征收，帮助离婚后的弱势方获得其应得的子女抚养费。无论是改革前的子女抚养费代理处，还是之后的子女抚养费服务署①，公权力都为婚姻中弱势方在离婚后收取子女抚养费提供了一定程度的帮助。这对于离婚后弱势方权益的保护十分必要。事实证明，离婚后，婚姻中弱势方获得其应得的子女抚养费，困难重重。从子女抚养费代理处的数据中，我们也能看出，子女抚养费代理处在帮助离婚后弱势方获得其应得的子女抚养费方面发挥了较大作用。

在我国现有制度中，没有设定帮助离婚后弱势方获得子女抚养费的服务机构。笔者建议，在劳动和社会保障部门设立儿童抚养费代收机构②，与子女抚养费的收取与抚养义务人的雇主单位或银行账户开户行挂钩③，鼓励离婚双方当事人通过调解解决，如确有必要，可直接从其工资中扣取，同时在抚养义务人拖欠子女抚养费时，收取一定比例的服务费，以示惩戒。

---

① 在子女抚养费服务署，只要支付20镑就可启动子女抚养费代收服务。

② 也有学者建议在民政部门设立此类机构，参见陈苇、王鹍：《澳大利亚儿童权益保护立法评介及其对我国立法的启示——以家庭法和子女抚养（评估）法为研究对象》，载《甘肃政法学院学报》2007年第3期。

③ 对于实现全民社保的地区，也可和社保部门挂钩。

结　论

选择英国离婚制度作为研究对象，原因在于英国离婚制度作为英美法系的源头，具有很好的代表性，可以为我国离婚制度的完善提供参考。此外，了解英国离婚制度，对未来处理中英跨国离婚纠纷不无裨益。制度是文化的载体，婚姻家庭制度必然刻上了文化的烙印。东西方文化的差异自然也会反映在离婚制度中。因此有人担心，英国的离婚制度能否为我所用？社会功能学观点认为，家庭在社会中普遍存在的原因在于，家庭可满足六种基本需要，从而使得一个社会得以正常的绵延生存，也即（1）经济生产；（2）儿童社会化；（3）照顾病弱老人；（4）娱乐；（5）性控制；（6）生育。[①]由此可见，家庭对于社会的延续和稳定而言具有重要意义。离婚制度是调整婚姻关系确已破裂家庭的重要法律制度。这既关涉这样的家庭如何满足社会的需要，同时又与个人生活的幸福息息相关。好的离婚制度可以提高整个社会的婚姻质量，在避免婚姻矛盾激化的同时，又能促进社会的稳定。[②] 离婚制度，就是为破裂家庭的重生搭建一个平台，同时保护好家庭中的每个个体，尤其是婚姻中的弱势方及其未成年子女。从这个角度看，无论是英国的离婚制度还是中国的离婚制度，制度作为文化的凝固形态，其所代表的主流社会

① ［美］汉斯林：《社会学入门：一种现实分析方法》，林聚仁等译，北京大学出版社2007年版，第453页。

② 施信贵主编：《中国婚姻家庭法》，厦门大学出版社1997年版，第209页。

核心价值理念有一定的相似性。这种相似性为笔者所做的制度比较研究提供了基础。

制度总是在一定社会历史背景下产生的。从19世纪到20世纪末，英国社会见证了社会民主化的进程，科技的进步等因素让宗教势力的影响日渐式微，女权运动也得到了蓬勃发展。在此社会背景下，英国经过几次改革尝试，最终建立了无过错离婚主义。1969年《离婚改革法》通过后，政府准备在1996年《家庭法》中实施新一轮的离婚制度改革，但并未成功。但在此期间的儿童权利运动促使英国颁布了1989年《儿童法》。随后，在欧盟影响下，又通过了1998年《人权法》。这些法律都对英国现代离婚制度产生了深刻影响。

在制度的实然层面，英国现代离婚制度主要包括以下几部分：在离婚指导思想方面，其包括：保障离婚自由；维护婚姻稳定，防止草率离婚；保障离婚法律后果的正义最大化，损害最小化。在离婚法定理由方面，根据1973年《婚姻诉讼法》之规定，离婚的唯一法定理由是婚姻已无可挽回地破裂，但诉请离婚的原告须向法院证明存在五种离婚的法定事由之一，包括：(1) 被告的通奸行为；(2) 被告的不合理行为；(3) 被告遗弃原告且已达二年以上；(4) 双方已分居二年以上，且被告同意离婚；(5) 双方已分居达五年以上。在离婚程序上，按照2010年《家事程序规则》之规定，英国主要有无争议的离婚和有争议的离婚两种程序。在实践中，大部分离婚当事人都选择了无争议的离婚程序。主要有原告起诉、被告答辩、作出暂准离婚令、作出绝对离婚令四步。在离婚法律后果上，一旦法院作出绝对离婚令，婚姻即告解体。在夫妻财产关系方面，法院可依据双方的婚姻关系及家庭生活现状作出一系列的指令。在父母子女关系方面，法院也有权作出指令，调整子女抚养关系以及子女抚养费。

英国现代离婚制度改革表现出其保守性的特点。在改革过程中，注重实证调研。在涉及离婚法律后果的具体制度上，以案例法为纲，强调实质正义。这样的改革特点和改革路径深刻印证了英国法具有重视实践和实用性的倾向。[①] 这种对实用主义的偏爱还表现在，离婚制度一直在努力实现英国政府及英国民众为其设定的价值目标。英国政府及英国民众希望通过离婚制度保障个人的离婚自由，维护婚姻稳定，保障离婚法律后果的正义最大化和损害最小化。在数次制度改革中，政府维护家庭稳定的愿望展现无遗。同时，离婚制度也在适当的情况下，回应英国民众对离婚制度的愿望。无争议离婚的程序被大量适用。这充分反映了英国现代离婚制度保障离婚自由的制度特点。在制度架构上，改革家们总是努力在原来的制度框架内寻找可以改善现状的举措和方法。改革总是从最容易开展的地方着手，也即从每个个案着手，不论是作出何种法令还是考虑哪些因素，法官在每个个案的审理中都致力于实现实质公平，尽可能保护婚姻弱势方以及未成年子女的合法权利，同时也尽可能减小离婚给各方造成的伤害。为了实现法律的公平正义的目标，政府还设立了子女抚养费服务署（原来的子女抚养费代理处），帮助婚姻弱势方及未成年子女收取子女抚养费。在法学理论界及司法实务界的讨论中，英国现代离婚制度的未来走向也紧紧围绕离婚自由、家庭稳定、性别平等、儿童福利这些关键词展开。

拨开英国现代离婚制度的迷雾，我们就能发现英国现代离婚制度的价值追求。这些价值追求恰恰就是我们想要寻找的主流社会的核心价值理念。从价值理念再反观英国现代离婚制度的制度架构，将其与我国的离婚制度进行比较，我们就会有所思，有所得。对于完善中国现有离婚制度的短板和不足，英国现代离婚制度无疑具有一定的参考价值和借鉴意义。尽管我们不可能照搬移植英国现代离婚制度的所有内容，但是在深入了解英国现代离婚制度之后，我们就能更充分理解离婚自由和家庭稳定之间的关系，更能自觉地将性

---

① 参见［英］阿蒂亚：《英国法中的实用主义与理论》，刘承韪等译，清华大学出版社 2008 年版，第 16 页。

别平等和儿童利益最大化原则作为我们应坚持的法律原则，让其不仅体现在每一个法律条文中，而且也应体现在每一个离婚案件中；不仅体现在诉讼离婚制度中，而且也体现在登记离婚制度中，让法律正义的光辉照进每个离婚当事人的心里！

参考文献

一、中文类参考文献

（一）著作及译作类

［1］蔡文辉：《社会学理论》，三民书局 1986 年版。

［2］曹诗权、孟令志、麻昌华主编：《婚姻家庭继承法》，北京大学出版社 2006 年版。

［3］曹贤信：《亲属法的伦理性及其限度研究》，群众出版社 2012 年版。

［4］陈棋炎、黄宗乐、郭振恭：《民法亲属新论》，三民书局 1995 年版。

［5］陈兴良：《刑法的价值构造》，中国人民大学出版社 1998 年版。

［6］陈苇：《中国婚姻家庭法立法研究》，群众出版社 2000 年版。

［7］陈苇：《外国婚姻家庭法比较研究》，群众出版社 2006 年版。

［8］陈苇主编：《婚姻家庭继承法学》（第二版），群众出版社 2012 年版。

［9］法学教材编辑部"西方法律思想史编写组"编：《西方法律思想史资料选编》，北京大学出版社 1983 年版。

［10］范愉主编：《多元化纠纷解决机制》，厦门大学出版社

2005 年版。

[11] 费孝通:《生育制度》，商务印书馆 1999 年版。

[12] 付子堂主编:《法理学进阶》，法律出版社 2005 年版。

[13] 甘重斗主编：《中国法律年鉴（1987)》，法律出版社 1987 年版。

[14] 何勤华等:《法律移植论》，北京大学出版社 2008 年版。

[15] 胡志超：《中国破裂主义离婚法律制度》，法律出版社 2010 年版。

[16] 黄传会:《天下婚姻：共和国三部婚姻法纪事》，文汇出版社 2004 年版。

[17] 蒋月:《婚姻家庭法前沿导论》，科学出版社 2007 年版。

[18] 蒋月:《英国婚姻家庭制定法选集》，法律出版社 2008 年版。

[19] 金京振:《哲学方法概论》，民族出版社 1998 年版。

[20] 李俊:《离婚救济制度研究》，法律出版社 2008 年版。

[21] 李林:《立法理论与制度》，中国法制出版社 2005 年版。

[22] 李龙主编，汪习根执行主编:《法理学》，武汉大学出版社 2011 年版。

[23] 李喜蕊:《英国家庭法历史研究》，知识产权出版社 2009 年版。

[24] 李银河、马忆南主编:《婚姻法修改论争》，光明日报出版社 1999 年版。

[25] 林秀雄：《婚姻家庭法之研究》，中国政法大学出版社 2001 年版。

[26] 马克思：《1844 年经济学哲学手稿》，人民出版社 1985 年版。

[27]《马克思恩格斯全集》（第 1 卷），人民出版社 1956 年版。

[28]《马克思恩格斯全集》（第 6 卷），人民出版社 1961 年版。

[29]《马克思恩格斯全集》（第 20 卷），人民出版社 1956 年版。

[30]《马克思恩格斯选集》（第3卷），人民出版社1995年版。

[31]《马克思恩格斯选集》（第18卷），人民出版社1995年版。

[32]马忆南：《婚姻家庭继承法学》（第二版），北京大学出版社2011年版。

[33]《毛泽东选集》（第5卷），人民出版社1977年版。

[34]《彭真文选》，人民出版社1991年版。

[35]瞿同祖：《中国法律与中国社会》，中华书局2003年版。

[36]冉启玉：《人文主义视阈下的离婚法律制度研究》，群众出版社2012年版。

[37]沈宗灵：《现代西方法理学》，北京大学出版社1992年版。

[38]沈宗灵、王晨光编：《比较法学新动向——国际比较法学会议论文集》，北京大学出版社1993年版。

[39]施信贵主编：《中国婚姻家庭法》，厦门大学出版社1997年版。

[40]王云斌主编：《婚姻与收养登记》，中国社会出版社2011年版。

[41]巫昌祯主编：《婚姻家庭法新论：比较研究与展望》，中国政法大学出版社2002年版。

[42]武秀英：《法理学视野中的权利——关于性·婚姻·生育·家庭的研究》，山东大学出版社2005年版。

[43]夏吟兰：《离婚自由与限制论》，中国政法大学出版社2007年版。

[44]夏勇主编：《法理讲义——关于法律的道德与学问》（上），北京大学出版社2010年版。

[45]许莉主编：《婚姻家庭继承法学》，北京大学出版社2006年版。

[46]严存生：《法的价值问题研究》，法律出版社2011年版。

[47]杨大文主编：《婚姻家庭法》（第四版），中国人民大学

出版社 2008 年版。

［48］杨国荣：《道论》，北京大学出版社 2011 年版。

［49］杨善华：《家庭社会学》，高等教育出版社 2006 年版。

［50］余廷满：《亲属法原论》，法律出版社 2007 年版。

［51］袁峰：《比较政府与法治：现代社会中的政治秩序》，上海人民出版社 2008 年版。

［52］张宏生、谷青德主编：《西方法律思想史》，北京大学出版社 1990 年版。

［53］张文彦主编：《社会科学与您同行·哲学分册：智慧之光》，人民出版社 2005 年版。

［54］张文显主编：《法理学》，法律出版社 2007 年版。

［55］张文显主编：《法理学》，高等教育出版社 2011 年版。

［56］张学军：《论离婚后的扶养立法》，法律出版社 2004 年版。

［57］中国法官学院编：《中国法院 2013 年度案例：婚姻家庭与继承纠纷》，中国法制出版社 2013 年版。

［58］中国社会科学院语言研究所词典编辑室：《现代汉语词典》，商务印书馆 1995 年版。

［59］卓泽渊：《法的价值总论》，人民出版社 2001 年版。

［60］卓泽渊：《法的价值论》，法律出版社 2006 年版。

［61］［法］皮埃尔·勒鲁：《论平等》，王允道译，商务印书馆 1988 年版。

［62］［德］迪特尔·施瓦布：《德国家庭法》，王葆莳译，法律出版社 2010 年版。

［63］［德］黑格尔：《法哲学原理》，贺麟、王久兴译，商务印书馆 1982 年版。

［64］［古希腊］亚里士多德：《尼各马可伦理学》，廖申白译，商务印书馆 2003 年版。

［65］［美］博登海默：《法理学——法哲学及其方法》，邓正

来、姬敬武译，华夏出版社 1987 年版。

[66]［美］戴维·波谱诺：《社会学》，李强译，中国人民大学出版社 1999 年版。

[67]［美］格劳斯、梅耶：《美国家庭法精要》（第五版），陈苇、石雷等译，中国政法大学出版社 2010 年版。

[68]［美］汉斯林：《社会学入门：一种现实分析方法》，林聚仁等译，北京大学出版社 2007 年版。

[69]［美］贝克尔：《家庭论》，王献生、王宇译，商务印书馆 1998 年版。

[70]［美］庞德：《通过法律的社会控制·法律的任务》，沈宗灵、董世忠译，商务印书馆 1984 年版。

[71]［美］彭佩尔：《体制转型：日本政治经济学的比较动态研究》，余红放译，中国人民大学出版社 年版。

[72]［意］登特列夫：《自然法——法律哲学导论》，李日章译，联经出版事业公司 1986 年版。

[73]［意］阿奎那：《阿奎那政治著作选》，马清槐译，商务印书馆 1983 年版。

[74]［英］彼得·斯坦、约翰·香德：《西方社会的法律价值》，王献平译，中国法制出版社 2004 年版。

[75]［英］伯特兰·罗素：《自由之光》（第二版），文化艺术出版社 2005 年版。

[76]［英］劳森、冉得：《英国财产法导论》，曹培译，法律出版社 2008 年版。

[77]［英］斯金纳：《自由主义之前的自由》，李宏图译，上海三联书店 2003 年版。

（二）论文类

[1] 曹诗权：《中国婚姻家庭法的宏观定位》，载《法商研究》1999 年第 4 期。

[2] 曹瑞臣：《当代英国离婚态势与特征分析》，载《欧洲研

究》2005 年第 2 期。

［3］车发强：《论探视权案件的执行》，载《山东社会科学》2012 年 5 月。

［4］陈洪涛、黄西武：《中国改革开放 30 年法官素质变迁研究》，载《浙江工商大学学报》2010 年第 1 期。

［5］陈思琴：《美国虚拟探望制度及其启示》，载陈苇主编：《家事法研究》（2010 年卷），群众出版社 2011 年版。

［6］陈甦：《婚内情感协议得否拥有强制执行力》，载《人民法院报》2007 年 1 月 11 日，第 5 版。

［7］陈苇：《论双方父母赠与夫妻的不动产之归属——对"〈婚姻法〉司法解释（三）征求意见稿"第 8 条第 2 款之我见》，载《西南政法大学学报》2011 年第 2 期。

［8］陈苇、曹贤信：《论婚内夫妻一方家务劳动价值及职业机会利益损失的补偿之道》，载《甘肃社会科学》2010 年第 4 期。

［9］陈苇、陈思琴：《澳大利亚夫妻离婚时养老金分割立法及其借鉴》，载《法商研究》2008 年第 6 期。

［10］陈苇、何文骏：《我国离婚救济制度司法实践之实证调查研究》，载《中国法学会婚姻法学研究会 2013 年年会论文集》，2013 年版。

［11］陈苇、黎乃忠：《现代婚姻家庭法的立法价值取向——以〈婚姻法解释（三）〉有关夫妻财产关系的规定为对象》，载《吉林大学社会科学学报》2013 年第 1 期。

［12］陈苇、石雷：《离婚救济制度的创新思路》，载《社会科学辑刊》2013 年第 1 期。

［13］陈苇、王鹍：《澳大利亚儿童权益保护立法评介及其对我国立法的启示——以家庭法和子女抚养（评估）法为研究对象》，载《甘肃政法学院学报》2007 年第 3 期。

［14］陈苇、谢京杰：《论儿童最大利益优先原则在我国的确立——兼论〈婚姻法〉及其相关法律的不足及其完善》，载《法商

研究》2005 年第 5 期。

[15] 陈苇、杨璇：《英国夫妻分割养老金立法研究及完善我国立法的建议》，陈苇主编：《家事法研究》（2006 年卷），群众出版社 2007 年版，第 127 页。

[16] 邓富国：《论探视权的执行》，载《法治研究》2009 年第 8 期。

[17] 傅新球：《英国离婚法的演变》，载《世界历史》2003 年第 2 期。

[18] 付子堂：《法律行为激励的功能分析》，载《法律科学》1999 年第 2 期。

[19] 何玲、张晓洁：《英法两国离婚法改革特点》，载《河北法学》1998 年第 2 期。

[20] 黄勇贤、刘巍：《电视调解节目的兴起与推广》，载《当代电视》2011 年第 12 期。

[21] 蒋月：《家事审判制：家事诉讼程序与家事法庭》，载《甘肃政法学院学报》2008 年第 1 期。

[22] 蒋月：《构建婚姻家庭诉讼司法调解制度》，载《甘肃社会科学》2008 年第 1 期。

[23] 蒋月：《论我国法定离婚理由立法主义》，载《东方法学》2009 年第 4 期。

[24] 蒋月：《英国防治家庭暴力与保护受害人立法述评》，载《政法论丛》2011 年第 2 期。

[25] 蒋月：《改革开放三十年中国离婚法研究回顾与展望》，载陈苇主编：《家事法研究》（2008 年卷），群众出版社 2009 年版。

[26] 李国彪：《古冶法院反映离婚后财产纠纷案件呈上升趋势》，载唐山市古冶区法院网，2013 年 8 月 22 日，http://tsgyfy.hbcourt.org/public/detail.php?id=153，访问时间：2014 年 1 月 20 日。

[27] 李国强、孙伟良：《民法冲突解决中的利益衡量——从

民法方法论的进化到解释规则的形成》，载《法制与社会发展》2012 年第 1 期。

[28] 李浩：《调解归调解，审判归审判：民事审判中的调审分离》，载《中国法学》2013 年第 3 期。

[29] 刘敏：《二次离婚诉讼审判规则的实证研究》，载《法商研究》2012 年第 6 期。

[30] 刘莉：《试论父母离婚后的未成年子女问题》，载《宁夏社会科学》2005 年第 6 期。

[31] 刘乃源：《马克思平等思想的内在逻辑及其对西方平等观的超越》，载《湖南师范大学社会科学学报》2011 年第 3 期。

[32] 马俊峰：《应重视对价值冲突问题的研究》，载《哲学动态》1999 年第 7 期。

[33] 马忆南：《离婚救济制度的评价与选择》，载《中外法学》2005 年第 2 期。

[34] 孟斌：《扶养费纠纷案件呈现四大新特点 北京一中院提出四点对策》，载北京市第一中级人民法院网，2009 年 12 月 25 日，http://bj1zy.chinacourt.org/public/detail.php?id=676，访问时间：2013 年 1 月 26 日。

[35] 戚雅萍、汤继荣：《探望权执行若干问题探析及对策建议》，载《青少年犯罪研究》2006 年第 1 期。

[36] 强世功：《司法能动下的中国家庭——从最高法院关于〈婚姻法〉的司法解释谈起》，载《文化纵横》2011 年第 2 期。

[37] 施京吾：《一场离婚案引发的社会革命》，载《文史天地》2012 年第 8 期。

[38] 石雷：《现代英国家事案件审判体制的变迁及其启示》，载《时代法学》2012 年第 5 期。

[39] 时美娜：《论法院判决不准离婚制度应当取消》，载光明网，2012 年 12 月 17 日，http://court.gmw.cn/html/article/201212/17/114302.shtml，访问时间：2013 年 1 月 31 日。

[40] 隋彭生：《夫妻忠诚协议分析——以法律关系为重心》，载《法学杂志》2011 年第 2 期。

[41] 王歌雅：《离婚救济制度：实践与反思》，载《法学论坛》2011 年第 2 期。

[42] 王礼仁：《是进步还是倒退——评我国离婚标准中的例示主义立法模式》，载《法律适用》2005 年第 12 期。

[43] 王乔、顾承红：《我国探望权制度中存在的若干问题及其完善》，载《社会科学辑刊》2005 年第 2 期。

[44] 王雪梅：《儿童权利保护的"最大利益原则"研究》（上），载《环球法律评论》2002 年第 4 期。

[45] 王雪梅：《儿童权利保护的"最大利益原则"研究》（下），载《环球法律评论》2003 年第 1 期。

[46] 王轶：《民法价值判断问题的实体性论证规则——以中国民法学的学术实践为背景》，载《中国社会科学》2004 年第 6 期

[47] 吴晓芳：《关于"婚姻契约"问题的思考——兼与陈甦研究员商榷》，载《人民法院报》2007 年 2 月 8 日，第 5 版。

[48] 巫昌祯、夏吟兰：《改革开放三十年中国婚姻立法之嬗变》，载陈苇主编：《改革开放三十年婚姻家庭继承法研究之回顾与展望》，中国政法大学出版社 2010 年版。

[49] 夏吟兰：《民法亲属编离婚制度之探讨》，载《中华女子学院学报》2002 年第 4 期。

[50] 夏吟兰：《离婚救济制度之实证研究》，载《政法论坛》2003 年第 6 期。

[51] 夏吟兰：《离婚衡平机制研究》，载《中华女子学院学报》2004 年第 10 期。

[52] 夏吟兰：《对中国登记离婚制度的评价与反思》，载《法学杂志》2008 年第 2 期。

[53] 徐国栋：《家庭法哲学两题》，载《法制与社会发展》2010 年第 3 期。

[54] 徐国栋：《论民事屈从关系——以菲尔麦命题为中心》，载《中国法学》2011 年第 5 期。

[55] 杨立新：《最高人民法院〈关于适用《婚姻法》的若干问题的解释三〉的民法基础》，载《法律适用》2011 年第 10 期。

[56] 杨文丽、袁振辉：《复杂性视野中的法的价值冲突》，载《中共中央党校学报》2008 年第 4 期。

[57] 洋龙：《平等与公平、正义、公正之比较》，载《文史哲》2004 年第 4 期。

[58] 杨璇：《论英国夫妻分割养老金的程序规则》，载陈苇主编：《家事法研究》（2008 年卷），群众出版社 2009 年版。

[59] 易松国：《离婚原因、后果及社会支持》，载《深圳大学学报》（人文社会科学版）2005 年第 4 期。

[60] 于东辉：《我国探视权法律制度研究》，载《山东社会科学》2009 年第 7 期。

[61] 张翼：《中国青年人口的基本特征及其面临的主要问题——基于“第六次人口普查”数据的分析》，载《江苏社会科学》2012 年第 5 期。

[62] 张迎秀：《结婚登记制度之重构》，载《法学杂志》2010 年第 3 期。

[63] 周长城、王培刚：《生活质量的提高——社会发展的终极目标和最高原则》，载《科学决策》2005 年第 7 期。

[64] 周灵方：《法的价值冲突与选择——兼论法的正义价值之优先性》，载《伦理学研究》2011 年第 6 期。

[65] 周文轩：《婚姻家庭案件的审判应审慎运用道德话语》，载《法律适用》2004 年第 2 期。

[66] [南斯拉夫] 切·索姆巴蒂：《社会与家庭之间相互作用的模式化》，载《国际社会科学杂志》（中文版）1991 年第 4 期。

[67] [美] 博根施奈德、科比特：《家庭政策：成为一个研究领域和社会政策分支》，载上海社会科学院家庭研究中心编：《中

国家庭研究》（第6卷），上海社会科学院出版社2012年版。

（三）其他类

［1］民政部：《2013年社会服务发展统计公报》，2014年6月17日，http：//www. mca. gov. cn/article/zwgk/mzyw/201406/20140600654488. shtml，访问时间：2014年7月1日。

［2］范彦萍：《市妇联提议：离婚协议“格式化”》，载《青年报》2012年1月10日，第B7版。

［3］高珊珊、徐征征、王忠利：《六大因素导致离婚财产纠纷案增多》，载《京郊日报》2010年1月8日，第2版。

［4］赵蕾：《夫妻“忠诚协议”，难倒最高法院》，载《南方周末》第1388期，2010年9月23日。

［5］王鹏：《婚恋：自由，迷茫与回归》，载《京华时报》2008年12月16日，第17版。

［6］纪驭亚：《为争夺10万元婚礼红包结婚才5天的90后小夫妻闪离》，载《今日早报》2012年10月20日，第3版。

［7］陶昆：《去年全市29. 3万对结婚，10. 5万对离婚》，载《重庆时报》2013年1月10日，第8版。

［8］张丽、余刚：《预约离婚，给冲动降温》，载《浙江日报》2012年12月18日，第15版。

［9］陈治：《丈夫嫌弃病妻骗离婚?》，载《合肥日报》2010年6月12日，第5版。

［10］杨武忠、贾晓宁：《为多拿拆迁款假离婚，谁知“丈夫”偷娶了“小三”》，载《扬子晚报》2013年1月21日，第A44版。

（四）法律法规类

［1］2001年《中华人民共和国婚姻法》。

［2］2012年《中华人民共和国民事诉讼法》。

［3］2001年《最高人民法院关于适用〈中华人民共和国婚姻法〉若干问题的解释（一）》。

［4］2003年《最高人民法院关于适用〈中华人民共和国婚姻

法〉若干问题的解释（二）》。

［5］2011 年《最高人民法院关于适用〈中华人民共和国婚姻法〉若干问题的解释（三）》。

［6］1989 年最高人民法院《关于人民法院审理离婚案件如何认定夫妻感情确已破裂的若干具体意见》。

［7］1993 年最高人民法院《关于人民法院审理离婚案件处理子女抚养问题的若干意见》。

［8］2003 年《婚姻登记条例》。

［9］2004 年民政部《关于贯彻执行〈婚姻登记条例〉若干问题的意见》。

［10］2003 年《婚姻登记工作暂行规范》。

［11］《澳大利亚家庭法》（2008 年修正），陈苇译，群众出版社 2009 年版。

［12］《德国民法典》（第二版），陈卫佐译，法律出版社 2006 年版。

［13］《法国民法典》，罗结珍译，北京大学出版社 2010 年版。

［14］《葡萄牙民法典》，唐晓晴等译，北京大学出版社 2009 年版。

二、外文类参考文献

（一）著作类

［1］Abse L., *Private Member*, London: Macdonald, 1973.

［2］Allen N., *Making Sense of the Children Act* 1989 (4th edition), Chichester: John Wiley & Sons Ltd, 2005.

［3］Baker J. H., *An Introduction to English Legal History* (4th edition), London: Butterworths, 2002.

［4］Bainham A., *Children the Modern Law* (3rd edition), London: Family Law, 2005.

［5］Barnett H. & Jago R., *Constitutional & Administrative Law*

(8th edition), Oxford: Routledge. 2011.

[6] Bentham J., *The Theory of Legislation*, New York: Harcourt, Brace and Company, 1931.

[7] Berlins M. & Dyer C., *The Law Machine*(5th edition), London: Penguin books, 2000.

[8] Brown C. G., *Religion and Society in 20th Century Britain*, Harlow: Pearson Education Limited, 2006.

[9] Brown S. J., *Province and Empire Religion, Politics and Society in the United Kingdom*, 1815 - 1914, Harlow: Pearson Education Limited, 2008.

[10] Bruce S., *Politics and Religion in the United Kingdom*, London & New York: Routledge, 2012.

[11] Bryson V., *Feminist Political Theory* (2nd edition), London: Palgrave Macmillian, 2003.

[12] Centre for Social Justice, *Every Family Matters: An In - Depth Review of Family Law in Britain*, 2009.

[13] Cook C., *The Routledge Comapion to Britain in the nineteenth century*, 1815 - 1914, Oxford: Routledge, 2005.

[14] Cornish W. R. & Clark G. de N., *Law and Society in England*, 1750 - 1950, London: Sweet & Maxwell, 1989.

[15] Cowman K., *Women in British Politics*, c. 1689 - 1979, London: Palgrave Macmillian, 2010.

[16] Cretney S., *Family Law in the Twentieth Century: A History*, Oxford: Oxford University Press, 2003.

[17] Cruickshack M., *Church and State in English Education*, 1870 *to the Present Day*, London: St. Martin's Press, 1964.

[18] Davis G., Cretney S. & Collins J., *Simple Quarrels: Negotiating Money and Property Disputes on Divorce*, Oxford: Clarendon Press, 1994.

[19] Davis G. & Murch M., *Grounds for Divorce*. Gloucestershire: Clarendon Press, 1988.

[20] Department for Work and Pensions, *A Fresh Start: Child Support Redesign – the Government's Response to Sir David Henshaw*, London: Department for Work and Pensions, 2006.

[21] Department for Work and Pensions, *Child Support Agency Quarterly Summary of Statistics for Great Britain*, London: Department for Work and Pensions, 2013.

[22] Department for Work and Pensions, *Universal Benefit*, London: Department for Work and Pensions, 2013.

[23] Dicey A. V., *Introduction to the Study of the Law of the Constitution* (8th edition), London: Macmillian, 1915.

[24] Diduck A., *Law's Families*, London: Butterworths, 2003.

[25] Dixon M., *Modern Land Law* (8th edition), Oxford: Routledge, 2012.

[26] Douglas G. & Doe N. etc., *Social Cohesion and Civil Law: Marriage, Divorce and Religious Court*, Cardiff: Cardiff University, 2011.

[27] Eekelaar J., *Family Law and Social Policy*, London: Weidenfeld and Nicolson, 1978.

[28] Eekelaar J., *Regulating Divorce*, Oxford: Glarendon Press, 1991.

[29] Eekelaar J., Maclean M. & Bernart J., *Family Lawyers: The Divorce Work of Solicitors*, Oxford: Hart Publishing, 2000.

[30] Eekelaar J., *Family Law and Personal Life*, Oxford: Oxford university Press, 2006.

[31] Eekelaar J. & Maclean M., *Family Justice: the Work of Family Judges in Uncertain Times*, Oxford: Hart Publishing, 2013.

[32] Garner B. A. ed., *Black Law's Dictionary* (8th edition), New York: West Group, 2004

[33] George R., *Ideas and Debates in Family Law*, Oxford: Hart Publishing, 2012.

[34] Gilmore S., Glennon L., *Hayes and Williams' Family Law* (3rd edition), Oxford: Oxford University Press, 2012.

[35] Hamilton C., *Family, Law and Religion*, London: Sweet & Maxwell, 1995.

[36] Harris – Short S. & Miles J., *Family Law: Text, Cases and Materials*, Oxford: Oxford University Press, 2011.

[37] Herring J., *Family Law* (5th edition), Harlow: Pearson, 2011.

[38] Herring J., *Family Law* (6th edition), Harlow: Pearson, 2012.

[39] Herring J., Probert R., Gilmore S., *Great Debates in Family Law*, Hampshire: Palgrave Macmillan, 2012.

[40] Heward E., *Lord Denning: A Biography*, Chichester: Barry Rose Law Publishers Ltd., 1997.

[41] Hoffman D., Rowe J., *Human Rights in the UK* (4th edition), Harlow: Pearson, 2013.

[42] Horowitz M. QC, Kingscote G., & Nicholls M., *The Human Rights Act* 1998: *A Special Bulletin for Family Lawyers*, London: Butterworths, 1999.

[43] House of Commons Work and Pensions Committee, *The Child Maintenance and Enforcement Commission and the Child Support Agency's Operational Improvement Plan*, London: The Stationery Office, 2010.

[44] Jhering R. V., *Law as a Means to an End*, Clark: The Lawbook Exchange, Ltd, 1913.

[45] Kent S. K., *Sex and Surrage in Britain*, 1860 – 1914, Princeton: Princeton University Press, 1987.

[46] Legal Services Commission, *The Funding Code Decision Making Guidance*, 2007.

[47] Leyland P., *The Constitution of the United Kingdom* (2th edi-

tion), Oxford: Hart Publishing, 2012.

[48] Lord Chancellor's Department, *Looking to the Future: Mediation and the Ground for Divorce*, cm 2799, 1995.

[49] Maclean M., Eekelaar J., *Family Law Advocacy: How Barristers Help the Victims of Family Failure*, Oxford: Hart Publishing, 2009.

[50] Maclean S., *Legal Aid and the Family Justice System*, London: Legal Aid Board Research Unit, 1998.

[51] Maria Jose Falcon y Tella,. *Equity and Law*. Peter Muckleytranslated, Martinus Nijhoff Publishers, 2008.

[52] Marwick A., *Women at War*, 1914 – 1918, London: Fontana Paperbacks in association with the Imperial War Museum, 1977.

[53] Masson J. M., Bailey – Harris R. and Probert R., *Principles of Family Law* (8th edition), London: Sweet & Maxwell, 2008.

[54] May T., *An Economic and Social History of Britain*, 1760 – 1990 (2nd edition), Essex: Longman, 1996.

[55] McDonald A., *The Rights of the Child: Law and Practice*, Bristol: Family Law, 2011.

[56] Miles J. & Probert R. ed., *Sharing Lives, Dividing Assets An Inter – Disciplinary Study*, Oxford: Hart Publishing, 2009.

[57] Mill J. S., *The Subjection of Women*, London: Longmans, Green, Reader & Dyer, 1869.

[58] Miller J. G., *Family Property and Financial Provision*, Croydon: Tolley Publishing Company Limited, 1993.

[59] Ministry of Justice, *Judicial and Court Statistics*, London: The Stationary Office, 2011.

[60] Ministry of Justice, *Cooperative Parenting Following Family Separation: Proposals on Enforcing Court – Ordered Child Arrangements: Summary of Consultation Responses and the Government's Response*, London: The Stationary Office, 2013.

[61] Norgrave D. , *Family Justice Review*, London: Department of Education, 2012.

[62] Passingham B. , *The Divorce Reform Act* 1969, London: Butterworths, 1970.

[63] Paterson A. , *Lawyers and the Public Good: Democracy in Action?* Cambridge: Cambridge University Press, 2012.

[64] Pugh M. , *Britain since* 1789: *A Concise History*, London: Macmilian Press Ltd. , 1999.

[65] Pugh M. , *Women and the Women's Movement in Britain* (2nd ed.), Hampshire: Macmillian Press, 2000.

[66] Richards P. G. , *Parliament and Conscience*, London: Allen and Unwin, 1970.

[67] Reece H. ,*Divorcing Responsibly*. Oxford:Hart Publishing,2003.

[68] Rendall J. , *The Origins of Modern Feminism*, London: Macmilian, 1985.

[69] Review Panel, *Family Justice Review: Final Report*, London: Ministry of Justice, 2011.

[70] Scherpe J. ed. , *Marital Agreements and Private Autonomy in Comparative Perspective*, Oxford: Hart, 2012.

[71] Schwab D. , Gottwald P. & Lettmaier S. , *Family and Succession Law in Germany* (2nd edition). New York: Kluwer Law International, 2012.

[72] Seager J. R. , *Parliamentary Elections under the Reform Act*, 1918, London: P. S. King & Son, Ltd. , 1918.

[73] Sendall J. , *Family Law Handbook*, Oxford: Oxford University Press, 2013.

[74] Stiles A. , *Religion*, *Society and Reform*,1800 - 1914, London: Hodder & Stoughtom, 1995.

[75] Stone L. , *Road to Divorce*: *England*,1530 - 1987, Oxford:

Oxford University Press, 1995.

[76] The Centre for Family Studies at the University of Newcastle upon Tyne, *Information Meetings and Associated Provisions within the Family Law Act* 1996: *Key Findings from Research*, London: Lord Chancellor's Department, 2001.

[77] The Centre for Family Studies at the University of Newcastle upon Tyne, *Information Meetings and Associated Provisions within the Family Law Act* 1996, London: Lord Chancellor's Department, 2001.

[78] The Law Commission, *Reform of the Grounds of Divorce: The Field of Choice* (No. 6), London: HMSO, 1966.

[79] The Law Commission, *The Financial Consequences of Divorce* (No. 112), London: HMSO, 1981.

[80] The Law Commission, *Facing the Future: A Discussion Paper on the Ground for Divorce* (No. 170), London: HMSO, 1988.

[81] The Law Commission, *Review of Child Law: Guardianship and Custody* (No. 172), London: HMSO, 1988.

[82] The Law Commission, *Family Law: The Ground for Divorce* (No. 192), London: HMSO, 1990.

[83] The Law Commission, *Matrimonial Property, Needs and Agreements* (No. 343), London: HMSO, 2014.

[84] Thompson F. M. L., *The Cambridge Social History of Britain*, 1750 – 1950 (vol. 3), Cambridge: Cambridge University Press, 1990.

[85] Thompson M. P., *Modern Land Law* (5th edition). Oxford University Press, 2012.

[86] Trinder L., *Enforcing Child Contact Orders: Are the Family Courts Getting It Right?* London: Nuffield Foundation, 2013.

[87] Welstead M. & Edwards S., *Family Law* (4th edition), Oxford: Oxford University Press, 2013.

[88] Wickeley N., Ireland E., Bryson C. and Smith R., *Relationship Separation and Child Support Study*, *Department for Work and Pensions Research Report* 503, London: Department for Work and Pension, 2008.

（二）论文类

[1] Amato PR.,"'Children's Adjustment to Divorce: Theories, Hypotheses and Empirical Support'", *Journal of Marriage and the Family*, vol. 55, 1993.

[2] Bainham A., "The Privatisation of the Public Interest in Children", *Modern Law Review*, vol. 53, 1990.

[3] Bainham A., "Changing Families and Changing Concepts – Reforming the Language of Family Law", *Child and Family Law Quarterly*, vol. 10, 1998.

[4] Bainham A., "Contact as a Right and Obligation", Bainham A., Lindley B., Richards M. and Trinder L. eds., *Children and Their Families: Contact*, Rights and Welfare, Oxford: Hart, 2003.

[5] Barton C., "Contract – a justifiable taboo?" in R. Probert ed., *Family Life and the Law: Under One Roof*, Ashgate, 2007.

[6] Bebbington D., "The Secularization of British Universities since the mid – nineteenth century", in Marsden G. M. and Longfield B. J. (eds), *The Secularization of the Academy*, Oxford: Oxford University Press, 1992.

[7] Bishop G., Kingston S., Max S., & Pressdee P., "Collab lite: No substitute for the real thing", *Family Law*, vol. 41, 2011.

[8] Boele – Woelki K. et al., *Principles of European Family Law Regarding Divorce and Maitenance Between Former Spouses*, Cambridge: Intersentia, 2004.

[9] Brown J. & Day Sclater S., "Divorce: a Psychodynamic Perspective", Day Sclater S. & Piper C. (eds.), *Undercurrents of Divor-*

ce, Surrey: Ashgate, 1999.

[10] Casals M. M., "Divorce Mediation in Europe: An Introductory Outline", *Electronic Journal of Comparative Law*, vol. 9.2, 2005.

[11] Carbone J., "Feminism, Gender and the Consequences of Divorce", in M. Freeman ed., *Divorce: Where Next*? Ashgate: Dartmouth, 1996.

[12] Chen W. & Shi L., "Developments in China's Provisions for Postdivorce Relief in the 21st Century and Suggestions for Their Improvement", *Journal of Divorce and Remarriage*, vol. 54, 2013(5).

[13] Chen W., Shi L., Lou X. L., "A Separation System for China's Mainland: Concept and Social Reality", *International Journal of Law, Policy and the Family*, vol. 26, 2012(1).

[14] Clark B., "Should Greater Prominence be given to Pre – Nuptial Contracts in the Law of Ancillary Relief", *Child and Family Law Quarterly*, vol. 16, 2004.

[15] Combs M. B., "A Measure of Legal Independence, The 1870 Married Women's Property Act and the Portfolio Allocations of British Wives", *The Journal of Economic History*, vol. 65, 2005(4).

[16] Cretney S., "The Family and the Law – Status or Contract?", *Child and Family Law Quarterly*, vol. 15, 2003.

[17] Cretney S., "Breaking the Shackles of Culture and Religion in the Field of Divorce?", Boele – Woelki ed., *Common Core and Better Law in European Family Law*, Cambridge: Intersentia, 2005.

[18] Cooke E., "The Law Commission's Consultation on Marital Property Agreements", Scherpe J. M. ed., *Marital Agreements and Private Autonomy in Comparative Perspective*, Oxford: Hart, 2012.

[19] Daly M. & Scheiwe K., "Individualisation and Personal Obligations – Social Policy, Family Policy and Law Reform in Germany and the UK", *International Journal of Law, Policy and the Family*,

Vol. 24, 2010(2).

[20] Davis G., "Divorce Reform - Peering Anxiously into the Future", *Family Law*, vol. 35, 1995.

[21] Davis G., "Reflections in the Aftermath of the Family Mediation Pilot", *Child and Family Law Quarterly*, vol. 13, 2001.

[22] Dawson M., "Money and the Real Impact of the Fourth Reform Act", *The History Journal*, Vol. 35, 1992(2).

[23] Deech R., "Divorce Law and Empirical Studies", *Law Quarterly Review*, vol. 106, 1990.

[24] Dewar J., "Land, law and the family home", Ch. 13 in S. Bright and J. Dewar (eds), *Land Law: Themes and Perspectives*, Oxford: Oxford University Press, 1998.

[25] Diduck A., "What is Family Law for?" *Current Legal Problems*, vol. 64, 2011.

[26] Dingwall R., "Divorce Mediation: Should We Change Our Mind?" *The Journal of Social Welfare and Family Law*, vol. 32, 2010.

[27] Douglas G. etc., "Safeguarding Children's Welfare in Non-contentious Divorce: Towards a New Conception of the Legal Process?", *Modern Law Review*, vol. 63, 2000.

[28] Eekelaar J., "Family Law and Social Control", in Eekelaar J. and Bell J. eds, *Oxford Essays in Jurisprudence*, Oxford: Oxford University Press, 1987.

[29] Eekelaar J., "Family Justice: Ideal or Illusion", *Current Legal Problems*, vol. 48, 1995(2).

[30] Eekelaar J., "Family Law: Keeping Us 'On Message'". *Child and Family Law Quarterly*, vol. 11, 1999.

[31] Eekelaar J., "Beyond the Welfare Principle", *Child and Family Law Quarterly*, vol. 14, 2002(3).

[32] Eekelaar J., "The End of an Era?", *Journal of Family His-*

tory, vol. 28, 2003(1).

[33] Eekelaar J., "Asset Distribution on Divorce - Time and Property", *Family Law*, vol. 33, 2003.

[34] Elliott BJ., Richards MPM, 'Children and Divorce: Educational Performance and Behavior, Before and After Parental Separation', *International Journal of Law, Policy and the Family*, vol. 5, 1991(3).

[35] Elster J., "Solomonic Judgments: Against the Best Interest of the Child", *The University of Chicago Law Review*, vol. 54, 1987(1).

[36] Fehlberg B., Smyth B., "Binding Pre – Nuptial Agreements in Australia: The First Year", *International Journal of Law, Policy and the Family*, vol. 16, 2002.

[37] Fisher L., "The Unexpected Impact of White - Taking 'Equality' Too Far", *Family Law*, vol. 32, 2002.

[38] Fortin J., "The HRA's Impact on Litigation Involving Children and Their Families", *Child and Family Law Quarterly*, vol. 11, 1999(3).

[39] Freund O. K., "The Matrimonial Causes Act 1937", *Modern Law Review*, vol. 1, 1937.

[40] George R., Harris P., and Herring J., "Pre – Nuptial Agreements: For Better or For Worse?", *Family Law*, vol. 39, 2009.

[41] Gilmore S., "Duration of Marriage and Seamless Preceding Cohabitation?", *Family Law*, vol. 34, 2004.

[42] Gilmore S., "Contact/Shared Residence and Child Well – being: Research Evidence and Its Implications for Legal Decision – Making", *International Journal of Law, Policy and the Family*, vol. 20, 2006.

[43] Gilmore S., "Disputing Contact: Challenging Some Assumptions", *Child and Family Law Quarterly*, vol. 20, 2008.

[44] Hasson E,. "Setting a Standard or Reflecting a Reality? The

'Role' of Divorce Law, and the Case of the Family Law Act 1996", *International Journal of Law, Policy and the Family*, Vol. 17, 2003.

[45] Hasson E., "Wedded to 'Fault': The Legal Regulation of Divorce and Relationship Breakdown", *Legal Studies*, vol. 26, 2006(2).

[46] He X. & Kwai Hang Ng, "In the Name of Harmony: The Erasure of Domestic Violence in China's Judicial Mediation", *International Journal of Law Policy and the Family*, vol. 27, 2013(1).

[47] Henaghan M., "The Normal Order of Famiy Law", *Oxford Journal of Legal Studies*, vol. 28, 2008.

[48] Herring J., "Why Financial Orders on Divorce should be Unfair", *International Journal of Law, Policy and the Family*, vol. 19, 2005.

[49] Herring J., "The Welfare Principle and the Rights of Parents", Bainham A., Day Sclater S. and Richards M. (eds), *What is a Parent*? Oxford: Hart, 1999.

[50] Herring J., "Farewell Welfare?", *Journal of Social Welfare and Family Law*, vol. 27, 2005(2).

[51] Herring J., "The Human Rights Act and the Welfare Principle in Family Law: Conflicting or Complementary?", *Child and Family Law Quarterly*, vol. 11, 1999.

[52] Herring J., "Relational Autonomy and Family Law", Wallbank J., Choudhry S. and Herring J. eds., *Rights, Gender and Family Law*, Oxford: Routeledge, 2010.

[53] Herring J., Harris P. and George R., "Ante - Nuptial Agreements: Fairness, Equality and Presumption", *Law Quarterly Review*, vol. 127, 2011.

[54] Hitchings E., "From Pre - Nups to Post - Nups: Dealing with Marital Property Agreements", *Family Law*, vol. 39, 2009.

[55] Hunter R., "Doing Violence to Family Law", *Journal of Social Welfare and Family Law*, vol. 33, 2011.

[56] Jackson et al. , "Financial Support on Divorce: The Right Mixture of Rules and Distretion?", *International Journal of Law and the Family*, vol. 7, 1993.

[57] King M. , "Playing the Symbols - Custody and the Law Commission", *Family Law*, vol. 17, 1987.

[58] Le Bouteillec N. , Bersbo Z. & Festy P. , "Freedom to Divorce or Protection of Marriage? The Divorce Laws in Denmark, Norway, and Sweden in the Early Twentieth Century", *Journal of Family History*, vol. 36, 2011(2).

[59] Lowe N. , Murch M. , "Children's Participation in the Family Justice System - Translating Principles into Practice", *Child and Family Law Quarterly*, vol. 13, 2001(2).

[60] Mackay Lord, "Family Law Reform", in Cretney S. ed. , *Family Law - Essays for the New Millennium*, *Briston*, *Jordan*, 2000.

[61] Maclean M. & Eekelaar J. , "Family Justice", *Family Law*, vol. 41, 2011(3).

[62] Miles J. , "Property Law v Family Law: resolving the problems of family property", *Legal Studies*, vol. 23, 2003.

[63] Miles J. , "Charman v Charman (No 4): Making Sense of Need, Compensation and Equal Sharing After Miller/McFarlane", *Child and Family Law Quarterly*, vol. 20, 2008.

[64] Miles J. , "Responsibility in Family Finance and Property Law", Bridgeman J. , Keating H. , Lind C. eds, *Regulating Family Responsibilities*, Farnham: Ashgate, 2011.

[65] Mnookin R. , "Child-Custody Adjudication: Judicial Functions in the Face of Indeterminacy", *Law and Contemporary Problems*, vol. 39, 1975(3).

[66] Moor P. , "Key Developments in Ancillary Relief", *Family Law*, vol. 38, 2008.

[67] Morley J. , "Enforceable Pre - Nuptial Agreements: Their Time Has Come", *Family Law*, vol. 36, 2006.

[68] Murphy J. , "The Welfare Principle Again, An Old Problem under a New Regime", *Family Law*, vol. 21, 1991.

[69] Parkinson P. , "About Time We All Cared More about Marriage", *Sydney Morning Herald*, 2012 - 8 - 24.

[70] Perry A. and Rainey B. , "Supervised, Supported and Indirect Contact Orders: Research Findings", *International Journal of Law, Policy and the Family*, vol. 21, 2007.

[71] Redmayne S. , "The Matrimonial Causes Act 1937: A Lesson in the Art of Compromise", *Oxford Journal of Legal Studies*, vol. 13, 1993(2).

[72] Reece H. , "The Paramountcy Principle: Consensus or Construct?", *Current Legal Problems*, vol. 49, 1996.

[73] Richards C. , "Equal Opportunities: Who Decides", *Family Law*, vol. 35, 2005.

[74] Richards M. ,"The Interests of Children at Divorce", M - T Meulders - Klein ed. ,*Famillles et Justice*, Bruylant: Bruxelles, 1997.

[75] Schnerder C. E. , "Channeling Function in Family Law", *Hofstra Law Review*, Vol. 20, 1992.

[76] Shepherd N. , "Ending the Blame Game: Getting No Fault Divorce Back on the Agenda", *Family Law*, vol. 39, 2009(2).

[77] Shi L. , "Balancing Different Rights in Families: Did the Third Judicial Interpretation of the Marriage Law of the PRC Achieve Its Goals?", *International Journal of Law, Policy and the Family*, vol. 27, 2013(3).

[78] Smart C. , "Changing Landscapes of Family Life: Rethinking Divorce", *Social Policy and Sociology*, vol. 3, 2004(4).

[79] Sturge C. & Glaser D. , "Contact and Domestic Violence -

the Experts' Court Report", *Family Law*, vol. 30, 2000.

[80] Tilley S., "Recognising Gender Differences in All Issues Mediation", *Family Law*, vol. 37, 2007.

[81] Wang J., "To Divorce or not to Divorce: A Critical Discourse Analysis of Court - ordered Divorce Mediation in China", *International Journal of Law Policy and the Family*, 2013(1).

[82] Weitzman L. J., "The Economic Consequences of Divorce Are Still Unequal: Comment on Peterson", *American Sociological Review*, vol. 61, 1996.

[83] Wilson B., "Emotion, Rationality and Decision - Making in Mediation", *Family Law*, vol. 34, 2004.

[84] Woodcock A., "Save the Date: 29 March 2014 Will See First Same - Sex Marriages in UK", *The Independent*, 2013 - 12 - 10.

[85] Wright K., "The Evolving Role of the Family Lawyer: The Impact of Collaborative Law on Family Law Practice", *Child and Family Law Quarterly*, vol. 23, 2011.

[86] Wright K., "The Divorce Process: A View From the Other Side of the Desk", *Child and Family Law Quarterly*, Vol. 18, 2006(1).

(三)法规类

[1] Matrimonial Causes Act 1857.

[2] Representation of the People Act 1867.

[3] Corrupt Practices Act 1883.

[4] Elementary Education Act 1870.

[5] University Tests Act 1871.

[6] Representation of the People Act 1884.

[7] Trade Boards Act 1909.

[8] National Insurance Act 1911.

[9] Representation of the People Act 1918.

[10] The Administration Justice Act 1920.

[11] Law of Property Act 1925.

[12] Children and Family Proceedings Act 1932.

[13] The Matrimonial Causes Act 1937.

[14] Representation of the People Act 1948.

[15] Matrimonial Proceedings (Children) Act 1958.

[16] Matrimonial Causes Act 1967.

[17] Matrimonial Homes Act 1967.

[18] The Divorce Reform Act 1969.

[19] Law Reform (Miscellaneous Provisions) Act 1970.

[20] Administration of Justice Act 1970.

[21] Matrimonial Proceedings and Property Act 1970.

[22] Domestic Proceedings and Magistrates' Courts Act 1978.

[23] Matrimonial and Family Proceedings Act 1984.

[24] Law of Property (Miscellaneous Provisions) Act 1989.

[25] The Children Act 1989.

[26] Child Maintenance Act 1991.

[27] The Pension Act 1995.

[28] Family Law Act 1996.

[29] Trusts of Land and Appointment of Trusts Act 1996.

[30] Humans Rights Act 1998.

[31] Family Proceedings Rules 1999.

[32] The Access to Justice Act 1999.

[33] Welfare Reform and Pension Act 1999.

[34] Divorce (Religious Marriages) Act 2002.

[35] The Child Support (Applications: Prescribed Date) Regulations 2003)(SI 2003/194).

[36] Domestic Violence, Crime and Victims Act 2004.

[37] Child Maintenance and Other Payments Act 2008.

[38] Family Proceedings Rules 2010.

[39] Legal Aid, Sentencing and Punishment of Offenders Act 2012.

[40] The European Convention on Human Rights.

(五)判例类

[1] A v A (Financial Provision: Conduct) [1995] 1 FLR 345.

[2] A v A (Financial Provision) [1998] 2 FLR 180.

[3] Abbey National v Stringer [2006] EWCA Civ 338.

[4] Abbott v Abbott [2007] UKPC 53.

[5] Allnutt v Wilding [2007] EWCA Civ 412.

[6] Archer v Archer [1999] 1 FLR 327.

[7] Ashley v Blackman [1998] FCR 699.

[8] Atkinson v Atkinson [1987] 3 All ER 849.

[9] Attar v Attar [1985] FLR 649.

[10] B v B [2002] 1 FLR 555.

[11] B v B [2008] EWCA Civ 543.

[12] B v B (Adult Student: Liability to Support) [1998] 1 FLR 373.

[13] B v B (Consent Order: Variation) [1995] 1 FLR 9.

[14] B v G [2012] UKSC 21.

[15] Banik v Banik [1973] 3 All ER 45.

[16] Barclay Bank v Khaira [1993] 1 FLR 343.

[17] Bhaiji v Chauhan [2003] 2 FLR 485.

[18] Birch v Birch [1992] 1 FLR 564, [1992] 2 FCR 564.

[19] Brooks v Brooks [1995] 2 FLR 13.

[20] Buffery v Buffery [1988] 2 FLR 365.

[21] Buggs v Buggs [2003] EWHC 1538.

[22] Burgess v Burgess [1996] 2 FLR 34.

[23] Burrow v Burrow [1999] 1 FLR 508.

[24] Burrows v Sharpe [1991] Fam Law 67, CA.

[25] C v C (Financial Provision: Personal Damages) [1995] 2 FLR 171.

[26] C v C (Financial Provision: Short Marriage) [1997] 2 FLR 26.

[27] Campbell v Campbell [1998] 3 FCR 63.

[28] Carlton v Goodman [2002] EWCA Civ 545.

[29] Carter - Fea v Carter - Fea [1987] Fam Law 131.

[30] Charman v Charman [2006] EWHC 1879.

[31] Chun v Ho [2002] EWCA Civ 1075.

[32] Cleary v Cleary [1974] 1 All ER 498.

[33] Cleary v Cleary and Hutton [1974] 1 WLR 73.

[34] Clough v Killey [1996] 72 P & CR D 22.

[35] Co v Co [2004] EWHC 287 (Fam).

[36] Coombes v Smith [1986] 1 WLR 808.

[37] Cowan v Cowan [2001] 2 FLR 192.

[38] Cowcher v Cowcher [1972] 1 WLR 425; [1972] 1 All ER 943.

[39] CR v CR [2007] EWHC 3334.

[40] CR v CR [2008] 1 FLR 323.

[41] Crown Prosecution Service v Piper [2011] EWHC 3570.

[42] Crabb v Arun District Council [1976] Ch. 179.

[43] Cresswell v Potter [1978] 1 WLR 255.

[44] Curley v Parkes [2004] EWCA Civ 1515.

[45] D v D [2001] 1 FLR 633.

[46] Daniel v Drew [2005] EWCA Civ 207.

[47] Dart v Dart [1996] 2 FLR 286.

[48] Dennis v Dennis [1995] 2 All ER 51.

[49] Dennis v Dennis [2000] 2 FLR 231.

［50］Dharamshi v Dharamshi［2001］1 FCR 492.

［51］Dodsworth v Dodsworth（1973）228 EG 1115.

［52］Edgar v Edgar［1981］2 FLR 19.

［53］Elliott v Elliott［2001］1 FCR 477.

［54］Elsholz v Germany（Application No 25735/94）（2002）34 EHRR 58，［2000］2 FLR 486.

［55］Evans v Hayward［1995］2 FLR 511.

［56］Fry v Lane（1888）40 Ch D 312.

［57］Greasley v Cooke［1980］3 All ER 710.

［58］H v H［2007］EWHC 459.

［59］H v H［2009］2 FLR 795.

［60］J v C［1970］AC 668.

［61］Jones v Jones［2011］EWCA Civ 41，［2012］Fam 1.

［62］Field v Field［2003］1 FLR 376.

［63］Fleming v Fleming［2004］1 FLR 667.

［64］Fournier v Fournier［1998］2 FLR 99.

［65］Foley v Foley［1981］2 All ER 857.

［66］Frary v Frary［1993］2 FLR 696.

［67］Fuller v Fuller［1973］1 WLR 730.

［68］G v G［1964］P 133.

［69］Geary v Rankine［2012］EWCA Civ 555.

［70］Gibbon v Mitchell［1990］1 WLR 1304.

［71］Gillet v Holt［2001］Ch 210.

［72］Gissing v Gissing［1969］2 Ch 85.

［73］Glaser v United Kingdom（Case No 32346/96）（2001）33 EHRR 1，［2001］1 FLR 153.

［74］Gollins v Gollins［1964］AC 644.

［75］Goodrich v Goodrich［1971］2 All ER 1340.

［76］Gould v Gould［1970］1 QB 275.

[77] Gowers v Gowers [2011] EWHC 3485 (Fam).

[78] Greasley v Cooke [1980] 3 All ER 710.

[79] GW v RW [2003] 2 FCR 289.

[80] GS v L [2011] EWHC 1759.

[81] H v H (Financial Relief: Attempted Murder as Conduct) [2006] 1 FLR 990.

[82] Hapeshi v Allnatt [2010] EWHC 392 Ch; [2010] All ER (D) 144 (Jan).

[83] Hardy v Hardy [1981] 2 FLR 321.

[84] Harwood v Harwood [1991] 2 FLR 274.

[85] Haviland v Haviland (1863) 32 LJPM & A 65.

[86] Hobhouse v Hobhouse [1999] 1 FLR 961.

[87] Hopes v Hopes [1949] P 227.

[88] Hyman v Hyman [1929] AC 601.

[89] J v J [2011] EWHC 1010 (Fam).

[90] James v Thomas [2007] EWCA Civ 1212.

[91] James v Thomas [2007] 3 FCR 696.

[92] Jennings v Rice [2003] 1 FCR 501 at 514.

[93] Jones v Kernott [2012] 1 All ER 1265.

[94] Jones v Padvatton [1969] 1 WLR 328.

[95] Joseph v Joseph [1953] 1 WLR 1182.

[96] K v K [1990] 2 FLR 225.

[97] K v K [1997] 1 FLR 35.

[98] K v L [2010] EWCA Civ 125.

[99] Katz v Katz [1972] 1 WLR 955.

[100] Kremen v Agrest (No. 11) [2012] EWHC 45.

[101] Kyte v Kyte [1988] Fam 154.

[102] L v L (Minors) (Separate Representation) [1994] 1 FLR 156.

[103] Lambert v Lambert [2002] 3 FCR 673.

[104] Lang v Lang [1955] AC 402.

[105] Lauder v Lauder [2007] EWHC 1227.

[106] Le Brocq v Le Brocq [1964] 1 WLR 1085.

[107] Ledger – Beadell v Peach [2006] EWHC 2940 (Ch).

[108] Lightfoot v Lightfoot Brown [2005] EWCA Civ 201.

[109] Lissimore v Downing [2003] 2 FLR 308.

[110] Livingstone – Stallard [1974] 2 All ER 979.

[111] Livesey v Jenkins [1985] 1 All ER 106.

[112] Lloyds Bank v Rosset [1991] 1 AC 107.

[113] Lloyds Bank plc v Waterhouse [1993] 2 FLR 97.

[114] Loosemore v McDonell [2007] EWCA 1531.

[115] M v B (ancillary relief proceedings: lump sum) [1998] 1 FCR 213.

[116] M v M (Financial Provision) [1987] 2 FLR 1.

[117] M v M (Financial Relief: Substantial Earning Capacity) [2004] 2 FLR 236.

[118] M v M (Property Adjustment: Impaired Life Expectancy) [1993] 2 FLR 723.

[119] M v M (Specific Issue: Choice of School) [2005] EWHC 2205 (Fam).

[120] Macleod v Macleod [2008] UKPC 64.

[121] Martin v Martin [1977] 3 All ER 762.

[122] May v May [1986] 1 FLR 325.

[123] Mayes v Mayes (1969) 210 EG 935.

[124] McEwan v McEwan [1972] 2 All ER 708.

[125] McFarlane v McFarlane (No 2) [2009] EWHC 891.

[126] McCartney v McCartney Mills [2008] EWHC 401 (Fam).

[127] Middleton v Middleton [1998] 2 FLR 821.

［128］Miller；McFarlane［2006］UKHL 24.

［129］Minton v Minton［1979］1 All ER 79.

［130］Mollo v Mollo（1999）EGCS 117.

［131］Morris v Morris［2008］EWCA Civ 257.

［132］Mouncer v Mouncer［1972］1 WLR 321.

［133］MT v MT［1992］1 FLR 366.

［134］N v F［2012］1 FCR 139.

［135］NA v MA［2006］EWHC 2900.

［136］Nutley v Nutley［1970］1 WLR 217.

［137］O'Neil v O'Neil［1975］3 All ER 289.

［138］Oxley v Hiscock［2004］2 FLR 669.

［139］P v P［2005］1 FLR 576.

［140］Pascoe v Turner［1979］1 WLR 431.

［141］Pasha v Pasha［2001］EWCA Civ 466.

［142］Pearce v Pearce［1980］1 FLR 261.

［143］Pettitt v Pettitt［1970］AC 777.

［144］Piggott v. Piggott［1957］3 All ER 432.

［145］Pounds v Pounds［1994］1 FLR 775.

［146］Radmacher v Granatino［2010］UKSC 42.

［147］Re A（Contact：Witness Protection Scheme）［2005］EWHC 2189（Fam）.

［148］Re B（A Child）［2009］UKSC 5.

［149］Re Basham（Deceased）［1987］1 All ER 405.

［150］Re C（Prohibition on Further Applications）［2002］1 FLR 1136.

［151］Re C（Section 8 Order：Court Welfare Officer）［1995］1 FLR 617.

［152］Re CB（Access：Attendance of Court Welfare Officer）［1995］1 FLR 622.

[153] Re D (Children) (Shared Residence Orders) [2001] 1 FCR 147 at para. 32.

[154] Re G (Children) [2005] EWCA Civ 1283, [2006] 1 FLR 771.

[155] Re H (Children) (Residence: Expert Evidence) [2001] 2 FCR 44.

[156] Re H (Children: Residence Order: Condition) [2001] EWCA Civ 847, [2001] 3 FCR 154.

[157] Re H (Contact: Domestic Violence) [2006] 1 FLR 943.

[158] Re H (Minors) (Prohibited Steps Order) [1995] 1 FLR 638.

[159] Re J (Specific Issue Order: Leave to Apply) [1995] 1 FLR 669.

[160] Re K (Minors) (Children: Care and Control) [1997] Fam. 179.

[161] Re K (Shared Residence Order) [2008] EWCA Civ 526.

[162] Re L (Residence: Justices' Reasons) [1995] 2 FLR 445.

[163] Re L, Re V, Re M and Re H (Contact: Domestic Violence) [2000] 2 FLR 334.

[164] Re LVMH [2001] Fam 260.

[165] Re M (A Child) (Prohibited Steps Order: Appeal) [2002] All ER (D) 401 (Nov).

[166] Re M (A Minor) (Family Proceedings: Affidavits) [1995] 2 FLR 100.

[167] Re M (Handicapped Child: Parental Responsibility) [2001] 3 FCR 454.

[168] Re M (Intractable Contact Dispute: Court's Positive Duty) [2006] 1 FLR 627.

[169] Re M (Medical Treatment: Consent) [1999] 2 FLR 1097.

[170] Re M (Sexual Abuse Allegations: Interviewing Techniques) [1999] 2 FLR 92.

[171] Re M and R (Child Abuse: Evidence) [1996] 2 FLR 195.

[172] Re P (A Minor) (Inadequate Welfare Report) [1996] 2 FCR 285.

[173] Re S (A Child) [2010] EWCA Civ 705.

[174] Re S (Contact: Children's Views) [2002] 1 FLR 1156.

[175] Re S (Specific Issue Order: Religion: Circumcision) [2005] 1 FLR 236.

[176] Re T (Abduction: Child's Objections to Return) [2000] 2 FLR 193.

[177] Re V (Residence: Review) [1995] 2 FLR 1010.

[178] Re Vandervell's Trusts (No. 2) [1974] Ch. 269.

[179] Richards v Richards [1972] 3 All ER 695.

[180] Rossi v Rossi [2006] EWHC 1482 (Fam).

[181] RP v RP [2008] 2 FCR 613.

[182] Rukat v Rukat [1975] Fam 63.

[183] S v P (Settlement by Collaborative Law Process) [2008] 2 FLR 2040.

[184] S v S [2008] 2 FLR 113.

[185] S and G v Italy (Cases 39221/98 and 41963/98) [2000] 2 FLR 771, ECHR, para. 169.

[186] Santos v Santos [1972] Fam 247.

[187] Saunders v Anglia Building Society [1971] AC 1004.

[188] Scallon v Scallon [1990] 1 FLR 194.

[189] Schuller v Schuller [1990] 2 FLR 193.

[190] Sekhon v Alissa [1989] 2 FLR 94.

[191] Slater v Slater [1982] 3 FLR 364 CA.

[192] Singla v Brown [2007] EWHC 405 (Ch).

[193] Soderback v Sweden [1999] 1 FLR 250.

[194] Soulsbury v Soulsbury [2007] EWCA 969.

[195] Springette v Defoe [1992] 2 FLR 388.

[196] SRJ v DWJ (financial provision) [1999] 2 FLR 176.

[197] Stack v Dowden [2007] 2 AC 432.

[198] Stevens v Leeder [2005] EWCA Civ 50.

[199] Suter v Suter and Jones [1987] 2 FLR 232.

[200] Sutton v Sutton [1984] Ch. 184.

[201] Tackaberry v Hollis [2007] EWHC 2633 (Ch).

[202] Thomas v Thomas [1996] 2 FLR 544.

[203] Thorner v Major [2009] 3 FCR 123.

[204] Tinsley v Milligan [1995] 1 AC 340.

[205] Tribe v Tribe [1995] 2 FLR 966.

[206] Uddin v Ahmed [2001] 3 FCR 300.

[207] VB v JP [2008] EWHC 112.

[208] W v W [2003] 3 FCR 385.

[209] W v W (Judicial Relief: Ancillary Relief) [1995] 2 FLR 259.

[210] Wachtel v Wachtel [1973] Fam 72.

[211] Wagstaff v Wagstaff [1992] 1 All ER 275.

[212] Waterman v Waterman [1989] 1 FLR 380.

[213] Wayling v Jones [1996] 2 FCR 41.

[214] Westbury v Sampson [2001] EWCA Civ 4807.

[215] White v White [2000] UKHL 54.

[216] Wilson v Wilson [1969] 1 WLR 1470.

[217] Xydhias v Xydhias [1991] 1 FLR 683.

[218] Yaxley v Gotts [2000] Ch 162.

[219] Young v Lauretani [2007] EWHC 1244 (Ch).

[220] Z v Z (No. 2) [2011] EWHC 2878.

后 记

本书是在我的博士论文基础上略加修改补充而成的。最初选择英国离婚制度作为我的博士论文选题，心中多少还有些犹豫。担心的是：我能在已有研究上作出多大的突破和创新。在和我的导师陈苇教授、有幸结识的蒋月教授谈起这个选题时，两位老师既给了我肯定，同时也提醒我可能遇到的问题。这种肯定和鼓励给了我信心。2012 年 4 月，在陈苇教授的指导帮助下，我们合作撰写的《中国收养法的现状及其改革建议》[①] 受邀参加了在意大利摩德纳·雷焦艾米利亚大学召开的 2012 年家庭法国际学会地区性专题研讨会。会议期间，在陈老师的引荐下，我认识了现任家庭法国际学会的主席澳大利亚悉尼大学的法学教授帕金森先生（Professor Patrick Parkinson），这使我产生了到英国学习的想法。幸运的是，2012 年，我获得了学校的博士生出国留学奖学金。更加幸运的是，我想不到，与英国牛津大学在家庭法领域享有盛誉的伊克拉教授（Professor John Eekelaar）的几次通信，竟促成了我不敢奢望的牛津之行。伊克拉先生作为我留学期间的指导老师，在我于 2012 年 10 月到 2013 年 10 月在牛津大学访问学习期间，给了我莫大的帮助和支持。不但让我尽快熟悉了牛津大学的学习，为我提供了各种学习渠道，而且也非常关心我的生活，从协助联系租房到基本每月

① “Present Legislation on Adoption in China and its Reform Proposals”, The International Survey of Family Law, 2012.

一次的面谈，从论文结构到个别篇章细节问题，我为我有这样的老师感到庆幸。访学期间，我充分利用了牛津大学图书馆的资源，旁听牛津大学的家庭法等课程，参与各种家庭法的学术研讨会。通过访问那里的法院、接触那里的家事法律师等，我进一步深入了解了英国现代离婚制度。同时，利用在牛津学习的一年时间，我收集了许多相关资料，认识了很多英国家庭法的专家，与他们做了深入交流。这次出国访学的经历让我对我接下来的博士论文写作充满了信心。

说起来，有信心是一回事，真正上手又是另外一回事。为了能充分利用好牛津大学的资源，我在2013年5月就开始准备撰写我的博士论文。论文开始写作之时，才知写作的不易。从提纲结构的反复修改到主题主旨的安排顺序，每天泡在图书馆里查阅资料，整理思路。有思路时，下笔如有神助，但这种顺利写作的畅快很可能在第二天就藏匿不见。那种困顿迷茫、不知所措的感觉就像空气都凝结般，呼吸不自在，身体不舒坦，失落烦闷涌向心头。但又不敢全然不顾，撒腿融入牛津街上的人群。苦楚与酣畅交织，欣喜与失落相伴。就这样，在碧绿色穹顶的牛津大学博德利图书馆，在远离牛津市中心的博德利法律图书馆，我度过了在牛津访学的许多个日日夜夜。当我收拾行囊，在一个风雨交加的深夜，准备就此离开这个让我永生难忘、充满了历史沉淀的小城时，我尚如一只负重前行的蜗牛，沐浴在研习英国离婚法律制度的风雨中。虽步履缓慢，但却不会回头。我明白，这仅仅只是一个开始。我深知，只有经历过风雨，才能看见天空放晴后的那道绚丽的彩虹。完成博士论文的那一刹那，掩卷长舒一口气，我真真切切体会到了学术生涯的千滋百味。我可算是叩开了英国离婚制度的大门！诚然，研究一项外国制度，除了克服最基本的语言障碍外，少不了对一个社会历史文化等制度背后的因素的了解。一年的访学时间让我学到了很多，但这还不够。因此，书中疏漏之处在所难免。但我想，对于婚姻家庭制度的中外比较和探索，已经成为我学术生涯的一个标签和符号，我会坚定不移地走下去。

写完博士论文的最后一个字，回首四年的博士学习生涯，心里依然唏嘘不已。我要感谢我的导师陈苇教授。我得说，我找不到一个合适的词语来描述我现在的心情。我无法想象若非陈老师的指导、帮助、提携，现在的我会站在哪里、从事什么。和陈老师认识是在本科，陈老师给我们上课的时候。那时，陈老师的认真细致就让我无法忘怀。当我在这门课结束后，拿到我们年级的最高分时，我就在心中种下了一颗种子，希望跟随陈老师继续学习。如今攻读博士期间，跟随陈老师继续学习了四年，陈老师的严谨、踏实再次深深影响了我。我不光学习到一种刻苦的朴素科研精神，也学习到一些重要的科研方法，如要善于抓住重点和热点问题；只有百般雕琢、反复修改，才能写出一篇好文章……这些宝贵的经验对于我博士论文的写作帮助颇多。从博士论文的选题、到资料的准备，再到提纲的撰写、初稿的写作，陈老师多次耐心指导，对于我的困惑热心解答，让我在写作中少走了许多弯路。不但如此，为了能帮助我写好论文，陈老师还鼓励、帮助我联系国外的专家。我最终能踏上牛津的访学之路，也和陈老师的帮助分不开。谢谢陈老师！当然，论文中难免有偏颇之处，这一概由我负责。另外，我还要感谢恩师的爱人陈德毅先生。“陈叔叔”对我也是关爱有加，在此向他也说声谢谢。

我要感谢远在英伦牛津大学的伊克拉教授。伊克拉教授从第一次与我见面就一直在我的博士论文写作上帮助我收集最新、最重要的资料，介绍我认识英国家庭法的顶尖学者，和他们的交流探讨，不仅帮助我理清了对英国离婚制度的困惑，也帮助我更深刻认识了英国家庭法制度背后的英国社会。

感谢民商法学院的李开国、赵万一、谭启平、王洪、刘云生、石慧荣、汪世虎、孙鹏、曹兴权、唐烈英、张力、侯国跃、徐洁等诸位教授对我学习上的教诲。感谢在我博士论文开题和预答辩中对我指教的诸位教授：赵万一、汪世虎、石慧荣、曹兴权、刘云生、张力、徐洁、侯国跃、陈苇。特别是刘云生、张力二位教授在预答辩时对论文提出了中肯的意见，让我在修改博士论文时能迅速走出思维的局限，完善我的博士论文。

感谢校外匿名评审专家对本博士论文选题及内容的充分肯定和褒奖！我在答辩后修改博士论文时，仔细阅读了各位匿名校外专家的评阅意见。我在各位专家的评阅意见中，既看到了学界前辈们对后生的鞭策、鼓励，也发现了前期论文写作时思维的盲点。这些中肯的意见帮助我进一步完善我的博士论文，让最终与读者见面的本书更趋完善！感谢各位匿名专家！

感谢对本博士论文提出许多宝贵意见的答辩委员会的专家学者，他们是我的答辩委员会主席中华女子学院李明舜教授，答辩委员：北京大学马忆南教授，西南政法大学张力教授、石慧荣教授、吴春燕教授！与各位教授的交流让我能从另一个视角思考完善我的博士论文。

感谢我的博士同学曹贤余、段伟伟，感谢我博士在读期间一起学习的马钰凤、罗杰、李欣三位师姐，与各位的交流让我受益匪浅。感谢和我一起参加答辩的姜大伟师弟，感谢师兄曹贤信博士、孟庆涛博士、师姐冉启玉博士以及黎乃忠师弟，你们的关心和帮助让我的博士学习少走了许多弯路。感谢石婷、张鑫、张庆林等师弟师妹们在博士论文的资料整理方面给我的帮助。感谢和我同级的博士同学荣振华、何嘉、陈政、傅赵戎、徐银波、李滨以及其他同学，正是有了你们，才让我的博士生活更加丰富多彩。感谢我在牛津访学前后认识的我校的师妹徐文博士以及和我同级的石伟博士，你们的帮助为我的牛津生活增色不少。

感谢我的岳父岳母、我的父亲母亲给予我的无私的关爱，感谢我的妻子在我最困难的时候坚定地支持我、鼓励我不要放弃，感谢我乖巧的女儿总是给我说一些逗我开心的话，帮我扫走了博士论文写作期间因思路不畅所致的阴霾。

最后，我表示由衷感谢群众出版社的诸位编辑老师为本书的出版所做的辛勤编辑出版工作。

石雷
2014 年 7 月于重庆

附录

西南政法大学外国家庭法及妇女理论研究中心简介
（中英文对照）

学术顾问（以姓氏笔画为序）：丁中平、王建华、李春茹、
张淑钰、陈彬、谢晓曦

主　　任：陈　苇

副 主 任：张华贵、朱　凡

秘 书 长：杜江涌

副秘书长：胡苷用

2003 年 12 月至 2004 年 12 月，西南政法大学民商法学院博士生导师陈苇教授受国家留学基金资助，由国家教育部公派出国留学，她作为访问学者到澳大利亚悉尼大学法学院进修家庭法一年。她回国后于 2005 年 1 月向学校提出了建立“西南政法大学外国家庭法及妇女理论研究中心”的书面申请。2005 年 4 月 1 日西南政法大学校长办公会议批准同意该研究中心成立。

本“研究中心”的工作宗旨是：通过整合本校婚姻家庭法及妇女理论方面的科研与教学资源，联合校内外其他单位与部门的相关人员，以西南政法大学为依托，开展中外学术交流，着力研究现阶段中外婚姻家庭继承法及妇女领域的重大理论和实践课题，为我国婚姻家庭继承法的完善及妇女理论的发展提供有益的借鉴经验，为我国立法机关提出相关建议，为司法部门提供法律咨询服务，争取多出科研成果，出精品科研成果，为创建国内一流、国际知名的西南政法大学而努力。

本“研究中心”的主要任务包括：1. 开展中外学术交流；

2. 提供专业咨询服务；3. 进行学术前沿理论和司法实务问题研究；4. 培养婚姻家庭继承法及妇女理论的学术人才；5. 组织开展学术讲座等，以期造就一批本学科领域有一定影响的学术骨干和后备学术带头人。

本“研究中心”的学术研究平台，为促进学术研究和学术交流，本研究中心主任陈苇教授自2005年起先后创办、主编出版《家事法研究》学术论文集刊和“家事法研究学术文库”丛书，到2013年年底为止的九年期间，已出版《家事法研究》（2005年卷至2010年卷）学术论文集刊六卷和“家事法研究学术文库”丛书著作九部。这些论文集和著作，着力研究婚姻家庭继承法领域的前沿理论和司法实务热点难点问题，在我国学术界和实务界已产生了良好的社会影响。必须说明，为进一步扩大《家事法研究》的学术影响，在2009年中国婚姻家庭法学研究会常务理事会上，经陈苇教授提出申请，该研究会常务理事一致同意，夏吟兰会长宣布自2010年起《家事法研究》改由学会主办。但由于2010年该学会将出版“2009年中国婚姻家庭法学研究会年会论文集”，故夏会长委托陈苇教授继续主编出版《家事法研究》（2010年卷）。即从2011年起《家事法研究》改由中国婚姻家庭法学研究会主办，它成为该学会的会刊。为继续推进婚姻家庭继承法领域前沿理论和司法实务问题的研究，本“研究中心”决定打造新的学术研究和交流的平台，自2012年起陈苇教授担任主编，负责遴选出版“家事法研究学术文库”丛书，每年计划出版2～3本，由国家级出版社出版。同时，本“研究中心”继续与杨晓林律师组建的家事法律师团队合作，在“西南政法大学外国家庭法及妇女理论研究中心”网页——学习园地之“学术前沿”栏，发表婚姻家庭继承法领域的前沿理论和司法实务热点难点问题的最新研究成果，以期实现学术研究与立法、司法的良性互动，促进中外学术研究和学术交流。

本“研究中心”的团队成员，以西南政法大学民商法学院婚姻家庭继承法和妇女理论研究所的人员为基础，并聘请校内外的专家、学者担任学术顾问和特约研究员而组成。

Appendix

Introduction of the Research Center on Foreign Family Law and Women's Theory of Southwest University of Political Science and Law, China

Academic Consultants: Ding Zhongping, Wang Jianhua, Zhang Shuyu, Li Chunru, Chen Bin, Xie Xiaoxi

Director: Chen Wei

Deputy Director: Zhang Huagui, Zhu Fan

Academic Secretary: Du Jiangyong

Deputy Academic Secretary: Hu Ganyong

Introduction

Professor Chen Wei, the doctor tutor of the Civil and Business Law School of Southwest University of Political Science and Law, China [hereinafter refers to SWUPL], studied family law in the Law School of Sydney University, Australia from Dec. 2003 to Dec. 2004 with the sustentation of "STATE SCHOLARSHIP FUND AWARD". In Jan. 2005, some days after came back to China, she presented the application for establishing "Research Center on Foreign Family Law and Women's Theory of SWUPL, China". On Apr. 1st 2005, the President's Working Office of SWUPL approved her application.

The aim of the Research Center is to develop academic exchange between China and foreign countries, put emphasis on grand important theory and practice problems of family law and women's theory by associating the researching and teaching resources of SWUPL with relevant personnel of other units and departments. All of that we have done and will do have some important meaning: (1) may provide the valuable experiences for the perfection of the laws of family and succession in China and the development of women's theory, (2) may provide relevant suggestions to Chinese legislature, and (3) may provide legal advices to judicial practice departments. We hope that SWUPL will be top ranking internally and famous internationally with our efforts.

The assignments of the Research Center including: (1) developing academic exchange between China and foreign countries in relevant fields; (2) providing professional consultation service; (3) strengthen academic research; (4) training some academic adepts of family law and women's theory; (5) giving academic lectures. We hope that some adepts and reserve academic leaders with certain influence in family law field would be brought up.

The academic research platforms of the Research Center: In order to promote the academic research and exchanges, Professor Chen Wei, director of the Research Center, has founded and edited the publication of the Periodical of Research on Family Law and the Works of Researches on Family Law early or late since 2005. By the end of 2013, 6 volumes of the Periodical of Research on Family Law (Volumes 2005 to 2010) and 9 Works of Researches on Family Law have been published during the nine years. These papers and books, focusing on the frontier theory research on Marriage, Family and Inheritance Law and the judicial practice issues, have had good social affluence in the academic circle and practice circle of China. It is noteworthy that, in order to further expand the academic influence of the Periodical, in the Executive Council of Society of Marriage and Family Law of China (SMFLC) in 2009, upon Professor Chen Wei's proposal, the Executive Council agreed and President Xia Yinlan announced that the Periodical of Research on Family Law was edited by SMFLC after 2010. As SMFLC would publish the papers submitted to the Annual Meeting of SMFLC in 2009, President

Xia Yinlan authorized Professor Chen Wei to edit the publication of the Periodical of Research on Family Law (Volume2010) in 2010. The Periodical was edited by SMFLC and became its Society Journal from 2011. In order to continue to advance the theoretical research and judicial practice in the field of Marriage, Family and Inheritance Law, the "Research Center" decided to build a new platform for academic research. 2 - 3 of the Works of Researches on Family Law which will be selected and edited by Professor Chen Wei for publication each year by the national publishing press since 2012. At the same time, the "Research Center" continues to cooperate with the Family Law Lawyer Team built by Lawyer Yang Xiaolin. On the webpage of "Foreign Family Law and Women's Theory Research Center of SWUPL" ——"Academic Frontier" of Study Column, the latest research achievements on the frontier theory of Marriage, Family and Inheritance Law and judicial practice issues are published to realize the benign interaction between academic research, legislation and justice and promote the academic research and exchanges between China and foreign countries.

The personnel of the Research Center is mainly composed of scholars from the Marriage, Family and Succession Law and Women's Theory Research Institute of the Civil and Business Law School of SWUPL, China. We also invite some famous experts and scholars around the whole country to be the consultants and special research fellows. They are the members of the Research Center too.

西南政法大学外国家庭法及妇女理论研究中心已出版书目（2006～2012年）

《外国婚姻家庭法比较研究》（2006年出版）

《中国大陆与港、澳、台继承法比较研究》（2007年出版）

《当代中国民众继承习惯调查实证研究》（2008年出版）

《改革开放三十年（1978～2008）中国婚姻家庭继承法研究之回顾与展望》（2010年出版）

《中国婚姻家庭法立法研究》（第二版）（2010年出版）

《外国继承法比较与中国民法典继承编制定研究》（2011年出版）

《当代中国内地与港、澳、台婚姻家庭法比较研究》（2012年出版）

《加拿大家庭法汇编》（2006年出版）

《澳大利亚家庭法》（2008年修正）（2009年出版）

《美国家庭法精要》（第五版）（2010年出版）

《澳大利亚法律的传统与发展》（第三版）（2011年出版）

《家事法研究》2005年卷（2006年出版）

《家事法研究》2006年卷（2007年出版）

《家事法研究》2007年卷（2008年出版）

《家事法研究》2008年卷（2009年出版）

《家事法研究》2009年卷（2010年出版）

《家事法研究》2010年卷（2011年出版）

图书在版编目（CIP）数据

英国现代离婚制度研究/石雷著．—北京：群众出版社，2015.4
（家事法研究学术文库）
ISBN 978－7－5014－5324－5

Ⅰ.①英…　Ⅱ.①石…　Ⅲ.①离婚法—研究—英国　Ⅳ.①D956.139
中国版本图书馆 CIP 数据核字（2015）第 024852 号

英国现代离婚制度研究

石　雷　著

出版发行：群众出版社
地　　址：北京市西城区木樨地南里
邮政编码：100038
经　　销：新华书店
印　　刷：北京泰锐印刷有限责任公司

版　　次：2015 年 4 月第 1 版
印　　次：2015 年 4 月第 1 次
印　　张：12.75
开　　本：880 毫米×1230 毫米　1/32
字　　数：348 千字

书　　号：ISBN 978－7－5014－5324－5
定　　价：48.00 元

网　　址：www.qzcbs.com
电子邮箱：qzcbs@sohu.com

营销中心电话：010－83903254
读者服务部电话（门市）：010－83903257
警官读者俱乐部电话（网购、邮购）：010－83903253
法律分社电话：010－83905745